马来西亚华商名人堂

纪念中马建交五十周年

华商领袖编委会 / 著

中国经济出版社

著　　者：华商领袖编委会
网　　址：www.hs-lingxiu.com
邮　　箱：info@hs-lingxiu.com
联 系 人：李伟锋

前　言

2024年，适逢中国与马来西亚建交50周年暨"中马友好年"。五秩春秋，两国以诚相待、以信相交，从经贸往来到人文交融，从战略协作到民心相通，共同谱写了合作共赢的壮美华章。

值此历史节点，华商领袖编委会倾力编纂《马来西亚华商名人堂》特刊文献，以笔墨镌刻时代印记，致敬那些以商业智慧架设桥梁、以家国情怀滋养沃土的华商精英。他们不仅是中马关系的见证者，更是两国共同繁荣的"筑桥人"。

回望1974年建交之初，中马两国以互利共赢为锚，以文化共鸣为帆，在半个世纪的航程中破浪前行。马来西亚华商企业家群体，始终是这段航程中不可或缺的舵手。他们植根南洋热土，以"敢为天下先"的开拓精神，在橡胶园、锡矿场中奠基传统产业；他们拥抱时代浪潮，以"变中求新"的敏锐触角，在数字经济、绿色科技中开疆拓土。他们是马来西亚经济奇迹的书写者，更是中马命运共同体的践行者——以商贸织就合作之网，以文化缝合情感之脉，以公益浇筑社会之基。

《马来西亚华商名人堂》以图文并茂的形式，深入刻画企业家们筚路蓝缕的创业历程、卓尔不群的事业成就、独具匠心的管理智慧，以及回馈社会的赤子情怀。书中聚焦三大维度：其一，记录华商企业家在马来西亚本土经济腾飞中的关键作用，展现其推动产业升级、创造就业、促进社会繁荣的担当；其二，彰显其在中马合作中的桥梁角色，从跨境投资到技术共享，从文化交融到民心相通，每一份努力都凝聚成两国关系的璀璨星光；其三，弘扬其投身公益、反哺社会的精神，以企业之力践行社会责任，为教育、医疗、环保等事业注入温暖力量。

本书的出版，既是对五十载华商精神的庄严礼赞，也是对未来新篇的热切召唤。《马来西亚华商名人堂》以多元视角向世界传递"华商精神"的深邃内涵——那是融中华文化底蕴与全球化视野的独特基因，是"达则兼济天下"的胸怀，更是"不以山海为远"的担当。

当下，中国"一带一路"倡议与马来西亚"昌明大马"愿景交相辉映，中马关系迎来"钻石五十年"新起点。愿此书激励新一代企业家传承薪火，以创新之志续写传奇；更期两国以信任为建、以合作为航，共绘"美美与共"的亚洲发展新图景。

谨以此书献给所有以商道连山海、以情怀系家国的华商先驱，愿他们的精神薪火相传，愿中马友谊历久弥新！

华商领袖编委会
2024年12月

CONTENTS 目录

点石成金 化腐朽为神奇
——马来西亚双威集团主席兼创办人谢富年 ················ 1—10

谢富年出身于马来西亚一个客家锡矿家族，虽家境富裕，但他并没有躺在先辈的功劳簿上睡大觉，而是用自己的智慧、努力和勇气，将一片毫无价值的"废地"，变为鸟语花香、人流如织的"生活乐园"——双威城。新加坡开国总理李光耀在参观双威城后为谢富年点赞："将废地变为乐园，化腐朽为神奇。"

如今，谢富年创立的马来西亚双威集团，其业务包括建筑、房地产、贸易与制造、采石、休闲、娱乐、医疗、酒店、零售、教育等众多方面，其中的两项创新成就——双威城和双威大学，更成为让世界了解马来西亚的新标签。

力撑华社 丹心可鉴
——马来西亚华人公会前总会长、马来西亚东岭集团主席丹斯里陈群川 ········ 11—21

陈群川是马来西亚华社的传奇人物。他横跨政商两界，曾身为马华总会长，为维护华社利益殚精竭虑、登高一呼；他大胆的企业格局与投资理念，孕育出轰动业界的马化控股集团；他秉持的政治理念，令华人得以在经济、教育、住房等领域分享公平权益；他波澜壮阔的人生起伏，似一座丰碑，镌刻于时代并光照后人。

他自1991年返乡海南，捐资办学、投资逾亿，并引领华侨共建桑梓。海南省授予其"赤子模范"等殊荣。马来西亚政府亦肯定其贡献，2016年陈群川获封"丹斯里"勋衔，2023年出任马来西亚华人公会党产委员会主席等要职。

从大学讲师到亿万富豪
——全利资源有限公司执行主席谢松坤 ················ 22—27

谢松坤及其家族所掌控的上市公司全利资源有限公司，不仅跻身马来西亚证券交易所市值百强企业之列，而且在行业内占据领先地位，是亚洲首屈一指的鱼肉浆供应商、马来西亚领先的鱼制品生产商以及亚洲第三大鸡蛋供应商。此外，通过引进日本知名的"全家便利店"（Family Mart）品牌，其家族业务已成功扩展至零售领域，并在马来西亚的主要城市中广泛布点。

据2024年福布斯马来西亚富豪榜统计，谢松坤家族以18亿美元财富稳固其地位，继续蝉联马来西亚第十大富豪。

以心筑家
——丽阳机构创办人兼执行副主席陈志成 .... 28—38

陈志成从不认为房地产开发只是单纯为人们提供"有瓦遮顶"的居所。在过去30多年间,他率领自己一手创立的丽阳机构(Tropicana Corporation Berhad),秉承集团独特的发展基因,旨在为居民提供安全、优良、便利、理想的家居环境,从马来西亚围篱式社区与度假式风格家居生活的开创先锋,一路成长为该国首屈一指的地产界标杆企业。

集团旗下所有的地产项目,都承袭丽阳独树一帜的品牌DNA——在绝佳的地理位置打造令人神往的生活方式,并凭借独具匠心的佳作,连年斩获诸多颇具威望的业界嘉奖。

中马走进新时代 完美开启新未来
——完美(中国)有限公司董事长古润金 .... 39—45

古润金,马来西亚杰出华商,现任完美(中国)有限公司董事长。2024年是完美公司扎根中国30周年,他深刻体会到,过去30年间从零起步到蓬勃发展的历程,正是中马友好的生动写照。当前,两国关系正步入新的纪元。

作为中马友谊的桥梁,古润金致力于推动构建人类命运共同体,身兼马来西亚中国友好协会署理会长、丹斯里皇室拿督及太平绅士等职。截至2023年底,他引领完美公司在中国慈善公益领域捐资超9.55亿元人民币,为促进社会发展贡献力量,展现了企业社会责任的新高度。

手套业巨头的"顶级梦"
——马来西亚顶级手套集团执行主席林伟才 .... 46—52

林伟才的口头禅是"对我来说,工作是爱好、运动是责任、健康是财富"。凭借这份对工作的热爱,他带领马来西亚顶级手套集团经过30多年的发展,成长为全球最大的手套制造商。

现在,这位手套业巨头又为企业定下更艰巨的目标:在2040年成长为《财富》世界500强企业。"做生意须有方针和目标,如果没有目标,团队就会失去方向,失去团队精神。因此,我们要有一个更高、更远的目标——'顶级梦'。"林伟才说,他会团结带领广大同事,向实现这个梦想努力奋进。

从槟城街角到世界鞋坛传奇
——国际著名鞋履设计师、Jimmy Choo 品牌创始人周仰杰 .... 53—59

周仰杰,国际著名鞋履设计师、Jimmy Choo品牌创始人。在他的家乡马来西亚槟城的一个街角有一座铁杆雕塑,上面铭刻着:"著名鞋履设计师周仰杰成为制鞋学徒之地。"这简短的铭文,承载着这位传奇设计师的故事,从槟城的小鞋匠到世界顶级品牌的创始人,周仰杰用他的努力与才华,在国际时尚界画下了浓墨重彩的一笔。

作为国际时尚界的传奇人物,他保持谦逊,感恩父母教导,并以马来西亚为根基,结合传统与现代,持续回馈社会,为世界带来美好。

蓝图在胸 创写历史
——马来西亚美的苏英电子有限公司荣誉主席黄光震 ················ 60—72

  黄光震率领团队,肩负着"为中国品牌在马来西亚书写历史"的使命,自2006年起与美的集团肝胆相照,以合资代理模式,推进集团旗下两大品牌——美的与东芝,从零拓荒,从负数逆袭,最终光荣绽放于马来西亚群雄逐鹿的家电市场,稳踞半壁江山。

  如今,他正朝向自己亲手设定的两个价值10亿令吉的"美的梦"全速挺进,佳音可期。

侨界贤达 华商翘楚
——马来西亚张仕国集团总裁张仕国 ················ 73—81

  张仕国从诗亚菜市场的一隅小摊起步,以坚韧不拔的精神和卓越的商业智慧,逐步建立起一个涵盖水产养殖、食品加工、贸易代理、建筑、建材制造、运输及造船等多个领域的多元化企业集团。

  事业有成后,他积极参与华人社团活动,并担任重要职务,致力于推动华人社群在马来西亚社会与经济生活中的深度融入与发展。同时,张仕国不忘回馈家乡,通过投资促进当地经济发展,并在慈善领域慷慨解囊,用实际行动为社会贡献力量,成为华人社区中的杰出楷模。

在生活中学习 在平凡中崛起
——马来西亚侨丰控股有限公司执行主席黄宗华 ················ 82—88

  黄宗华出身贫寒,中学毕业后便投身社会。尽管起点不高,但他凭借不懈的努力和天赋,在日常工作中不断学习成长,逐步从平凡中脱颖而出。

  在金融行业工作10多年后,黄宗华与合作伙伴通过借贷融资200万令吉,接手了濒临破产的侨丰证券。凭借自己的经验和对时局的把握,黄宗华及其团队历经40余年的努力,将马来西亚侨丰控股有限公司打造成了涵盖金融服务、地产投资、建筑、酒店及工业等多领域的综合性投资集团。

永不止步
——马来西亚林木生集团董事经理林福山 ················ 89—96

  林福山执掌的马来西亚林木生集团,用30余年的时间从中型建筑公司历经千辛万苦、步步为营发展成为闻名遐迩的房地产开发商,并成功挂牌上市,堪称商业传奇。在林福山看来,这是"生命气魄"的呼唤,是"永不言休"的持续精进。

  他深信,生命的意义不仅在于商业上的成功,更在于对社会的贡献。林福山以"居者有其屋"为起点,随后将愿景扩展到提升"品质化生活",造福马来西亚各阶层民众。他秉承父亲林木生"饮水思源"的教诲,在担任多个华人社团领袖期间,积极推动公益事业,在祖籍地福建安溪等地建设了多处公共设施,成为一方慈善典范。

远见诚信 成就马来西亚地产王与政界常青树
——马来西亚 Muthu & Lee 公司董事经理李昇　　　　　　　　　　　97—114

拿督李昇博士太平局绅在马来西亚有着"地产王"之称，纵横地产业近50年。凭借超常的商业敏锐度和市场洞察力，他在怡保、槟城等城市及周边区域多次大手笔拿下地皮，并点石成金，使这些地皮成为自身财富增值、产业重塑、城市和社会发展的新资源。

李昇的眼光十分远大，他的地产事业也不仅仅是一门生意，还是链接百业的大平台。在投资地皮的同时，他还是发展商、建设度假村、涉足油棕种植业等，在马来西亚各地都有他的事业分支助力合作伙伴走向新的成功。

让世界因为我们的存在而拥有更多的欢乐与幸福
——马来西亚晟创娱乐创办人林锦成　　　　　　　　　　　　　　115—125

林锦成，这个名字在马来西亚新时代企业家群星中熠熠生辉。正如印度诗人泰戈尔所说，"人类社会是不完美的，因而才奋斗不息"，林锦成亲身经历了马来西亚经济的崛起，并在云谲波诡的商海中拼出一片天，书写了一段充满智慧与勇气、坚持与创新的创业传奇。

更重要的是，林锦成的影响远不止于商业上的成功。他用镜头记录、用荧屏展示一个又一个让人铭记的瞬间，让世界变得更美好，将光明照进每一位观众的心中。

马来西亚教育国际化的开拓者
——马来西亚英迪国际教育集团总裁陈友信　　　　　　　　　　　126—132

陈友信于1987年在马来西亚吉隆坡一间普通的教室里，与37名学生共同开启了英迪学院的历程。他以坚韧不拔的精神和坚定信念，创建了英迪学院与欧美名校间的学分互认双联课程，为普通家庭的学生打开了通往国际教育的大门，革新了马来西亚的教育格局。他的努力不仅改变了无数学生的命运，也为社会进步作出了重要贡献。

2019年，他的成就获得国家认可，时任马来西亚国家元首授予他"拿督"勋衔，表彰他在教育领域的卓越贡献及对社会发展的深远影响。

开创全球绿色石墨新时代　开启人类美好未来
——马来西亚冠界科技联合创办人兼首席执行员李彬维　　　　　　133—144

李彬维以全球首创的绿色石墨技术撬动全球市场，不仅为供需失衡的全球石墨市场注入了新力量，更为全球可持续发展的未来增添了绿色动力。他带领公司在短短两年内成功登陆美国纳斯达克，使公司事业实现了从马来西亚到美国和日本等国际市场的跃升。因为在绿色能源和创新技术方面的突出表现，他所带领的公司成为马来西亚2030年"新工业大蓝图"倡导企业之一。

作为一位永远保持创新活力、持续精进的马来西亚新生代商业领袖，李彬维致力于让企业如航母般稳健前行。

缔造马来西亚本土鞋履传奇
——Shellys Marketing 有限公司创办人兼董事经理黄润杏 ·················· 145—154

　　黄润杏出身贫苦，但他自小就深知"懦夫从不启程，唯有强者一路前行"。他付出常人难以想象的代价，从一名社会最底层的杂工一路打拼成为马来西亚鞋履行业的领军人物。

　　黄润杏从创业至今始终坚持要做一双适合马来西亚以至身处热带的消费者的鞋子，且满足舒适、时尚、性价比高的高标准。因为对该理念连续20多年的一贯坚持，他创建的XES品牌，是马来西亚最受欢迎的鞋履品牌之一，为马来西亚本土鞋履业崛起贡献了时代典范。

和而不同　共融而生
——Koike Malaysia 执行董事蓝振忠 ······························ 155—163

　　蓝振忠，一位笃行致远、乘风破浪的匠心企业家。他紧抓机遇、力挽狂澜，让跨国公司绝境逢生；他心无旁骛、大胆开拓，敢于吃苦耐劳；他正直善良、"富养"员工、扶危济困，用善心与恒心谱写了一位企业家的责任和情怀。

　　在"出海寻光，走进东南亚市场"的战略引领下，蓝振忠以其高瞻远瞩的战略眼光、统筹全局的领导能力以及追求卓越的匠心精神，成功带领Koike Malaysia 驶入了出海企业发展的快车道。

助力马来西亚成为区域性海上加油中心
——马来西亚海峡能源有限公司董事经理何锦财 ······················ 164—172

　　何锦财在懵懂的年纪就明白了正直与诚信是人生路上的两大基石的道理。几十年来，无论是在学习、工作还是领导公司事业中，正直和诚信的品格让他赢得了无数的信任、欣赏和好口碑。他常说："My word is my bond，我的承诺如同契约，言出必践，一言九鼎。"

　　不忘初心，方得始终。自2016年以来，何锦财领导着马来西亚乃至新加坡唯一一家上市的海上燃油加注服务公司——马来西亚海峡能源有限公司，从零开始逐步发展成为一家涵盖国际船舶燃油加注、清洁燃料加注、科技业务和投资业务等的综合型公司。

商界黑马　华社领袖
——和丽园集团创办人兼主席张润安 ·································· 173—180

　　拿督张润安是马来西亚极富远见的商界领军人物，在他的领导下，和丽园集团经过30多年的发展，从早期承接工程及产业管理的名不见经传的建筑公司，成长为一个涉足投资开发房地产、酒店、高尔夫球场、教育、主题水上乐园等领域的多元化企业集团。

　　同时，作为备受尊敬的华人社团领袖，他积极推动客家族群的团结与发展。年少经历的困苦铸就了他的感恩之心，事业成功后，他积极投身公益，秉持"取之社会，用之社会"的信念，慷慨支持教育、宗教和社会福利项目，以实际行动回馈社会。

创新与绿色 缔造极速涂胶新纪元
——马来西亚拥瑞集团董事经理杜志辉 ·················· 181—187

杜志辉率领拥瑞集团从一家传统家族企业成功转型为现代化企业，并迅速在全球胶带制造业中崛起成为行业翘楚。他深谙创新与可持续发展的重要性，促使企业在环保战略和自动化技术方面进行了革新，从而在激烈的市场竞争中脱颖而出。

他发起的"胶带革命"倡议，通过采用回收或可生物降解材料、提升生产效率及优化包装，将可持续发展理念融入公司运营。2023年亚太企业奖（APEA）上，拥瑞集团荣获三项大奖，彰显了集团在创新、可持续发展及胶带行业的领先地位。

做事做人 利他利众
——马来西亚晨旭之美集团创办人兼执行主席林绅文 ·················· 188—192

林绅文出生于马来西亚柔佛州居銮小镇，父亲是一名司机，母亲经营着一家咖啡店，父母辛苦赚钱养家，让他从小明白仅靠拼搏不足以改变命运，还需洞悉市场趋势并具备正确行事的能力。

拥有积极心态与正能量的他，无论何时，总是充满活力，展现出无穷的精力，正如他一手创办及领导的企业——晨旭之美集团（GoodMorning Group Sdn Bhd）一样朝气蓬勃，激励着身边的每一个人。

从寒门创业家到华教守护者
——马来西亚启顺造纸业公司创办人李斯仁 ·················· 193—199

李斯仁是马来西亚吉打州著名实业家。他出身寒门，少年失学，却凭借过人胆识在商海开辟天地，于1975年创立马来西亚启顺造纸业公司。历经近半世纪发展，公司现已成为马来西亚纸业标杆企业。

作为吉华独立中学与培华华小掌舵人，李斯仁矢志传承中华文化命脉，被尊为"北马华教守护者"。秉持"知识改变命运"理念，他于1994年创设"李斯仁贷学基金"，以无息助学模式为千余名寒门英才架起大学桥梁。2023年，他荣膺第八届"陈嘉庚精神奖"，该殊荣特别表彰其三十载如一日对教育公益的卓越奉献。

迈向绿色未来 可持续发展与企业责任的融合之路
——东棋(马)有限公司董事经理吴水光 ·················· 200—206

吴水光自幼铭记父母的教诲："唯有学习才能改写命运。"1997年，他前往中国台湾深造，2000年毕业后与沈政霖先生共同创立了东棋（马）有限公司，开启了创业之旅，也为他的职业生涯谱写了崭新的篇章。

在随后的25年里，吴水光与团队从马来西亚雪兰莪和吉隆坡的小规模进口代理业务起步，历经诸多挑战，逐步将东棋发展成为防水建材行业的领导者。他始终坚持"品质至上"的理念，以客户需求为导向，凭借匠心精神和持续创新，带领团队不断突破，铸就了东棋的辉煌成就。

精研医美科学 守护肌肤健康
——许崇明皮肤专科中心创办人兼首席执行长许崇明 ················· 207—214

许崇明自少年时期便负笈海外,始终勤奋学习,从未懈怠。学成之后,他全心投入临床实践,并持续探索医疗技术的创新之路。

1997年,怀着一颗仁慈之心,许崇明创立了许崇明皮肤专科中心。经过27年的不懈努力,该中心现已跻身亚洲皮肤激光与整形外科领域的前沿,其分院遍布马来西亚各地。凭借卓越的专业技能和持续创新的理念,许崇明赢得了患者的信任及同行的敬重。如今,他的皮肤专科中心已成为东南亚皮肤医疗领域的领军者。

逆境中崛起的杰出教育家
——马来西亚北吉隆坡国际学院创始人兼校长林小雄 ················· 215—221

林小雄是马来西亚华商中的杰出代表。他不仅通过其教育事业惠及了无数学子,还向社会输送了众多杰出人才。他的个人奋斗史同样为那些怀揣梦想、努力前行的人们提供了深刻的启示:无论经历多少困难,只要保持初心,始终坚持,就一定能够实现自己的目标。

2019年,为表彰林小雄对马来西亚教育事业的卓越贡献,马来西亚教育部向他授予"国家杰出教育家奖",这是马来西亚教育界的最高荣誉。

传承是责任 发扬是使命
——帝盛酒店集团总裁及执行董事邱咏筠 ················· 222—230

邱咏筠出身于富裕之家,爷爷邱德根白手起家创办远东集团,父亲邱达昌则号称"马来西亚李嘉诚"。在"富三代"光环之下,她不只受到幸运女神的眷顾,也圆满履行了"自强不息"的家训。

由她执掌的帝盛酒店集团相继制定"华人足迹"策略、"创建更理想未来"策略,引领集团进入扩张与领先的全新时代,并坚定致力于可持续发展。目前,帝盛酒店集团旗下拥有及管理的酒店数量已达64间,客房总数约14000间,规模较十年前增长了5倍。

逐梦星空 引领马来西亚太空科技
——马来西亚亚太航天集团有限公司执行主席谢溢高 ················· 231—234

谢溢高以卓越的领导才能和创新精神,成为马来西亚及亚太地区高科技产业发展的关键推手。作为马来西亚亚太航天集团有限公司(Angkasa-X)的执行主席,他凭借远见卓识和坚定信念,积极助力马来西亚太空经济崛起。

他运用智慧和毅力推动区域高科技产业发展,并致力于通过创新与合作将马来西亚打造成全球航天科技及卫星应用领域的领导者。在他的领导下,目前亚太航天集团已发展成为马来西亚领先的太空科技公司。

默默耕耘 踏实前行
——乐盟电影创始人许康文 ·· 235—242

许康文自幼对电影怀有浓厚兴趣，15岁那年，母亲送给他一台相机，开启了他探索影视的道路。电影《阿甘正传》中的经典台词，"人生就像一盒巧克力，你永远不知道下一颗是什么味道"，许康文对此感悟颇深，认为电影之路同样布满未知，坚信只有不断努力，才能迎接每一个机遇，让成功更近一步。

光影交错如梦幻之舞，在电影世界里，许康文用镜头编织人生故事。从懵懂热爱到创办乐盟电影，他亲历了马来西亚电影的发展变迁，并积极推动华语电影在国际舞台上熠熠生辉。

纵横马来西亚政商两界的华人楷模
——马来西亚健坤国际集团执行董事林祥才 ·································· 243—246

林祥才于1995年当选马来西亚国会议员，开启了他的公共服务生涯。四年后，他升任马来西亚交通部政务次长，以卓越的领导力和对交通领域的深刻理解获得了广泛赞誉。此后，林祥才历任新闻部、旅游部及财政部副部长，积极促进各领域发展，为马来西亚的繁荣稳定作出了重要贡献。

退出公职后，林祥才回归商界，利用其丰富的政界经验和出色的领导才能，引领企业实现质的突破。在他的带领下，公司业绩显著提升，声誉日益增长，最终跃居行业领先地位。

从逆境到大健康领域的领导者
——马来西亚亿德恩集团创始人王冠文 ······································· 247—250

王冠文，曾荣膺"世界十大杰出青年"，身为亿德恩集团创始人，他以超乎年龄的商业敏锐和战略视野，在马来西亚建立了坚实的商业根基，并将业务扩展至OEM制造、教育平台、网红经济、软件开发及房地产投资等多个领域。

通过一系列精准决策，他不仅显著提升了企业的市场竞争力，还成功推动亿德恩集团旗下公司在新加坡上市。这一成就不仅为公司开启了新的发展篇章，也为马来西亚新一代华人创业家树立了榜样。

白手起家 诚信铸就未来
——陈大毛瑟（马）金属有限公司创办人陈正财 ······························ 251—256

陈正财24岁时向父亲借5000令吉起步创业，初期凡事亲力亲为。在一次收购旧货时，他发现印度商家高价回收并翻新大型空油桶获利，意识到市场潜力后他果断决定生产油桶，经过多年努力，最终建立了马来西亚最大的金属桶制造企业——陈大毛瑟（马）金属有限公司。

他始终追求卓越，赴多国考察学习，面对进口设备的高昂成本，他决定自主研发。经过十年努力，最终在马来西亚建立了首条金属桶生产线，实现了更高的事业目标。

坚毅前行　书写传奇
——集福实业发展有限公司创始人陈冯金英 ················ 257—263

　　陈冯金英是马六甲房地产界的杰出人物，她凭借精准的市场洞察力和创新运营能力，在20世纪70年代推出首个大型房地产项目并迅速售罄，为当地房地产界注入新活力。她坚守"勇敢面对现实，永不放弃"的信念，不仅挽救了自己的公司，还以诚信建立了集福实业的稳固品牌，成为业界领军人物。

　　事业成功的同时，陈冯金英积极投身社会服务，担任马来西亚陈氏宗亲总会副总会长、马六甲颍川堂陈氏宗祠妇女组首届主席，组织活动促进家族成员间的交流与团结，对宗族事务贡献卓越，成为尊宗睦族的典范。

"塑"造未来　环保领域的绿色奇迹
——马来西亚兴业集团创始人兼首席执行官谢建豪 ················ 264—272

　　谢建豪白手起家，于2002年创办马来西亚兴业集团。经过多年的磨炼，他领导团队共推出了8个具有突破性的技术，其产品在欧洲、美国、澳大利亚、中东等25个国家和地区广受青睐。

　　他不仅擅长将废弃塑料"变废为宝"，转化为功能多样的智能材料，更亲自投身实践，成功设计并建造了一座高达18米的重力式混料仓，这一创举使得产能激增60倍，同时显著提高了原料纯度，为兴业集团的持续发展奠定了坚实的基础。

让大马人品尝世界顶级水果
——联成水果贸易公司创办人洪明安 ················ 273—278

　　洪明安从"水果小贩"起步，在夜市摆摊期间积累了宝贵的实践经验，全面掌握了选货到销售的每一个环节。随后，他创立了联成水果贸易公司，正式进军水果批发业务，并成功开启了探索海外市场的序幕。

　　为确保水果的新鲜度，他投资建设了一座先进的冷藏库，大幅提升了保鲜能力。如今，联成水果贸易公司已成长为马来西亚领先的水果批发企业，致力为马来西亚国民提供优质、新鲜的全球精选水果。

马来西亚电力行业先锋
——PESTECH 国际有限公司 CEO 林培川 …………………………………… 279—284

林培川于2000年加盟PESTECH国际有限公司，积极开拓市场。在他的领导下，PESTECH不仅实现了快速成长，还为全球客户提供高质量的电力解决方案，实现了"让世界亮起来"的愿景。

作为一家集成电力技术公司，PESTECH专注于提供全面的电力系统工程服务，包括设计、采购及安装高压与超高压变电站、输电线路和地下电缆。经过多年的发展，PESTECH现已成为行业先锋，业务覆盖亚洲、大洋洲、非洲等超过20个国家和地区，为客户带来可靠且创新的电力基础设施解决方案。

亚洲最大的联播网概念开创者
——WebTVAsia 集团创始人及总裁张捷惟 …………………………………… 285—289

张捷惟是一位享誉国际的电影人及音乐人，在纽约、大阪、釜山和北京电影节屡获殊荣。由他创办的WebTVAsia集团，是亚洲成长最快的数字娱乐公司，核心业务涵盖数字媒体、影视制作、音乐制作、艺人管理、活动策划、营销策划、培训及信息科技等。

他倡导知识产权的创新与商业化，以媒体企业家和创作者身份著称。如今，他的目标是发掘亚洲新一代创作者，建立一个世界级新媒体内容平台。

建筑英才 华人榜样
——马来西亚建筑工程领军者、百利楼发展董事长黄奇仁 …………………………………… 290—296

黄奇仁出生于马来西亚一个贫困华人家庭，依靠自我奋斗改写命运，成为建筑行业顶尖人物。他把一家默默无闻的小公司发展成为马来西亚最大的工程建筑和基础设施投资公司，并引入TURNKEY和BOT两种国际主流模式，推动了马来西亚建筑业的发展。

他心系故乡，致力于中马两国交流，30多年来积极投身华文教育，是华文的坚定守护者。即便已荣获马来西亚"拿督"勋衔及中国"十大中华经济英才"等众多荣誉，他仍以"自强不息，厚德载物"为人生信条，持续激励自己前行。

只有完整平衡的人生 女性才会永葆美丽
——Stellavingze International 创办人陈瑰莺 ·················· 297—306

陈瑰莺，马来西亚杰出女性企业家，以其卓越成就在素有"商业奥斯卡奖"之称的"史迪威奖"中一举摘得"女性企业家年度大奖""女性管理层年度大奖""亚太区女性企业家年度大奖""女性商业导师与培训年度大奖"四项桂冠，荣誉无数。

除了事业上的辉煌成就，陈瑰莺还是位贤内助和典范母亲。她不仅助力丈夫攀登商业高峰，也是四个孩子的启蒙老师和人生导师，以实际行动诠释了成功与家庭兼顾之道。

马来西亚桩基工程行业翘楚
——马来西亚亿钢控股有限公司创始人兼总裁戴清荣 ·················· 307—314

戴清荣是寒门逆袭的马来西亚华人企业家典范。他出身农家，高中毕业后因家庭无法承担留学费用而选择进入社会打拼，投身桩基工程行业。从零开始的他迅速成长为行业高手，后以敏锐的商业嗅觉白手创业。

1987年他与朋友共同创办马来西亚亿钢控股有限公司。凭借高性能的进口设备、不断精进的技术和高度负责的精神，亿钢赢得了马来西亚地产商、建筑商和政府的认可，并于2014年在马来西亚证券交易所成功上市，亿钢现已发展成为大马打桩及地基领域的领军企业。

不断超越 成就EMC行业翘楚
——东昇电磁兼容技术(深圳)有限公司董事长佘桂福 ·················· 315—321

佘桂福是白手起家的奋斗榜样。他出身于马来西亚柔佛州贫困的潮汕移民家庭，虽然家境贫寒，但父母仍咬牙坚持供他读书，坚信知识改变命运。大学毕业后，他前往新加坡寻求更多发展机会，成为一名电子工程师。

酷爱运动的佘桂福拥有拼搏和不屈的精神。2002年，他毅然辞职创业，成立新加坡日成电器，短短几年便占据东南亚70%市场份额，成为"本地化EMC系统集成商"的领军人物。2008年，面对中国市场机遇，他只身来到深圳，创立东昇电磁兼容技术（深圳）有限公司，开启在中国的发展篇章。

谢富年

  谢富年出身于马来西亚一个客家锡矿家族,虽家境富裕,但他并没有躺在先辈的功劳簿上睡大觉,而是用自己的智慧、努力和勇气,将一片毫无价值的"废地",变为鸟语花香、人流如织的"生活乐园"——双威城。新加坡开国总理李光耀在参观双威城后为谢富年点赞:"将废地变为乐园,化腐朽为神奇。"

  如今,谢富年创立的马来西亚双威集团,其业务包括建筑、房地产、贸易与制造、采石、休闲、娱乐、医疗、酒店、零售、教育等众多方面,其中的两项创新成就——双威城和双威大学,更成为让世界了解马来西亚的新标签。

点石成金 化腐朽为神奇

——马来西亚双威集团主席兼创办人谢富年

> "当灾难来临，战胜它的唯一方法，就是怀抱更大的梦想。"在谢富年看来，一个有梦想的人，才有勇气去承担梦想赋予的责任，去承受梦想过程中的幸福和苦难。凭借梦想的力量，他带领双威集团度过风风雨雨，度过几乎陷入绝境的至暗时刻，凤凰涅槃，到达成功的彼岸。

眼光独到 尾矿掘得首桶金

1945年，谢富年出生于英国殖民地——马来西亚霹雳州布先，这里离州府怡保不远，大约半小时车程。他在这个以富含锡矿而闻名的小镇上度过了童年及少年时光。

当时的马来西亚是全球重要的锡矿产地。为了取得丰富的锡矿，英国殖民政府从中国和印度引进大批劳力。祖籍广东东莞的谢富年的父辈们，也和千千万万华工一样，从老家漂洋过海，来到有"锡都"之称的怡保，和很多为了生存而背井离乡的客家人一样，在异国他乡艰苦打拼。谢富年是父亲谢华的第四个孩子，他出生时，谢家经过不断积累，已成为当地知名的锡矿家族，因对地方建设和社会福利的持续贡献，获得当地政府和民众的赞赏。

虽然"含着银匙出生"，但童年的谢富年未比其他人享有更多锦衣玉食。他回忆说，那时男人忙于采矿，女人淘洗锡米，自己便和其他孩子一样，自由自在地长大。有一次，他被人丢石头打破了头，不停地流血。"没人管我，我就自己跑到丛林里，拿树叶胡乱敷在伤处。"从幼年时起，生活便以这样的方式教会谢富年独立与坚强。

"我的父母亲受教育不多，但给孩子们的教育让我们一生受用。"谢富年回忆，从小父亲谢华就是子女的榜样，皆因他无私推动地方建设，乡人对谢家颇为敬重。母亲秉持着客家女性吃苦耐劳的美德，且对家庭教育甚为严格，让10个孩子从小接受正确的价值观教育。

因为时代限制，谢华夫妇未能接受正规教育，但他们对子女的教育非常严格。多年的经商经历，让谢华深刻了解教育经历，特别是英语水平对一个人未来的影响。到了谢富年求学的年纪，谢华没有让儿子继承生意，而是将他送到英校接受西方教育。成年后，谢富年进入澳大利亚福斯特拉工艺学院（现在的维多利亚工艺大学），选择了以后可能对父亲生意有所帮助的会计专业，并考取了专业会计师资格证书。

谢富年学成归来时，马来西亚已获得独立。他定居首都吉隆坡，在一家汽车装配厂担任会计，拥有了体面的工作和稳定的生活。这时，他的人生貌似与锡矿渐行渐远，但数年后家乡锡矿业发生的变化，让勇于开拓的他找到了新的人生方向。

20世纪60年代的马来西亚，曾让很多人谋生致富的锡矿，正在逐步走向枯竭。据统计，1965年，马来西亚锡矿有工人4.5万人，间接与锡矿产业相关的人口高达40万人，占总人口的5.5%。但经过一个世纪的不断开采、挖掘，锡矿资源枯竭殆尽，昔日繁忙的矿山变为大片被废弃的土地，雨季一到，还形成多个堰塞湖。为了保护环境，减少污染，马来西亚政府关闭了众多矿场，锡矿产业成为夕阳产业，曾经繁荣的矿地渐渐荒芜。

这片土地承载了自己家族的百年兴旺，那么自己也应该为这片土地做些什么。仅有两年工作经验的谢富年决心开创属于自己的事业。在一次家族会议上，他告诉父亲和其他人，自己要在这片被大家视为废地的矿场上寻找商机。

当时，父兄对谢富年的想法颇有些不以为然：几近枯竭的矿地还能有什么商机呢？谢富年看到的机会是：虽然锡矿没有了，但锡矿下面还埋藏着丰富的矿砂、锰、砂石以及高岭土等资源，开采以后经过技术处理，就会变成高价值的工业及建筑材料。彼时，马来西亚经济已经从初级产品出口逐渐向出口导向型经济发展，电子业、制造业、建筑业和服务业发展迅速，这为工业及建筑材料的开发销售提供了难得的机遇。

谢富年与时任马来西亚旅游部部长 YB Sabarudin Chik 及双威城采矿区的一名顾问相谈甚欢

1974年，谢富年成立了双溪威控股有限公司，后更名为"双威控股"。他从一个英商那里收购了一座开采中的小型矿场，该矿场位于雪兰莪州，距首都吉隆坡不远，因为锡矿已被开采得所剩无几，又只剩下三年的开采期限，谢富年仅用了10万令吉①便拿了下来。在短短两年内，他利用矿场的资源，将事业版图拓展到采石、建材、房地产开发及土木工业领域，获得了人生中的第一桶金。双威控股也在吉隆坡股票交易所成功挂牌上市，这标志着谢富年的事业迎来了第一个高峰。

双威镇（1987年）转型前的鸟瞰图

在一般人看来，谢富年应该为自己的成就感到满足：10年间，让一家仅拥有10万令吉资本的小型矿业公司发展成为上市集团；把一个少人问津的尾矿"吃干榨尽"，开发出多种矿产资源，改变了马来西亚锡矿资源的利用方式……无论是个人发展还是对社会的影响，谢富年在如此年纪能取得这样的成绩颇为不易。但谢富年深知，无论如何挖掘，采矿行业的红利已经不多，除非找到新的可供开采的矿地，否则他的事业是无法实现可持续发展的。而立之年他意识到，多元化发展是集团的必由之路。

谢富年把目光瞄向了自己拥有的这片矿产资源几近枯竭的矿场。他发现这片矿场除了拥有丰富的矿产资源，地理位置也非常优越——介于吉隆坡和雪兰莪州之间，靠近吉隆坡国际机场。"如果能在这片荒芜的矿湖上建立起一个综合型度假城镇，无疑有巨大的商机。"谢富年说，"我相信当时有机会重新为这片荒地注入生命，因此产生了把锡矿场变成可持续性综合城镇的梦想！"

① 本书将马来西亚货币名称称为令吉

纪念中马建交50周年

1993年，双威学院开幕时，谢富年亲自为时任首相马哈蒂尔做讲解

1999年，谢富年在吉隆坡双威城迎接李光耀伉俪的到来

谢富年带着构思过的双威城构建企划书，奔走在各个银行和投资人之间寻求资助的时候，他受到多次质疑：荒无人烟的地方，即便有了城镇，谁来住？即便有人来，要让他们住进矿湖土地上的房子里，他们愿意吗？

"当我提出要在废弃矿场上盖房子时，所有人都认为我疯了。"回忆起当时的艰难，谢富年说，虽然这个项目不容易实现，但更重要的是自己有梦想。

被这个创意点燃的谢富年决定一干到底。多番努力之下，一些金融机构被他说服，伸出援手。另一个积极推动此项目的，是项目所在地的雪兰莪州政府，欣然给予这一项目99年的开发契约，为双威城的建立提供了充分的外部支持。

开工伊始，这个占地5000英亩①的"庞然大物"就给谢富年出了难题：开采后的矿山因雨水冲积，流沙堆聚，形成了数不清的积水湖，如果不填平，建筑就无法"平地而起"。谢富年投入大量资金，引进国外先进技术，填土平整地基，使双威城得以顺利开建。

在建筑设计方面，为打造高标准城镇，让新建筑别具一格，谢富年在双威城开建之前举办了一场国际设计大赛，征集了全球超过50项作品，并委托一组来自夏威夷的建筑师将它们具体化，成为由一组专业建筑师构思出来的，代表人类社会成就、创新与进步的出色工程作品。

这个决定做出之后，很多人认为谢富年不切实际，但好在谢富年的团队中有很多人相信他的判断，也愿意跟随他的脚步，如双威集团总裁周志坚，便在谢富年提出这个想法时给予了全力支持。1982年7月，双威城有限公司正式成立，4年之后，吉隆坡双威城（Sunway City Kuala Lumpur）计划启动。

点石成金 打造两座双威城

新加坡开国总理李光耀曾用"化腐朽为神奇"形容双威城的发展。双威城也早已取得了辉煌成就，被公认为马来西亚最成功的大型开发项目之一。然而当初双威城的启动，是伴随着不解和质疑的。当

"整个比赛在当时被认为是一项创举。"谢富年回忆，这个大赛引起了全世界范围内许多优秀设计师的兴趣，不仅因为双威是首个举办类似比赛的房产商，双威城计划本身也非常吸引人，将一片荒地改造为城镇，对于建筑师来说，是一个很好的"考题"。

20世纪90年代，双威城一期建成后，开始对外销售。当时，马来西亚经济已经开始复苏起飞，民众的购买力也非常强劲，市场形势相当有利。但

---
① 1英亩=4046.86平方米

吉隆坡双威城白天的景观

吉隆坡双威城傍晚的景观

令人意外的是，项目推出后即遇冷，即便是公司的员工，甚至是参与该住宅计划的工程师，也没有表现出浓厚的购买意愿。当得知他们是担心在填过土之后的矿湖上居住所存在的安全问题时，谢富年亲自与员工们谈话，一一说服他们："如果你们自己对于引进高科技填土技术的产业都没有信心的话，顾客何来的信心？"终于，随着员工和购买者的顾虑被打消，加上市场逐渐转暖，双威城一期被销售一空。

双威城一期的成功只是一个开始，本着"享受城市内的休闲生活"理念，谢富年在曾经荒芜的矿湖上先后建设了购物广场、酒店、医院及东南亚规模最大的水上乐园等设施。至此，一个距离首都吉隆坡市区只有半小时车程、在马来西亚最具代表性的旅游休闲胜地，在谢富年和他的员工们一起努力了20年之后，终于大功告成。双威城成为集休闲娱乐、水上乐园、度假酒店、会展中心、购物广场、医疗中心、大学及住宅区于一体的综合性现代化休闲城镇。谢富年"一物八用"的佳话，由此传开。

对于吉隆坡双威城，当地媒体曾评价道：双威城项目无可争议地成为雪兰莪州最重要的发展地标之一，不仅打造了双威品牌，奠定了其作为综合休闲生活先锋的绝对地位，更将这一品牌和概念推向了国际。对于谢富年来说，这将他的事业推入一个可持续循环发展的局面，摆脱了以往"靠矿吃饭"的束缚。从废矿华丽转身而来的双威城，作为东南亚甚至是全球最大的休闲度假城镇之一，成为马来西亚迎接各国游客的标志性名片。

双威城项目大获成功之后，谢富年又把目标瞄向了自己的家乡。"过去的100年，采矿业是霹雳州的主业，在它衰落以后，大部分人都离开家乡寻求更好的财富机会。"谢富年希望，通过一个好项目，把更多人气聚回霹雳州，让这里重现繁荣。

除了乡情，霹雳州的旅游优势和经济增长空间也是谢富年投资的重要原因。他在怡保打扪区制订了双威集团的第二个旗舰开发计划——建设占地8100英亩的怡保双威城（Sunway City Ipoh）。与吉隆坡双威城一样，他们的目标是继续打造可持续发展的社区风格，吸引人和资源。唯一不同的是，吉隆坡双威城重在重新发展一片荒地，而怡保双威城的开发重点是保留大自然的资源，实现绿色发展、可持续发展。

谈及城市的概念，谢富年有自己独到的见解：

"对我来说，城市不仅是公路与房地产的兴建，更是生活的重心。人与人的关系，以及人们能否获得机会，必须融合三项基本要素，即经济、环境与社会平等。"因此，谢富年一直坚持自己的梦想，要兴建综合社区，一个让居民无须离开就可以生活、学习、工作、玩乐与休息的地方。他强调的综合城镇，重点就是提供一个全面、完整的社区，能够帮助生活在这个快节奏社会的人们平衡工作与生活。

怡保双威城也取得了相当大的成功，许多在新加坡和马来西亚各地工作的人们都来到怡保买房。这也正是谢富年的初衷：通过相对便宜的价格和优良的居住环境，吸引和唤回在外漂泊打拼的怡保人，让他们有机会在家乡安居乐业，也为家乡的经济增长贡献自己的一份力量。此后，多个双威城在马来西亚乃至东南亚各地崛起，成为当地的地标。

濒临绝境 信义为本渡难关

"我认为信用至为重要。如果企业家言而无信，一旦面对困境时，便无人支持，也不容易东山再起。维持良好的信誉，是营商中至为重要的美德。"回忆起事业中的"至暗时刻"，谢富年认为，良好的信用，让他和双威集团得以渡过难关、躲过"灭顶之灾"。在他的带领下，双威集团在1979年、1985年两次度过经济危机，更在1997年亚洲金融危机中起死回生，实现"凤凰涅槃"。

创业至今，谢富年的企业每一次遭遇困境都与经济危机有关。1979年，东南亚经济不景气，当时双威集团船小货轻，尚可应对；1985年，经济萧条带给双威集团的打击算得上第一个真正的难关：集团资产在进行各项拨备注销之后，从4200万令吉急降至2000万令吉，10年心血顷刻间被摧毁。但由于谢富年多年以来在商界中建立的良好信誉和以诚信换来的整个团队的忠心，集团得到银行的借贷支持，谢富年也与伙伴们齐心合力，渡过了危机。

"成功没有捷径，每一个人成功的背后，都有一段难以言表的艰辛经历。有抱负的企业家必须能在这份伤痛来临前，树立起一种正确的商界哲学。"谢富年的商界哲学和他的人生哲学是一致的，那就是相信人格是"本"，财富是"末"，本末不可倒置。无论是做人、办企业还是办教育，他始终以诚待人，以信处事。诚信为本的信念，也帮助他度过商海生涯中最危急的时刻——1997年亚洲金融危机。

回忆那一段困难时期，谢富年感慨良多。已

马来西亚双威集团总部

从上一次经济萧条低谷中走出的双威集团，正大踏步地迈向黄金发展期。由于多个庞大发展计划正如火如荼地进行，借贷融资也处于高位，当一场极具杀伤力的金融风暴毫无预兆地袭来，并迅速席卷泰国、马来西亚、新加坡等东南亚诸国时，在商海打拼多年的谢富年被打了个措手不及，双威集团也不出意料地被卷入这场规模空前的经济风暴之中。

用谢富年的话来说，这是一次前所未有的"灭顶之灾"。当时双威城正逐步成型，由于债务占比过高，已经自顾不暇的银行迅速收紧信贷，这不仅意味着双威集团正在推进中的项目将面临资金短缺，而且企业要面对巨额债务问题。

当时局面的严峻，是谢富年和他的手下所未能预料的：集团背负的债务高达20亿令吉，导致每股股价从巅峰时的11令吉暴跌97%至0.25令吉，集团市值也从逾80亿令吉缩水至5亿令吉。不仅如此，由于在所背负的庞大债务中，外币债券占了主要部分，随着马来西亚令吉的汇率受金融风暴的影响而大幅贬值，双威集团所面临的资金问题显得更加严峻。

谢富年回忆："那时正是双威购物广场计划开始启动的时候，但在债务压力下，我们几乎失去所有，这么惨重的经历我一生都忘不了。"面对绝境，谢富年表现得异常冷静。摆在他面前有两条路：一是让企业破产倒闭，交由重组委员会接管；二是自己背负企业的债务，带领企业走出困境。前者可使个人得到解脱；而后者则意味着必须承受所有艰巨挑战。谢富年坚定地选择了后者，他的原则不是做逃兵，而是先接受，然后面对。

为了稳定购房者和投资者的信心，谢富年给予购房者非常大的折扣，劝说他们不要撤销购买合约，然后他忍痛变卖双威集团最大收入来源——采石业务。当时双威集团的采石业务在马来西亚规模最大，可为集团带来1/3的收益，提供可观的周转资金。但当时的情形不容谢富年多做考虑，如果不迅速卖掉这样的优质资产，一旦错过机会，所面对的困难会更大。

"当时有人想买走公司的控制权，我不同意。我告诉他们，我创立了这家企业，就要让它继续茁壮成长。"谢富年把双威集团看作自己的孩子，现在孩子生病了，天生的使命感和责任感使他不能轻

双威大学

易将孩子托付给他人。正是这种信念的力量,让他和双威集团一次又一次在逆境中化险为夷。1998年之后,谢富年又相继出售双威金字塔购物广场及双威豪华度假大酒店,并向新加坡淡马锡控股出让了48%的公司股权,从而筹集到数亿令吉资金,才让双威集团在这场风暴中存活下来。

"没有谁一生永不遇到困境,也没有谁在困境中永远是胜者。我们只能时刻保持清醒的头脑,并在现有的条件下做出最好的决定。"谢富年说,"成功源于正确的决定,正确的决定源于丰富的经验,而丰富的经验又源于最初错误的决定。"

经历了集团的涅槃后,谢富年切身感受到掌控风险的重要性。他以诚信为本,用自己和团队杰出的管理能力,使得双威集团浴火重生、化危为机,并以此为契机开启了集团多元化步伐,走上了一条快速发展的前进之路。

在2024福布斯马来西亚富豪榜上,谢富年以24亿美元的总资产排名第8。由谢富年创办的双威集团,已成为马来西亚声名赫赫的巨头企业,横跨12个领域,包括房地产、建筑、零售、酒店、休闲、医疗、教育、采石、建材、贸易制造、商务以及房地产投资信托等。其中,双威有限公司、双威房地产投资信托和双威建设集团3家公司在吉隆坡股票交易所上市。集团实力雄厚,员工总人数超过1.6万人,以马来西亚为总部基地,在中国、新加坡、澳大利亚、越南等9个国家的50多个城市设有分公司或办事处。

尽管成绩斐然,但谢富年仍在积极扩大双威集团的规模,从未停下发展的脚步。他以自己的视野和布局,赢得市场和投资者的信任,双威的股价也持续多年上扬。"我希望双威集团可以成为亚洲可持续发展的先驱,造福社会,为所有合作伙伴提供更高的价值。"这是谢富年对集团的愿景。

心系教育 双威大学美名传

在事业逐步发展壮大的同时,谢富年不忘初心,不忘奉献,积极践行自己和企业的社会责任。目前,他身兼马来西亚客家公会联合会永久荣誉会长、谢富年基金会创始信托人、双威大学名誉校长等社会职务。心系教育、心系客家,是他为人所称颂的社会事业中的两个重中之重。

谢富年自小便洞悉掌握学识的重要性，至今仍不断学习，他已荣获全球多所著名大学授予的10个名誉博士学位。为了让更多有志青年能够有机会进入大学深造，并接受世界顶级的教育，1986年，谢富年在双威城中辟出黄金地段，创办了双威大学，并倾力投入资金和师资，力图将其打造成为马来西亚乃至全亚洲顶级的私立学府。

"我的梦想是打造一所亚洲的哈佛大学！"在谢富年看来，美国的哈佛大学因为有约翰·哈佛基金，近400年来生生不息，终于有今天的学术地位。"我不是学者，但我希望通过几代人的耕耘努力，有朝一日让双威大学建立起像哈佛一样的学术地位。"

在双威大学毕业典礼上，谢富年以名誉校长的身份给毕业生颁发证书

双威大学的特别之处，在于这所知名私立高校与英国、美国、澳大利亚的多所大学结盟，在马来西亚开创了高等教育新局面，让学生可以以较低的学费接受西方优质的高等教育，并取得国外的学位。谢富年办校的宗旨是教育英才，对盈利毫不看重。因此，尽管双威集团在1997年面临财务危机，他也坚持不转卖，反而把双威教育集团股份全部交付信托基金，成为双威大学最坚强的财政后盾。

1998年，谢富年的办校理念吸引了澳大利亚名校莫纳什大学。该校欣然在吉隆坡双威城设立了其位于东南亚的第一所分校——莫纳什大学马来西亚分校。

2007年，事业渐入佳境的谢富年决定投入更多精力和资源于教育事业。他成立了谢富年基金会，旨在为家庭条件不佳的刻苦学子提供资助，让他们有机会继续升学深造。2009年，他向基金会永久捐赠双威教育集团旗下12所教育机构（其中包括双威大学、莫纳什大学马来西亚分校、谢富年医学院、双威学院和双威国际学校）中价值逾7.2亿令吉的全部股份，目前这些股份的价值已超过10亿令吉。

多年来，谢富年通过基金会已经发放超过6.7亿令吉的奖学金，惠及马来西亚等国的数千名学生。2011年12月，谢富年受马来西亚教育部部长任命，负责审查国家教育制度。随后，他又成为马哈蒂尔科学奖基金会理事会、拉扎克行政学校和首要领导基金会的创始受托人。2019年1月，他获颁星洲日报终身教育奖。他在接受采访时表示："我的目标是毕生捐助10亿令吉的奖学金！"

基于就读于英校的缘故，谢富年不谙中文，但他深知中文的重要性。近年来，他已向马来西亚各地多所华校捐款超过2500万令吉，并在依斯干达双威城耗资1500万令吉建造了一所华校。他也要求自己的孙辈接受华文教育，为马来西亚华人社区和中国作出更大贡献。

即使平时大部分时间都说英语，较少说客家话，但是谢富年始终以客家人身份为荣，对客家事务满怀责任与热情。

1997年，身为客家人翘楚的谢富年被邀请担任马来西亚客家公会联合会会长，他在两届总会长的任期内，尽心尽力把客家公会联合会推到了一个新的高度。1999年，谢富年领导客家公会联合会在吉隆坡举办了第15届世界客属恳亲大会，会聚了世界各地42个客属。为了办好这一盛会，他充分发挥了在东南亚的政商人脉优势，除了邀请到时任新加坡资政李光耀、新加坡副总理李显龙等客籍政界领袖，他还邀请到马来西亚首相马哈蒂尔及多位内阁部长出席。

2019年10月，第30届世界客属恳亲大会再次于马来西亚举行，而此次举办地正是谢富年的"主场"——双威会展中心。谢富年的内心十分激动，他希望通过这次盛会让世界各地的客属了解双威城永续经营的发展理念。"能再次见证世界各地的客

谢富年基金会捐助子文国民型华文学校

谢富年获颁《星洲日报》终身教育奖

家杰出人士聚集一堂,互相交流切磋、发扬客家文化,我实在是充满期待。"

多年来,因为对社会事业的热忱和崇高威望,谢富年先后受邀担任马来西亚高等教育理事会成员、马来西亚政府高科技房屋建筑产业协会主席、马来西亚旅游行动理事会执行理事、马来西亚肝脏基金会创始受托人、马来西亚国家肾脏基金会副主席、吉隆坡马来工商总会首位非马来裔荣誉会员、马来西亚罪案防范基金会雪兰莪州主席、马来西亚工程师协会荣誉学士、亚洲策略与领导研究院主席和共同创办人、哈佛大学全球顾问委员会成员、哈佛大学资源委员会成员、马来西亚国家生产力理事会成员、联合国永续发展解决方案组织马来西亚分会主席等重要社会公职。

因在教育、科技、医疗卫生、环保等领域为马来西亚乃至全世界作出的突出贡献,谢富年于1996年被马来西亚政府授予"丹斯里"荣誉头衔。此外,他还先后荣获澳大利亚荣誉勋章、马来西亚城市规划师协会总统大奖、马来西亚建筑业发展局卓越大奖、澳大利亚维多利亚大学杰出校友奖、亚洲新闻台2016杰出企业奖之个人终身成就奖、东盟50周年终身成就奖、RAM首届永续性指标性人物奖、马来西亚管理学院杰出大马领袖奖、星洲日报终身教育奖、第五届时代财智大奖之2019年亚洲终身成就奖、EdgeProp马来西亚永续发展领袖楷模奖等众多奖项。他两次入选福布斯亚洲慈善英雄榜。此外,为表彰谢富年对莫纳什大学和马澳双边关系所作出的贡献,莫纳什大学马来西亚分校将其"医学与保健科学院"冠名为"谢富年医学与保健科学院"。

"你不可能将赚到的财富全部带走,必须把财富用在对的地方。"已迈入古稀之年的谢富年,正将自己更多的精力和资源,投入兴办教育、弘扬客家文化、致力可持续发展等社会事业中,用自己的拳拳之心,为社会作出更多贡献。华

陈群川

陈群川是马来西亚华社的传奇人物。他横跨政商两界，曾身为马华总会长，为维护华社利益殚精竭虑、登高一呼；他大胆的企业格局与投资理念，孕育出轰动业界的马化控股集团；他秉持的政治理念，令华人得以在经济、教育、住房等领域分享公平权益；他波澜壮阔的人生起伏，似一座丰碑，镌刻于时代并光照后人。

他自1991年返乡海南，捐资办学、投资逾亿，并引领华侨共建桑梓。海南省授予其"赤子模范"等殊荣。马来西亚政府亦肯定其贡献，2016年陈群川获封"丹斯里"勋衔，2023年出任马来西亚华人公会党产委员会主席等要职。

力撑华社 丹心可鉴

——马来西亚华人公会前总会长、马来西亚东岭集团主席丹斯里陈群川

> 无论何时何境，陈群川始终遵循利他与造福之心，沿着自己信仰的道路，笔直前行，义无反顾。他说，往昔的一切皆无愧于家人、朋友及整个华社，便是人生回眸处，最安心之所在。

成长磨砺 渐入佳境

1940年9月24日，位于吉隆坡古老厝的接生医院里，一对祖籍海南的年轻华人夫妇迎来他们生命中的第一个孩子。襁褓中的男婴，按族谱取名"陈群川"，或许当时不曾有人想到，这个被贫寒人家寄寓吉顺昌旺的名字，在后来的马来西亚华社如雷贯耳，万众瞩目。

自吉隆坡美以美英文中学毕业后，17岁的陈群川进入马来西亚国家电气局，担任书记工作。初入社会，他的职业理想是成为一名电气工程师，于是他利用每晚下班后的时间，报读了为期两年的大学先修班，并以优异的数理化成绩，获得了前往英国光明学院受训的资格。

然而，当梦想大门徐徐敞开时，陈群川却停下了脚步。

一道残忍的"计算题"摆在他面前：如果他放弃工作，选择去英国留学，那么家中将顿失最重要的经济来源，6位年幼的弟妹，皆会因贫失学，本已十分操劳的父母，势必雪上加霜。

几番思量与挣扎后，陈群川最终割舍了梦寐以求的深造机会，致信上司请求调派至发电厂当学徒，希望继续以半工半读的方式考取工程师资格。

一年后，发电厂的工作渐渐变得索然无味，伺机求变的陈群川于1962年在国家税务总局谋得调查员一职。

这是崭新的一程。新工作带来翻倍的薪水，也使他的进修兴趣从工程师转为法律和会计。在国家税务总局的6年中，他晋升为精通税法的税务专员，不仅通过了全部会计师业务考试，更得益于调查员的工作渠道，结识了一大批马来西亚的知名企业家、贸易家与银行家，为他后来在商场上的运筹帷幄奠定了坚实基础。

1967年，为照顾家庭而无法服从国家税务总局调配的陈群川，离职再度寻找新工作。凭借丰富的税务经验，他很快得到美国美孚石油公司驻马来西亚分公司税务助理的职位，3个月试用期满后，升职为税务顾问。

这是一段积蓄实力的黄金时期。在美孚石油公司的3年间，陈群川细致学习到跨国企业的全套运营模式和融资策略，更重要的是，在当时飘摇动荡的政治时局下，他深刻领悟到政权的巨大影响力，任何一家公司都不可能脱离政治而"真空"发展。

得益于美孚石油公司"双休"的工作制度，陈群川有更多闲暇时间赚外快，贴补家用。他在许多大公司兼任会计顾问，帮助管理者处理困难的财务个案，随着声名远播，一些备受税务困扰的大老板纷纷慕名而来。

这其中便包括云顶高原集团创办人、已故的丹斯里林梧桐。他的造访，再次改变了陈群川的人生轨迹。

1969年，刚刚拿到赌场执照、开荒打造云顶高原的林梧桐，正被国家税务总局追讨40万令吉税款，一时间焦头烂额。他委托陈群川核查税务账目，并仰赖他的精明睿智，不仅成功上诉取消了40万令吉的税款征收令，还额外追讨回46万令吉的贴额。

经此一役，林梧桐对陈群川的业务能力大为青睐，拳拳相邀其跳槽参与云顶高原集团的开发策划工作。

对于这个提议，陈群川十分慎重。肩负着养家重任，他不能轻易放弃高薪稳定的美孚石油公司岗位，于是在接下来的一年多时间里，他继续以幕僚的角色，为林梧桐出谋划策，并成功辅助他躲过了另一次重大危机。

时逢马来西亚"5·13"种族冲突事件后，华社商人的贷款申请几乎都被无理由地拦在银行门外。这对于正在专心扩建云顶酒店的林梧桐来说无异于灭顶之灾，为维持资金链继续周转，他开始悉数变卖橡胶园等自有产业，但面对庞大的账单，依旧杯水车薪。

事情的转机来自陈群川另辟蹊径的"省钱大法"。

陈群川以云顶开发旅游属"新兴产业"为由，成功向财政部申请到为期5年、高达450万令吉的免税额度，并通过积极奔走，促成银行拨发了200万令吉的建设用贷款。

危机解除的那一刻，陈群川内心的使命感亦渐渐清晰。事实上，林梧桐的遭遇，只是在当时的社会背景下，马来西亚华人困境的一个缩影。仅靠个体的微光，实难与强大的政权相抗衡，华人在经济、教育、公民权益等诸多领域所处的弱势地位，亟须有一股力量，号召大家团结起来，打个漂亮的"翻身仗"。

几经思量，陈群川割舍了美孚石油公司如日中天的事业，于次年"上山"，出任云顶高原集团第

2021年，新冠疫情期间，陈群川依然坚持到公司上班工作，并与管理层开视频会议

一任总经理。那一年，他31岁。

全新开业的云顶酒店，起初的宾客人数并不理想。陈群川的经营理念，是利用云顶高原四季如春的气候作为卖点，将其打造成一处老少咸宜的避暑胜地。为此，他在原本荒僻的山地上规划设计出人工湖、游乐园、缆车、高尔夫球场、直升机机场等基础设施。为提升人气，在每周末邀请在校学生铜乐队上山表演，一方面聚拢大量的低龄小游客，另一方面吸引学生家长带领全家老小打气捧场。此外，他亦积极联络计程车公司，鼓励计程车载客开上云顶，并给予每辆车5令吉的路费补助。

心思没有白费，云顶一下子热闹起来，客流量很快稳定在五位数以上。成功地改头换面，为集团赢得了宝贵的第一桶金，也令陈群川在业内声名远播。

不过很快，就有关于华人企业的坏消息传来。

20世纪70年代初期的马来西亚，土著企业在国内的市场占有率还不到一成，而华人企业已从传统的农矿业转向新兴的多元化领域，走势强劲。"5·13"种族冲突事件后，政府开始全力扶持马来人的利益，以"各民族公平分配国家财富"为由推行新经济政策，强制要求所有企业至少30%的股权是由土著人持有。对于大多数根本没钱参股的马来土著人而言，等同于白送。

纪念中马建交50周年

2023年，陈群川与家人庆生

一时间，华社叫苦连天。加之彼时新加坡、欧美的经济均不景气，股市暴跌，马来西亚陷入有史以来最为严峻的经济低谷。对于依靠博彩业和旅游服务业起家的云顶来说，尽速实现业务多元化，摆脱单一的现金流来源，势在必行。

时值1975年，马来西亚商业报登载了名为《伦敦将要破产》的头版要闻。陈群川意识到，一个难得的机会来了。

1973年中东战争爆发，中东油盟把原本每桶2美元的石油提高至每桶40美元，从而触发了二战后最为严重的全球经济危机，许多欧洲工业集团一夜间破产倒闭，到处都是大萧条下的凄风苦雨。

陈群川火速找到林梧桐，陈述了自己的收购大计划：历史原因，马来西亚的多数优良种植园长期掌控在英国人手中，股票大跌后，按当时的行情计算，区区200令吉便可购得1英亩的园丘。若此时大举收购，待到经济重回正轨，云顶将获得巨大的投资回报。

达成共识的两人，发起了1.6亿令吉的巨额收购，目标锁定英国哈里森种植公司名下面积18万英亩的橡胶园、油棕园、可可园及咖啡园，并以"配合国家新经济政策实施"为由，说服马来西亚国家银行拨发贷款支持收购。

虽然在英国政府的阻挠以及英国商人的联合抗议下，收购最终宣告失败，云顶高原集团只获得哈里森20%的股份，但陈群川令云顶高原集团在海外及马来西亚本土收获了足够的关注度，并通过光明磊落的企业收购行为，让马来西亚土著人看到海外企业潜藏的巨大利润，渐趋放弃了对华人基业的侵蚀，从而不动声色地化解了当时敏感的新经济政策矛盾。

"这是虽败犹荣的一役，英商经济的衰退于我们是一个良机，我曾致函中央银行与外资委员会，申明华人与马来人与其在小小的茨厂街内斗，不如联合起来与外国人竞争。在哈里森种植公司收购案中，云顶获得20%的股份，后来我又建议政府本着'30%土著股权'政策，从英国人手中又拿回30%的股份。此后，马来西亚政府又以同样的方式收购了许多国际企业，华商族群在这个过程中逐渐淡出当权者谋利的核心视野。"陈群川说。

1976年，自美国哈佛大学进修高级经济管理学课程返回马来西亚的陈群川向林梧桐建议了一系列多元化业务方案后，表达出准备离开云顶、自行创业的个人打算。

这是一个酝酿了很久的决定。1974年，陈群川乘借英国经济颓势，联合纪永光等几位好友，收购了一间名为"双溪威铁船"的老牌英国采锡企业，并将其改名为"琪琳集团"，主攻金融、房地产及农业领域。按照原定计划，陈群川将在1976年底离开云顶，打造全新的个人基业。

未承想，消息不胫而走。闻讯找上门来的，是时任马来西亚华人公会总会长的李三春，这场会面，彻底改变了陈群川后来的人生轨迹。

政坛崛起 振兴华社

陈群川最初进入李三春的"点将"视野，源于他在云顶高原集团的不凡作为。在两人正式的会面中，李三春诚恳地表示："既然你要创业，不如来马化，帮助整个华人社会扭转消极的经济氛围与被动的经济地位。"

这句话唤醒了陈群川心底最强烈的民族责任感。

2022年10月28日，陈群川为马来西亚圣经神学院大礼堂开幕

新经济政策时期，马来西亚政府为马来人创建了很多大型工业及金融企业，并在大型项目决策、信息透明度等方面，大肆碾压华人族群。鉴于此，作为代表华人利益的最大政党，马来西亚华人公会号召全体华人团结一致，共渡难关。1968年，李三春创立马来西亚多元化合作社，特设金融部，通过吸纳社员存款，集资为华人办事，确保华人享有合理地位。

再三权衡之下，陈群川接受李三春的邀约，于1977年出任马化控股董事经理和马来西亚多元化合作社总经理，以期尽己所能，在华社士气低迷的氛围下，设法应对华人自"5·13"事件后再难获得政府分配土地的当务之急。

走马上任后，陈群川要做的第一件事是集资。在"自强、自救、自立"口号的倡议下，马化面向马来西亚华人公会党员、华商以及各界支持者公开募股，以每股1000令吉的价格筹得3000万令吉资本金。

轰轰烈烈的收购行动随即展开。首先被马化纳入囊中的，是陈群川原本的"私人猎物"——城市屋业发展公司。早在进入马化前，他已经成功取得了公司的实际控制权，考虑到旨在实现"居者有其屋"的马化缺乏专业性的房地产运作平台，陈群川只好忍痛割爱。

紧接着，他开始大量收购地皮。得益于缜密部署，马来西亚种植公司与南洛圆丘两组收购，先后顺利达成。士气如虹的马化，继续瞄准吉隆坡周边的空地，并将版图规模扩大至8万英亩。

华社士气大振，陈群川却清醒地意识到，囤积地皮并不是马化唯一的任务，振兴华人经济势必掌握金融流通的主动权，收购一家可以提供永久现金流的公司，刻不容缓。

目标很快被锁定在林水成家族的万能公司。然而当时正值万能董事会内讧，林太在林水成过世后，已决定将公司卖给另一集团。关键时刻，陈群川晓以大义，将华社唯有团结一致方能在大马立足之要义，动情阐述给林太，并提出略高一筹的收购价格。以华人大局为重的林太，最后选择与马化握手成交。

成功取得万能公司的控制权后，陈群川启动了另一个心心念念的计划——资助华人子女教育。他利用万能每隔3个月举行一次的慈善摇珠筹款，兴建华文小学。摇珠平均每次赚取约100万令吉，足够建造一所包含15间教室的正规学校。

"百年大计，教育为本。人才是社会进步的动力，这一点在何时何地都不可偏废。"陈群川支持办学、鼓励孩子接受教育的理念得到了时任马来西亚首相马哈蒂尔的赞同。在此基础上，后来的马来西亚开始推行"大专私营化"，并新增了多间高等学府，衍生出教育百花齐放的景象。

纪念中马建交50周年

2023年6月24日，陈群川参加马来西亚多元化合作社第43届常年代表大会

就这样，一边壮大自身，一边振兴华社，马化实现了自1977年至1981年的"大发展"，资金规模由3000万令吉飙升至3.8亿令吉，后来更跃升至7.5亿令吉。马化旗下拥有包括金融、房地产、国际贸易在内的多元经济实体，不仅成功创造了2万多个就业机会，更一举晋升为马来西亚最大的企业集团之一。

作为马化一系列大动作的核心推手，陈群川被媒体冠以"华人救星""华裔民族英雄""现代陶朱公"等称谓，在华社拥有极高威望。而后，在李三春的再三劝服下，不想登上政坛的陈群川，拗不过时势的裹挟，最终表示参选。

排在首位的挑战，是走进"彭亨新巴力"华人新村拜票。

华人新村是马来西亚于20世纪50年代设立的华人聚居点。据统计，600余个华人新村的人口超过百万，而当时的执政党联盟——由巫统、马华、印度国大党三大政党组成的"国民阵线"（以下简称"国阵"），并未给予华人新村足够的重视与扶持，房舍破败，民生积怨，更有像"新巴力"这样的华人新村甚至打出了"马华勿进"的旗号。

顶住压力的陈群川一行，刚进入"新巴力"拜会了几户人家，就被一大群情绪激动的村民团团围堵，人们历数"国阵"的种种恶劣政策，责骂政府毫不顾忌华人新村的生活状态。

陈群川静静地聆听，从始至终没有打断任何人，并将各种投诉记于笔案。而后，他说："我和大家一样，对'国阵'的一些政策并不认可，但问题是，既然存在不满，就要找到解决途径，否则痛苦就会循环延续。反马华，并不能对改善华人新村有所帮助，马华只是一面旗帜，它是由人组成的，我觉得有一条路走得通，就是设法影响马华的决策，使马华多做对人民有益的事情。"

一位村民闻听插言："好！那就打进马华，纠正马华！"

陈群川摇摇头说："这种说法太过偏激，不如说是加入马华，影响马华。"

事实证明，这一趟没有白跑。

陈群川用自己的真诚与恳切赢得了不少村民的认同，有人甚至自愿加入马华的拉票队伍，亲自帮他沿街张贴竞选布告标语。1978年7月8日，第五届全国大选如期举行，陈群川首战告捷，当选为彭亨州劳勿区国会议员，正式开启全新的政治生涯。

1979年，陈群川乘胜追击，当选为马华中央委员，而后出任马华联邦直辖区联委会主席。履任后，他积极举办各类政治和经济研讨会，鼓励民众广泛参与，并将一线的真实民声传递给国会，敦促政府改善华人新村居所，解决各类突发灾情。

1982年4月22日，时值第六届全国大选，陈群川以14522张多数票当选向来是反对党堡垒的白沙罗区国会议员。同年9月26日，凭借在马华党内急速飙升的威望，他正式出任马来西亚华人公会副总会长。

遗憾的是，就在陈群川致力于大展拳脚、将内心振兴华社之蓝图付诸实践之时，一场历时20个月的党争在马华内部爆发了。

1984年3月19日，时任马来西亚华人公会代总会长的梁维泮，宣布撤销陈群川"马华联邦直辖区联委会主席"与李金狮"雪兰莪联委会主席"的职务。紧接着，当时的纪律委员会主席麦汉锦更进一步将14名各级党领袖除名。

事件的导火索可以追溯到两天前，一批党内中委在当天长达7小时的中委会议中，正式提出议案，要求中委会设立专门委员会调查党内有人大量制造"假党员"的事件，在未得到积极反馈的情况下，15名中委联名签署公函要求定于4月22日召开全国特别代表大会，以通过议案成立调查委员会，彻查"假党员"事件。

"罢免"事件上演后，马化股票惨跌。为捍卫马华的纯净与光明，陈群川决议与"假党员"事件抗争到底。他与同僚奔赴各州国家选举委员会，逐一比对海量的选民名册，最终掌握了确凿证据：约3万名党员身份信息重复，实属伪造。

1984年5月17日，最高法庭开庭审理"假党员"事件，当权者最终承认，在其控制的10个区会中，曾存在21693名假党员，公信力丧失殆尽。

真相曝光后，一场声势浩荡的党内民主改革运动随即展开。屈服于内外压力的当权者，接受以"国阵"调解人、时任马来西亚副首相嘉化巴巴为首的临时委员会方案，允许举行一场公开、公平的选举。

拨云见日之际，陈群川心里并不轻松。他深知，自己一路将"假党员"事件追查至此，不仅与马华党内的当权梁派势不两立，更令时任首相马哈蒂尔以及巫统方面大为不悦。就此隐退，或许是进退两难局面下最好的选择。

与此同时，首相马哈蒂尔亦抛来"橄榄枝"，三番四次邀请陈群川远离马华与马化，转为替巫统服务，帮助马来土著创立控股集团。基于强烈的民族责任感，陈群川以"将会遭受华人唾弃"为由一再婉拒，但他同时承诺首相，为尽快平息党争，自己愿意辞掉马华所有职务，退出政坛，但前提是，梁维泮也要一同退出。

首相应允，梁维泮应声下马。然而眼看新一届大选进入倒计时，陈派内部又发生重大分裂，两员大将李金狮和林良实成为针锋相对的竞选对手，无论任何一人胜出，都将导致陈派的重大分裂，从而使处于被动状态、伺机而动的梁派渔翁得利。更有甚者，一场新的党争，导火线一触即燃。

为顾全大局，陈群川在艰难取舍后，做出"延迟隐退"的重大决定。他必须守护陈派度过危机，先亲自参选并赢得马来西亚华人公会总会长一职，而后在完成各个重要岗位的委任并平稳交接大事项后，功成身退。

1985年11月24日，马华党中央选举兼常年代表大会隆重举行，新总会长在万众欢呼中诞生：陈群川以高达81%的支持率稳稳中选。次年3月2日，他以总会长身份召开中央代表大会，通过党章修改议案，去除了党员可随意被开除的原有条文，实施更为透明的"集体负责"领导方式，马华也亦因此进入民主与门户开放的新时代。

然而巅峰之上的拥戴，背后却是刺骨的寒意。陈群川觉得，自己违背与首相马哈蒂尔的如期隐退约定，并一再与巫统利益相左，加之反对阵营的人不断煽风点火，整个情势就如同在悬崖边蹒跚而行，稍有不慎，便会粉身碎骨。

这绝非过度忧虑，灾难，已埋下伏笔。

巅峰陨落 幽困囹圄

彻底将陈群川推入深渊的，是轰动新马两地的

纪念中马建交50周年

2023年11月25日,陈群川为马来西亚海南联会90周年庆典开幕

2023年11月26日,陈群川出席马来西亚海南文物馆联合开幕仪式

时值马华党争进入白热化阶段,无暇分身的陈群川只能稍作帮衬,在渣打银行的介绍书担保下,于1985年6月收购了新泛电22.5%的股份。

岂料仅仅4个月后,谭永辉人间蒸发,新泛电被曝无力偿付一笔700万新加坡元的到期贷款,濒临破产。作为公司当时的第二大股东代表,陈群川一头雾水飞往新加坡,与十几家银行进行沟通协商。协商不欢而散,当晚媒体发布了"负债超过4亿新加坡元的新泛电,因无力按期偿还贷款,将被37家银行接管"的消息。

至此,整件事开始不受控制。陈群川发现,像当时新加坡许多铤而走险的投资公司一样,新泛电以同一份股票交易票据向多家银行反复违规担保,申请高额贷款,银行为收取利息亦轻松批准,不以详查。如此漏洞百出的金融体系,表面上却使新加坡的股票交易一片兴旺。

1985年11月底,时任马来西亚财长达因联络陈群川,希望他再次飞抵新加坡,与新加坡财长共商解决之道,核心要义在于:切不可因新泛电的倒下而牵连出新加坡股票行违规操作的混乱内幕,护佑新马两国股市平稳,保全巫统在新加坡的巨额投资不受损伤。

"新泛电"事件。

新泛电,是一家综合难船打捞、土地发展及酒店的多元化企业。1984年,新泛电掌门人谭永辉股票交易失利而不再被新加坡银行信任,贷款失败导致公司资金链断裂。次年,他辗转求助于陈群川,希望借助对方良好的金融信誉,扭转银行对新泛电的负面评估,并一再担保公司的发展潜力与从未欠债的财务状况。

带着拯救新泛电以及协助两国股票经纪公司渡过难关的使命,陈群川赴新加坡与该国金融管理局共商解决方案。双方同意共同暂停新马两国股票交易三天(12月2日至4日),各自整顿。

12月7日,陈群川以个人公司名义,注资2000万新加坡元给新泛电接管人。他看中新泛电的远洋船只运输能力和储备土地,希望将其纳入马化版图,亦算自己在继任马来西亚华人公会总会长、隐退倒计时的日子里，为振兴华社经济再下一城。

12月11日，经过与37家债权银行的多番协商，陈群川与之就新泛电达成拯救协议，当中除了明确新泛电的期货股票债务将与公司剥离、无力偿还的部分将转化为股份由银行作为股东接管等，最重要的一条是陈群川与几位友人将再次注入4000万新加坡元，作为新泛电恢复业务的重启资金。

拯救协议公布的第二天，新加坡报纸刊登头版标题《新泛电有救了》，股市也在当天扭转了萎靡不振的颓势，指数迅速上扬。此后，陈群川又数次往来新马两地，为新泛电的贷款事宜积极奔走，被媒体奉为狭义心肠的"白武士"。

然而，似有一双通天之手在背后操纵，风向一夜突变。

1986年1月21日，陈群川再为新泛电贷款奔赴新加坡，却意外在酒店被新加坡商业犯罪调查局带走，局长格林奈要求他交代一连串问题，包括新泛电的违法财务交易、达因收购新加坡公司的内幕等，并准备以"唆使失信"，对陈群川进行提控。

疯狂轰炸的审问，并没有实质性结果。1月23日下午，在被扣留45小时后，陈群川被新加坡法院提控包括唆使他人、共谋失信公司等6项控罪，并被开出史无前例的2000万新加坡元保释金。

虽然一切罪名皆是莫须有，但强烈的直觉告诉他，这场由拯救新泛电引发的官司，绝没可能轻易脱身。为不使马华受到牵累，1986年1月25日，他用华文写下一封1500余字的辞职信，字字动情，请辞马来西亚华人公会总会长及党内一切职务。

1986年1月30日，万众瞩目的新泛电案件一审在新加坡开庭。当天控方追加了欺骗罪、违反证券业法等9项新控罪，加之先前的6项控罪，

2024年4月24日，东岭集团员工欢庆开斋节

共计15项，涉案金额高达2344万新加坡元。在陈群川坚决否认所有控罪后，保释金由2000万新加坡元翻倍至4000万新加坡元，成为当时全球最高昂的保释金。

幸得郭鹤年、龙学品、李深静三位挚友出资相助，陈群川暂获自由，返回吉隆坡后，他听从主控官格林奈的建议，专程就官司拜会了首相马哈蒂尔。几经周折，得到了来自非官方的反馈：并不存在逮捕陈群川的意图，建议马来西亚将其在该国的股票全部赎回，在此基础上陈群川只要认罪，即可按409律条轻判，只需要罚款无须坐牢。

虽然整件官司的前因后果扑朔迷离，要承认自己并未犯下的罪行亦有失公允，但为求尽快脱身，陈群川还是同意了这个方案，在8月14日的法庭上，对修改后的409条律控状认罪。8月23日，距离最后宣判还有3天，达因又带来"定心丸"，表示两国已经谈妥，只会罚款，不会有牢狱之灾。

勉强松下一口气的陈群川，于8月26日返回新加坡听判。他万万没有想到，主审法官一锤定音，判处其在新加坡明月湾监狱服刑2年并罚款50万新加坡元，且不准签保出外等候上诉，刑期立即执行。

陈群川成为囚犯的消息，犹如一枚重磅炸弹，令新马两地的民众一片哗然。一位力撑华社、横

纪念中马建交50周年

2024年6月10日，陈群川出席中国（海南）马来西亚旅游文化交流周

跨政商两界的传奇精英，何以突然沦为铁窗内"唆使失信"的经济罪犯？从政府邀约担保的"白武士"，到政府极力指控的阶下囚，谁在布局？谁在演戏？谁从中获益？幕后原委至今众说纷纭，无从探知真相。

但可以肯定的是，对于身陷囹圄的陈群川来说，他全部的人生都在被判入狱的1986年彻底摧毁了。

接踵而至的打击，发生在1988年夏天。由新加坡明月湾监狱转去马来西亚加影监狱服刑的陈群川，全部个人产业被法庭悉数变卖，被判落入穷籍，负债金额高达3.2亿令吉。其中，有大约8000万令吉的债务，是受新泛电所累，其余绝大多数都源于陈群川为朋友、会馆等签下贷款担保而遭殃。

当时有媒体估算过，如果陈群川遵循法官谕令，每月偿还1000令吉，那么他至少要偿还3万年！

时隔22年后的2010年，新泛电案件主控官格林奈，在一次公开演讲中，正式为这场旷世冤案昭雪。格林奈向陈群川道歉，并承认当年对他的多项指控实乃错控，陈群川在法律界定上应属无罪。两年后，格林奈在自传《主控官格林奈》一书中，再度提及新泛电案件，直言自己错误提控了陈群川。

然而这毕竟是多年以后的昭雪。在22年前的那个夏天，绝大多数人相信，身陷囹圄又背负巨额债务的陈群川已跌入绝境，再难翻身。

东山再起 恬淡生活

人生角色骤然切换成囚犯，陈群川在经历了最初的震动和崩溃后，开始在狱中努力生活，适应巨大的变故。

每天清晨，他都会准时起床，认真梳洗后，用尽可能多的时间阅读各类马来西亚的政经新闻。3.2亿令吉的债务并没有将陈群川打垮，在他的脑海中，一片荒芜的土地上正架起高楼。

1989年2月4日，陈群川服刑期满，重获自由。在全新的人生篇章里，除了努力陪伴家人，共度美好时光，他开始积极筹谋，摆脱穷籍。一方面，他逐一约见了新泛电债权银行的负责人，陈述整件事的前因后果，几乎所有银行都同意将他原本的债务额度调整为 5% ~ 20%。另一方面，在好友的协助下，陈群川通过一次成功的土地交易，在 3 年内将全部债务偿清，一举摆脱穷籍。

此后数年间，凭借卓然的商业嗅觉与前瞻预判，东山再起的陈群川创立了东岭集团。每一天，他都像平凡的商人一样，准点上班，准点下班，对于过往发生的一切，很少再宣之于口，更几乎不再接受任何媒体的访问，他相信，时间会给出最公正的评判。

如此豁达的守候，终于得以拨云见日。

2010 年，新泛电案件主控官格林奈，正式向陈群川道歉，承认当年的官司实乃错控，并在随后出版的个人自传《主控官格林奈》一书中，再度表明陈群川在法律界定上应属无罪。

陈群川接受了格林奈的致歉，并郑重声明不执念于过往，再见亦是朋友。余下的人生里，他要珍惜时间，做更多自己想做的事。

1991 年，秉承父亲"一定要回家看看"的叮嘱，陈群川第一次回到家乡海南"省亲"，除在当地捐款兴办小学、中学，为海南大学图书馆添砖加瓦外，还先后投资超过 1 亿元人民币建厂办店。

此后数十年间，他又多次造访海南多地，捐资助学，赈灾济贫。在他的带领下，一批马来西亚华侨纷纷回到海南支持家乡的经济建设。

为表彰陈群川的杰出贡献，1993 年，中共海南省文昌县委和文昌县人民政府授予他"造福桑梓楷模"称号；1998 年海南省人民政府授予他"赤子模范"称号。

2011 年和 2016 年，陈群川又被海口市政府聘为海外智囊团成员、海外高级顾问。

2012 年 11 月，陈群川荣获"第四届世界华人经济论坛"颁授的终身成就奖。

2024 年 6 月 22 日，陈群川参观海南大学皮米电子显微镜中心

除此之外，祖国马来西亚亦对他振兴经济、关顾民生的一系列作为给予了认证与肯定。

2016 年 6 月 4 日，陈群川受封"丹斯里"勋衔，以表彰他曾经为马来西亚作出的突出贡献。

2023 年 6 月 25 日，在时任马来西亚华人公会总会长魏家祥的见证下，时任马化合作社董事主席的欧大业，将永久名誉主席委任状颁发给陈群川。

2023 年 12 月 1 日，陈群川于马华中委会议上，被正式委任为马来西亚华人公会党产委员会主席。

时光兜兜转转，那些在一夕间失去的名誉与荣光，以另一种方式归来。

提及往事，陈群川说，自己从未因坐过牢而自卑或羞愧，往昔的一切皆无愧于家人、朋友及整个华社。时过境迁，他早已坦然接受生命中所有的际遇，并感恩由这些机遇叠加生成的现在。

做一名普普通通的商人，一个体贴的丈夫，一位慈祥的父亲，是陈群川余生中为自己设定的最重要的三个角色。

如此恬淡的心态，或许正是历经风雨后，岁月给予他的最好的礼物。华

谢松坤

  谢松坤及其家族所掌控的上市公司全利资源有限公司，不仅跻身马来西亚证券交易所市值百强企业之列，而且在行业内占据领先地位，是亚洲首屈一指的鱼肉浆供应商、马来西亚领先的鱼制品生产商以及亚洲第三大鸡蛋供应商。此外，通过引进日本知名的"全家便利店"（Family Mart）品牌，其家族业务已成功扩展至零售领域，并在马来西亚的主要城市中广泛布点。

  据2024年福布斯马来西亚富豪榜统计，谢松坤家族以18亿美元财富稳固其地位，继续蝉联马来西亚第十大富豪。

从大学讲师到亿万富豪

——全利资源有限公司执行主席谢松坤

> "我出身贫寒,能够接受教育实属不易。亲身经历让我深刻体会到教育对个人的重要性。如果当年我没有继续从小五升学,今天很可能只是个渔夫。教育不仅能改变个人的命运,还能增强民族力量,促进国家发展,其作用不可小觑。"
>
> ——谢松坤

逆境成长 白手创业

谢松坤,1948年出生于马来西亚雪兰莪州靠近巴生港口的一个宁静小渔村——双武隆,其家族源自中国广东省汕头市。20世纪30年代中期,谢松坤的父亲谢两赐告别新婚妻子,前往马来西亚谋求生计,在雪兰莪州北部的宁静小渔村双武隆定居,以捕鱼为生。

谢松坤的父亲原本计划等生活稍微稳定之后便将妻子接到马来西亚,然而,1937年日本全面侵华战争的爆发打乱了他所有的安排。战乱使无数人流离失所,谢松坤的父亲也因此与妻子失去了联系。

在生活的压力下,谢松坤的父亲于1945年在马来西亚再婚,娶了陈氏为妻。二战结束后,谢松坤的母亲历经艰辛与远在南洋的丈夫重新取得了联系。经过重重困难,她终于在1947年来到马来西亚与丈夫团聚。谢松坤便是于双武隆渔村出生的第三个孩子。

尽管谢松坤的父母在战乱中幸存并最终团圆,但战争造成的特殊社会环境使他们的家庭结构变得复杂:谢松坤的父亲因战时阻隔有了两位妻子,谢松坤也因此有了15个兄弟姐妹。这个庞大的家庭靠捕鱼为生,而战争带来的经济落后使得他们的生活条件极为艰苦。

家庭负担沉重,谢松坤的兄弟姐妹从小就开始跟随父亲和兄长出海捕鱼。由于潮汐影响,他们经常无法按时返航,导致大哥和二哥因频繁旷课而在四五年级时被迫辍学,成为家庭的主要劳动力。

谢松坤完成五年级学业时,因村里小学六年级学生人数不足无法开班,他也将面临辍学。村小学校长和大哥看到了他在学业上的潜力,反复劝说父母让他到附近小镇继续学习。最终,父母决定支持他继续读书,并托镇上的亲戚提供寄宿帮助。

为了供谢松坤上学,家里不得不让其他孩子辍学。因此,在谢松坤升学后,他的四弟和五弟也像哥哥们一样,在小学毕业后便辍学,加入出海捕鱼的行列。

11岁那年,谢松坤离开家乡,独自面对生活的挑战。凭借着不懈的努力和永不放弃的精神,他在完成了12年的华文教育后,以优异的成绩考入了马来西亚历史最悠久、声誉最高的学府——马来亚大学,主修数学。

在大学期间,谢松坤不仅学习成绩突出,还因其品学兼优的表现被聘为助教,并获得了攻读本校数学硕士学位的机会。对于许多人来说,这是一个改变人生轨迹的宝贵机会,但谢松坤认为,抽象的数学研究并不能实现他的现实理想。他不愿意随遇而安,而是希望掌控自己的命运。因此,他毅然放弃了这一难得的机会,选择了另一条更加贴近实际的道路。

为了寻求更广阔的发展空间,谢松坤离开了马来亚大学,前往玛拉工艺学院(现称为"玛拉工艺大学")担任讲师。在那里,他专注于数学和统计学的教学工作。

中国人常说"三十而立",当谢松坤刚步入 30 岁时,他已经拥有了稳定的职业和生活,似乎正逐步走向人生的圆满。然而,他一直怀揣着通过实业报恩家庭的理想,而当时的生活与这一目标相去甚远。

于是,谢松坤在 1984 年毅然放下教鞭,决定白手起家,一方面与朋友共同创办了一所私立学院,另一方面与家人一起投身于海产生意。

谢松坤与朋友共同创办学院的初衷,源于他对教育能够改变命运的深刻认识以及对教育事业的热情。因此,在创办这所学院时,他们不仅投入了大量的精力,还勇于探索新的教育模式。从学院成立之初,这群热衷于接受新事物的创业者就选择了与英美知名大学合作办学的创新路径,这种模式在当时鲜有人尝试。此外,他们还在国内率先全面实施了先进的学分转移和双联课程的学生培养机制,为学生,尤其是贫困华裔学生,提供了接触国际先进教育理念的机会,并支持他们完成海外本科学业。

这种前瞻性的教育理念和优质的教学环境,使得该学院自建立以来便备受关注。如今,这所学院就是马来西亚著名的私立大学之一——马来西亚英迪国际大学。

一直以来,谢松坤始终对家庭怀着深厚的感激之情,他认为衡量成功的标准不仅是个人的成就,更重要的是整个家庭的幸福和繁荣。尽管他在教育领域取得了显著成就,但他心中始终挂念着兄弟们依然在艰苦的捕鱼生活中挣扎。"我本来是教书的,全心投入学院生意是理所当然的事,但在家庭方面,兄弟们干的捕鱼活还是很辛苦,我就想弄个事情让他们都参与进来。"他的梦想质朴而坚定。

出于这样的愿望,谢松坤从学院创立的第一天起,就决定将学院的日常管理交给其他合伙人,自

1977 年 3 月,谢松坤带领 6 人爬山队在两位当地向导的带领下攀登马来亚半岛最高峰——大汉山

己则专注于带领家族成员开展新的事业。他希望为家族找到一条新出路,让每个家庭成员都能过上更好的生活。因此,他带领家族以及太太的几位兄弟一起,开始了白手起家的新征程。

以创新立业 靠诚信兴业

"渔民生长于没有马路的渔村,除了捕鱼什么都不会,不会驾车,不会骑脚踏车。叫他们去外面找其他活肯定不容易,不过你如果能把渔村的事情做起来,大家也都能参与。"回顾创业初期,谢松坤的话语中充满了轻松,那段岁月的艰辛却历历在目。

早在 1977 年,身为讲师的谢松坤便开始在课余时间帮助兄弟们探索以渔村为模式的实业发展路径。当时,他们的第一个产品概念是利用当地的自然资源——贝壳。贝壳富含钙质,是非常好的饲料原料。每天,谢家人将海滩上的贝壳晾干加工成壳粉,然后卖给饲料厂作为钙质原料。

在那个交通不便的小渔村,贝壳资源丰富,但缺乏通往外界的道路,地面泥泞难行,无法使用卡车运输。面对这一困境,谢松坤和他的兄弟们并没有放弃。

"我和兄弟们商量后决定,利用椰子树干铺设一条简易道路,在树干上覆盖沙子,这样拖拉机就可以通行,将贝壳顺利运出这片泥泞的沼泽地。"谢松坤说。

2006年，谢松坤获颁"2006年度安永马来西亚企业大师奖"

生意就这样从创新的运输方式开始了。

1979年到1980年，谢松坤的家人还尝试了其他方法，如将不能卖到市场的小鱼晾干绞碎成鱼粉，用于饲养家畜。这些初步的实践奠定了日后全利资源的基础。

即便有了这些初步的成功，当谢松坤正式离开教职，带领家族开创事业时，面临的仍是重重困难。由于缺乏资金和生产基地，他们只能进行鱼粉贸易。在这种情况下，如何赢得客户的信任成为一大难题。

"在这样的状况下，我们只得一步一个脚印，尽量克服困难。当时我们能做的，就是尽量履行买卖承诺，不管价格如何波动，也如期交货，在这样的情形下逐步建立信誉。"谢松坤认为，信誉是无形的资本，在企业缺乏足够发展资金的情况下，诚信成为他们在激烈市场竞争中的立足之本。

通过严格履行承诺，谢松坤逐渐赢得了客户的信任，并获得了银行的支持。起初，借款需要资产抵押和担保人，手续繁杂。但随着信誉的建立，银行开始对企业发展给予全力支持，甚至豁免了资产抵押。

凭借良好的信誉和过硬的产品质量，谢松坤不仅在市场上树立了品牌，还在危机时刻依靠诚信渡过了难关。1997年的亚洲金融危机期间，全利资源因一贯的诚信获得了丰隆银行提供的额外贷款，从而安然度过了危机。

除了诚信，持续不断的创新也是推动全利资源不断前进的动力。早在1985年，谢松坤在马来亚大学攻读MBA时，就选择了本杰明·格雷厄姆提出的"成长力"作为论文主题。他认为，一家企业只有拥有强劲的成长力，才能富有无限的生命力。

基于这一理念，谢松坤和他的家族在海产业和家禽养殖业领域不断创新。20世纪90年代，当大多数海产加工企业仍在使用传统手段生产鱼浆时，全利资源率先引进了日本的先进技术、设备和质量标准体系，使得其鱼浆加工业领先整个行业，奠定了今日成为亚洲最大鱼浆生产企业的基础。

2008年，国际金融危机爆发，东亚消费市场受到冲击，全利资源在日本和韩国市场的订单锐减。面对困境，公司迅速将目光转向中国市场，利用国内需求与国外低价的优势，迅速打入中国市场，占据了大量份额。

除了技术创新和产品创新，全利资源也在公司组织和管理架构方面进行了管理创新和制度创新。作为家族企业，他们既运用了家族企业的优势，也尽力克服其弊端。

"做旧生意要有新手法"，这是谢松坤事业发展之初引入的企业策略。他反复强调，创新必须是持久性的。因此，在企业发展过程中，他逐渐将"创新"由策略和方法升华为企业文化的重要组成部分。

"只有成长，才能给予企业生命力，我想要企业不断成长，就要建立创新文化。"谢松坤坚信，创新关乎成长，已经融入全利资源的血脉。

通过持续不断的创新，全利资源不仅在技术上保持领先地位，还在管理上实现了高效运作。例如，在应对市场需求变化时，公司能够迅速调整策略，推出新产品或改进现有产品。这种灵活性和响应速度，使得企业在激烈的市场竞争中始终占据一席之地。

此外，全利资源还注重员工培训和发展，鼓励团队成员提出创新想法，并为其提供实现这些想法的机会和支持。通过这种方式，公司内部形成了浓厚的创新氛围，激发了员工的积极性和创造力。

多元经营 全产业链发展

创业初期，谢松坤家族首先通过捡拾海滩上的细贝壳作为饲料原料卖给饲料厂，并涉足鱼粉买卖，逐步进入了这个行业。随着对行业的深入了解，谢家人在实践中发现，除贝壳粉和鱼粉作为钙质与蛋白质的原料外，玉米、大豆等主要饲料原料的需求量更为庞大。

2008年，谢松坤接受英国赫特福德大学副校长威尔申颁发法学名誉博士学位，表扬他对马来西亚商业与教育的贡献

然而，在20世纪80年代的马来西亚，玉米和大豆这些主要饲料原料主要依赖从中国大连进口，国内并没有大规模的分销商。看到这一市场空白，全利资源抓住机会，尝试与进口商建立联系，并积极构建稳固的合作关系，进入了饲料原料分销行业。

成功突破银行融资和物流框架的瓶颈后，全利资源从初级原料分销扩展业务范围，逐步发展成为马来西亚主要的饲料原料进口商之一。

在对整个饲料行业有了充分了解与把控的基础上，全利资源开始尝试进入下游的家禽养殖业。面对这个全新的领域，实践之路注定是缓慢而曲折的，但作为企业领路人的谢松坤对此表现出了极大的耐心和信心。

谢松坤表示："量变必然引起质变，所有事情开始时发展肯定是缓慢的，但只要你根基扎稳了，技术掌握了，飞跃式发展是必然的事。"

在刚涉足家禽养殖业时，全利资源的养鸡场日产蛋量仅为30万颗。然而，经过20多年的稳步发展和技术积累，如今公司的鸡蛋日产量已超过320万颗，已经发展成为亚洲第三大鸡蛋供应商。

海产食品加工是全利资源的另一核心业务领域。作为亚洲最大的鱼浆生产企业，全利资源不仅在本国市场占据了重要地位，其业务范围还扩展到了日本、新加坡、韩国、欧洲、美洲及中国台湾等多个国家和地区。随着市场的不断扩展，公司进一步加大了对深海捕鱼作业的投资，力求从源头上保证原材料的质量和供应稳定性。

与此同时，全利资源致力于提升海产保鲜技术，强化产品研发，并推动产业加工流程的自动化。这些措施不仅提升了生产效率和产品质量，也为公司在激烈的国际竞争中赢得了更多优势。通过不断的技术创新和流程优化，全利资源成功地扩大了海产加工业的产能，提高了产品在全球市场中的竞争力。

继家禽养殖和海产业之后，谢松坤家族又将另一个比较熟悉的行业——油棕种植与加工开辟成为企业的第三个产业。

在马来西亚，棕榈树是一种十分常见且国民善于种植的经济作物，因此，在经过短暂的积淀与发展之后，全利资源的棕榈油业务也以非常迅猛的态势发展起来。2011年，全利资源除在马来西亚沙巴斗湖拥有1200公顷的油棕园外，在印度尼西亚加里曼丹东部还拥有总面积达2万公顷的油棕种植基地。

2016年，全利资源通过其子公司Maxincome资源与日本知名连锁便利店品牌全家便利店签订了长达20年的区域特许经营协议，成功将全家便利

2009年，谢松坤获颁"中国中华十大财智人物"特别奖

店引入马来西亚市场，标志着全利资源正式进军便利连锁店行业，并迅速在国内市场上引发了热潮。

"全家便利店是一个极具影响力的品牌，在中国台湾拥有2000家至3000家店铺，在日本则达到了7000家。考虑到马来西亚的人口基数大于中国台湾，以及许多马来西亚人对日本文化的喜爱和接受度，我认为全家便利店的概念非常适合马来西亚市场。"谢松坤如此评价。

谢松坤坚信，相比创建一个全新的本地品牌，引进一个已经证明成功的强大品牌是更为明智的选择。面对初期关于需要7年才能收回投资的担忧，他果断抓住了这次机遇。"幸运的是，我们仅用了不到三年的时间就实现了成本回收，这无疑证实了我们的执行能力和全家便利店在马来西亚市场的巨大潜力。"谢松坤补充说。

多年来，谢松坤家族秉持"多元经营、全产业链发展"的理念，这一理念贯穿全利资源发展的全过程，成为公司持续成长的动力源泉。面对激烈的市场竞争，全利资源始终坚持"专注主业"的原则，通过创新经营和品牌战略稳固核心业务。在企业发展过程中，逐步将业务扩展至综合畜牧、海产食品加工、油棕种植及便利连锁店等多个领域，并不断强化这四大主业之间的协同效应，使其彼此紧密相连、环环相扣，共同构建了全利资源的商业帝国。

这种战略布局不仅巩固了公司的市场地位，也为企业的长远发展奠定了坚实的基础。通过在各领域的深耕细作与资源整合，全利资源成功打造了一个多元化且相互支持的产业生态系统，展现了其作为行业领导者的实力与愿景。

此外，身为马来西亚十大富豪之一的谢松坤，尽管已离开教育岗位数十年，依然坚信教育是改变命运的关键。除负责英迪国际大学的事务外，他还连续20多年担任马来西亚非营利华文中学——滨华独中的董事长，致力于推动和维护马来西亚的华文教育。同时，谢松坤与夫人谢木兰共同创立了"松木基金会"，不仅资助慈善公益项目，更大力投资于教育事业的发展。

谈及对教育事业执着的原因，谢松坤分享说："我出身贫寒，能够接受教育实属不易。亲身经历让我深刻体会到教育对个人的重要性。如果当年我没有继续从小五升学，今天很可能只是个渔夫。教育不仅能改变个人的命运，还能增强民族力量，促进国家发展，其作用不可小觑。"

陈志成

陈志成从不认为房地产开发只是单纯为人们提供"有瓦遮顶"的居所。在过去30多年间，他率领自己一手创立的丽阳机构（Tropicana Corporation Berhad），秉承集团独特的发展基因，旨在为居民提供安全、优良、便利、理想的家居环境，从马来西亚围篱式社区与度假式风格家居生活的开创先锋，一路成长为该国首屈一指的地产界标杆企业。

集团旗下所有的地产项目，都承袭丽阳独树一帜的品牌DNA——在绝佳的地理位置打造令人神往的生活方式，并凭借独具匠心的佳作，连年斩获诸多颇具威望的业界嘉奖。

以心筑家

——丽阳机构创办人兼执行副主席陈志成

> 陈志成希望向外界传达一个清晰的概念：丽阳机构的房地产作品，惯以融绝佳的地理位置、便利的社区通行、创新的设计、严密的安保以及高度舒适的空间实用性功能为一体，令选择丽阳的居民安享惬意的幸福时光。
>
> "据说家是心之所在，这听起来特别真实，我们建造的家，不仅要吸引消费者的眼睛和头脑，更要吸引他们的心。"他说。

理想住宅缔造者

何以为家？对于陈志成而言，这是一个不断进化的概念。

1955年5月10日，陈志成出生于马来西亚柔佛州峇株巴辖（Batu Pahat）的一户普通人家，祖籍中国福建永春桃城仑山。他的父亲在柔佛的罗里公司担任书记，母亲是一位虔诚的佛教徒，家中兄妹八人。

注重中华传统文化教育的夫妻二人，将陈志成送入当地的华文小学读书，陈志成小学毕业后凭借优异的成绩，又顺利升入峇株巴辖英文中学，并考取了剑桥英语证书。精通双语，为他日后征战商界打下了坚实根基。

20岁那年，不甘平庸的陈志成毅然决定只身前往吉隆坡闯天下。

高耸的楼宇，宽阔的街道，耀眼的霓虹灯，倒映在青涩少年眼中的陌生大都市，每一样都是跳脱于以往生活氛围的新奇体验。彼时，家对于陈志成而言，更多地意味着一处稳定的栖身之所。

他努力谋生，第一份工作是百科全书推销员。没经验、没客源，甚至不熟悉城市交通，陈志成的推销工作举步维艰，一度过得非常拮据，连一辆代步的摩托车都买不起。然而，用双脚丈量城市的过程亦有所收获，凭着聪明好学和真诚果敢的性格，陈志成渐渐积累起宝贵的销售实战经验，人脉也越拓越广。

其后，他跟随兄长陈志远，共同加入美国友邦保险（AIA），成为一名八面玲珑的保险经纪人。几年时间里，兄弟二人接连斩获了几宗大订单，不仅在行业内打出了一定的知名度，手头也渐渐宽裕，攒下了一笔可以创业的启动资金。

"我们选择的第一个属于自己的事业，是二手车市场。"陈志成说，他与陈志远首先瞄准了日野（Hino）卡车等重型车的销售，其后更成为丰田和普腾汽车的经销商。为赶超对手赢得客户，兄弟二人经常一大清早就骑着摩托车前往陆路交通局竞标特别车牌，以确保能够帮助客户竞得心仪的车牌。

几年后在一次机缘巧合下，陈志成从朋友处听闻，马来西亚的房地产市场即将步入快速发展通道，未来将大有可为。"对于我而言，这是一个全新的领域，朋友缜密的分析帮助我看到了这个领域光亮的前景，但我觉得凡事不可冒进，审慎探路更为稳妥。"就这样，打定主意小试牛刀的陈志成，在柔佛新山甄选了一些地库，并凭借人生中第一项房产工程——UPC Court公寓的圆满完成，为日后创建并执掌欣欣向荣的地产王国揭开了序幕。

1992年，陈志成正式创立成隆机构（Dijaya Corporation Berhad），即如今丽阳机构的前身。

一切正当时。

20世纪90年代，马来西亚提出影响深远的国家战略规划——《2020宏愿》，期望通过经济发展和硬体建设的元素实现达到先进国家的目标。这一愿景不仅推动整个国家自90年代初开启了为期30年的经济增长，更在很大程度上直接促进了吉隆坡和其他主要城市的建设。

秉持对市场变化的敏锐观感，陈志成留意到，彼时正在大兴土木的吉隆坡，虽然急剧涌现出一大批新兴的住宅小区，但始终缺乏一处商业与住宅质量并重的综合房屋产业。

"事实上，家对于人是一个不断进化的概念，从遮风挡雨到享受生活，我一直坚信，住宅的终极要义，并不是单纯成为人们吃饭、睡觉的生活空间，而应当成为生活的艺术。"陈志成说。

于是35岁这年，他毅然申请了银行贷款，加上多年积蓄，购置了一块625英亩的优质地皮，启动开发马来西亚首个以度假生活方式为主题的住宅项目——丽阳高尔夫度假村（Tropicana Golf and Country Resort），其中包括一个面积达45万平方尺①的俱乐部会所。

项目刚刚推向市场的时候，消费者对于住宅可以涵盖"除起居之外功能"的价值并不十分理解，销售反应略显平淡。为全景呈现丽阳高尔夫度假村的世外桃源氛围，陈志成一口气完成了27洞高尔夫球场的前9个洞口以及园景特色，让买家得以想象并预见未来房子的模样，并特意安排买家搭乘直升机鸟瞰整体发展地段。高尔夫球场配合绿意盎然

1992年，丽阳机构推出首个以度假生活方式为主题的发展项目——丽阳高尔夫度假村，在马来西亚的产业舞台上掀起涟漪。位于八打灵再也的丽阳高尔夫度假村，面积达625英亩，并且拥有马来西亚最大的、获奖无数的"丽阳俱乐部会所"

的园林景致，在获得惊艳赞叹的同时，也收获了大批订单。

得益于消费者的青睐，丽阳高尔夫度假村不仅帮助陈志成一举偿清了银行贷款，更于1995年荣膺世界不动产联盟马来西亚分会（FIABCI）评选的马来西亚"年度最佳休闲发展项目"大奖。经此一役，更坚定了他在房地产界大展拳脚的决心，而其兄长丹斯里拿督斯里陈志远则持续为他自己日益庞大的商业王国开疆拓土。

其后，乘胜出击的陈志成再下一城，购置了一块409英亩的地皮，开发丽阳英达度假村（Tropicana Indah Resort Homes）。诗情画意的田园环境，加之距离商业中心咫尺之遥的黄金地段，吸引消费者纷至沓来。

同样是在1992年，凭借团队旗下主要业务部门的出色业绩表现，丽阳机构在马来西亚股票交易所主板挂牌上市。作为马来西亚围篱式社区与度假式风格家居生活的开创先锋，陈志成渐渐为团队在业界确立了独树一帜的品牌DNA——在绝佳的地理位置打造令人神往的生活方式，并接连推出屡获赞誉的重磅佳作。

建设丽阳机构首个综合发展项目——位于郊外岭花园（Taman Desa）的斯里帝沙公寓和店面办公楼；在八打灵再也推出首个商业发展项目，即白沙罗英丹电子商务园；推介占地9英亩的丽阳城综

---

① 1尺 = 0.333米

丽阳高尔夫度假村的日出

丽阳机构与雅居乐地产控股有限公司达成联营协议，联手发展位于马来西亚吉隆坡武吉免登路的黄金地段

合发展项目，涵盖丽阳城购物广场、丽阳城办公楼和丽阳服务式公寓；推介丽阳名捷城首阶段，并成功在短短两天时间内售罄。

"通过园林绿化和实用性设计的整合，在最佳地理位置，创造出标志着自然景观和现代化居所融为一体的建筑风格，实现感官体验与品质体验的并驾齐驱，已成为丽阳机构商业与住宅产业计划的专属标杆。"陈志成欣慰地表示，该发展策略在10年间为公司产值带来了令业界瞩目的5倍增长。

2013年，他将集团正式更名为"丽阳机构"，这是一个与久负盛名的丽阳高尔夫度假村并驾齐驱的名字。从这一刻开始，丽阳开始沿用标志性的"T"品牌以彰显集团与众不同的市场定位。

谈及更名缘由，陈志成透露："当年我与太太潘斯里拿汀曾少秋在美国度假，偶然遇见一间名为Tropicana的酒店，当下便爱上了这个名字。tropicana有热带花园之义，一个小小的词汇，蕴含的是一幅广茂绚烂的图景。正如丽阳的使命，我们并不旨在推出单纯的住宅产品，而是致力于重新定义生活艺术。"

就在丽阳机构正式更名的2013年，集团成功创下了21.6亿令吉的傲人销售额纪录，较2012年的9.67亿令吉大幅度增长了1.24倍，创下历史新高。其中主要贡献的产业计划包括巴生谷的丽阳格兰德（Tropicana Grande）、丽阳商业街（Tropicana Avenue）和丽阳名捷城（Tropicana Gardens）以及柔佛州伊斯干达的丽阳金海湾（Tropicana Danga Bay）。此外，丽阳机构于2014年5月初与雅居乐地产控股有限公司（一家香港上市企业）合作，联合开发一块位于吉隆坡市中心占地3.138英亩的黄金地皮。

在这项联营计划中，丽阳机构以4.48亿令吉，脱售位于武吉免登的地库，为公司进账1.45亿令吉的特别盈利。随着丽阳机构规模的不断扩大，陈志成对地库投资充满信心，他通过在巴生河流域、北马和南马的地库收益，带领集团进一步拓展了丽阳高尔夫度假村与丽阳英达度假村品牌发展，并借此传递"T"品牌引领下的全新丽阳模式。

"我们希望通过做好项目的每一个环节，向外界传达一个清晰的概念：丽阳机构的房地产作品，惯以融绝佳的地理位置、便利的社区通行、创新的设计、严密的安保以及高度舒适的空间实用性功能为一体，令选择丽阳的居民安享惬意的幸福时光。"陈志成说。

目前，集团旗下标志性的发展项目，除前述提及的位于八打灵再也的丽阳高尔夫度假村、丽阳英达度假村、丽阳名捷城、吉隆坡心脏地带的丽阳豪庭之外，还包括梳邦再也的丽阳维璟、加影的丽阳恒庭、哥打甘文宁的丽阳丰逸城、柔佛州伊斯干达区黄金地段的丽阳金海湾与丽阳金海澳、槟城的丽阳218Macalister和在沙巴哥打京那巴鲁的丽阳地标。

位于梳邦再也的丽阳维璟堪称"大都会公园"的缩影，为"无缝生活空间"概念树立了新的标杆

坐落在柔佛州伊斯干达A区和D区之间点的丽阳金海澳

位于柔佛州伊斯干达的丽阳金海湾

作为一项首开先河,以捷运为导向概念而进行设计的综合性发展项目——丽阳名捷城,有望成为哥打白沙罗的下一个城市枢纽

丽阳维璟和丽阳丰逸城是陈志成的得意之作。"涉足房地产领域一路走来,我对于兵贵神速有了极为深刻的理解和体验。准确的信息加之迅速而前瞻的决策,是项目成功的重要基础。正如当初我发现丽阳维璟项目所在的土地开放买卖,我立即飞往台北面见地主,庆幸的是,地主被我的诚意打动,愉快成交。"陈志成回忆说。

丽阳维璟堪称"大都会公园"的缩影,其所在地理位置优越,这个充满活力与蓬勃气质的社区,以前是一片占地88英亩的工业地,丽阳机构接手后,将其改造成一个适合年轻消费者居住的度假胜地,更为马来西亚的"无缝生活空间"概念树立了新的标杆。丽阳维璟拥有住宅、商业和零售开发项目,林荫大道、GEMS国际学校、医疗设施、娱乐休闲区,全都围绕着其占地9.2英亩、拥有人造湖泊的标志性中央公园。值得一提的是,2018年8月,丽阳开通了备受期待、总耗资1.15亿令吉建设的丽阳维璟高架天桥(Tropicana Metropark Link),以连接联邦大道(Federal Highway)和丽阳维璟。通过这座高架天桥,成功将居民的通勤时间缩短了10~15分钟。

"随着丽阳机构更多地产项目的深度拓展,我们希望可以借此为周边社区提供更高的附加值,目前集团正朝着建设能够面向未来的基础设施和康乐设施的方向迈进。"对于陈志成来说,丽阳的使命不是建造房屋,而是建造能够满足居民需求的住宅和生活空间。因此在规划发展项目时,他们极为看重可否帮助居民拥有实用的便利设施、基础设施,以及良好的交通链接和可达性。

除了丽阳维璟,丽阳丰逸城是丽阳集团推出的另一重磅佳作。占地863英亩的丽阳丰逸城,环境优美,富有诗情画意。该项目致力于创造充满活力且具有可持续发展空间的建筑与城镇生活方式,由四期的开放式住宅和景观优美的花园构成,采用田园绿化风格,并拥有一个85英亩的中央公园和社区中心,含有步行和自行车道,标志性的黄色自行车图案,时刻提醒居民放慢脚步,充分享受生活。

生活艺术定义者

执掌丽阳机构一路成长为马来西亚地产界的标杆企业,陈志成一直未敢忘却自己的初心。"丽阳机构开发的住宅项目,都秉承集团独特的发展基因,旨在为居民提供安全、优良、便利和理想的家居环境,实现人与自然的完美融合。"这一点,正应和了他对于丽阳王国的愿景——重新定义生活艺术。

"我从不认为房地产开发只是简单地建造房屋,或是为人们提供'有瓦遮顶'的居所。我涉足地产领域至今,一直坚信,我们的事业是为人们精心打造优质的生活方式,设计能让他们引以为傲并称为'家'的社区。据说家是心之所在,这听起来特别真实,我们建造的家,不仅要吸引消费者的眼睛和头脑,更要吸引他们的心。"陈志成的心愿如今已成为丽阳机构独特的核心基因(Tropicana DNA)。集团精心为客户打造布局合理、格调高雅、拥有美丽绿色景观、安全管理,甚至拥有便利交通和道路系统的住宅小区,旨在令客户安心将生命时光交托给丽阳营造的惬意空间。

另外,丽阳亦着意在旗下社区打造"幸福文化",通过丰富多彩的互动专题,营造和谐融洽的居住环境。

比如，在丽阳维璟举办的首个"丽阳泡泡跑"（Tropicana Bubble Bridge Run）活动，超过 1600 名参赛者参加了 5 公里障碍赛，旨在培养大家与家人一道运动的健康习惯；同样在丽阳维璟举办的还有"日落下的快乐时光"（Sunset Happy Hour）活动，这是一场居民中的美食家相聚的饕餮盛宴，大家一边享用新鲜的生蚝及红酒，一边畅意分享自己的美食心得；此外，还有丽阳维璟的首次"宠物嘉年华和市集"，这个为期两天的活动吸引了超过 1200 名宠物爱好者参与，嘉年华期间通过各式各样的游戏活动，每只爱宠都被精心装扮，有些人甚至在现场领养了新宠物。

不仅如此，丽阳旗下的其他社区亦有精彩纷呈的个性化活动。例如，丽阳丰逸城在其占地 85 英亩的中央公园举办了"公园巡游"（Glow in the Park）活动。园区内点缀着令人眼花缭乱的创意艺术装置，包括挂满五彩缤纷 LED 灯的甲虫车，夜晚还有点亮整个夜空的焰火表演。丽阳名捷城则为居民带来了身心健康的讲座，以及瑜伽和呼吸技巧研讨会，以帮助居民在繁忙的生活中保持身心健康。

回顾带领集团一路走来的奋斗历程，陈志成表示，2013 年是丽阳机构的转型期。"在不损害未来资源的前提下，丽阳机构除了继续巴生谷的房产业发展，也配合基于长远蓝图的集团发展进度需求，进一步在巴生河流域和南马的黄金地段，开拓更多优质的综合房地产计划。"

平安度过这次转型期后，另一个关键性的挑战发生在 2018 年。

其时，由于金融市场的剧烈波动和全球经济的不确定性，加之外围贸易局势的持续紧张，马来西亚的经济增长陷入较长的疲软阶段。在重重挑战的环境下，陈志成领率丽阳机构审慎管理投资源，同时继续以兴建优质房屋为业务核心，履行为居民及周边社区创造价值的初心承诺，使他们安然度过"寒冬"。

谈及丽阳机构稳定成功的发展轨迹，陈志成说，除去集团推出的综合房地产项目均属质量上乘的佳作之外，另一半要归功于集团招揽了一批有执行能力和营运效率的销售人才和管理人才。

"多年来我一直相信，一家公司能否永续经营和不断成长，关键在于各类人才的辅佐。所以，我们相当重视良好解决和处理各类人事问题，认定员工将会是公司最好的资产，也是推动公司迈向目标及实现更大成功的最佳推手与利器。"陈志成说，为确保公司能留住人才，他经常在百忙之中抽时间亲自聆听员工的意见或想法，并敞开办公室大门，随时准备与他们沟通。"最重要的是员工们信任你，愿意与你分享。单纯的经济利益并不能捆绑人心，唯有以心交心，才是最长远的相处之道。"

如今，在整个团队众志成城的努力下，由陈志成一手创立的丽阳机构，已经从一个发展度假风格住宅的先驱者跃变成马来西亚首屈一指的房地产开发商。

企业使命践行者

有鉴于陈志成在房地产领域的突出成就，以及其为推动马来西亚城市发展作出的卓越贡献，他被册封为"丹斯里"。丹斯里是马来西亚的国家荣誉，由国家元首册封给对国家有极大贡献的杰出人士，意为"护国将军"，受封赐对象主要是部门秘书长、法官、社团领袖、退任部长及精英商人。

2013 年世界华人经济论坛盛典上，陈志成再度成为媒体焦点，时任马来西亚副首相亲自授予其"终生成就奖"。当年那个在吉隆坡默默无闻的穷小子，终于凭借数十年的艰苦奋斗，为马来西亚人民建造了千千万万的美好家园，也借此改写了命运，报偿了当年"不甘平凡"的誓愿。

此后，在陈志成张弛有道的布局下，丽阳机构不断成长，不仅于马来西亚住宅和商业发展领域持续书写佳绩，更连年斩获诸多颇具威望的奖项。

1995 年，丽阳高尔夫度假村被世界不动产联盟马来西亚分会（FIABCI）评选为年度最佳休闲发展项目；1997 年，丽阳高尔夫俱乐部的景观被马来西亚雪兰莪州政府誉为"雪兰莪州最佳景观"；1997 年、1999 年、2006 年，丽阳高尔夫俱乐部三次获得由马来西亚高尔夫球协会颁发的"最佳会所／设施奖"；2005 年、2006 年，丽阳高尔夫俱乐部连续两年被评为"马来西亚最佳客户服务俱乐部"；1995 年、2003 年至 2006 年，丽阳高尔夫俱乐部的球场多次被评为"最佳高尔夫球场"。

2009 年，丽阳旗下的绿苑半独立式房屋被给予马来西亚最高的五星评级，同时荣获"亚太地区最佳住宅发展项目"并荣膺 CNBC 国际地产奖国际最

前布城机构主席丹斯里拿督斯里阿昔仄末博士为丹斯里拿督陈志成颁发"BrandLaureate 特别版世界奖"之"2015 年 Brandpreneur 终身成就奖"

佳住宅发展项目；2010 年，丽阳高尔夫度假村获得马来西亚五星级殊荣，并在彭博电视协办的"亚太区国际地产大奖"中被评为"最佳高尔夫发展项目"。

2011 年，丽阳旗下的英达居苑 1 公寓荣获"梦想家园奖 (Dream Home Award) 之最佳中等成本高级公寓"；同年，丽阳格兰德面向高尔夫球场的公寓被评为"马来西亚最佳高层住宅发展项目"，并被给予最高的五星评级，而且在彭博电视协办的"亚太区国际地产大奖"中被评为"最佳高层住宅发展项目"。

2012 年，丽阳机构在"BCI 亚洲大奖"中荣登"2012 年亚洲十大发展商"之列；同年，锦池苑的三层半独立式房屋在汇丰银行马来西亚有限公司与亚洲皇家特许测量师学会协办的"亚太区房地产奖"获得"马来西亚最佳多单位发展（高度赞扬）奖"；丽阳名捷城的 Arnica 服务式公寓被 Property Talk & Lifestyle Group (由 HAI 有限公司独资)、Patchay 城市研究和 Patchay 零售咨询评为"年度最佳房地产"；位于梳邦再也的丽阳维璟被 Property Talk & Lifestyle Group、Patchay 城市研究和 Patchay 零售咨询评为"年度最佳总体发展规划"。

2013 年，丽阳机构在"BCI 亚洲大奖"中荣登"2013 年亚洲十大发展商"之列；同年，丽阳机构凭借优秀的组织能力和品牌管理被授予"2013 年超级品牌奖"，并在"2013 年第九届亚太超级优秀奖"中荣获"名人堂大奖"。另外，位于梳邦再也的丽阳维璟在"2013 年亚太区房地产奖"中被授予"最佳混合用途发展奖 (马来西亚)"的最高五星评级。

2014 年，丽阳机构在"BCI 亚洲大奖"中荣登"2014 年亚洲十大发展商"之列，并在"2014 年东南亚地产奖"赢得了五个奖项；同年，丽阳机构还荣获 The Edge "最显著的成就奖"、The Edge "马来西亚顶级房地产发展商奖"、The Edge 马来西亚房地产和房地产投资信托基金类别之"最高利润的成长型公司"，并赢得"The Edge 2014 年十亿令吉俱乐部奖"的一席之位；同时，丽阳机构还获得"2014 年亚太企业精神奖"(APEA)，并荣获由《马来西亚房产洞察》(Property Insight Malaysia) 杂志主办颁发的著名发展者大奖"十大发展商之一"奖项。另外，集团旗下的丽阳维璟产业销售廊凭借着采用"活化再循环"概念赢得了"马来西亚建筑师公会银奖"，丽阳维璟的 Pandora 和 Paloma 服务式公寓获得"iProperty.com 人民选择奖"之"最佳高层发展类别"奖项。

2015 年，位于哥打白沙罗的丽阳名捷城被授予"马来西亚最佳混合用途发展奖"的最高五星评级；丽阳豪庭及丽阳商业街 (Tropicana Avenue) 获得"绿色地产金奖"；同年，丽阳在"BCI 亚洲大奖"中荣登"2015 年亚洲十大发展商"之列，并连续两年在"The Edge 2015 年十亿令吉俱乐部奖"中获得"利润最高的成长型公司"。同时，在"2015 年布特拉品牌大奖"中获得"房地产人民选择奖"，在"2015 年国际房地产峰会奖"中荣膺"亚太区最佳发展商网站"，在"2015 年 Property Insight 卓越发展商颁奖典礼"（PIPDA）上被评为"马来西亚十大发展商之一"。

2016 年，丽阳机构荣获"2016 年 iPROPERTY 人民选择奖之最佳混合用途开发奖""2016 年全国企业年报奖之 2015 企业年报优异奖""2016 年 The Edge 马来西亚房地产卓越奖之发展先锋大奖"等奖项。

2017 年，丽阳荣获"2017 年 Frost & Sullivan 最佳实践奖之新产品革新奖""2017 年 iPROPERTY 发展卓越奖之人民选择奖""2017 年 Property GURU 亚太地区房地产大奖多个奖项""2017 年 Property Insight 卓越发展商颁奖典礼之年度十大顶尖房地产开发商""2017 年 The Edge 马来西亚房地产卓越奖之十大顶尖房地产开发商"及"2017 年星报房地产颁奖礼多个奖项"等诸多荣誉。

2018 年，丽阳机构获"The Edge 2018 年度马来西亚十大顶尖房地产开发商"殊荣。同年，丽阳荣获"2018 年 BCI 亚洲十大顶尖开发商""2018 年 iPROPERTY 人民选择奖"及"2018 年星报房地产颁奖礼全明星奖"等嘉奖；集团旗下的丽阳名捷城、丽阳丰逸城 Dalia 住宅、丽阳 218Macalister、丽阳湾公寓、丽阳豪庭、丽阳金海澳 Ayera 住宅等

丽阳集团在"The Edge 2018 年房地产卓越奖"颁奖典礼上获得"The Edge 2018 年度马来西亚十大顶尖房地产开发商"殊荣

项目，亦分别摘得业界分量级奖项。

2019 年，丽阳机构已连续 8 年荣膺"BCI 亚洲十大顶尖开发商"和"亚太区房地产大奖"。同年，丽阳还荣获"2019 年 Property GURU 亚太地区房地产大奖""2019 年星报房地产颁奖礼全明星奖和创意触摸城市酒店奖"及"2019 年布特拉品牌大奖之房地产人民选择奖"等嘉奖；集团旗下的丽阳恒庭 Ridgefield 住宅、丽阳金海澳 Ayera 住宅等项目，亦分别摘得业界分量级奖项。

同时，陈志成个人也荣获业界多项荣誉。

2014 年 8 月，在马来西亚著名杂志《尚流 TATLER》主办的"2014 年马来西亚亚太企业家"颁奖典礼上，陈志成荣膺"亚太企业家"大奖；同年又获得吉隆坡暨雪兰莪中华总商会表彰。

2015 年，"BrandLaureate 特别版世界奖"授予陈志成"2015 年 Brandpreneur 终身成就奖"；同年，其又荣获马来西亚商界著名的英文媒体 The Edge 颁发的"The Edge 2015 年马来西亚杰出房地产企业家奖"。

2016 年 11 月 18 日，在世界不动产联盟马来西亚分会主办的"第 24 届马来西亚产业大奖"颁奖典礼上，陈志成获得"2016 年产业风云人物大奖"

丹斯里拿督陈志成伉俪向马来西亚Ti-Ratana慈爱福利中心的孩童赠送礼物，左三为拿督达摩拉达那长老

在圣约瑟夫机构马来西亚国际学校开幕典礼上，学生代表献上纪念品，以表达对丹斯里拿督陈志成热心支持教育的敬意和感谢

"这才是一种真正的大的快乐。"陈志成说，每个人都希望生活在和谐、清洁、友好、没有贫困与疾病的社会中，就需要有能力的人，主动将自己拥有的拿出来，持续改善那些不好的、帮扶那些羸弱的。"与全社会一起分享自己奋斗的人生果实，这才是生命最光彩绽放的时刻！"

2011年，陈志成创立了丽阳机构旗下的慈善组织——隆丽阳基金会（后更名为"丽阳基金"）。通过丽阳基金，集团在过去的若干年间，主要针对教育和非营利组织进行慈善捐赠，积极回馈社会。

2016年1月27日，圣约瑟夫机构马来西亚国际学校（丽阳八打灵再也校园）[St Joseph's Institution International School Malaysia(Tropicana PJ Campus)]获得丽阳基金的慷慨捐助共计150万令吉。

在捐助仪式上，身为丽阳机构创始人与丽阳基金会副主席的陈志成，向圣约瑟夫机构马来西亚国际学校总裁汤姆斯·拉文修士（Brother Thomas Lavin）移交了有关的模拟支票。

殊荣，并由柔佛州苏丹依布拉欣殿下颁奖。2017年，他获颁2017年马来西亚福建社团联合会颁发的"杰出企业家大奖"。

在全力推动丽阳机构深耕于地产界的同时，陈志成秉承企业家对于社会肩负的强烈责任感与使命感，以实际行动践行自己的慈善公益之路。

"从无到有，满足个人的愿望，这是一种小的快乐；从有到无，回馈社会，满足更多需要帮助的人，

"丽阳机构向来与本地社群和该公司旗下产业拥有人紧密合作。"陈志成说，建设圣约瑟夫机构马来西亚国际学校，展示了丽阳机构不仅意欲为本身的顾客创造和谐的伙伴关系，也希望打造理想与具有活力城镇项目的承诺。"我们希望可以为更多的人提供优质的受教育机会。通过这项捐助，有关奖学金将可以协助学生丰富自身的知识，增强他们的学习体验，进而让这些年轻人开阔眼界，更自

由、更完美地规划自己的人生路径。未来，丽阳机构计划在旗下的主要城镇项目分别设立此类学校。"

截至2020年，丽阳机构已经与马来西亚3所著名的教育机构合作办学，包括已经于2016年9月正式招生、位于丽阳英达的首家圣约瑟夫机构马来西亚国际学校（丽阳八打灵再也校园），以及位于丽阳维璟的GEMS国际学校和丽阳丰逸城的腾比（Tenby）国际学校。GEMS国际学校和腾比国际学校分别于2017年和2018年9月首次招生，为当地儿童提供全面的学习机会，从而在发展范围内创造更加繁荣、和谐的社区。

2019年9月，丽阳机构与马来西亚教育部各自拨款数百万令吉，以协助拥有81年历史却由于人口逐渐减少，在2018年底为学校唯一一名学生举办了"一个人的毕业典礼"后就暂时关闭的马来西亚福隆港华小进行搬迁和兴建，以行动支持马来西亚的教育发展。"除丽阳机构的辖下社区外，我们将努力扩大与各类慈善机构、非政府组织和机构的联系，以期为推进社会和经济发展贡献一份力量。"陈志成说。

谈及自己的祖籍国，他更是感慨万千。"中国政府及人民秉持远见、胆识和胸襟三大格局，一步一个脚印推动改革创新，努力促进经济发展，让中国在短短的40年间，从发展中国家逐步发展成为世界数一数二的经济强国。尤其是，中国在2020年实现现行标准下农村贫困人口全部脱贫，同步迈向小康社会的目标，这种知难而进的精神，尤其值得马来西亚参考和学习。"

在陈志成看来，中国经济的腾飞亦为包括马来西亚在内的各国带来机遇。根据统计，2024年中马双边贸易额达2120.4亿美元，中国连续16年成为马来西亚最大的贸易伙伴。

"作为'一带一路'的重要节点，马来西亚具备地利、人才、稳健的经济与金融体系，以及完善的法制与保障等优势条件，加之大马亦是开通中国与东盟合作的门户，堪称一个非常利商的国家。我坚信，中马两国的双边经贸合作与成长将长足推动

丹斯里拿督陈志成相信成功没有捷径，要想成功就必须勤奋向上、努力打拼，并且要有勇气坚持自己的决定

中马两国关系的积极发展，合作前景十分广阔。全球经济局势明显放缓之际，马来西亚更要为中马经贸贡献力量。除了政府的努力，华社和华人企业家也责无旁贷，义不容辞配合政府共同推进民间经贸往来，互惠互利，共存共荣。"陈志成表示，丽阳机构随着中马关系的不断推进，进军中国市场，并在中国几个主要城市建立分公司，未来，也会在寻找有实力合作伙伴的同时，加大在中国的品牌宣传力度，让更多人了解丽阳机构，了解马来西亚，了解马来西亚的房地产市场。华

古润金

古润金,马来西亚杰出华商,现任完美(中国)有限公司董事长。2024年是完美公司扎根中国30周年,他深刻体会到,过去30年间从零起步到蓬勃发展的历程,正是中马友好的生动写照。当前,两国关系正步入新的纪元。

作为中马友谊的桥梁,古润金致力于推动构建人类命运共同体,身兼马来西亚中国友好协会署理会长、丹斯里皇室拿督及太平绅士等职。截至2023年底,他引领完美公司在中国慈善公益领域捐资超9.55亿元人民币,为促进社会发展贡献力量,展现了企业社会责任的新高度。

中马走进新时代 完美开启新未来

——完美（中国）有限公司董事长古润金

> "完美，不只是我们的完美，还是健康中国蓝图里的完美，是中马友谊之树下的完美，是'一带一路'上的完美，更是面向世界的完美！"
>
> ——古润金

完美30年 健美中国人

古润金领导下的完美公司扎根中国已历30年，这是一段非凡、辉煌的创业史诗。而成就今天的完美，完全来自古润金的赤诚初心。

古润金，1959年出生于马来西亚吉隆坡，祖籍中国广东省中山市。古润金的祖父在清末为躲避战乱漂洋过海来到马来西亚谋生。在古润金的记忆里，祖父和父亲两个人为了改变贫困生活而苦苦打拼，在他还是个孩子的时候就不得不开始赚钱，他每天早上5点多就起来卖报纸赚取微薄的收入以帮补家计，一天的休息时间不超过6小时。古润金之所以能完成学业，离不开当时华人贤达、长者的资助，这也是他创业成功后持续回报社会的原始动力。

少时生活艰难，往往会给不同的人带来天差地别的性格基因：要么更加独立、更加珍惜生活中的美好，并且拥有更强的适应能力和解决问题的能力；要么在悲观、自卑等负面情绪中度过贫穷人生。对于古润金来说，苦难造就了他坚韧不拔的性格。古润金说，小时候的经历是他一生的财富。

20世纪90年代初，马来西亚政府放宽了华裔返回故乡、寻根问祖的限制，中国改革开放规模也进一步扩大。在这样的契机下，1990年3月，古润金第一次回到中国，回到了祖辈生活和深爱的这片土地。

更重要的是，古润金发现自己的祖籍地中山以及全中国欣欣向荣、充满向上的力量，"下海"与"创业"是当时最热门的词汇。古润金还发现，当时大部分酒店、家庭都在用肥皂，而不是沐浴露，日化产品市场处于爆发式增长前夜。

古润金说："当年祖父辈们是在旧中国最贫穷落后的时候漂洋过海去南洋谋生，如今他的孙儿在新中国日渐强盛、改革开放最热烈的时候回到家乡，现在的条件与他们那时相比不知好了多少倍，为何不抓住机会闯一下呢？而且这也是回报家乡的大好机会呀！"

在回乡创业之前，古润金在马来西亚已经成功地将家族两代人未曾改变的贫困的帽子远远地丢了出去，并通过创办公司积累起自己人生中的第一桶金。正是在财富、热情、智慧的支撑下，古润金做出了人生最为重大的决定，在中国开启二次创业。

1994年4月2日，古润金与事业伙伴许国伟、胡瑞连联合创立的完美（中国）有限公司在广东省中山市正式开业，主营日化产品。

在完美公司创立之初，古润金事必躬亲，亲自给员工授课，与普通消费者进行一对一的对话、沟通，也曾骑着自行车、坐摩托车送货、讲课。他每天的工作时间超过10小时。他说："我们当时是选择了一种在中国算是一个新兴的行业，也是一种新生事物，在创业之初及开展工作过程中，自然会碰到许许多多的困难与挫折。"

所有的困难与挑战不仅被古润金一一化解，还最终演化为完美公司的发展新动力。完美公司建立起以"建立完美事业，拥有完美人生"为追求的企业使命，以"守法经营、规范经营、永续经营"为核心的企业发展理念，并向社会郑重承诺"三个不变"：为消费者提供优质产品的理念不变，为广大业务员提供事业发展机会的理念不变，在中国长远投资发展的理念不变。

完美公司自创立以来的发展犹如一幅 AI 创作的城市崛起的画卷：1997 年完美大厦落成启用；2000 年完美新工厂落成启用；2004 年成立 10 周年之际，完美扬州基地正式奠基；2010 年扬州完美日用品有限公司开业；2011 年起，随着完美华南基地、完美淮北基地和上海虹桥完美科创中心的规划提上日程并逐步投入使用，完美公司建设的智能化生产基地已在全国落地生根；2021 年，完美新总部落于粤港澳大湾区中心地带中山市繁华核心区。

经过 30 年的稳健发展，古润金领航的完美公司已发展成为一家涵盖健康食品、小型厨具、化妆品、保洁用品及个人护理品等大众消费品，服务于国民健康和美丽的大健康科技企业。目前，完美公司的产品销售及服务覆盖中国境内各省、自治区和直辖市，设立了 34 家分支机构、6 家办事处、万余家服务中心（含油葱微店）。同时，产品销售及服务扩展至中国香港和中国台湾，以及马来西亚、新加坡、泰国、印度尼西亚、越南等国家。

古润金说："30 年来，完美公司历经风雨，但始终对中国市场充满信心。"

构建高质量发展格局 完美推进中国式现代化

在过去的 30 年，完美公司完成了从小到大、从弱到强、从中国走向世界的品牌升级过程。在这个过程中，完美适时调整发展策略，紧跟时代潮流，捕捉时代机遇，创新发展，成绩斐然。

古润金表示，"完美公司的 30 年，是以科技创新为引领，提升价值创造力的 30 年；是提升品牌价值，打造发展支撑力的 30 年；是赋能个人价值，创造集体力量的 30 年。接下来，我们将继续扎根这片投资热土，将投资的步伐迈得更大。我们计划在 2024 年再投入超过 10 亿元人民币支持业务发展，并加速推动上海虹桥完美科创中心于年内投入使用"。

据统计，截至 2024 年，完美公司累计在中国投资超 100 亿元人民币，投资建设扬州、华南、淮北、吉林等基地及上海虹桥完美科创中心，总面积逾 1100 亩。其中，最近 4 年，完美公司在科创中心和生产基地建设、数字化升级、供应链体系建设等方面的投入累计超过 40 亿元人民币。

古润金期待，完美公司在未来几年率先构建起公司高质量发展新局面，推进中国式现代化建设。

古润金认为，高质量发展的抓手是新质生产力，完美公司在科研创新、健康美丽服务、数智化转型、绿色发展等方面全面锻造新质生产力。

在科研创新领域，完美公司坚信，强大的科研能力和创新精神是保持企业持续活力的关键要素。公司长期将科研创新视为推动企业进步的核心力量，将"技术创新"作为突破口，采取平台、人才、项目相结合的战略布局，激发了公司科技发展的内生动力。

针对健康美容服务，完美公司持有这样的观点：产品质量是企业存续与成长的根本。公司一贯秉持"三心"经营理念，视产品安全为运营的生命线：自产品开发至原材料选择阶段即重视健康与营养价值，致力于建立智能化、高效率且严格标准的质量管理体系，构建行业内领先的品质控制与追溯体系，确保以科技创新满足消费者需求。完美公司以专注与专业的精神，致力于提供高品质的产品。

在数字化与智能化转型上，完美公司认识到，适应快速变化的消费市场需要不断的自我进化。自 2007 年起，随着"数智完美"战略的实施，公司累计投资超过 4 亿元人民币用于产业升级：加速建设"数智化生产工厂"，"完美云"实现了数据的无缝连接和高效协作，同时，电子商务平台"油葱商城"的推出，使得智能便捷的服务能够直达消费者手中……这一系列举措推动了企业从传统的自动化生产模式向"智能化 + 数字化"方向转变。2022 年，完美公司成功获得了智能制造能力成熟度模型三级认证。同年 11 月，完美公司与腾讯智慧零售合作，启动了"完美数字化营销项目"，利用数字技术作为驱动力，拓展多种线上工具和平台的应用，促进了线上线下的业务深度融合，巩固了公司的数字化与智能化基础，为提升新质生产力提供了强有力的支持。

关于绿色发展，完美公司认为，绿色是高质量发展的基石，新质生产力本质上就是绿色生产力。长期以来，完美公司一直致力于践行绿色发展理念，将环境保护的理念融入企业的发展战略之中，探索出了一条经济效益、社会效益和生态效益相统一的绿色发展路径。

事实上，早在2019年，古润金就提出"二次创业"，并紧跟国家"健康中国"的战略步伐，加速数字化转型升级。公司以科技创新为引领，将加速创新成果转化为培育新质生产力的关键抓手，先后落成"完美生命健康科技研究院"，成立"完美皮肤健康研究中心"，启动"完美健康生态创新联盟"，通过加大研发投入，为服务国民的健康和美丽贡献力量。

截至2018年，完美公司已经建成拥有500多个认可项目的国家认可实验室，以及设施完善的自主研发平台，从"生物活性肽""天然植物""中医药""微生态"四大领域，依托旗下完美生命健康科技研究院、科技公司、健康公司等，联合多个科研院校和行业协会组织，建立创新平台、联合实验室及产业投资基金，围绕"科技创新""成果转化""项目孵化"三大目标路径和研究方向合力共赢，共促大健康产业发展。目前，完美公司已经拥有了创新平台18个、联合实验室10个，创新驱动成效显著。

从研发成果来看，完美公司获得了一系列重大成果。2023年11月，完美公司的"二裂酵母创制研究及产品开发"项目荣获中山市首届劳模工匠创新成果展示暨职工创新交流大会"最具匠心奖""优秀展示奖"；2024年2月，完美公司荣获博鳌健康食品科学大会暨博览会"科技进步企业奖""创新健康科技产品奖"；2024年9月，完美公司的薏苡仁发酵液、纤连蛋白原料分别荣获中国国际美博会主办的2024 Super原料评选"评鉴官推荐原料""创新原料"；2024年10月，完美公司的"二裂酵母创新原料技术研究及新产品开发"荣获广东省化妆品学会"科学技术进步奖一等奖"；2024年10月，完美公司荣获"国际化妆品创新匹亚大赛INPD国际创新原料奖"；2024年10月，由广东农科院加工所主持，完美公司参与的"代谢综合征人群特膳食品精准设计加工关键技术与多元化产品"荣获2023年度广东省"科技进步奖一等奖"。

完美公司在新质生产力方面的建设，为公司实现"百年完美，全球完美"的宏伟目标奠定了坚实基础。

古润金说："当前，中国正在着力扩大内需、推动高水平对外开放，发展新质生产力以创新推动经济高质量稳定发展。身处其中的我们，既是投资者，也是受益者；既是共建者，也是共享者。作为侨资企业，我们将始终怀揣一颗赤诚的'侨商'之心，坚持在中国长远投资发展，以侨心、侨情、侨智、侨力，在中国经济发展中寻求企业高质量的发展。"

中马沟通交流的"民间大使" 架起两国情谊往来的"心灵桥梁"

回望过去30年非凡历程，古润金和完美人发现，无论是经济起落还是其他"黑天鹅事件"，完美公司都能乘破风浪，在应对重重挑战中实现新的蜕变。这种能力背后，正是古润金所赋予的深刻的文化基因——"伙伴至上，成人达己"的文化理念，这种理念成功地激发出企业上下无限的生命力和创造力。

在过去30年，古润金和完美公司始终作为中马民间交流合作的先行者、共建者和受益者，携手包括马中文化艺术协会在内的众多机构和单位，积极推动民间交流与合作。

据了解，为促进中马两国交流，古润金多次率领马来西亚经济考察团到访广东省侨办、省侨商会、广东华侨博物馆进行座谈交流和参观，都取得了很好的成效。因为自觉担任中马沟通交流的"民间大使"，古润金和完美公司获得了政府和社会的广泛认可。

2008年7月18日，广东省侨商投资企业协会、广东国际华商会、广州市侨商会联合举办的"改革开放30周年回眸之华商风云盛典"大会，在海内外600多名侨商的仰望中，完美公司凭借对中国经济建设作出的巨大贡献,被授予改革开放30周年"华商特别贡献奖"。古润金代表完美公司接受时任国务院侨办主任李海峰颁发的荣誉奖牌。

2018年12月18日，在党和国家领导人、社会各界重要代表约3000人出席的庆祝改革开放40周年大会上，古润金作为海外侨胞代表应邀出席盛会，与各界代表共同庆祝中国改革开放40载的伟大成就。会后，时任中共中央书记处书记、中央统战部部长尤权会见了古润金等参加改革开放庆祝活

2007年,古润金向马来西亚新纪元学院捐款

动的海外侨胞和归侨侨眷代表。

古润金说,他虽然出生在马来西亚,但是中国是祖籍国,他对这两个国家都有深厚的感情,希望两国能够友好交流、友好往来、共同发展,这是马来西亚华裔们共同的心愿。

对于中国,古润金说,只有中国强大了,华人在海外才能扬眉吐气。华侨华人的"民族根"永远与祖籍国连在一起。"作为中华儿女,我们有责任担当新时代的使命。"古润金始终怀揣一颗赤诚的中国心,秉承"同根同源,血脉相连"的同胞精神,传承传播中华优秀传统文化,期盼并致力于中华民族伟大复兴。

令古润金记忆深刻的一幕是:2023年8月31日上午,第十一次全国归侨侨眷代表大会在北京人民大会堂开幕。习近平、李强、赵乐际、王沪宁、蔡奇、丁薛祥、韩正等党和国家领导人到会祝贺,应邀出席大会的古润金在代表席前排就座。

盛誉之下,古润金并没有停留,他继续为中马交流作出新贡献。2024年6月20日,以"同心共创完美未来"为主题的完美中国30周年年会在马来西亚吉隆坡国际贸易展览中心举办,完美中国公司的伙伴和员工相聚马来西亚,正是古润金促进中马民间交流理念以及落实"一带一路"倡议的真实写照。

古润金对参与公司年会的全体人员说:"没有你们的努力和付出,就没有今天的完美!2024年是中马建交50周年,也是完美公司成立30周年,是一个承前启后的重要年头。完美,不只是我们的完美,还是健康中国蓝图里的完美,是中马友谊之树下的完美,是'一带一路'上的完美,更是面向世界的完美!"

2024年10月11日,中国国际友好大会暨中国人民对外友好协会成立70周年纪念活动在北京举行,习近平主席出席大会并发表了重要讲话。大会和有关活动以"深化中外民间友好 推动构建人类命运共同体"为主题,来自世界各国的对华友好组织负责人和国际友好人士出席活动。习近平主席重要讲话,深刻阐释了新形势下发挥民间外交独特

纪念中马建交 50 周年

2008 年，古润金向时任中国驻马来西亚大使程永华移交捐款支票

作用，深化中外民间友好，推动构建人类命运共同体的中国主张。

古润金应邀出席中国国际友好大会活动。古润金认为，华侨华人是助力"一带一路"建设的重要力量，广大华侨华人要携手起来，充分发挥自身优势，凝聚侨心侨力，对外讲好中国故事，不断促进各领域友好交流合作，为构建人类命运共同体和世界和平、发展、繁荣贡献"侨"的智慧和力量。

此外，古润金积极赞助、参与中马交流活动。比如，助力举办"庆祝马中建交 50 周年文化艺术交流盛典""海外春晚——文化中国，四海同春"等活动，积极参加世界华商大会、全球华侨华人促进中国和平统一大会等活动，推动中马友谊迈上新台阶。

目前，古润金兼任马来西亚"一带一路"委员会会长、马来西亚—中和平统一促进会会长、马来西亚中国友好协会署理会长、马来西亚中国文化艺术协会会长、马来西亚广东会馆联合会总会长、中国侨商联合会常务副会长、广东省侨商投资企业协会会长、中国华文教育基金会第四届理事会副理事长、暨南大学董事会董事等诸多社会职务，在广泛的中马沟通交流舞台上，为架起两国情谊往来的"心灵桥梁"而积极奔走奉献。

扎根中国 回馈社会

作为马来西亚第三代华人，古润金继承和发扬了祖辈父辈的坚韧、勤奋和智慧的优良品质，更青出于蓝胜于蓝，站上了更高的舞台，获殊荣无数。

可在他心里，有一项既是他也是完美公司的永恒事业，那就是社会公益慈善行动。古润金永远不会忘却，在自己年少家贫时，幸蒙贤达长辈的资助才完成学业。如今，他有条件为社会和慈善事业作出贡献，便义不容辞地担起责任。

从 1994 年完美公司在开业的第一天就向中山市博爱医院捐款 10 万元人民币。至 2024 年 7 月，古润金和完美公司为中国社会公益和慈善事业累计捐款总额逾 10.3 亿元人民币。在中国几乎所有重大公益慈善活动中，均能见到他们的身影。

古润金说："中国是我的根，完美要扎根中国，回馈社会。"

多年来，完美公司秉持"取之社会，用之社会"的公益理念，倾情捐助各项社会公益事业，已经形成以"捐建希望小学暨发起希望教师工程、推广母亲水窖、倡导无偿献血、参与慈善万人行、支持华文教育、推动禁毒事业"等为主体的公益慈善体系，积极增进华人和同胞福祉。

以古润金捐建希望小学为例，为了少一些孩子重复他少年时的困境，他最初计划在中国捐建100所"完美希望学校"。这一行动从1997年开始，到2008年就实现捐建70多所"完美希望学校"，到现在逾百所完美希望小学遍布全国各地。此外，完美公司先后向中国青少年发展基金会捐款总额逾1.2亿元人民币。

在无偿献血事业方面，完美公司已经在无偿献血的慈善道路上持续了25年。1999年，完美公司在得知中山市血站缺血的情况后，首次发起无偿献血活动，古润金亲自带头，积极参与。完美公司也是当时中山市第一家自发组织员工献血的企业。2004年，古润金向全国33家分公司、3000余家专卖店员工和完美产品消费者发出倡议，举办"百城千店万人无偿献血活动"，立刻得到热烈的响应。2024年第二十一届"完美百城千店万人献血活动"在全国多地开展。数据显示，截至2024年8月，累计献血总人数逾30万人次，献血总量逾8200万毫升，已有6名完美人成功捐献造血干细胞。"完美献血志愿队"已有32支分队，分布在全国各地等。

因为在无偿献血事业中的坚守与贡献，完美公司多次获得"全国无偿献血促进奖""红十字志愿服务奉献奖""无偿献血先进单位""无偿献血活动最具社会责任奖""无偿献血明星单位"等荣誉。

2024年6月，完美公司"完美百城千店万人献血活动"项目荣获"2024南方公益·年度公益品牌奖"，成为首批收获该荣誉的企业公益项目之一。

在推动华文教育事业方面，2011年至今，古润金和完美公司已经累计向中国华文教育基金会捐资1.77亿元人民币，搭建起华侨华人文化交流的平台；自2019年起，在暨南大学发起成立"古润金丝路基金"，专项用于马来西亚到暨南大学就读学生的入学奖励，截至2024年，已用近620万元人民币，支持约150名马来西亚学子到暨南大学求学；开展"传统文化中国行"等教育活动，影响和带动更多华侨华人关心华文教育。2024年6月20日，完美公司还向马来西亚6家华文学校捐赠5500万令吉（折合人民币逾8400万元），支持当地华文教育事业。

古润金认为，"学好中文、用好中文，对华侨华人意义重大、影响深远"。

古润金在公益慈善事业上的积极探索和贡献，为中国慈善事业高质量发展添砖加瓦。他真心回馈桑梓的拳拳之心、在每项慈善行动中都带头奉献的精神，赢得了社会的广泛尊重与支持。他先后当选全国28个县（市）"荣誉市民"，并入选《中华名流》2000卷，曾7次获得中国公益慈善领域中的最高政府奖——"中华慈善奖"，获得中国慈善榜"最具影响力慈善领袖奖""中国希望工程贡献奖""全国禁毒工作先进个人""全国抗洪救灾先进个人""十大慈善家""世界杰出华人奖""热心海外华教人士杰出贡献奖"等荣誉称号。

对于未来，古润金说："我在这片土地生活了30多年，始终心怀感恩、努力回馈。30年前，凭借中马两国之间悠久且坚定的友好背景，我们创立了完美公司。我们相信，完美公司的下一个30年，一定坚持写在两国友好的下一个50年里。"华

林伟才

　　林伟才的口头禅是"对我来说,工作是爱好、运动是责任、健康是财富"。凭借这份对工作的热爱,他带领马来西亚顶级手套集团经过30多年的发展,成长为全球最大的手套制造商。

　　现在,这位手套业巨头又为企业定下更艰巨的目标:在2040年成长为《财富》世界500强企业。"做生意须有方针和目标,如果没有目标,团队就会失去方向,失去团队精神。因此,我们要有一个更高、更远的目标——'顶级梦'。"林伟才说,他会团结带领广大同事,向实现这个梦想努力奋进。

手套业巨头的"顶级梦"

——马来西亚顶级手套集团执行主席林伟才

"每天早上起床到晚上睡觉之间,大部分时间我都在工作。很多人常抱怨工作很辛苦或是不快乐,这是因为心态不对。我把工作当爱好,觉得每天都可以做自己感兴趣的事,很幸福。因此,我天天都上班,不觉得辛苦,也没有怨言。"在描述自己对工作的热爱时,林伟才无意中点出了成功的秘密。

白手创业 成就行业巨头

林伟才出生于马来西亚森美兰的一个村庄,家中经营橡胶生意。父母的教育让他从小养成了勤勉的习惯:他需要自己洗衣,周末还要骑车到橡胶园帮忙,也没有用人为他服务。这样的环境磨炼了他的个性,让他更好地成长。

"只有在艰苦及危机时,才是每个人学习及快速成长的时候。"林伟才深有感触地说。1991年,他离开老家出来创业,创办了顶级手套集团。当时他一无资金、二无经验,也缺乏在业界的信誉。他与太太董秀美辛苦工作,筹得18万令吉,作为第一笔创业资金。此后,为了建立良好的信誉,林伟才四处寻找客源,努力赢得客户的信任。在生产过程中,他建立了一套监管体系,持续监督产品的品质、及时纠正问题,并不断寻求进步。

与很多华人企业不同的一点是,林伟才把"商业交易高度透明化"作为企业的核心价值观。诚信、正直、透明的企业文化,至今在顶级手套仍被奉为准则。所有职员都必须佩戴反贪污徽章,而工厂各处显眼位置也挂上警示标语。每6个月,所有供应商都要签署"强制执行反贪污"承诺书。这种对腐败"零容忍"的态度赢得了许多客户的信赖,也帮助企业走向强大。

缺乏生产经验是林伟才面临的一大难题。由于手套生产领域要求严格,顾客期望也很高,林伟才积极寻求突破,与马来西亚橡胶研究机构合作,用多种样品进行研发,并善于从同行和供应商身上学习,不断提高产品质量。为了在竞争中取得优势,林伟才将有限的资金投入研发,设立了专属的研究和发展中心,高薪聘请学识专才,通过改进生产线,努力实现降低成本的同时,不断提高产品品质。

随着时代进步和需求变化,手套行业的原料、设备和人工成本激增在所难免,而如何留住人才避免被其他同行挖走,也成为顶级手套面临的一大挑战。对此,林伟才的理念是不断改进和创新,不遗余力地培养高素质员工、加强产品和市场的研究发展,并强调团队精神的重要性,以克服业务上的各种障碍与挑战。他为员工提供训练计划,不断提升薪金福利,再通过绩效表现管理和奖励计划,吸纳及留住专门人才,推动企业做大做强。

截至2024年12月,顶级手套在马来西亚、泰国、中国等国家建有工厂49家,在美国、德国等地设立业务销售办事处。集团拥有员工1.16万名,产品销往全球200多个国家和地区,年产量950多亿只手套,全球市场占有率达26%。顶级手套专注于高品质乳胶、PVC、PE、手术、家用及工业手套的生产,其生产的手套不仅数量全球第一,质量上也是可圈可点,曾获颁多项优良品质证书,包括马来西亚工业规格及标准局的ISO9001证书、德国TUV证书、欧洲CE MARKING证书、美国

2015年10月1日，林伟才陪同雪兰莪苏丹参观顶级手套厂

ADA 证书及马来西亚 SMG 证书等，并获得多项国际大奖。

在旁人看来，"世界第一"已是最好，但林伟才没有停止前进的脚步。经过深思熟虑，他为顶级手套擘画了未来的蓝图：到 2040 年，成长为《财富》世界 500 强企业。

为了实现这一梦想，林伟才悉心规划集团的未来方向，并设立中期与长期目标。他指出，集团正通过物联网应用、机器人技术、实时自动化系统等方面的实践，不断提高产品质量及生产效率。与此同时，顶级手套正积极展开收购及合资活动，以继续扩大行业份额，并拓展产业方向。

工作之余，经商有道的林伟才不忘回馈社会。与其他成功人士不同的是，林伟才不仅捐款捐物，还身体力行投入公益活动。2017 年 11 月，为了帮助马来西亚槟城水灾灾民，林伟才呼朋引伴一同上街发动募捐，许多市民看到"手套大王"亲自上阵劝捐，纷纷慷慨解囊，达到了很好的效果。

为了更好地参与志愿活动，林伟才与夫人董秀美加入了马来西亚慈济组织，并在如期通过所有培训课程后，获得了志工证。他们多次到慈济位于中国台湾花莲的静思精舍过农历新年，并捐款捐物用于国际援助。2014 年非洲塞拉利昂暴发埃博拉疫情，林伟才通过马来西亚政府与慈济组织，共捐出 2100 万只医疗手套；此后缅甸发生 H1N1 禽流感疫情，林伟才又持续捐出数百万只医疗手套等物资。

"人生在世，有能力就要做好事，这也是留给子孙后代最好的传家宝。"这是林伟才的信条。为感谢他对社会的贡献，马来西亚政府册封他"丹斯里"头衔，这也是该国第二高的封衔。

以下为林伟才先生接受华商领袖编委会专访部分访问实录。

问：您出生在哪里？成长在怎样背景的家庭？年少时的哪些经历或者家庭教育对您后来的人生、事业产生了影响？让您如何从中受益？

答：我出生于马来西亚森美兰一个名叫蒂蒂（Titi）的村庄，并在那里度过童年。我的父母在那里拥有一个小型橡胶种植园,并从事橡胶贸易业务。

在父母的教导下,我树立起勤奋和守纪的价值观。从小我就通过耳濡目染,从家庭中了解到橡胶贸易的一些准则和诀窍,这使得我开始从商时就已胸有成竹。1991年在我创立顶级手套集团后,这些经验给了我很大帮助,直到今天。

问:您有怎样的求学与教育经历?这期间,您有哪些爱好、特长或理想?

答:我毕业于马来西亚拉曼学院(Tunku Abdul Rahman College)。在那里,我与妻子董秀美相识。此后,我于1982年获得马来亚大学物理学硕士,1985年获得美国得克萨斯州苏尔罗斯州立大学工商管理学硕士,又于2015年获得雪兰莪大学管理学博士学位。2016年,我又在美国俄克拉荷马大学获得工商管理荣誉博士学位。

我特别注重教育,并且着迷于学习,尤其是关于商业领域的。我相信持续学习的重要性,不仅要接受教育,还要学习技术和处理人际关系的技巧。此外,通过互联网等方式了解国际上正在发生的事情也非常重要。我认为,这些都是让我能够保证竞争力的关键。与此同时,我也很注重身心健康,我参加羽毛球、瑜伽等运动,并努力保持正面心态。

问:从学校毕业后,您起初从事怎样的工作?从这些工作中,您学习或积累到哪些对您后来开创个人事业有益的要素?请分享您从刚刚步入社会,直至确定自己奋斗方向的经历与心路历程。

答:我创业前在OYL工业集团的一家子公司担任销售经理,这是一家世界知名的空调生产厂家。我当时在一个要求严苛的领导手下工作,在OYL集团的2年时间里,我学到了很多东西。这段经历让我成长,并让我知道在工作中对细节要求的重要性。

此后,我创立了顶级手套品牌。当时我的行业经验非常少,但我继续努力并学习其他企业的成功经验。我当时在进行MBA专业的学习,这些理论知识加上以前我在销售和制造领域的工作经验给了我很大帮助。同时,我的妻子也把她在银行业的从业经验用到事业中。

万事开头难。我们花费了大量时间来获取客户、供应商和银行的信任。如今,顶级手套已经成为世界上最大的手套制造商。对我而言,创业之路是一次让我获益匪浅的旅程,我和员工们一起,战胜了许多挑战,取得了现在的成功。

问:顶级手套世界知名,公司成为世界第一关键的成功素质包括哪些?从生产、品质、团队和创新各要素来说,顶级手套具备了怎样的基础和竞争优势?

答:建立公司就像建造一座大厦。首先,你需要一个良好的地基。对公司而言,人才就是这个地基。为了基业长青,首先需要优秀的人才。

其次,我认为良好的价值观对于公司的成功和进步至关重要。这些价值观应该从一开始就灌输给每位员工。在顶级手套,诚实、正直和透明构成了我们公司的商业道德,这些道德准则在我们公司的各个领域得到贯彻,并且已成为公司业务健康和持续增长的关键。

最后,与时俱进地创新,对于企业保持竞争力很重要。顶级手套的产品政策强调了这一点,即持续改进和创新是我们的职责和使命。我总是提醒我的员工:没有研发就没有未来。今天,顶级手套是全球最大的手套制造商。然而,第一不是永远。即使取得了成功,也必须继续更加努力、更有效率地生产,尽可能把这个第一保持得长久一些。我们要通过技术进步和研发,改进制造流程。

问:您的目标是顶级手套要进入《财富》世界500强,管理团队以及员工对于实现这个目标的反应如何?是不是也有相应的团队和员工激励政策?

答:我们的长期目标是到2040年成为《财富》世界500强企业。这对我们来说是一个雄心勃勃的目标,但我相信,我们可以通过决心、努力和提高效率来实现这一目标。

我和我的团队都明白,要实现这一目标并不容易,但我们不想设定一个容易实现的目标。我们设定的目标既有利于企业,也有利于员工。但是,如果我们没有合适的策略,那么这个目标将只是空想。

我们将通过多种策略来扩大业务范围,例如,并购和参股其他企业。除了手套行业,我们也在寻找多样化的产业发展之路。

要实现2040年进入《财富》世界500强的目标,

林伟才携家人及公司高管向客户和全体员工拜年

公司里的每个人都需要作出积极贡献，并共同努力。我们实行"精英管理"模式，为公司作出积极贡献的员工，将得到与其付出相符的回报。我们的激励措施包括短期奖励（绩效奖励或奖金）、中期奖励（股票和期权）以及长期奖励（私人退休计划）等。

问：您认为伟大公司必备的素质是什么？

答：我认为一个伟大的公司应该具备以下品质。

一、毅力。当我们刚开始从事手套业务时，我们用了许多时间和大量努力才赢得了客户、供应商和银行的信任。当时，我们还遇到了一些棘手的问题，如缺乏专业知识、运营成本上升、外汇汇率波动以及难以招募到优秀人才等。直到现在，其中的一些问题仍然持续存在。但我们通过提升质量、提高生产效率和不断创新等方法，来解决上述问题。

二、纪律。在我开始创业时，因为我是新手，很难找到客户，我不得不在世界各地寻找潜在的商机。我非常努力地做好每一单，赢得客户的信任。为此，我不断加强产品质量把控，及时纠正出现的问题，不断改进。最重要的是，我坚持诚信经营。在公司规模扩大后，我们仍然继续保持专注和纪律。

三、诚实、正直、透明。我相信良好的价值观对于成功至关重要，这些价值观应该从企业创始之初就灌输到每一位员工。在顶级手套，诚实、正直和透明是我们商业道德最重要的组成部分，确保企业健康发展，业绩持续增长。

四、不断进步。持续改进和创新是企业的职责。我总是提醒员工：没有研发就没有未来。今天，我们是全球最大的手套制造商。然而，第一不是永远。因此，即使取得了成功，我们也必须继续努力，尽可能延续现在的发展势头。

五、健康的员工。为了确保企业的竞争力，我要求员工保持身心健康，顶级手套采取了许多措施来鼓励员工采取以健康为中心的生活方式。我们经常组织体育比赛、健康讲座和年度健康检查，我们还有营养师，致力于提高员工的健康意识，并帮助他们保持健康。为确保我们的员工在精神和心理上也健康，我们鼓励每个人积极思考。事实证明，健康的员工能够提高公司的整体生产能力。

问：未来的工厂不仅是自动化生产，更是智慧化生产。您的公司在此方面做了怎样的改变，未来的规划以及智慧化时间表是怎样的？

2016年，顶级手套厂在新加坡证券交易所挂牌上市

答：我们的创新做法，使我们能够继续实现目标——生产高品质、高效率及低成本的手套，这使我们能够保持竞争力。

现在，在顶级手套的生产车间，制造过程有许多方面已经完全自动化，例如，生产线本身以及手套冲压和手套剥离系统。我们还加强了自动化设备的引进，包括使用传感器和SCADA系统对生产参数进行数字化分析处理、使用摄像头对手套进行检查、自动排除有缺陷的手套等。我们利用工业4.0等新兴技术，逐步打造"智能工厂"，最终目标是实现生产过程的完全自动化，并通过大数据分析，科学地制定决策。

此外，我们正在顶级手套的生产中推广AI的运用，包括物流体系、对材料和产品的拾取移动、使用无人驾驶的叉车和推车、避开障碍物等环节，都有AI参与其中。目前我们正在研究和开发的另一个领域是用AI分析闭路电视（CCTV）视频以增强生产过程的安全性。未来我们还将继续探索在运营中试行其他高科技。

问：回顾过去，公司在发展过程中，有哪些典型的业务项目或案例对公司的发展起到转折性的作用？请您与我们分享公司完成这些项目或案例的过程，以及从中积累的经验和竞争力。

答：近年来，顶级手套经历了两个重要转折点。一个是2001年在马来西亚证券交易所（KLSE）上市时，IPO流程涉及大量工作；另一个是2016年在新加坡交易所上市，这并不容易，因为上市的要求非常严格。

现在，我们是全球最大的手套制造商，但未来想要保持我们的地位，就面临更大的挑战。成为第一是艰难的，留在第一则更难。我们面临着激烈的竞争，对手的质量标准和客户的期望都很高。此外，现在我们拥有1万多名员工，管理员工也是一个需要耗费时间和精力的领域。

此外，另一项挑战是顶级手套近几年完成了对一家全球领先的外科手术手套制造商的收购。我们正在整合相关业务，这既令人兴奋又极具挑战性。

问：您是怎样评估和管理经营风险的？如果说企业家就是冒险家的话，您有怎样的冒险策略，比如，有多大把握的事情才会去做？

答：关于评估和管理风险，我们始终在分析潜在的利弊。我认为，花时间做适当的研究是很重要的，而不是急于完成商业交易。在开展商业投资之前，我们也会与相关同事和业内人士进行讨论并获得反馈。

关于管理，与无法控制的外部因素相比，我们更关注的是我们能控制的因素。为了应对挑战，我们持续加强内部治理，旨在提高质量和效率，降低成本和浪费。这其中包括继续在员工中灌输以质量为先的思维模式和低成本意识，实施节约成本的措施并在研发方面投入更多资金。

问：您有怎样的管理哲学？您更推崇强势还是温和的管理模式？更强调制度还是人性化？您对建立好的管理层队伍，以及公司风气和文化，有哪些心得体会？

答：在工作中，我的领导风格是亲力亲为，并以身作则。我也相信纪律和努力工作的重要性，这是顶级手套能够成功的两大因素。此外，我始终坚持学习和改进业务，并鼓励员工按照我们的座右铭做同样的事情：需知、需做、需能教（别人）。

诚实、正直和透明构成了我们公司的商业道德原则。此外，我们的企业文化是以员工的健康为中心。我们有健康讲座、员工年度健康检查等计划，并配有健身房、营养师等，以确保员工的健康。

问：您的工作时间、工作方式是怎样的？会保持很高的工作强度，还是会在工作生活中注意平衡？在事件处理上，您习惯事无巨细、亲力亲为，还是充分放权？

答：我认为，成功就是在生活中达到平衡，能够在经营中收获良好的业绩，同时不必牺牲与家人、同事和朋友的相处时间，也不必以身体健康为代价。我个人的座右铭是：工作是爱好，运动是责任，健康是财富。

工作是爱好，反映了我对工作的喜爱程度。我能够每周工作 7 天，因为我喜欢我的工作，在某种程度上它不再是工作，而是一种爱好。与可能会损失金钱或损害健康的不良嗜好相比，拥有一个可以为我带来益处的爱好非常重要。

运动是责任，我将运动作为日常生活的一部分。因此，我每周打两次羽毛球和高尔夫，每周做一次瑜伽。每天睡前和起床后，我也要做 10 分钟左右的拉伸。

健康是财富，我深知健康是创造财富的基础，有个好的身体，才能全身心地投入工作，才能提高工作效率，才能为公司发展作出积极贡献。

问：在商业之外，您还投身于哪些社会事务和公益事业，请分享您在这方面的历程、心得、事迹，以及期望。对于企业家怎么样扮演好自己的社会角色，您有怎么样的观点？

答：我一直积极参与马来西亚手套行业的相关协会和组织，如担任马来西亚中华工商联合会（ACCCIM）名誉主席、马来西亚华人协会联合会名誉顾问等职务。除此之外，我还是马来亚大学董事和董事会成员、雇员公积金协会董事和董事会成员、马来西亚制造商联合会（FMM）前任主席。为了更好地承担社会责任，我们成立了顶级手套基金会（Top Glove Foundation），投身教育事业，为优秀的贫寒学子提供奖学金，为学校提供教育援助，以及向非政府组织和其他慈善组织捐款，表达善意。

问：在全新的时代背景下，您对于中国未来的经济走势、产业机会、投资机会等有怎样的判断？

答：作为全球增长速度最快的主要经济体，中国为全球企业提供了具有吸引力的商业和投资机会。中国橡胶手套行业前景良好。对于一个拥有 14 亿人口的国家，人均手套使用量仍然较低，因此市场潜力巨大。此外，近年来随着中国医疗体制改革、医保标准的提高以及人们生活水平的提高，相关支出也在增加。

但是，在中国设立手套制造工厂也面临一系列挑战，包括来自当地企业的激烈竞争、劳动力和运营成本持续增加、法律和法规等方面的差异等。

近年来，顶级手套一直在寻找并购和合资机会，这将使我们能够打开中国市场。我们正在积极并购或通过入股等手段收购中国的公司，并积极参与贸易展览会，以扩大我们的客户群。华

周仰杰

　　周仰杰，国际著名鞋履设计师、Jimmy Choo 品牌创始人。在他的家乡马来西亚槟城的一个街角有一座铁杆雕塑，上面铭刻着："著名鞋履设计师周仰杰成为制鞋学徒之地。"这简短的铭文，承载着这位传奇设计师的故事，从槟城的小鞋匠到世界顶级品牌的创始人，周仰杰用他的努力与才华，在国际时尚界画下了浓墨重彩的一笔。

　　作为国际时尚界的传奇人物，他保持谦逊，感恩父母教导，并以马来西亚为根基，结合传统与现代，持续回馈社会，为世界带来美好。

纪念中马建交50周年

从槟城街角到世界鞋坛传奇

——国际著名鞋履设计师、Jimmy Choo 品牌创始人周仰杰

> 在60余年的制鞋生涯中,周仰杰总结出了一套属于自己的哲学:"做人一定要诚恳,尊重别人,同时保持自己的坚持。"他认为,一双好鞋既要美观优雅,也要舒适得体。无论是为潮流明星还是王室成员服务,他都始终坚持为顾客提供最贴心的体验,用心打磨每一个细节。

与生俱来的缘分

故事的起点是1948年,那时第二次世界大战结束后,世界迎来了渴望和平与重建的时代。对于周仰杰的家庭而言,这是一个崭新的开始。鞋履世家的周家迎来了一个新生命,周仰杰的出生注定了他与鞋子之间的紧密联系。或许是命运的安排,他的姓氏(Choo),与鞋子的英文单词(Shoe)发音相似,这个巧合成为他一生中跟鞋子密不可分的缘分。

当时,周仰杰的家境并不富裕,战后,许多人都处于困境之中。鞋子虽然是每个人日常生活的必需品,但在当时,对于许多人来说,生计才是最迫切的问题。在鞋店里忙碌的父母与其他工匠并非仅仅为了赚钱,更希望延续传统的手工艺,他们在每一双鞋的制作中倾注心血。当时的鞋子还无法实现现代工业化的大规模生产,手工制作的鞋子和熟练的工匠才是最常见的选择。这种情况使得周仰杰从小便耳濡目染,对制鞋产生了浓厚的兴趣。

年幼的周仰杰在父母的鞋店中度过了无数的时光。最初,他只是出于好奇,觉得这是个可以打发时间的地方。然而,看着父母和其他工匠兢兢业业地打造每一双鞋,他的内心逐渐萌生了强烈的渴望:有一天,自己也能像他们一样,亲手制作一双属于自己的鞋子,并且能够通过这双鞋来表达自己的创

周仰杰父母

意和思想。

当时的周仰杰,并不是仅仅看着父母工作。他会专心致志地观察每一个细节,从为顾客量脚、设计图纸、剪裁、打孔到制作鞋面、鞋底、缝合、打磨,每一个步骤都深深印刻在他的脑海中。这些对他来说不仅是技术,还是一门艺术,未来的鞋履设计师正是从这些简单却烦琐的工序中汲取了无数宝贵的经验。

父亲注意到周仰杰对制鞋的兴趣,但并未立刻开始教导他。父亲认为,作为父母首要任务是让儿子能够有一个稳定的职业,无须过早地让他承担这

么多的责任。因此，父亲告诉周仰杰："你先继续观察，等到时机成熟，我就会教你。"这一等待，就是周仰杰成为一名鞋履设计师的开端。

随着时间的推移，周仰杰终于等到了那一天。在他11岁时，第一次亲自动手制作了一双鞋，那是一双送给母亲的女式凉鞋。尽管当时他还不懂得如何设计复杂的鞋型，但他凭着父母传授的手艺，成功完成了一双简单的凉鞋。这双鞋不仅是他对母亲的爱的表达，更是他步入鞋履设计领域的第一步。

远赴伦敦：从槟城到世界舞台

周仰杰成年之后来到英国伦敦，进入科威勒斯学院（Cordwainers College）进修，这所学院培养了众多顶级鞋履设计师。对于年轻的周仰杰来说，这是一个机会，也是一个挑战。自19世纪工业革命开始，伦敦一直是世界的中心，每年吸引着来自世界各地的年轻设计师和艺术家。周仰杰在这里不仅学到了潮流尖端的设计知识和工艺技巧，更学会了如何将手工鞋履艺术推向世界舞台。

他回忆起在伦敦的求学时光，那是他人生中最艰难的一段日子，但也正是这段时光，塑造了他坚韧的性格和非凡的创意能力。1986年，周仰杰创立了以自己名字命名的品牌——Jimmy Choo，开始了他的手工定制鞋履事业。在创业初期，他并不依赖大规模的广告宣传，而是专注于每一位顾客的需求，通过精湛的工艺和细腻的设计，一步一个脚印

周仰杰11岁时，第一次亲自动手制作了一双女式凉鞋送给母亲

地打开了市场。

周仰杰深知，成功的关键在于与顾客建立真诚的信任，通过口碑和实力，逐步拓展自己的品牌影响力。他不仅在鞋履设计上精益求精，还始终保持对每一位顾客的尊重和理解。这种对工艺的执着和对顾客需求的敏感，使得Jimmy Choo品牌在伦敦逐渐站稳了脚跟。

随着时间的推移，周仰杰的名声不断传开。从

周仰杰在创业初期，以精湛的工艺和细腻的设计，一步一个脚印地打开了市场

纪念中马建交50周年

周仰杰为马来西亚新兴晚装品牌THE ATELIER注入了自己的设计理念及对工艺技术的坚持

伦敦街头到世界舞台,他的手工鞋履逐渐被更多的人认识。特别是在20世纪80年代末和90年代初,随着他的品牌在伦敦时装周的亮相,他的设计不仅受到了时尚界的青睐,也吸引了众多名人和贵族的目光。

《时尚》(Vogue)杂志用一篇长达八页篇幅的特刊隆重介绍了周仰杰和Jimmy Choo品牌,这让本来在伦敦小有名气的他一夜之间成为时尚圈的新星。随着品牌影响力的不断扩大,周仰杰的事业也迎来了巅峰。接下来,与时装界名人如"流行女皇"麦当娜、凯莉·米洛、佐治童子等明星的合作,使得Jimmy Choo品牌迅速走向国际,周仰杰成为炙手可热的鞋履设计师。

随着与日俱增的名声与国际影响力,周仰杰后来与Tamara Yeardye Mellon合作,推出品牌的成品鞋履产品线。

戴安娜王妃的御用鞋匠

20世纪90年代初,周仰杰的事业迎来了转折点。当他的品牌如日中天时,一位名为Rachel的年长女士带来了一个特殊的请求:"Jimmy,我有个朋友最近为一位女士设计了几套晚礼服,我想,不如由你来帮忙设计一些与之搭配的鞋子,让那女士以最佳姿态亮相,你觉得如何?"周仰杰问道:"那位女士是谁?"Rachel轻描淡写地答道:"戴安娜王妃。"

这个名字让周仰杰感到不可思议。作为全球最受关注的王室成员,戴安娜王妃的影响力无人能及。面对这样的机会,他既激动又紧张。Rachel鼓励他说:"相信我,相信我的朋友,也相信你的实力。戴安娜王妃需要的是舒适又优雅的鞋子,而你是最适合的人选。"

自此,周仰杰成为戴安娜王妃的御用鞋匠。他为王妃设计了上百双鞋,每一双都注入他的心血与才华。这些鞋子陪伴戴安娜王妃出席各种场合。其实Rachel的朋友就是著名时装设计师Tomasz Starzewski。曾有一段时间,戴安娜王妃会穿着由他设计的服装,以及周仰杰设计的鞋子,出席不同场合。

周仰杰对戴安娜王妃怀有深深的敬意。尽管身为王室成员,她却完全没有贵族的架子。她经常邀请周仰杰到肯辛顿宫做客,探讨设计,也关心他的家庭状况。周仰杰说:"直到今天,我依然感激王妃给予我的机会。"

戴安娜王妃的认可,让Jimmy Choo品牌一举成为国际顶级鞋履品牌。从潮流明星到王室贵族,无数名流慕名而来,委托他定制鞋履。

传承与教育:为未来设计的学院

随着事业的成功,周仰杰逐渐将更多精力投入教育与传承中。他始终铭记父母的教诲:"学到的技艺要传承下去,才能让它生生不息。"

2001年,周仰杰出售了公司股份,专注于经营自己的手工鞋履品牌和教育事业。周仰杰倾心于

2000年,为表彰周仰杰的成就,马来西亚彭亨州苏丹封赐周仰杰为"拿督"

2003年,周仰杰获颁英国官佐勋章(OBE),以表彰他对鞋履设计及时装业界的贡献

2004年,在伦敦艺术大学成立之际,周仰杰因其在鞋履设计领域的杰出贡献以及与伦敦时装学院的深厚渊源,被授予该大学的名誉院士头衔

2004年,周仰杰被马来西亚槟城州元首授予"护国有功勋章",获封为"拿督"

教学及培育下一代,这源于父母的教诲与其自身的经历。"父母经常对我说,现在从他们身上学到的知识与技艺,将来一定要传承下去,这个知识技艺才能得以存活。"

周仰杰说,能够将自己的知识、技艺和经验都传授给后人,是他另一个梦想,所以在打理自家的手工制鞋品牌之余,周仰杰很乐意接受来自世界各地不同的大学或学院的邀请,举办讲座、以客座教授身份教导学生等。如担任伦敦时装学院(London College of Fashion)的鞋履教育大使、英国文化协会(British Council)的发言人、中央圣马丁艺术与设计学院(Central Saint Martins)的教授等。

2000年,为表彰周仰杰的成就,马来西亚彭亨州苏丹封赐周仰杰为"拿督"。

2003年,周仰杰获颁英国官佐勋章(OBE),以表彰他对鞋履设计及时装业界的贡献。

2004年,在伦敦艺术大学成立之际,周仰杰

2013年，为表彰周仰杰的成就，马来西亚最高元首陛下授予他"国家功绩司令"勋衔，并赐予"拿督"荣誉称号

因其在鞋履设计领域的杰出贡献以及与伦敦时装学院的深厚渊源，被授予该大学的名誉院士头衔。

2004年，周仰杰被马来西亚槟城州元首授予"护国有功勋章"，获封为"拿督"，以表彰其成就。

2013年，为表彰周仰杰的成就，马来西亚最高元首陛下授予他"国家功绩司令"勋衔，并赐予"拿督"荣誉称号。

2017年，周仰杰担任马来西亚新兴晚装品牌THE ATELIER的创意总监。他为品牌注入了自己的设计理念及对工艺技术的坚持，发展相当成功。

2021年，周仰杰创立了JCA伦敦时装学院，这是他职业生涯中的又一里程碑。"我终于实现了我的一个伟大梦想！"周仰杰感叹说。他希望JCA伦敦时装学院不仅教授学生设计技巧，还帮助他们掌握商业知识、工艺制作和品牌运营，成为全方位的设计人才。"设计师不能只会画设计图，还需要了解选料、制作工艺，甚至如何创业。"周仰杰邀请来自全球的专业人士担任讲师，为年轻设计师提供全面的支持。

如今，JCA伦敦时装学院已经开办3年，培养了一批又一批充满热情的新锐设计师，他们正蓄势待发，准备在国际舞台上大展拳脚。

鞋履哲学：平衡优雅与舒适

在60余年的制鞋生涯中，周仰杰总结出了一套属于自己的哲学："做人一定要诚恳，尊重别人，同时保持自己的坚持。"他认为，一双好鞋既要美观优雅，也要舒适得体。无论是为潮流明星还是王室成员服务，他始终坚持为顾客提供最贴心的体验，用心打磨每一个细节。

周仰杰在JCA伦敦时装学院门前留影

周仰杰在JCA伦敦时装学院教授学生

周仰杰率领马来西亚奢定婚纱品牌 THE ATELIER 参加 2023 中国三亚国际婚纱时尚周

周仰杰生活照

他的执着与诚恳赢得了顾客的信任。无数名人慕名前来，口碑相传让品牌声名远扬。周仰杰的鞋履，不仅是美的象征，更是工艺与情感的结晶。

心系故乡：从马来西亚走向世界

尽管事业扎根伦敦，周仰杰始终心系家乡。他曾担任马来西亚旅游大使8年，积极推广马来西亚本土文化。自2022年起，他与马来西亚砂拉越卓越技术中心合作，培养本地的时装设计人才。

"马来西亚槟城是我出生的地方，我的故乡，我永远不会忘记这一点。"周仰杰说。他深知自己的成就离不开故乡的支持，因此始终以实际行动回馈社会。

如今，周仰杰已是国际时尚界的传奇人物，但他依然保持谦逊的态度。他说："如果没有父母的教导，就没有今天的我。"他怀着感恩之心，用自己的知识与力量，回馈家乡与世界。

未来，周仰杰将继续以马来西亚为根基，将传统与现代结合，为世界带来更多美好。

黄光震

  黄光震率领团队，肩负着"为中国品牌在马来西亚书写历史"的使命，自2006年起与美的集团肝胆相照，以合资代理模式，推进集团旗下两大品牌——美的与东芝，从零拓荒，从负数逆袭，最终光荣绽放于马来西亚群雄逐鹿的家电市场，稳踞半壁江山。

  如今，他正朝向自己亲手设定的两个价值10亿令吉的"美的梦"全速挺进，佳音可期。

蓝图在胸 创写历史

——马来西亚美的苏英电子有限公司荣誉主席
东芝销售服务有限公司荣誉主席
美的亚太区域高级战略顾问
上海交通大学安泰经济与管理学院 EMBA 客座教授
黄光震

事业大本营扎根马来西亚的黄光震，经常出差。

多年来，他常受邀到美的总部不同产品事业部的年终会议分享经验。同时作为美的亚太区的高级战略顾问，他也花很多时间去亚太区的各个分公司分享自己的开拓故事。他希望做一个"播种人"，将"为中国品牌在马来西亚书写历史"的信念之种播撒在每一个团队年轻人的心底。他坚信，历经岁月浇灌，这颗种子终会长成参天大树。

从打工者升级为创业者

2024年，是黄光震加入苏英公司（Scott & English）的第53个年头。"用情专一，一辈子没跳过槽"，他常笑着和身边人这样讲。

53年前，刚刚从马来亚大学工程系毕业的黄光震，为了尽快帮助父亲偿还因为支付一众子女的学费而欠下的高利贷，以最快速度将自己的人生角色，从"学生"切换为"职场人"。

"父亲是个小园主，收入微薄，辛苦支撑我们兄弟姐妹的生活。但日子再难，他也坚持要每个子女都接受高等教育，因此欠下不少债务。每一个步入社会做事的子女，都在尽力帮忙还贷。"也是从那个时候开始，努力工作成为黄光震生命中最重要的事。

在彼时崇尚英文教育的马来西亚，手握名牌大学理工科文凭的黄光震，很顺利地入职苏英公司。

最初两年，他被安排跑市场，得益于对重工机械的系统了解，他很快就与一线市场的商务伙伴打成一片，深受管理层赏识。职业生涯的第三年，黄光震获委派前往怡保分公司担任经理，主要负责代理销售美国康明斯（Cummins）发动机，供应给全霹雳州的锡矿场。

一场大展宏图的革新，就此启幕。

在实际的现场作业中，黄光震了解到，当时马来西亚用来输送锡矿泥沙的管道口径多为16英寸，相应的沙泵通常要把泥沙输送到几百甚至1000米以上距离的锡苗收集地，启用的发动机约为400马力。"工程学上的一个简单原理表明，输送管道的口径与阻力成反比。于是我们尝试将发动机的马力及输送管道同时加大来增加锡的产量。"黄光震回忆说。

初次尝试的效果非常理想，有了成功的案例，他马上召集团队布局一个全新的解决方案。就这样，苏英怡保分公司在黄光震的带领下几经探索革新，

纪念中马建交 50 周年

2024 年，黄光震受聘为上海交通大学安泰经济与管理学院 EMBA 客座教授，左一为上海交通大学安泰经济与管理学院副院长尹海涛，右一为上海交通大学安泰经济与管理学院 EMBA 客座教授拿督孔令龙

最终将输送管道的口径扩展至 36 英寸，发动机升级至 1600 马力，彻底刷新了当地锡矿业传统的生产效能，在助力开采商大幅提升收益的同时，亦取得康明斯发动机产品市场占有率 70% 的骄人业绩，成为当之无愧的行业领导者。

黄光震最常和团队同事讲的一句话是：我们一定要跑在别人前面！"当竞争对手嗅到市场动向，纷纷将发动机提升至 400、500 马力时，我们就要首先做到 600、700 马力。成功的生意从来不是跟在别人身后，而是一定要比别人跑快一步。"

从锡矿业脱颖而出的黄光震，很快又盯上了拖网渔船。

当时马来西亚的拖网渔船发动机的马力值普遍在 220～365。黄光震团队将这个数字提升为 400～500，最终达到极限值 600。"更大马力的发动机匹配合适的齿轮箱会给渔船带来更大的拖网力度，以及更高的捕捞回报。当我们将马力提升至 600 时，康明斯发动机的市场占有率亦达到 80% 以上。"他说。

再下一城的黄光震，同样没时间沾沾自喜，他选择超越对手的下一个领域，是棕油业。

正值 20 世纪 70 年代末的马来西亚大力发展棕油生产，初始阶段，生厂商颇为青睐的发电机是一个美国品牌，功率约为 300 千瓦。然而随着棕榈树种植面积的急速扩张，工厂单月的棕油生产量也快速增长，但传统的竞争者依旧以 300 千瓦的发电机作为主要销售产品。

对手不动，就是力争"跑快一步"的苏英的大好机会。

抓住商机的黄光震，带领团队果断入局，将康明斯发电机的功率提升为 400～500 千瓦，后来更升级到 800～1000 千瓦，成功于产业高峰期取得 70% 的市场占有率。

这场起始于锡矿业，跨界至拖网渔船、棕油业的"发动机（发电机）之战"，令黄光震声名大噪。20 世纪 80 年代，在公司前往砂拉越的考察中，他又以同样敏锐的触觉与超前行动力，与多年战友邓翰山一起成功推动康明斯发动机进入商机无限的江河快艇市场，获利颇丰。

21 世纪初期，马来西亚海上石油工业蓬勃发展，为砂拉越的造船厂提供了许多商机。海上油田需要大量用于运载员工和物资的船只及救火船，通常每艘船要用上两台 1200～1600 马力的重型柴油发动机。黄光震率领团队以精准的战略，在 5 年内将康明斯打造成为市场的领导品牌，市场占有率超过 60%，把多年来称霸这一行业的两个日系及美系品牌挤下神坛。同时，苏英公司也于 2008—2010 年连续 3 年成为康明斯全球最大的重型高马力船用发动机代理商。

1986 年，备受苏英与康明斯器重的黄光震正式升任苏英公司总裁。这位敢想敢干的年轻总裁，依然将"跑快对手一步"奉为事业的重要法则之一。"商业决策中，我们分析一桩生意的可能性，如果认为可行，就不要畏首畏尾，勇敢把它推出去尝试。如果推展得不顺利，就思考如何改善。人生最糟糕的状态，是什么也不敢做，永远在原地踏步，永远屈居人后。"他说。

在黄光震富于开拓精神的执掌下，苏英公司的业绩持续高速增长。1994 年，他迎来了另一个重大

2023年，黄光震向马来西亚吉隆坡尊孔独立中学捐赠美的产品，并与尊孔独立中学校长及董事们合影留念。左一为校长吴明槟、左二为副董事长拿督王发、左三为董事长沈德和、右二为署理董事长侯渊富、右一为副董事长兼尊孔独立中学校友会主席梁永杰

的人生转折点。

其时，受制于马来西亚政府于20世纪70年代开始推行的新经济政策，所有马来西亚华人及外资企业被迫出让30%的股权给马来土著持有，以此来扶持土著经济。苏英公司无可避免地加入股权改组，然而进入苏英的马来土著机构因代表不同利益集团，管理步伐不能一致，引发争权夺利的日常纷争，这样的日子一过就是3年，公司的士气日渐衰颓。

眼看无力与现实抗衡，为避免产品销售被全面拖垮，康明斯亚太区高管委派黄光震在6个月内物色一家更合适、更有能力的新代理商，否则将收回苏英的代理权，自己另找出路。

这是一个无比艰巨的任务。临危受命的黄光震与多年战友邓翰山，很快便接洽到兼具信誉与实力的马来西亚重工业集团（HICOM）。然而，康明斯在同HICOM的代理业务谈判中，提出一个不容动摇的先决条件：HICOM拿到代理权的前提是以黄光震为首的管理层必须在公司持股30%。

缘何如此？黄光震自己也有些费解。

康明斯的高层团队表示，唯有如此，方能令他们信赖的黄光震在HICOM内部拥有扎实的话语权，并有很大机会能制约其他争权夺利的股东，避免苏英曾经的"内斗"再度上演。

"这是我人生重要的转折点。"最终与6位志同道合的伙伴共同持股的黄光震，正式从一名打工者升级为股东和创业者。

另一边，他从未懈怠于苏英公司的业务。"在过去很长一段时间里，公司主要代理康明斯的发动机和发电机。然而作为深耕于重工业产品领域的一分子，我们如果想要将生意发扬光大，应当跳出熟悉的圈子，尝试新东西。"秉持此种理念，黄光震带领苏英公司陆续引进了中电压工业电器产品、挖泥机、叉车、大卡车等重型机械，多方探索布局，以期早日晋级为市场领导者。

就在新事业全速冲刺之时，一场毁灭性的亚洲金融危机将向上攀登的阶梯拦腰斩断了。

代理LG的高光时刻

回想起亚洲金融危机的情景，黄光震至今刻骨铭心。

用他的话说，当时整个业界包括苏英的处境，不能仅仅用"艰难"来形容，真可谓是凄风苦雨，哀鸿遍野。"我记得当时很多行业的中小企业，都在大面积倒闭。发电机、发动机的市场同样萎缩得非常厉害，许多工程停工，几乎没有大客户采购新货，苏英的生意下滑了大约60%，这是致命的。"

如何活下去？黄光震想到两条出路，第一条，也是最要紧的一条——捍卫现金流。

"工程市场的崩塌，导致马来西亚的大部分建筑业陷入停滞状态。我们果断决定把重型机械库存以低于成本价30%的价格，转卖去南非。这并不是赚钱的生意，但有效回流现金在当时至关重要。"黄光震回忆说，此外，苏英还瞄准锡矿业下滑的态势，以公道的价格回收客户的发动机欠款，然后选配新的电机头，改装成二手发电机组，卖给还在蓬勃发展的棕油业客户。

割舍掉利润，犹如"壮士断腕"的现金流战略，在特殊的寒冬，以9800万令吉的回收转卖业绩，不仅护佑了苏英的命脉，也为几年后经济复苏时，公司业务快速增长再度成为市场领导品牌奠定了强有力的基础。令黄光震自豪的是，他治理下的苏英分公司，是金融危机时期集团近50家运作的公司里，唯一一个没有跑回总部"伸手向老爸要活命钱"的团队。集团最高领导非常惊讶，嘱咐其他附属公司的总裁向黄光震取经。

"然而事实上，我也清楚，这种一边自伤一边自救的方式，终不是长久之计。我们卖得越多，亏得就越多，况且发电机和发动机的市场体量受制于专业性，本就有限，是时候去探索第二条活下去的路！"黄光震瞄准的，是马来西亚的家电业市场。

这是一个改变他本人命运以及改变日后市场格局的重大决定。马来西亚家电业的"黄光震时代"就此拉开序幕。

入局之初，总有人追问：在几乎被日系品牌一统天下的马来西亚家电市场，黄光震何以决定，远赴韩国争取LG电器的代理权？

他的回答简单、干脆：第一，有利润空间；第二，有市场可行性。

"亚洲金融危机期间，日元高涨，韩元大跌。我看准了这个机会，即刻带领团队飞抵韩国首尔，找到LG高层商谈。我的思路很明确：当时日元和韩元巨大的汇率差异导致马来西亚的日系家电全面涨价，这正是韩系品牌以优质、低价切入的大好时机。我们预估韩国产品会有两年的空窗期，这两年需要LG总部的大力支持和投入，待到基础夯实，前景大有可为。"黄光震的分析有理有据，LG的高层动了念头，但同一时间，另一家财雄势大的集团，也瞄准韩元大跌的特殊时机，争抢代理权。

跟竞争对手相比，黄光震的团队只能算是"小门小户"，但抛开规模与集团背书，他最大的软实力，是高效的配合度、专业的审视力，以及诚信的服务理念。

2023年，黄光震向马来西亚永春联合会捐赠25万令吉，成立"贫寒学生奖学基金"。左一为马来西亚永春联合会顾问林云南、左二为马来西亚永春联合会总会长郑瑞开、右二为马来西亚永春联合会总秘书吕进贵、右一为马来西亚永春联合会秘书张翠梅

20世纪90年代，苏英是当地上市集团"Setron"的附属子公司。Setron在马来西亚设有装配厂，生产"Setron"品牌的家电，而家电的组装配件来源为韩国的金星（1997年后改名为LG）集团。由于这家公司常年亏损，90年代中期，集团委任黄光震兼任这家公司的领导以求让它"起死回生"。每当去韩国出差时，每一天的商务会议结束后，哪怕一行人返回酒店已接近午夜，黄光震依旧会带领属下复盘当日的所有要点，并以传真形式与马来西亚总部对接，确保第二天的同频协作。

如此充满活力与执行力的团队，赢得了LG高层的认可。1997年，黄光震击退强劲竞争对手，成功取得LG在马来西亚的独家代理权。

返回马来西亚后，黄光震随即与HICOM成立合资的销售公司大展拳脚，带领LG杀入市场。初来乍到的韩国品牌，有靠谱的性能和不俗的颜值，但最大的吸引力，是更加低廉的价格。

"我们的策略，第一步是低价优先，借此让消费者看到我们、认识我们，尝试选择我们；第二步是品质为王，让亲身做过比较的消费者，更青睐我们、认可我们，从而坚定地选择我们。"黄光震说，初始阶段，LG仔细研究了马来西亚日系品牌的价格分层，并做到：与日系一流品牌相比，同类产品价格低出20%～22%；与日系第二梯队品牌相比，价格低出12%～15%。

更具性价比的亮相，再配合韩国总部慷慨的经费支持，以及不断焕新的产品研发，LG在进入马

2019年，时任马来西亚首相马哈蒂尔等政府官员于北京接见中马两国商界代表，前排左一为时任马来西亚吉打州州务大臣慕克里兹·马哈蒂尔，前排左二为马来西亚交通部长陆兆福，前排左三为汇丰银行顾问Frank Fang，前排右四为汇丰银行马来西亚分行总执行长Stuart P. Milne，前排右三为时任马来西亚经济事务部长阿兹敏、前排右二为时任马来西亚国际贸易和工业部部长达尔·雷京，后排左二为黄光震

来西亚市场后越走越好，历时5年，已成为当地鼎鼎大名的一线家电品牌。第六年，旗下冰箱、洗衣机已成为市场领导品牌，同时售价也完全与日系顶级品牌平起平坐，个别明星产品甚至比对手贵1%。

这宗比预想的还要兴旺的生意，落实到数字上，更令人惊艳。1997年，黄光震团队代理LG的起始资金，仅有200万令吉，余下的都靠当地银行融资周转。至2004年，苏英已赚足5600万令吉，并仍有强劲上扬趋势。

多位LG高层前往马来西亚考察与当地商家交流时，都异口同声地感叹：黄光震团队为韩国品牌在马来西亚创造了历史！

然而一切在欢歌笑语处戛然而止。

很快，黄光震收到了LG集团决议终止合作、收回代理权的通知。理由显而易见，马来西亚巨大的市场能量，让韩国人想独揽利益。2005年底，LG自立门户，成立100%全资子公司，运营旗下的马来西亚家电生意。

被迫出局的黄光震团队，在复盘会议上，反省自己的失误错漏。董事部的一位高管说："黄总，你知道最致命的问题在哪里吗？你把LG搞得太好了，以至于这么大的一块肥肉，人家不想跟我们分享了。"黄光震了然，这是正解，然而主动权在别人手上，他无可奈何。

接下来的日子，他有两个选择：其一，当时已经60岁的黄光震，可以功成身退，拿着丰厚的退休金含饴弄孙了；其二，他选择一个新目标，再度出发。

没有太多纠结，黄光震选择了后者。

这一局，他要带领中国家电品牌在马来西亚创造历史！

中国家电品牌在马来西亚创造历史

决意向新征程进发之时，黄光震并不是"光杆司令"。

"我找到核心管理层的5位伙伴，我说，我们曾经齐心协力将LG品牌打响，如今我想要做另一件事——为中国品牌在马来西亚创造历史，你们愿不愿意和我再战一程？这将是一条很难走的路，但值得奋力一搏。"令黄光震感动的是，5位伙伴当场应允，大家一致表态，要和黄光震并肩作战。

首要任务，是敲定代理哪一个中国家电品牌。

"我们最初接洽的是海尔，大家特意去了青岛总部考察，也认真进行了选品，并且筹划着将来在马来西亚的合资模式。对方一开始很感兴趣，然而就在最后的关键时刻，我们被告知，海尔因为看好海外市场的潜力，决定自己来做。"事情在最后一分钟告吹，黄光震没有气馁，他很快打听到，美的公司的高层正在马来西亚考察，有意拓展当地的家电市场。"得知消息的当晚9点，我就带领团队成员与对方领导在吉隆坡Le Méridien酒店相约见面，双方诉求完美匹配，几乎一杯咖啡的工夫，就达成了共识。"

2006年，黄光震团队正式成为美的在马来西亚的独家代理商。

这几乎是一个在同行圈子里"炸裂"的消息，

曾经因为 LG 业务与黄光震相熟的朋友，纷纷告诫他及时悬崖勒马。"他们对我说，黄总你年纪也好大一把了，你是发烧了，还是昏头了？中国的品牌，你敢带来马来西亚玩？简直死路一条。"黄光震笑着回忆说。

事实上，朋友们的反应事出有因。彼时的马来西亚，中国品牌的口碑，不是"不好用"，而是"根本不能用"！因为当时从中国进口的产品要付高达 20% 的关税，许多当地商家都自创品牌到中国找工厂贴牌生产。同时，有些商家为求减税、避税，采购产品后以第三方进口方式倾销，导致中国产品在马来西亚市场内的价格波动较大，品质良莠不齐，中国品牌的口碑几乎全被毁灭了。

2006 年，美的与苏英电子在广东顺德正式签约，美的委任苏英电子为马来西亚总代理。左五为美的总裁方洪波，右四为黄光震

大环境如此，黄光震依然选择带领美的入局，他有自己的考量。

一是可以预见的利润。时值中国正与东盟各国协商零关税事宜，"中国－东盟自由贸易区"落实后，关税将从 2006 年的 20% 逐步下调，至 2010 年为零关税。这无疑将使中国产品在马来西亚具备先天的价格优势。

二是中国产品并非在海外全军覆没有经验。早年间，黄光震代理美国康明斯发动机时，就发现在中国合资建厂生产的 400 千瓦以下的康明斯发电机组，于亚洲市场深受欢迎，短短 3 年内，就占领了 80% 的市场份额。中国制造，除去跑捷径致富的商人制造的恶名，同样有流芳者可以闯出一片天地。

最终，黄光震用自己有理有据的分析，说服苏英董事会，再度甘冒风险搏一把。

"代理 LG 时期，董事会拨发了 200 万令吉的资金支持，轮到美的时，我主张将这个数字增长为 1200 万令吉。刚开始，大家很震惊，也有反对的声音。我说，中国品牌就是要放长线钓大鱼，我们一定要做好前几年亏损的准备，不然到时候会手忙脚乱。同时，由于公司信誉良好，不足的资金银行答应给予融资周转，不需要再拆借其他资本。就这样，董事会同意了。"黄光震回忆说。

具体到实战打法，黄光震认为，LG 时代的消费群体一般会认可韩国品牌的品质，故进入大城市的摩登零售商及大型连锁店都相对顺利，因为这些渠道相对高的销售额足以抵消高费用的压力。相反地，弱势的中国品牌销售额会相对低一些，商家要么没兴趣跟你合作，要么跟你要求比市场名牌更高的返利。如果盲目地往这个方向冲刺，与自杀无异。于是，他借鉴毛泽东"农村包围城市"的革命战略，起步阶段放弃强攻马来西亚的一线城市，转为在二三线城市争取中低端客户的支持，在大城市则把重点放在小型客户群身上，以稳固根基。他在全马设立了 128 个售后网点，成为品牌与消费者强有力的对接点，提供全程无忧的售后服务。

虽然与预判中一样，在征战马来西亚市场的头几年，美的业绩持续亏损，但从各大零售市场反馈的声音来看，消费者已然对这个充满诚意的中国品牌有了更多关注度和购买意向。

一切，都在向好而生。

2008 年，公司依然在赔钱运营，但是充满信心的黄光震，找到美的管理层，他提出一个动情的建议：我们"结婚"吧！

2023年，黄光震受邀出席在北京人民大会堂举办的"同根同梦·2023全球华人中秋联谊会"

"联姻计划，一方面是我想巩固彼此的合作模式，既然我们都坚信美的未来可以在马来西亚大展宏图，就有理由强强联合，把这件事做大；另一方面我也吸取了LG的惨痛教训，不希望再被重新抛弃一次。"黄光震说。

2008年，马来西亚美的苏英电子有限公司（Midea Scott & English Electronics Sdn Bhd）正式成立。这也是美的集团在亚太的第一家合资销售子公司，作为大股东，美的占股51%，HICOM占股40%，剩下的9%由黄光震管理团队持有。

这种格局在5年后发生了变化。"因为我们一直在亏钱，2006—2009年，亏了600万～700万令吉，按初期准备的1200万资金计算，已经亏了大半。同时，2010—2013年，公司还在处于打基础的阶段，销售及盈利都不尽如人意。虽然这是意料之中的正常过渡期，但是高额投入未能看到回报的煎熬，最终令HICOM高层在2013年打了退堂鼓，宣布撤股退出。"黄光震理解这种选择，但他不后退。

2010年，美的苏英迎来历史性的一刻——"零关税"时代的来临，公司也在马来西亚市场正式扭亏为盈，贡献比较大的产品有空调、风扇、电饭煲、洗衣机、冰箱。

2013年，美的苏英电子有限公司进行了一次股权重组，由那时起至今，美的集团占股75%，黄光震管理团队占股25%。同年，美的在马来西亚市场跨入战略新阶段，基于其在二三线城市早已打响知名度，品牌开始全力拓展进军一线城市的大型购物商场、知名连锁电器行等，销售网大幅扩张，几乎全部产品（如小家电、冰箱、洗衣机及空调等）的销售额都在持续增长，市场表现令人刮目相看。

有了稳固的销售基础，黄光震再次做出一个非常重要的战略决定。空调行业里面有一个销售额非常大的空调专业渠道，该渠道由于操作相当专业化，空调装配要求也特别高，几十年来，都是日系品牌一统江湖的局面，非日系产品皆难以切入。黄光震认为，既然公司已经有了稳固的基础，也应该直捣黄龙，攻入日系品牌最后的大堡垒。于是2015—2016年，他指挥成立了空调专业渠道团队，迅速出击。

皇天不负有心人，经过多年努力，空调专业渠

为美的在马来西亚开疆拓土的功臣共有六位，近年有两位功臣已经退休，目前有四位功臣继续在为美的事业奋斗，右起：总经理谭达权、总裁黄光震、财务总监陈奕芬、东马区域经理罗国强

2023年，美的苏英电子有限公司在马来西亚云顶酒店举办经销商大会，黄光震与为美的在马来西亚创造历史的团队合影

道的销售额从刚开始的600万令吉增长到2023年的2.2亿令吉，动摇了日系品牌独霸一方的根基。2024年上半年销售额已达1.71亿令吉，目前管理层正信心饱满地朝着全年增长50%大步迈进。

"整个马来西亚美的的成长过程充满了挑战，辛酸苦辣皆有，若说充满了血与泪也不为过。虽然开头背负了巨大的压力，但从2014年起我们的生意就一帆风顺，销量在涨，毛利在涨，盈利也在涨。"苦尽甘来的黄光震终于迎来了他当初日夜筹谋与企盼的光明时刻。

数据显示，截至2023年，美的苏英的全品类收入从1200万令吉增长到7.34亿令吉，18年时间实现近60倍增长，市场份额已接近前三。2024年1—6月的总销售额更快速增长至5.33亿令吉，比2023年同期增长了40%，要实现全年10亿令吉的"美的梦"已成定局。

谈起这桩当初被身边人质疑"是不是发烧、昏头"的代理生意，黄光震总是感叹，他非常庆幸自己拥有一个多年来同甘共苦、一起奋斗且充满战斗力的团队，以及拥有1000多个对美的品牌不离不弃的代理商，他也非常庆幸拥有美的这样出色的合作伙伴。"多年来，美的从未让我感觉是在孤军奋战。无论是战略的调整，还是经费的支持，总是与我们并肩站在一起。更重要的是，美的这家入榜世界《财富》500强排名第278的集团，是一家十分注重产品研发的企业，每年固定将销售额的3.5%～3.8%划拨为研发经费，目前在马来西亚的产品阵列中，高、中、低端齐全，并不断升级优化，未来可期。"

带领中国家电品牌在马来西亚创造历史，黄光震说到做到。

两个10亿的"美的梦"

2018年，就在黄光震带领美的苏英继续大步奔跑之时，发生了一件特别的大事。

美的高层委托黄光震去拯救在马来西亚市场摇摇欲坠、原属日系著名品牌的东芝家电。

事情的缘起，是2016年美的收购了86.2%的东芝家电业务线。原本主打高端市场的东芝，应是盈利不错的商业机构，但事与愿违，这间著名的老字号过去多年不但没有盈利反而是连年亏损。2013—2018年，账面累计亏损高达2700万令吉。

与美的肝胆相照，又成功在马来西亚家电圈两次从零崛起的黄光震，义不容辞地接受了委托，进驻东芝。

2023年，黄光震受邀出席马来西亚《南洋商报》100周年晚宴，并与中国驻马来西亚大使欧阳玉靖等嘉宾合影留念

马来西亚美的在中国美的事业部是出了名的"敢死队"。怎样把日本管理层留下的养尊处优及半退休状态的团队改造成"敢死队"呢？这无疑是一个很大的挑战，黄光震决定以身作则。接掌东芝后，他同时担任美的苏英电子有限公司总裁，每日上午处理苏英电子的相关业务，下午4点半就回到东芝家电，办公直至晚上10点。其实他是在做一个测试，看有没有管理层比他更早下班，一个非常值得欣慰的事情是：没有！

面对棘手局面，第一步，他花了4个月研究财务报表。"我调出了东芝过去6年的财务数据，账面显示2013年至2018年，公司合计亏损约2778万令吉。但是深入分析，我发现若按注册资本300万令吉计算，这些年公司已经破产数次了。挺住的原因，是泰国东芝一直金援马来西亚公司，合计约有1.5亿令吉，进而将实际亏损数字大大压低。若没泰国东芝的金援，马来西亚东芝公司在过去6年间，实际亏损1.82亿令吉。"

查明真相的黄光震，整整失眠了4天。

这几乎致命的亏损金额与陈年旧账，要如何翻身？又能不能翻身？在当时当刻，黄光震并没有绝对结论，但既然应允了美的，他唯有奋力一搏。

"持续数年的巨额亏损，背后必然是一个士气萎靡、协同低效的团队。之前在代理LG闯关时，我常与韩国人打交道，学到一个道理：摧毁与重建（tear and rebuild）。他们认为如果一件事情小手术不能解决，就索性拆除重建，这也是我要在东芝做的事，彻底来一场企业文化革命！"黄光震说。

可是，在还没有开始落实新计划时，忽然来了一个晴天霹雳，公司的销售总经理突然提交辞呈，并带走了35%的前线销售人员，去往其他品牌另起炉灶。

无兵师令肯定成不了大事，黄光震决定留下剩余的65%的销售人员进行改造。

留下的员工表达出一个强而有力的信号：我们要跟你一起奋斗，重建尊严！与曾经的东芝下午5点过后公司就空空荡荡没有一人的局面，简直不可同日而语。

内力方面，黄光震花了4个月时间，给东芝团队讲述美的的故事。

"美的是我们自己的真实案例，比新闻或书本的故事有说服力得多。当初有人说我发烧了，才代理美的，几乎没人相信我们能做起来。后来，大家也是关关难过关关过，夜夜难熬夜夜熬。在不被看好的大环境中，我们胜出了，是意外吗？不是。是我们凭借坚定的信念，奔跑在正确的路上。"黄光震的话，像暗夜里透过的一束光，照亮了原本荒芜、倦怠的人心。

外力方面，黄光震给东芝过往的经营策略动了个"大手术"。

第一步，他取消了东芝惯行的大客户不可持续的超高额返利制度。"不问盈利与否的高额返利，已经在自伤心肺。我们恳求大客户的谅解，与我们同气连枝创造双赢。可是这么大幅度的调整，大客户起初肯定难以接受，故调整的第一年他们的总采购额下滑了40%。但随着时间的推移，大家更了解彼此的需要，2012年生意额已几乎全部回流。"黄光震说。

第二步，黄光震彻底转变了东芝家电"专注一线城市"的营销策略。"日本总部当初将品牌定位于服务大城市顾客群,但我觉得恰恰相反,二三线城市的中低端客户群及大城市的小客户群,其实大有盈利空间可为。"基于此,黄光震展开了"家电下乡"策略,这正是客户群迅速扩张的重要动因,一年后,东芝原有的客户群从330家迅速攀升至750家。

第三步,黄光震变革了东芝的定价体系。马来西亚的国土面积广袤,西马(马来半岛)位于泰国南部,经济较为发达;东马位于加里曼丹岛北部,经济较为落后。西马与东马之间隔着南中国海,最远距离长达1500公里。以往,东芝在西马和东马的定价是一样的,但考虑到超过成本10%的高昂远程运输费用,黄光震将其改为:如果货品由西马运送至东马,西马定价1000令吉,东马则提价10%,为1100令吉。

在多元化整改的牵引下,东芝自黄光震接掌一年后,先前平均每年超过2千万令吉的亏损就大幅收窄至760万令吉。次年即2020年,实现历史性盈利,赚了逾1000万令吉。

这是一场令人无比惊异的翻身仗。因为正是2020年,一场席卷全球的新冠病毒感染疫情将所有的正常秩序于一夕间扰乱了,零售业本是汪洋苦海,鲜有佳音。

2020年3月18日,马来西亚政府宣布实行行动管控令(MCO),所有非必需领域不准营业。管控令发布的当晚,许多家电业同行贴出了暂停营业的通告,但黄光震反其道而行之,他紧急召开管理层会议,逐字逐句研究管控令的内容,发现当中非常重要的几个字:电子商务线上生意可照常营业。

当晚,美的苏英和东芝团队,同步启动了电商战略,成功地招募了超过200个代理商在电商领域并肩奋斗,宣布疫情期间不打烊。从大局回看,这是一个居功至伟的决定。

疫情暴发前(2019年),美的苏英实现3.7亿令吉的销售额,2020年疫情来袭,公司销售额不降反升,上涨54%至5.6亿令吉,其中约22%即1.25

2023年,黄光震荣获"星洲企业楷模奖",马来西亚交通部部长陆兆福为黄光震颁奖,左一为马来西亚世华媒体集团总编辑兼《星洲日报》总编辑郭清江,右二为马来西亚世华媒体集团行政总裁张裘昌,右一为马来西亚世华媒体集团执行董事黄康元

2024年,黄光震受邀出席马来西亚KSI亚太战略研究院举办的"全球经济和战略展望论坛",并获颁"杰出企业卓越和可持续领导奖"。左一为马来西亚KSI亚太战略研究院院长丹斯里杨元庆、左二为马来西亚KSI亚太战略研究院主席丹斯里马吉德、左三为马来西亚副首相拿督斯里法迪拉、右二为马来西亚KSI亚太战略研究院署理主席拿督斯里莫哈默伊巴

亿令吉来自线上交易。另一边的东芝,继2020年奇迹般盈利1000万令吉后,于2021年更将盈利额推高至3800万令吉,2022年的盈利水平也达到3800万令吉的目标。2023年,因受大环境低迷影响,销售及盈利皆有所下滑,但2024年将会是恢复元气的一年。

多年来，黄光震荣获了众多商界奖项与殊荣

"现在形势大好！"体验过从零开始、谷底重生的黄光震，终于满怀底气地说出这句话。展望未来，他设定了两个"美的梦"，即美的苏英和东芝两大品牌，分别实现超过10亿令吉的销售额目标。

"2023年，美的苏英实现7.34亿令吉的营销额，东芝则实现3.4亿令吉的营销额。2024年1月至6月，马来西亚美的总销售额为5.33亿令吉。管理层目前正信心满满地朝"总销售额于2024年超越10亿令吉"的目标大步迈进。东芝则有望实现全年营销额上涨25%至4.5亿令吉，该品牌于2024年除了小家电系列，也会加快速度引进多系列的高端冰箱及洗衣机，达到10亿令吉的销售目标指日可待。

"我非常看好美的家电在马来西亚长远的发展。如今的美的，已不再是一个单纯的制造商，而是一个蓄力研发的创新者。智能家电是未来大势所趋，美的苏英将大力推动高端智能产品朝智能家居方向迈进，同时也将拓展厨卫、楼宇科技等新领域，积极参与马来西亚大型购物广场百万乃至千万级别的空调安装项目。"谈及未来布局，黄光震如是说。

2024年，亲身带领团队创写下美的"逆袭神话"的黄光震，被美的国际事业部委任为美的亚太区域高级战略顾问。2015年至今，他或在线上，或亲临美的多家海外分公司，分享他在马来西亚的开拓故事。

奔忙的行程，黄光震乐此不疲。

"从2024年开始，我会花很多时间去各地，给当地团队的年轻人讲述美的、东芝在马来西亚是如何一步步走到今天的故事。我希望听过我故事的年轻人，会像当初的我被LG的一句'韩国品牌在马来西亚创造历史'点燃了一样，在心底也种下一颗种子，这颗种子会随着岁月的浇灌，在5年后、10年后长成参天大树。那时候，他们会带领美的这样的中国品牌，在亚太区的其他地方，书写传奇。"这是黄光震最期盼的"续集"。

18年的奋斗，凭借一路走来的不凡作为，黄光震摘获了近20个商界奖项与个人殊荣，包括：2018年获得Brand Laureate Malaysia颁授的马来西亚杰出企业家奖，以及在中国北京领取华人楷模年度人物奖；2019年在杭州主办的第十一届世界华人经济论坛荣膺杰出华人终生成就奖；2020年在亚洲经济与企业家峰会获颁亚太杰出企业家终生成就奖；2020年入编中国国际人文出版社刊物《崛起的力量》；2024年接受《中国对外贸易》第696期封面人物专访等。同年3月，黄光震受聘为上海交通大学安泰经济与管理学院EMBA客座教授，为EMBA的研究生传授他在海外为中国品牌创造历史的经验。

作为祖籍福建永春的马来西亚华人第三代，他坚信，海外7000万华侨华人的不懈奋斗，与中华民族伟大复兴交相辉映，共生共荣。

"身在马来西亚，感触很深。"黄光震表示，华人和华裔是马来西亚三大民族中非常重要的一股中坚力量。回首历史，有过伤痛的经历，也遭受过种种不公正的待遇，但随着祖籍国——中国的强大，以及马来西亚华社团结奋进的打拼，如今的情势已与往昔不可同日而语。

2024年，黄光震回乡祭祖，与福建省永春县石鼓镇卿园村党支部书记黄剑华及堂弟们合影，右一为黄丽聪、右二为黄光助、左一为堂弟媳妇郑月蓉、左二为黄进春、左三为黄光谦

举个很小但很有代表性的例子：20世纪60年代，当地华人逢春节想要舞狮，必须提前与有关单位申请备案，时间、地点、人员统统要"交代清楚"。但如今，美的任何一家新门店开业想要喜庆热闹一下，随时可以舞龙舞狮，就算是舞到师傅累瘫，也再无人会来干涉。

这种与祖籍国同气连枝的扬眉吐气，黄光震的感受刻骨铭心。正因如此，他的格局不同于一般意义的传统商人。特别是现如今，包括海信、创维、奥克斯、长虹、TCL等一众中国品牌，在见证了美的的辉煌业绩后，纷纷杀入马来西亚家电市场。有人说，马来西亚家电业已进入中国品牌的"战国时代"，但作为老行尊的黄光震，从不将其视为会危及美的的"坏事"。

2023年，黄光震与家人到澳大利亚欢度春节，并拍摄全家福，后排右三为黄光震的太太叶瑞梅

"我常和我的团队成员说，无论是做生意还是做人，眼光都应该放长远。家电是不可或缺的日常用品，只要经济持续增长，前景肯定越来越好。中国的科技正在飞速发展，中国的家电产品也将更具市场竞争力，随着'一带一路'的推进和RCEP的实施，中资企业积极布局马来西亚，对推动中国品牌形象建设、提升中国软实力，都将具有十分重要的历史意义。"黄光震笃信。同时，他希望马来西亚美的的成功案例能够成为一个火种，启发其他中国品牌在世界各地以野火燎原之势快速成长，最终在全球遍地开花。他说，未来全球的家电行业领军者，一定是中国，每一个正在奔跑的中国品牌都应当具备这样的使命感。

道阻且长，行则将至。华

张仕国

　　张仕国从诗亚菜市场的一隅小摊起步,以坚韧不拔的精神和卓越的商业智慧,逐步建立起一个涵盖水产养殖、食品加工、贸易代理、建筑、建材制造、运输及造船等多个领域的多元化企业集团。

　　事业有成后,他积极参与华人社团活动,并担任重要职务,致力于推动华人社群在马来西亚社会与经济生活中的深度融入与发展。同时,张仕国不忘回馈家乡,通过投资促进当地经济发展,并在慈善领域慷慨解囊,用实际行动为社会贡献力量,成为华人社区中的杰出楷模。

侨界贤达 华商翘楚

——马来西亚张仕国集团总裁张仕国

2023年12月26日,张仕国与夫人黄拔妃喜迎60周年钻石婚喜庆晚宴,这无疑是一个充满喜悦与温馨的时刻。悠悠六十载,他们携手走过一甲子,栉风沐雨,在时光的画卷上镌刻下深情厚谊。那一刻,亲朋好友齐聚一堂,共同见证他们的鹣鲽情深,为他们的美满婚姻呈上最真挚的祝愿。

晚宴上,张仕国基金会举行第10届张仕国与夫人黄拔妃"爱心工程"捐款颁发仪式,现场向包括教会、社团及学校共23个单位捐款163.3万令吉,意义非凡。

"执子之手,与子偕老",张仕国与黄拔妃用60年的岁月,诠释了爱情的坚贞与美好;"积善之家,必有余庆",他们的爱心之举,亦如春风拂面,在场之人无不为其所感。

回首往昔,从菜市小贩到马来西亚冷冻业的霸主,张仕国集团的传奇要从一个有温度的故事开启。

"阿国仔"小鱼贩的生意经

1942年出生于马来西亚诗巫的张仕国,祖籍中国福建省闽清县白中镇白汀村,家境贫寒的他,从小就懂得帮助父母分担家务,割橡胶、耕田、除草无所不能。

在与兄弟姐妹一同割橡胶的岁月里,他不仅勤奋,更善于思考,发现了割橡胶的秘诀在于最后两刀的精准与分寸。他自豪地回忆:"我能够准确计算,五分钟内割橡胶的效率远超他人,当同伴们割得五片时,我已收获七片,产量之多连父亲也得协助搬运。"

张仕国家中有9个兄弟姐妹,他排行老三。一家11口仅靠父亲当鱼贩的微薄收入糊口,辛苦不言而喻。尤其兄弟姐妹陆续上学后,学费负担更重。中学读了一年多后,张家做出艰难抉择,必须有孩子牺牲学业。母亲负责主持家中理财,决定由体格较强壮、学业成绩还过得去的张仕国放弃学业,出来帮衬父亲。

张仕国十分热爱学习,尤其钟爱数学课,知晓自己不得不离开校园,他心中十分难过。但今天回想,他非常感激母亲当时的决定,他笑着说:"我妈妈大概知道我天生就是做生意的料。"

张仕国辍学后开始随父学做生意,那一年他14岁。一年多后,父亲将鱼档交给他,临走前,他留给儿子3.4令吉作为本金。父亲告诉他:"3令吉40仙是零钱,方便你找钱给顾客。"年仅15岁的张仕国又惊又喜地接过父亲交给他的任务。自此他成了菜市场最年轻、矮小,不起眼的鱼贩"阿国仔"。

他坦言,那时的自己内心充满了复杂情感。15岁的他,身材尚未长成,面对着比自己还要高大的秤砣,不得不站在肥皂箱上才能够提起秤来。每当回忆起那段青涩岁月,张仕国的脸上总会露出愉悦的笑容,那些初涉商海的有趣场景,确实令人啼笑皆非。

虽然年仅15岁且经验不足，但他胆大心细，暗暗下定决心，定要成就一番事业。他开始尝试建立属于自己的人际关系和信用。凡事亲力亲为、薄利多销，在确保提供种类繁多且符合市场需求的鱼货的同时，他始终坚守着对鱼货新鲜度的承诺。

不仅如此，他还会根据顾客的具体需求提供个性化的上门服务，并且经常协助顾客规划购买预算，确保公平交易，无论对方是孩童还是长者，这样的诚信经营让他的生意蒸蒸日上。

然而，"阿国仔"太擅长做生意，使得别人的档口冷清寥落，而他的档口宾客盈门。如此情形，自然引来了妒忌，其他同业者便联合起来对他进行打压，举报他无照经营。

张仕国在协助父亲经营鱼摊时，因未事先申请相关营业执照，后续也未能及时补办手续，面临被禁止继续销售活动。面对这一困境，他的母亲挺身而出，亲自前往市议员家中，以深情而真挚的言辞，详细阐述了家庭所承受的经济压力与不易，她的倾诉深深触动了市议员的心弦，获得他的同情与理解。最终，在市议员的积极介入与帮助下，张仕国成功获得了经营所需的营业执照，得以继续合法地经营鱼类销售业务。

就这样，"阿国仔"在小鱼贩中的口碑越发良好，生意越做越旺。老一辈的诗巫人都知道，"阿国仔"的鱼档是诗巫菜市场最受欢迎的鱼档，许多顾客都喜欢光顾他，买他的鲜鱼。其后，他更是开始涉足海产捕捞、鱼虾养殖与批发等领域。不但在摆摊的菜市场中"一家独大"，其店铺更是一路从诗巫逐渐遍布各地，甚至延伸至新加坡，形成了一个跨区域的商业网络。

随着张仕国的商业版图从诗巫扩展至古晋、新加坡，他便放弃了继续经营原本盈利的诗巫菜市场鱼档，转而投身鲜鱼批发业务。坚信"小贩也可以挑起大买卖"的他，开始不满足于在菜市场的"小打小闹"。他认为小贩生涯只是成长经历中的过渡，当事业壮大后，应将机会让给他人，助力他们成长。

他曾说："成功之后，应帮助他人自立，我经历过被排挤的苦楚，不愿他人再受此遭遇。"他坚信，企业家应有宽广的胸怀，秉持互利共赢的原则，通过帮助他人，不仅自己能得到更大的快乐，还能创造更广阔的商业机会，实现共同繁荣。

冷链 筑梦冰封帝国

"事实上我为砂拉越做了不少突破的事情，冷冻加工业是我创新改良的，海产运输的方法、急冻的技术、进口与出口的市场都是我最先开发的。"张仕国微笑道，"其他人比较墨守成规，不太敢进行革新的工作。相比之下，我们的技术最全面，配备也是最好的。"

随着批发生意越做越大，张仕国意识到海产品的易腐性对行业规模的限制。于是他深入研究并引进了国外的冷冻加工技术。这一技术革新不仅延长了海产品的保质期，还推动了砂州渔业的转型升级，带动了冷链物流和深加工等配套工业的发展，最终改写了砂州的渔业历史。

"因为我很好学，常出国考察，看看日本和欧洲的冷冻加工技术，为什么他们处理得那么好，为什么管理得那么妥当。吸收他们的优点和长处，回来后自己再研究开发，这样不断提升自己、突破自己，成就感更大。"自幼好学不倦的张仕国在整个商海生涯中始终秉持着谦逊而又勤勉的态度。

"君子藏器于身，待时而动。"当获悉日本福冈的日中海产公司在寻找马来西亚合作伙伴时，张仕国迅速采取行动，主动与对方接洽，成功与该公司建立了合作关系，并将良好的合作关系一直维持到今天。

回国后，张仕国马不停蹄地按原计划推进，以最快速度在3个月内建起了一间厂房，即后来的"国水海产工业有限公司"（以下简称"国水"），并引入了先进的日式冷冻加工技术。这些技术涵盖了从保鲜到速冻，再到包装的全过程，使得国水能够快速将产品推广至国际市场。得益于卓越的产品质量，国水不仅成为首家向澳大利亚出口熟虾的亚洲企业，还荣获了澳大利亚买方颁发的品质金奖。

1969年，时年27岁的张仕国在自身的商业版图上再度开拓，创立了砂拉越冷藏公司。至1972年，他升级经营理念，先后注册了砂拉越冷藏有限公司、古晋冷藏有限公司以及美里冷藏有限公司。

由此，一个未来将在东南亚乃至欧美市场大放异彩的"冷链帝国"，缓缓揭开了其宏伟序幕。

CCK 集团 多元化发展

"我常跟小贩们讲，行行出状元，小贩也可以做大生意，可以成为大小贩！但有些时候，你既有本钱，又肯24小时拼命苦干，为什么还是不能成功？关键在于'不得法'。营运一家有一定规模的企业，一定要有规模计划、规模管理、规模经济、规模知识，还要有良好的人际关系。具备这些条件，就一定有机会成功。"张仕国说。

张仕国集团（CCK）成立于1969年，张仕国最初与他人合股，后励精图治，将一家小型合股企业发展成为一家有限公司，并最终实现了业务的多元化和国际化。

CCK 的冷冻加工技术之所以能够实现重大突破，并带动公司业绩飞跃增长，是因为学习日本公司的先进技术和经验，起到了关键的作用。

张仕国回忆道："初次赴日寻访海产业同行时，因语言不通，我无从下手。担心直接拜访会因沟通不畅而遭拒，于是我从酒店电话簿中撕下海产业相关的黄页，带回诗巫慢慢研究。"

"我们最终锁定了一家名为'日中海产'的日本公司，它在中国有投资业务。我们便致信表达合作意愿，寻求技术转移。"当时年仅30多岁的张仕国，虽然事业已有相当规模，资金和人才也相对充裕，但他深知技术提升的重要性。"我寻求与日本海产公司合作，主要是为了学习他们的先进技术。日本作为全球最大的海产业国家，其冷冻加工技术领先世界，因此，向日本学习是必要的。"他如是说。

张仕国幽默地分享了他与日本公司高层首次会面的情景："我们在香港首次'洽谈'，他们原以为我是一位年长者，见面时发现我如此年轻，都感到惊讶。"

1978年，尽管 CCK 集团的业务已经多元化，涵盖了房地产业和养殖业，张仕国却并未因此满足。

他怀有更远大的抱负，不局限于区域市场，而是将目光投向全球。"当时，我这样思考，全球有超过60亿人口，而我们的业务仅覆盖了1亿人口，这表明我们有很大的成长空间。"他简明扼要地表达了自己的信念："我们的目标是将砂州的海产品出口到世界各地，赚取外汇，实现利己、利人、利国的多赢局面。"

秉承这一信念，张仕国成功将海产品出口至日本、澳大利亚，并最终遍布欧洲各国。他自豪地说："在欧洲用餐时，看到我们的海产品在高档餐厅出售，那种成就感是无法用言语表达的。"

CCK 的另一个重大转折点，是在张仕国的子女学成归来后，为 CCK 集团带来了新的企业经营理念，推动了集团的进一步发展。他们认为公司上市是发展的必然过程，这促使 CCK 集团决定将部分业务改组并申请上市，以适应时代的发展和市场的挑战。这一决策标志着 CCK 集团进入了一个新的发展阶段，为其未来的增长和扩张奠定了基础。

1997年，古晋冷藏有限公司更名为中央冷藏控股（CCK），在马来西亚股票交易所上市。

CCK 集团上市的主营业务是肉鸡。其业务涵盖了从饲料生产、种鸡繁殖、雏鸡孵化、养殖、屠宰到零售的全产业链，确保了鸡肉产品的质量和安全。此外，CCK 集团还涉足了海虾养殖、速

1997年，中央冷藏控股有限公司在马来西亚股票交易所成功上市

冻食品生产和出口等多个领域，其产品远销至印度尼西亚、越南、中国香港、日本、澳大利亚和杜拜等国家和地区。自1997年初集团上市之后，业务每年都以双位数增长。

张仕国的人生和事业似乎总是一帆风顺的，他将经济周期的起伏视为机遇。20世纪70年代，以美国为首的发达国家的金融危机，马来西亚亦受到严重冲击，他逆市操作，低价购入大量资产，随后在经济复苏时进军房地产业，获得了丰厚的回报。

20世纪80年代中期，经济危机卷土重来，尽管房地产市场遭受冲击，但他再次利用市场低迷时期收购土地，展现了他对经济循环的深刻理解。1997年亚洲金融危机前，他已预见市场过热，及时调整策略，使CCK集团再次安然渡过风暴。

在领导和管理方面，张仕国对员工的关怀体现在诸多层面。金融风暴肆虐之时，他极具前瞻性地将员工薪酬换算为美元，以此抵御通货膨胀对员工收入的侵蚀。众多资深员工在公司的大力帮扶下，得以拥有住宅与小轿车；而那些暂未购置房产的员工，亦能在公司新建房屋计划里获取优先选择权以及贷款援助。

他极为重视员工心理层面的呵护与建设。他在企业推行"工作坊"这一创新模式，经由专业顾问精心指导，引导员工逐步实现从自我认同到潜能挖掘，再到掌握克服困难的方法，以此全面增强员工个人能力，进而将这些宝贵经验融入日常工作，为企业管理注入人文关怀。

张仕国的人性化管理理念源于他对企业人才重要性的深刻理解："企业的'企'字去掉'人'就剩下'止'，人才是企业发展的关键。懂得倾听、懂得授权，是企业持续发展的关键。"他的这种人文关怀在1998年印度尼西亚暴乱期间得到了体现，当地员工自发保护工厂，使公司资产免受损失。

虽数次处于国家经济大风暴中，但CCK集团在张仕国的领导下，展现出非凡的韧性。他秉持"见好就收"的经营理念，凭借丰富经验、敏锐判断和果敢行动，让企业稳如泰山。

目前，CCK集团在沙巴和砂拉越已经拥有76间分行、批发门市与超级市场，致力于为社会大众提供新鲜的食材。此外，CCK集团还拥有45个海虾养殖塘，引进了国外的先进设备与管理技术，实现了生态环境保护的条例。通过食品单体速冻技术IQF，CCK集团每小时可生产约300千克的速冻虾食品，这些产品经过低温速冻处理，卫生质优，能被长期保存，并获得了HACCP食品安全体系认证。

CCK集团积极拓展国际合作伙伴，与西门子、ABB、施耐德等世界著名电气公司开展了全方位的技术引进和OEM合作，引进了美国、日本、德国、瑞士等国家的先进加工设备。

此外，集团还推出了新概念超市"CCK Local"，位于Citymall，提供近千种食材品类。集团旗下的C.S. Choice Food Industries Sdn Bhd主要生产鸡肉和牛肉汉堡肉、鸡肉香肠、鱼丸及鱼片等加工食品。

百年船舶 赋能创新生态

在张仕国不断拓展企业多元化业务的过程中，他的另一项重大举措是入股并掌控了马来西亚南昌造船厂有限公司。这家拥有45年历史的老牌造船企业，在20世纪90年代末因发展需求寻求资金扩充，但高企的银行贷款利率让股东望而却步。张仕国抓住机会，主动接触股东，通过逐步增资成为控股股东。

尽管张仕国同时担任多个社团的重要职务，分身乏术，他还是根据马来西亚的新经济政策，确保企业保持至少30%的马来土著股权，并指派了一位土著担任董事会主席。后该主席因健康问题退任，张仕国亲自担任董事长，但由于时间有限，他将日常管理权交给了一群经验丰富的董事经理。

到了2005年，随着社团职务任期的结束，张仕国决定将更多精力投入船舶业务。他发现南昌造船厂的经营状况并不乐观，于是决定进行业务重组，首先从修船业务开始。张仕国坚信，如果修船质量能在行业内领先，企业就能站稳脚跟。他承诺，南昌造船厂的修船服务将确保客户不会因为船只质量问题而产生额外成本。

修船业务的成功不仅为南昌造船厂带来了稳定的收入，也提振了团队的士气。2006年，张仕国决定正式进军造船业，并选择了家乡福建作为合作伙伴。同年，他与福建东南造船厂签订了价值1.7亿美元的造船合同，创下了福建省造船业50年来的单笔订单纪录。2008年，南昌造船厂与福建省冠海

南昌造船厂有限公司获得马来西亚政府颁发的 2008—2009 年度全国船运工业特优奖

造船工业有限公司合作,成功建造了配备世界领先 DP2 定位系统的 SK101 海洋油台工程船,这艘船能在恶劣海况下自动定位和安全靠泊,成为福建造船史上的里程碑。这一成就为南昌造船厂赢得了马来西亚政府颁发的 2008—2009 年度全国船运工业特优奖,张仕国也荣获了马来西亚福建工会颁发的"全国杰出与楷模人物奖"。

2011 年,张仕国主导南昌造船厂通过反向收购新加坡上市的中资企业鹰牌控股,成功在新加坡交易所主板上市。借助资本市场的力量,南昌造船厂继续发展壮大,凭借透明的财务体系和与投资者的良好沟通,于 2013 年荣获"新加坡最具透明度上市企业奖"。在造船业务和品牌建设方面也取得了显著成就。

2012 年 6 月 21 日,在首届"福船友谊奖"颁奖暨新船建造合同签约仪式上,张仕国代表南昌造船厂与福建船舶工业集团旗下的厦船重工和马尾造船厂签订了总额达 7200 万美元和 1.1 亿美元的造船订单。作为"福船友谊奖"的获奖代表,他手持银质"福船"模型奖杯发表感言:"这个荣誉不仅代表了友谊,更是一个新的开始,我与福州的血脉乡情将地久天长。"

2006 年至今,南昌造船厂与福建

福建省人民政府授予张仕国第八届福建省"友谊奖"

船舶工业集团已累计签订了上百艘高科技、多功能海洋工程船的合同，并且都会如期交付使用。2013年，福建东南造船厂交付了16艘海工船，包括为钻井石油平台服务的三用工程船、海洋供应船、居住船等大型海洋工程船舶，造价从1000多万到3000多万美元不等。

张仕国还带领南昌造船厂推出了一系列行业前沿水准的"重磅"船只，包括与福建造船方合作生产的一系列配备DP2定位系统的海洋工程船，以及马来西亚首次引进的、由劳斯莱斯公司提供顶级配备的UT755CD高端系列船。2007年，南昌造船厂成功投产了马来西亚首艘搭载高科技动力定位系统的钻油台岸外支援船。2008年，与福建造船方合作完成了福建省首艘拥有DP2动力定位系统的高科技钻油台工程船。

而在此基础上更受业界瞩目的作品，当属2012年建成的、由Wartsila Design提供绘图的马来西亚首艘柴油及电动混合高科技钻油台支援船。这艘船配有可探入海底的"深海吊"等一系列顶尖装备，而当中的最大亮点，是搭载了当时业界极为高端的水下机器人，技术人员可以通过遥控装置，操作这种水下机器人在深海完成十分精密的探测及水下作业任务。

除不断打造高水准船只外，南昌造船厂还尝试与外国造船公司合作，改良并租赁先进的工作船给有需要的油田公司进行海上探油。"这是南昌造船厂迈向全球化的重要一步。"张仕国表示，通过这种与国际接轨的合作，南昌造船厂可以获得更丰富、更前沿的行业资讯，并参与更深层次的全球化竞争。

问及张仕国为何一路走来，会把南昌造船厂和福建紧紧捆绑在一起，他会说，血脉相连的情感原本就无法分割。"在我很小的时候，父母就一直叮嘱我不要忘记自己的家乡，假使今后有机会发展事业，一定要选择福州，为家乡尽自己所能做点贡献。1986年，我第一次回到家乡，随行的还有两位助手。那里的水土和乡亲们都令我倍感亲切，特别是友善的海关，丝毫没有为难我携带大量西药品入境。然而，家乡当时的落后状况也让我分外揪心，我希望带领乡亲们一起发展海产养殖业，带领他们脱贫致富，而且我的平台是现成的，营商风险已经被拉至最低。但遗憾的是，受制于当时中国尚未明朗的出口政策，计划被迫搁浅。这是我心中长久以来的一个结，现在有机会通过船舶工业拉动家乡的经济增长及制造水平，我当然会毫不迟疑。"

张仕国荣获马来西亚福建联合会颁发的"福建杰出企业家奖"

2013年9月27日，为表彰张仕国长期以来心系福建，为福建省船舶工业和福建经济发展作出的贡献，以及为增进中国与马来西亚两国友好关系作出的努力，福建省人民政府授予张仕国第八届福建省"友谊奖"。该奖项设立于1999年，每两年评选一次，是福建省人民政府授予为福建省经济建设和科教、文化事业作出突出贡献的外国友人和外国专家的荣誉奖项，2013年总计有15位获得者。考虑到颁奖当天正值张仕国72岁生日宴会，其本人无法莅临颁奖现场，福建省人民政府还特地委托前往马来西亚贺寿的福建省船舶工业集团公司总经理谢荣兴为张仕国在生日宴会现场颁发了"友谊奖"奖章和证书。

接过荣誉的那一刻，张仕国感慨良多。他说："目前，南昌造船厂联手福建制造的海工船，正航行在马来西亚以及中东、印度、巴西、墨西哥、越南、泰国、中国、印度尼西亚、非洲、澳大利亚、新加坡、俄罗斯等国家和地区的海域上。未来，我希望整个世界有海水的地方，都可以看到我们的船只！"展望未来，张仕国表示，下一步除可能会大力发展海上钻油台业务之外，也会开始着意打造南昌造船厂的自有品牌。"目前，南昌造船厂已经迈出第一步，独立绘图并研发了一种64.8米长、搭载DP2定位系统的高科技多功能海洋工程船，第一批20艘船正在加紧建造中。这是南昌造船厂发展史上的新纪元，未来，我们将加大自有品牌的研发力度，希望推出更多元化用途与型号的船只。而在研发与制造的过程中，我们也承诺以绿色健康工业模式为导向，不破坏环境，践行可持续发展的生态理念。"

2019年，全球新造船市场面临挑战，但南昌造船厂所在的马来西亚造船业仍然保持活力。马来西亚政府制定了优惠政策和鼓励措施，以吸引更多外资企业投资马来西亚造船行业。

2020年新冠病毒感染疫情对全球造船业产生了重大影响，新造船投资形式低迷。然而，南昌造船厂展现出了良好的韧性和应变能力，尽管面临挑战，但仍然保持了一定的交付量。

2024年，中国造船业继续展现出强劲的发展势头，前三季度拿下全球70%以上的绿色船舶订单，南昌造船厂作为其中的一员，也在这一趋势中扮演了重要角色。

情系桑梓 恩泽社群

凭借张仕国的高瞻远瞩与精心擘画，集团如今已发展成多元一体化、在全球极具影响力的企业集团。水产养殖等多领域齐头并进，其中冷冻加工领域更是成绩卓著。故而张仕国在马来西亚赢得"冷冻大王"的名号，集团与个人皆声名远播。

功成名遂，不过微光。在子女学成归来后，张仕国逐步将领导权责移交给他们，自己则更多地投入公益事业和社团宗亲事务中。他和太太一起设立奖学金和助学金，担任多所学校的董事长，支持教育事业，并在2013年成立了"张仕国基金会"，以1000万令吉作为基金会本金，帮助有需要的组织和个人。

张仕国在乡会组织中也扮演了重要角色，从诗巫福州公会主席到世界福州十邑同乡总会会长，他一直致力于推动家乡的发展和乡亲的团结。他倡导并组织海外乡亲回乡考察，促成投资兴业，共赢互利。他还推动了"世界福州人之窗"网站的设立，以宣传福州文化和联系海外乡亲。

在张仕国心中，乡情永远血浓于水。"福州人有艰苦创业的优良传统，我们的先辈靠'三把刀'（厨刀、剪刀、理发刀）漂洋过海，来到马来西亚发家致富。现在诗巫已经成为'新福州'，我们更要团结一致，将福州本地的文化发扬光大。"除经常呼吁年轻一代同乡要多讲福州话之外，凡是对家乡有益的事，张仕国总是不遗余力，倾尽所能。

1991年他捐款12万元人民币筹建了福建省白中镇白汀村幼儿园，随后，又捐资给家乡筹建黄乃裳纪念馆、建侨联会、华侨大厦和张氏公会等。同时，张仕国还带领世福总会十邑巡访团成员向"海西春雨行动"捐赠了130万元人民币。2009年，为响应福州市人民政府重建福州镇海楼的行动，张仕国捐献50万元人民币；同年，他捐资100万元人民币支持福州市政府推动的"榕商联村"扶贫计划。2010年，他支持闽北抗洪救灾；同年，在家乡白中中学捐资兴建白中中学教育大楼并设立"奖学奖教扶困教育基金"。为表彰张仕国热心家乡公益事业的行动，福州市政府特别授予他"茉莉花"银质奖章。

尽管已卸任乡会一线领导职务，张仕国仍然被尊奉为多个宗亲组织的永久名誉职务，并积极致

张仕国获颁"拿督"勋衔

2009年，张仕国在北京荣获"中华十大财智人物奖"

力于宗亲事务，担任多个张氏文物馆和组织的创办人、顾问和主席等职。在担任诗巫中华工商总会长期间，张仕国展现了其卓越的领导力和对社会的深厚关怀。

1997年，他慷慨捐赠30万令吉设立教育奖助学金，支持大专教育发展。同年，他推动成立了旨在促进砂拉越中区经济多元化成长的华商经济组织，并推出官方网站，为商业发展开辟新窗口。张仕国还多次带领商业考察团访问文莱、缅甸、中国大陆及台湾地区，拓宽国际视野。

1998年，他推动了太极气功健身班的成立，关注会员健康。2001年，他推动了"途商统一行政管理中心"的成立，并在2002年推动成立助理婚姻注册服务中心，以及柏理思学院，后者专注于电脑维修技术教育。

张仕国的社会贡献得到了马来西亚政府的高度认可，他先后获得PBS、JSM、PJN勋衔，并被先后授予"拿督""丹斯里"勋衔，其夫人黄拔妃也荣获"拿汀""潘斯里"勋衔。他曾是马来西亚国家经济咨询委员会成员，并荣获"2009·中华十大财智人物"称号。张仕国还因其对福建经济发展的贡献，曾被委任为福州市政协海外特邀委员。

在2023年11月18日"全国小贩日纪念晚宴"上，马来西亚小贩联合会永久名誉主席张仕国及夫人黄拔妃在会上移交2023年张仕国黄拔妃"爱心工程"教育助学金申请表格给贩商总会，供会员子女学生申请，同时移交2万令吉的赞助款，作为贩商总会2023年11月17—19日小贩日的活动经费。

张仕国提出，小贩行业需要一个智囊团来引领发展，改变传统思维，提升行业水平。他倡导小贩、中贩和大贩之间的相互学习和专业化发展，以实现生意的壮大。他强调了小贩行业的潜力和对年轻人的吸引力。他认为小贩行业虽利润微薄，却是商业帝国的起点，鼓励大家从小处着手，逐步发展壮大。

在诗巫省马拉端县小贩联合会就职典礼上，张仕国指出社团服务的义务和责任，呼吁公会成员无私地为同业作出贡献。他对诗巫省马拉端县小贩联合会的成立和活动表示赞扬，并希望其继续保持活力和团结，成为其他小贩公会的榜样。

张仕国还强调了团队合作的重要性，认为个人能力有限，而团队合作可以将不可能变为可能。晚宴上，张仕国也移交捐款给砂拉越诗巫省马拉端县小贩联合会理事会，作为活动经费。

2024年5月13日，张仕国作为世界福州十邑同乡总会、马来西亚福州社团联合总会及砂拉越福州社团联合总会的永久名誉会长，在诗巫闽清同乡会第29届理事会就职典礼上，向事业有成的闽清同乡发出倡议，鼓励他们在力所能及之时，更多地关注同乡的福祉，并投身于闽清文化的传承与发扬。

他期望闽清同乡会成为一个真正为会员带来益处的组织，成为他们坚实的后盾。张仕国强调，社团的成立旨在团结特定群体，通过共同的习俗和传统，形成一项代代相传的事业。他赞扬诗巫闽清同乡会正是在这样一种模式下，不断发展壮大。

在就职典礼暨端午节晚宴上，张仕国还提到，自1958年成立以来，诗巫闽清同乡会已走过66年的历程，如今已成为诗巫乃至全国组织最完善、财力最雄厚的华人社团之一，身为闽清人，他与有荣焉。华

黄宗华

　　黄宗华出身贫寒，中学毕业后便投身社会。尽管起点不高，但他凭借不懈的努力和天赋，在日常工作中不断学习成长，逐步从平凡中脱颖而出。

　　在金融行业工作10多年后，黄宗华与合作伙伴通过借贷融资200万令吉，接手了濒临破产的侨丰证券。凭借自己的经验和对时局的把握，黄宗华及其团队历经40余年的努力，将马来西亚侨丰控股有限公司打造成了涵盖金融服务、地产投资、建筑、酒店及工业等多领域的综合性投资集团。

在生活中学习 在平凡中崛起

——马来西亚侨丰控股有限公司执行主席黄宗华

> "对我而言，如果你是一个强大的人，别在没有必要时过度展现你的力量；如果你是一个具有影响力的人，也不必过于炫耀你的权力。因为中国人有句俗话：'一山还比一山高。'"
>
> ——黄宗华

逆境中成才的典型

黄宗华出生于马来西亚霹雳州的甘光马坡新村，父母都是农民。在这个只有100户人家的小村庄里，只有拼命努力工作才能换得温饱。作为家中长子的黄宗华有9个弟妹，这给他们这个本就不富裕的家庭带来了更大的生存压力。从8岁开始，黄宗华就随父亲去工作帮忙补贴家用，他当过割胶工人，也做过农活。他回忆说，当时每天凌晨2点就起床工作，导致自己难以专注于课业，但凭借刻苦和毅力，他还是顺利完成了中学学业。

虽然受的教育不多，但黄宗华的父母始终坚守华人的传统道德价值观，并以此教育自己的孩子。他记得，父亲经常提起做人诚实与坚守原则的重要性，与孩子们分享至理名言。母亲是虔诚的基督教徒，一直致力于帮助有需要的人。她的善良与慈悲成为塑造黄宗华人生观的重要因素。更重要的是，父母的言传身教为黄宗华奠定了职业伦理观：人生没有捷径，想要成功就必须努力。

家境的原因，完成中学学业后，黄宗华就步入社会。尽管没有接受高等教育，但黄宗华并不以为意。在他看来，学习并非从入学开始，也不会随着毕业而结束，每个人都要在生活中继续学习，通过聆听、观察、感受和体验学习知识。最好的教育往往来自周围的人、自己经历的事，以及成长的环境。这种学习方法帮助他弥补了缺乏正规教育的遗憾。

他竭尽所能地广泛阅读，与时俱进地掌握商业知识并了解时事政治。即使到了今天，他仍然通过这种持续学习的方法，每天不断提高自己。

在一家学校任教2年后，黄宗华开始涉足金融领域。1969年，他开始在家乡的一家金融机构分行担任办事员。很有经营金融事业天分的他，在短短几年内就把这家分行办得有声有色，成为整个机构表现最优秀的分行。此后，分行业绩的持续提升引起了公司董事局的注意，特别在他所属分行召开董事会议，了解其营业策略与方针。而黄宗华也被提拔为霹雳州的区域经理。

1973年，黄宗华进入MBF金融公司工作，负责该公司在马来西亚所有金融分行的营运操作。从第一天起，他就提醒自己，每天必须为公司带来足够的利益，以确保不会辜负公司支付的酬劳。那些年，他走遍马来西亚各地的金融机构，聘请人才并向当地商人招揽生意。他也因此接触到更多人群，大大提升了自己的管理能力和水平，建立了牢固的人脉网。

1982年，事业已有小成的黄宗华决定单干。他与一群志同道合的朋友借贷融资200万令吉，收购了当时濒临破产的侨丰证券。为了让这家小型股票经纪公司起死回生，黄宗华和他的同事们克服众多挑战，调整公司的运作模式、加强管理体制并减少债务。在侨丰证券发展的过程中，黄宗华发挥了他积累多年的知识和经验，带领公司快速发展，并平稳度过20世纪80年代的两大金融危机。其中最大的危机来自1985年的新泛电(Pan Electric)事件，当时公司为还清所有银行贷款而竭尽全力，甚至变卖资产周转也在所不惜。靠着破釜沉舟的勇气，侨丰证券渡过了险滩，进入成长的康庄大道。

1990年，侨丰控股在黄宗华整合旗下资产后宣告成立。1991年5月31日，侨丰控股成为少数几家在吉隆坡证券交易所上市的股票经纪公司之一。上市之初，公司募得资金8000万令吉，为公司的未来发展奠定了基础。

黄宗华回忆，20世纪90年代初，马来西亚股票市场处于最佳时期，侨丰控股也表现优越。正确的时机、正确的地点，加上正确的业务，各种结果的相加让所有事情都水到渠成。而他自己也在那个时候赚到了人生的第一桶金，当时积累的资金成为他多年来发展业务的稳健根基。在牛市效应中，公司筹集了数十亿令吉的资金，这让黄宗华有能力收购其他公司、购买土地并分散资金进行多元化投资。

2001年，侨丰控股获得风险投资业务的特许经营权。黄宗华意识到这是一个好机会，他以5000万令吉为种子资金，创办了侨丰创投国际风险投资基金。通过几项收益颇丰的投资，这一风险投资基金不断成长，于2004年挂牌上市，并筹集了1.75亿令吉资金。多年来，侨丰创投国际成功投资并扶持了30多家公司，其中的17家公司已在多家股票交易所挂牌上市。

到21世纪初，侨丰控股的业务已经从股票经纪业务走向全面多元化发展，涵盖基金管理、企业融资、债务资本市场、资金管理、衍生品和结构性贷款等领域。2001年，为响应政府巩固马来西亚证券经纪行业的号召，侨丰证券与其他3家股票经纪公司合并为"环球经纪公司"。2007年，侨丰控股获得投资银行执照，提升为国家银行监管的存款机构。

随着金融业趋向国际化发展，侨丰控股的业务也从马来西亚拓展至泰国、柬埔寨、新加坡、印度尼西亚，以及中国内地和中国香港。黄宗华认为，未来的金融市场将会更趋全球化，不同国家之间的交易壁垒会逐渐下降，因此他决定扩大公司经营范围，让侨丰投资银行能够最大限度地满足东盟地区企业、机构和零售客户的需求。当时，东南亚投资银行市场主要被几家金融巨头独霸，专做规模大的投资项目，而中小盘股市场不被看重。黄宗华看准这个机会，专注于中小盘股市场，赢得客户的信任，业绩也迅速增长，并引起了业界收购者的关注。2012年，兴业资本以价值19.5亿令吉的股本，收购侨丰控股的投资银行业务，使侨丰控股拥有兴业资本10%的股权。

很多人认为金融业并不是实体经济。但在黄宗华看来，金融业是独具魅力的，无论是什么行业与领域，都与金融有密切的合作关系。因此，要成为一个成功的金融业专家，就必须对各行各业有广泛了解，这样才能给客户提供最佳方案。他一直认为，金融业不仅是经济发展的核心领域，更是培养个人自律性、专业性和判断力的重要平台。对于金融业来说，最大的使命是帮助大众，为个人或公司进行财务规划与增值投资。而最振奋人心的，便是客户经由专业的建议，从小公司发展成业界数一数二的企业，那是金钱也无法兑换的一份成就感。

由于在业界取得的成绩和受到的广泛认可，黄宗华先后受邀参与了马来西亚、澳大利亚、新加坡和香港证券交易所的股份化活动。1999年至2002年，他受邀担任马来西亚股票交易所自动报价市场(MESDAQ)董事会成员。2004年，他被马来西亚证券委员会任命为资本市场咨询委员会成员，负责实施资本市场总体蓝图规划相关事项的咨询。2008年至2015年，他被委任为马来西亚证券交易所董事会成员。2012年，他被马来西亚财政部任命为资本市场工作组成员。

利用在金融业积累的资金，黄宗华逐步推进公司的转型和业务多元化。21世纪初，侨丰控股开始涉足房地产业、制造业、酒店业和其他领域，同时走出马来西亚，前往澳大利亚等地开始投资。在房地产领域，侨丰控股在马来西亚开发了许多房地产项目。近年来，作为公司多元化业务的重要组成部分，侨丰控股与马来西亚雇员公积金局（马来西亚的国家退休养老基金）合作，在澳大利亚墨尔本开发了一个大型房地产项目。同时，黄宗华不断完善相关产业链，将经营领域拓展至酒店与分时度假、电力电缆制造、IBS墙板制造、建筑业和信贷服务等。未来，侨丰控股还将进一步扩展房地产领域业务，并将其作为集团潜在的核心业务。

"稳健"是黄宗华的经营第一要务，他并不希望侨丰控股成为发展最迅速的公司。他不断告诫团队，必须高瞻远瞩考虑长期风险，确保公司财务状况稳健良好，这样才能抵御任何可能出现的金融风

黄宗华与夫人

暴。当市场景气时，绝对不能耗尽所有资源。这样一来，当市场出现危机时，公司才能有足够的空间和资金来缓冲并应对冲击。他认为，经营企业是长期的事，无论任何企业，永续经营都是最重要的。企业家应该像呵护孩子那样悉心推进每一项业务。经营事业的过程中，企业家和员工必须保持热忱并遵守承诺，甚至必须爱上自己的事业。唯有如此，事业才能蓬勃发展、繁荣昌盛。

靠着这种经营哲学，40多年来，黄宗华将侨丰控股从一个濒临破产的股票经纪公司发展为马来西亚屈指可数的综合投资集团，在泰国、柬埔寨、马来西亚、新加坡、印度尼西亚和中国等国家建立了办事处。

黄宗华认为，成功的企业家要懂得回馈社会，但出于华人低调内敛的个性，他从不鼓吹自己的慈善行为。多年来，他一直尽其所能，低调地对需要帮助的人伸出援手。2015年，为了更好地回馈社会，他与子女一起成立了侨丰控股基金会。目前基金会由黄宗华的二女儿打理，专注于教育与社区发展。自基金会成立以来，已为多家慈善机构和组织提供援助，包括SUKA协会、大马教育行动（Teach For Malaysia）、蒙福少年城（Montfort Boys Town）与儿童尊严基金会等。此外，基金会每年也会为一些学生提供奖学金，并支持需要经济援助的乡村学校。

即使不再年轻，黄宗华也始终没有停止过像年轻人那样不断学习。他每天都起得很早，花一两个小时看电视新闻、阅读报纸，确保自己每天都能学习新事物。他会比许多员工提前到公司并工作一整天，只有在傍晚回家后才有空含饴弄孙。

作为一名海外华人，黄宗华始终密切关注中国经济的发展。在他拓展自己的商业帝国时，中国始终是他的一个重要选项。黄宗华认为，今天的中国与过去截然不同。今天的中国更加开放并拥抱世界。这个具有强烈民族意识、雄厚资金和大量人才储备的东方巨龙，正在通过成为世界制造业中心来推动国家经济成长。与此同时，发明和创新的强大浪潮，也正促使中国成为科技领域的全球领先力量。

以下为黄宗华先生接受华商领袖编委会专访部分访问实录。

问：您有怎样的求学与受教育经历？其间，哪些特别的事件或特殊的机遇，为您后来的事业埋下了伏笔？

答：我的父母都是清贫的农民，我们必须拼命努力工作才能达到温饱。我们的大家庭有10个孩子，所以勉强维持生计都非常艰难。

当年，我们居住在一个没有水电的偏远乡村，距离最近的小镇有8公里路程。因此，我在乡村学校上了两年学，当我已经10岁并学会骑自行车时，我就到镇上的英语学校上学。由于我的家庭非常贫困，我不得不在8岁时开始帮助父亲养家糊口。我的童年时光，周末多半都在割胶和做劳力中度过，比如帮忙翻土和耕种农作物。身为割胶工人，我必须在凌晨2点就起床，赶在上学前到橡胶园工作。我还记得，我经常在学校课堂上睡着，因为前一天晚上割胶的工作让我疲惫不堪。这样的情况也导致我无法专注于课业，值得庆幸的是，我的父母仍然支持我完成了中学学业。

我的学习方法帮助我弥补了缺乏正规教育的缺憾。我竭尽所能广泛阅读，与时俱进掌握商业知识和时事政治。即使到了今天，我仍然通过这种持续学习的方法，每天学习新事物。

问：具体是哪一年，您创立了现在的公司？您之所以会选择以此为创业方向，是基于哪些原因？

答：作为专业人士工作了18年后，我与合作伙伴通过借贷融资了200万令吉，在1982年收购了侨丰证券有限公司。当时，这只是一家濒临破产、垂死挣扎的小型股票经济公司。当时的我，其实并没有意识到，这将会成为我开启作为企业家漫长且意义非凡生命旅程的第一步！

我很早就意识到金融服务独具魅力，因为它涉及各个不同的领域，也跟个人和公司存在密切关系。一个人想要在金融服务领域取得成功，就必须对不同类型的企业有深入的了解，也应该具备各领域的多元化知识。

金融服务业能通过其特有的机制和流程，培养从业者的纪律性、专业素养及审慎决策能力，尤其在信贷发放领域。经纪业务和银行业务都受到严格的监管，金融服务公司需采用高水平的企业治理政策来进行管理。

金融服务业也是帮助民众和企业保存资本及扩张资金的促进者。因此，金融服务业是一个强大的推动者，可以为客户创造实现目标的有利条件。

在我多年的金融服务生涯中，我有幸为那些取得巨大成功的个人和公司提供咨询和资金支援。尤其是曾与当初只是中小型公司、今天已经成长为市场领导者的企业合作，更让我拥有成就感与满足感。

问：相较于同行业者，您认为公司的差异化核心价值何在？

答：我不会强调我们的核心价值观非常独特或与众不同。但是，这些核心价值观多年来都是为我们带来极大帮助的有用指南。

黄宗华获封"丹斯里"勋衔

对我而言，如果你是一个强大的人，别在没有必要时过度展现你的力量；如果你是一个具有影响力的人，也不必过于炫耀你的权力。因为中国人有句俗话："一山还比一山高。"当别人比你更优秀，你无须因为攀比而自我夸耀。同样的道理，如果你成功了，也不要过于炫耀你的财富。外界对你自有评价，你不必担心别人不知道你究竟有多强大，或多脆弱。

我相信，我们必须竭尽全力分享我们的知识。唯有这样，我们的身边才会有更多精明睿智的人才。人才会吸引人才，而成功也会带来成功！如果我们

垂钓是黄宗华的一大爱好

周围都是聪明睿智的人，我们成功的概率更大，无论是个人生活中或商业世界，这个道理同样适用。

无论在生活中还是在商界，遇到挑战仍然必须继续前进！我们绝对不能被障碍阻挡前路。小小的失败，将帮助我们变得更强大。但是，我们绝对不能一直重复同样的错误，否则它会变成致命缺点。

问：一路走来，有没有一些时刻，是您感觉特别艰难的，或是面临空前挑战的？您如何应对，如何带领团队找到突破口？

答：1982年后，我与可信赖的事业团队共同努力，在接下来的40多年内一步一个脚印地建立起侨丰控股集团。过程中，我们遭遇过数次危机，但危机就是转机，正是那些危机时期让我学到了很多东西，也让我成长很多。

1985年，新泛电危机事件对我们造成了冲击，这个危机甚至撼动了新加坡和马来西亚两国的证券经纪行业。整个行业都遭受了巨大损失，我们自然也无法幸免。当时，我们为了偿还银行贷款而挣扎求存，但我知道，我们必须坚守诚信，确保偿还债务。

通过坚持不懈和努力，我们终于成功收复失地，而且在没有任何折扣的情况下全额偿还每一家银行的债务。我始终秉持承诺偿还所有债务，因为我们的信誉和诚信至关重要！当时，我卖掉了很多个人资产以确保公司继续周转营运。经过这件事，我们多年来都得到许多银行家的鼎力支持，这让我能够更好地继续发展集团业务。

新泛电危机事件爆发两年后，经纪行业再次受到1987年全球经济危机的冲击。那个时候，我们已经做好了充分的准备，更加小心谨慎地管理我们的按揭借贷和交易业务。最终我们并没有受到这次危机的影响。后来，我们经历了1997年亚洲金融危机、21世纪初期互联网泡沫破灭，以及2008年国际金融危机等，但庆幸都能化险为夷。我和我的团队一直采取审慎方法来管理我们的资产负债表。即使到了今天，我们使用借贷杠杆发展业务时仍保持谨慎态度，因为1985年的经历让我记忆犹新。

问：展望未来，您如何评估公司所在的行业前景？在您看来，有哪些利好因素？又有哪些风险是需要提前防范的？

答：马来西亚房地产行业正面临供过于求的局面，预计此次衰退将持续数年。无论如何，随着人口增长和国家不断发展，这些过剩的房产供应将会逐步被吸纳。随着时间的推移，房地产市场将会复苏并恢复至平衡状态。马来西亚是一个发展中国家，人口年轻加上经济有潜力，房地产市场的长期前景仍然乐观。

在我看来，马来西亚房地产市场在过去10年中有了巨大的提升，我预计这些提升将会持续下去。建筑材料和施工方法有所改进，发展商也试图推出更优秀的设计、更好的设施和更环保的建筑。

问：关于团队管理，您推崇怎样的管理方式？特别是在打造团队执行力、凝聚力、创新力等方面，您有哪些心得体会？

答：我一直强调，一家公司应拥有清晰的愿景，全体员工都需要有一致的思想和共同目标。唯有这样，才能集聚企业劳动者的才华，帮助企业继续成长，让每个员工会把公司利益放在个人利益之上。但是，如果员工出现异心或分歧，公司将会分化，这种现象最终会给公司带来很多问题。

我非常重视努力工作和信守承诺，我也很珍惜为公司付出的员工。我非常不喜欢办公室政治，因为办公室政治像是癌症，最终会摧毁一家公司。在那些办公室政治盛行的公司，人们会在钩心斗角上浪费很多时间，这样的公司不可能有高速发展。当一家公司工作氛围和谐、没有办公室政治的困扰时，它的发展就会很快。

我也很重视好的想法或概念，因为来自公司员工的好建议都具有宝贵价值。我总是告诉员工要努力创新，看看市场需要什么，而不是我们想要什么。

财务上我一般很保守，不喜欢承担太多债务。作为一名金融家，多年的经验让我非常清楚，从长远来看，财务纪律对于任何企业的成功都非常重要！

此外，我们一定要如期偿还债务。因为缺少银行的支持，任何商人都无法创造成功，我们决不能让为我们提供帮助的人失望。多年来，我一直都信守承诺，确保如期履行我们与银行的债务承诺。

问：您在闲暇时，有什么兴趣和爱好？

答：周末时，我会与朋友打高尔夫球或钓鱼以放松身心。另外，我确保自己每天都必须学习一些新事物，无论是通过与他人谈话或阅读。

黄宗华打高尔夫球

问：在实现中华民族伟大复兴的梦想推进下，您如何看待华人企业家在未来肩负的使命？具体到您个人，您有怎样的蓝图和愿景？

答：海外华侨华人是中国的独特优势和资源。在过去的一个世纪里，许多祖籍为中国的华人离乡背井移居海外寻求更好的个人发展之路。这些华人已经在世界各地定居并取得成功，包括美洲、欧洲、非洲和亚洲等地。

虽然这些华人大部分已经在海外扎根成为其他国家的公民，但他们与中国之间仍然存在文化、宗族的联系和纽带，从而促进他们与中国的商业往来。20世纪90年代至今，这种联系一直都是中国经济发展的强大催化剂，未来也必将持续推动中国与世界各国的合作发展。

海外华人一直是向中国提供资金、分享专业知识和促进全球关系的强大力量，可以帮助中国企业和领导者了解当地法律和文化，从而促进中国与世界各国在政治、经济、文化等领域的广泛合作。

林福山

  林福山执掌的马来西亚林木生集团,用30余年的时间从中型建筑公司历经千辛万苦、步步为营发展成为闻名遐迩的房地产开发商,并成功挂牌上市,堪称商业传奇。在林福山看来,这是"生命气魄"的呼唤,是"永不言休"的持续精进。

  他深信,生命的意义不仅在于商业上的成功,更在于对社会的贡献。林福山以"居者有其屋"为起点,随后将愿景扩展到提升"品质化生活",造福马来西亚各阶层民众。他秉承父亲林木生"饮水思源"的教诲,在担任多个华人社团领袖期间,积极推动公益事业,在祖籍地福建安溪等地建设了多处公共设施,成为一方慈善典范。

永不止步

——马来西亚林木生集团董事经理林福山

2015年，林福山开始转型升级林木生集团早年投资的珠海国际赛车场，使之成为集赛车、旅游、商贸等功能于一体的综合性平台。未来，珠海国际赛车场将进一步变身为融汇赛车运动、旅游、中马文化等主题的高端城市综合服务中心。从珠海作为中国"一带一路"倡议的支点城市定位来说，珠海国际赛车场转型升级后，将成为"一带一路"倡议推进实施的范本项目。

这是林福山继父亲林木生在1977年承建中国驻马来西亚大使馆之后，对祖籍国中国持久回馈的新里程碑。此外，林福山在中马两国政府友好往来、社会与经济互惠双赢等广泛的领域，也都有着积极且富有成效的贡献。

一颗丹心永传承
创建"一带一路"倡议时代范本

尽管属于马来西亚的第三代华人，但林福山对于中国历史并不陌生，他说："15世纪，中国的航海家郑和七次下西洋，其中五次到了马六甲海峡。今天的'一带一路'，我认为其中就有对当年'海丝'的重温。"

作为全国政协十二届五次会议的海外特邀代表，林福山感受到由内而外的自豪感，也看到了中国日新月异的变化。他表示，马来西亚作为中国"一带一路"建设的重要合作伙伴，应该让马来西亚人民参与其中，并切实体会到"一带一路"建设带给他们的实惠，以巩固这项倡议在马来西亚的民意基础。他认为，"一带一路"不只是做生意，更重要的是文化交流。

林福山补充说："由于华裔是马来西亚的第二大族裔，人口总数达700多万，中华文化保存得很好，每逢各种中华传统佳节，都会热烈庆祝。大马也有1300多家中文学校，中文普及率非常高，中文名字也被普遍使用。"

马来西亚华人在传承中华文化的同时，也融入当地社会，所以，在"一带一路"倡议实施中，华裔理所当然发挥很大的作用，扮演好民间使者的角色。

就自己的家族而言，林家心系祖籍国中国的基因让林福山总会从大马和中国的实际联系和需求出发，实事求是。林福山说："父亲林木生于1977年就承建了中国驻马来西亚大使馆。我们非常熟悉当地的法令，乃至人际关系的种种微小细节。华人可以帮助当地民众了解'一带一路'的实际意义，也可以在中国企业落地马来西亚时，参与引导工作，使项目计划进展顺利。"他希望"一带一路"倡议能够尽快结出硕果，让海上丝路往昔光辉重返马六甲，让中马两国政府更深层次地友好往来、民间更大程度地互惠双赢。

林木生集团积极投资中国，促进企业合作。多年来在珠海市的投资项目成果较为显著，包括珠海国际赛车场。

早在1993年，林木生集团就已在广东投资珠海国际赛车场。2015年，这个赛车场转型升级，除了原有的赛车功能，也增加了旅游、商贸等平台。在林福山的推动下，2016年，时任广东省委副书记、省长朱小丹和马来西亚马六甲州元首敦莫哈末卡里与州政府领导亲临珠海国际赛车场，启动了升级改造项目。未来，将通过建设开放赛车文化体验区、马六甲文化与经贸中心等，把珠海国际赛车场建成一个融汇赛车运动、旅游、中马文化等主题的高端城市综合服务中心。

林福山认为，珠海国际赛车场转型升级后，将对推进"一带一路"倡议实施有着范本作用。

林福山视察集团属下项目

使命召唤用 30 多年时间做大做强

身为家中长子的林福山，经常告诫自己和弟妹们不可养成一般"富二代"的浮夸作风。他认为，在小康之家成长的孩子，自小就该自我鞭策，较为懂事与上进。这是有感而发，因为林福山知道且经历过生活的种种艰辛。

20世纪60年代，林家家境贫苦，父亲林木生早出晚归努力工作，母亲则在家里含辛茹苦地照顾林福山兄弟姐妹11人。一直以来，林福山很感谢4位姐姐对他与弟妹们的悉心照顾。

对于童年往事，林福山心怀感恩；而对于父亲拿督斯里林木生，他最为感铭的莫过于他对子女们的督促、鞭策与教诲。父亲常语重心长地说："要待人以诚，一诺千金；更要谨记一分耕耘，一分收获。"

父亲的观念与教诲，尤其是身教重于言教的做法，激发了林福山和几个弟弟（林福源、林福成、林福翔）后期在企业管理上发挥的自觉精神，也是林木生集团沿用至今的基本理念。

林木生集团在20世纪70年代由父亲林木生创办，早期为中型建筑公司。不过，建筑承包商的生意赚的是辛苦钱，而且在向房地产开发商收款时常被拖欠。

因此，20世纪80年代初，林福山获得英国威尔斯大学土木工程系一级荣誉学士学位，并且夺得英国钢材协会钢材设计竞赛银奖后，他决定回到大马帮父亲做大做强事业。实际上，他本可以在学业上更进一步。林福山说："其实当初有保研的机会，但考虑到父亲的辛苦，自己只好婉拒导师的邀请，回国随父创业。"

1982年，林福山进入林木生公司就职，1992年正式接棒，迄今一直担任林木生集团董事经理。

30多年来，林木生集团不断迈上新台阶。2002年，公司在吉隆坡股票交易所主板挂牌上市，在林福山与兄弟各司其职共同管理下，林木生集团今天已成为马来西亚知名的房地产开发商。目前，林木生集团旗下拥有多家子公司，主要业务为开发中高档房地产，其他项目则包括产业发展承包、建筑施工、经营管理、建材贸易、保险代理及商业投资等。

林福山统领引航集团30多年来，曾多次面临挑战，集团却屹立如山，并且能突破困境，转亏为盈，重新展现新的面貌风格，所有挑战都在考验着领航人的胆识与智慧，林福山从中不断检讨与改进，祈望自己领导的集团一直被大家认可。

社会也给予林福山这位新领军者以高度赞扬，2006年他获颁"大马杰出华裔企业家"奖。林福山认为，这不是说他个人有多大本领和多厉害，而是他强调将传统理念中的实业家精神和契合时代的卓越元素融为一体，显现出秉承自父辈却青出于蓝而胜于蓝的成就和朝气！这是年轻人超越前人和自我的良性竞争，也是向人生和时代发起挑战的大无畏精神和勇气。

纪念中马建交50周年

2015年，林福山荣膺时任国家元首端姑阿都哈林陛下封赐"P.S.M. 丹斯里"勋衔

为了让广大民众拥有自己的家园，林木生集团一步一个脚印地默默耕耘，并实实在在地履行着企业社会责任。

浴火凤凰 推动事业改革与再造

回溯由2002年成功在吉隆坡股票交易所主板上市至2006年，林木生集团主要专注中低档次房屋计划——"居者有其屋"，以符合政府为人民所制定的安居政策。

其间，集团已为企业发展打下稳固基础，业务稳步成长。然而到了2007年，公司却经历重大考验，由于当时油价上涨影响了建筑材料价格，中低档次房屋计划失利，同时次贷危机开始影响全球经济。

尽管这些挑战一度让集团沉寂，较少开展新的产业计划，然而也正好让掌舵人沉淀思绪，认真考量企业的未来发展方向，以及进行内部整顿工作。正所谓"经一事长一智"，林福山自此深谙公司要做大，必须连建筑也一起"抓"，以确保房屋品质受控，让企业一路长虹。

几经努力奋发，林木生集团在2005年被英文报章评选为马来西亚房地产企业30强；2011年5月更荣获由BCI亚洲颁发的"2011年度全国10大发展商"奖项，声誉更上一层楼，被表扬为"一个成长快速并且行事稳健的房地产商"，印证了林木生集团近年来向中高档房地产发展的业绩已取得突破性成就，经常获得各权威单位与媒体好评，也为公司全体员工注入"团结就是力量"的强心剂，一起实现行业最高目标！

林福山深知"以人为本"的企业管理之道，认同"人才是企业宝贵的财富"；在经营哲学方面，恪守"以客为尊"的宗旨，经常聆听顾客的需求，并力求快速提供适切服务，让顾客对集团有充分信心。林木生集团除了注重产品品质，提高客户服务，也重视客户的投诉，每接到投诉，一定会尽力尽早解决问题。

林福山曾接获居协委员投诉，说住宅区花园草地的小草已枯萎了，他立刻派员工到现场把草种带回来研究，以彻底解决问题。他觉得草芥也是生命，需要人们加以珍惜与爱护，若照顾不妥善，小草便会枯萎。进一步来说，土地是孕育万物的母亲，人们要对它有感情，不能随便糟蹋，在建设中要注重环保的意义！

林福山经营事业的用心，在于亲力亲为感受和体验整体的发展计划，并依据人类内心纯真的大爱，去关注每一个细节，如同对待每一个生命般认真。

身为实业公司的领导，林福山觉得纵使在莫大的事业压力下，也要时刻保持一颗温柔而细腻的心，他的性格幽默风趣，经常自然而然地说出一两句笑话为大家减压，这正是身边的伙伴们对他感到亲切的原因。

林福山在大刀阔斧处理庞杂业务的同时，也希望能通过种种工作与生活习惯察人以微，他认为这样的领导才能够善用人才，以协助自身展现自己。

因此，林福山爱展现自己谈笑风生的一面，言行心态收放自如，发展企业的眼光远大独到。在人力资源方面除了强调"人和"，他认为也须因材施策，要将适当的人才放在适当的职位，让大家各司其职，共同为林木生集团打拼出更美好的未来。

进行内部重组后，林福山开始重新思考集团的未来发展方向。林福山和领导层一致认为，集团过去大量发展中低档次房屋，已成功履行了产业发展商的社会责任，现在公司根基稳固，是时候转战中高档市场了。但集团没有忘记要使"居者有其屋"的初衷，依然大力支持政府的惠民计划，推出许多中低价位的房屋。

历经近两年的养精蓄锐，林福山带领林木生集团由中低档产业公司蜕变为中高档产业公司；换言之，集团业务已由中低档次的房屋计划成功转型为中高档次的房屋开发。这个以董事经理为中枢思想指导的转变，将带动整个企业长期巨大的连锁反应。

其实，早在2011年，林木生集团就已进行具体的"洗牌式改革"。此项品牌刷新运动在林福山的指引下，由林福山胞妹、集团执行董事林梅香策划一连串具体行动，以"实信·实现·实景"为宗旨和宣言，打造使基业长青的远大发展目标：扎根本土，放眼国际，使林木生集团成为业界高尚可靠的建筑开发商。

令林福山感到满意的是，集团转型至今已获得市场信心，高档房屋计划已具体落实，成绩有目共睹。公司转型是一件说易行难的大事，得配合天时、地利、人和，缺一不可。林福山领航林木生集团成功转型，恰好是天时、地利、人和配合得天衣无缝，相得益彰，在各个方面都取得了最好的效果。

对此，林福山信心满满，凭着林木生集团一路走来所建立的良好企业信誉、塑造的企业形象，大家以后想要购买房产，就会首先想到林木生集团！与此同时，集团也继续履行企业社会责任，建设大众化的房屋以配合"居者有其屋"政策，惠及广大人民。

确实，在各大繁华都会，现代化建筑和住宅区举目可见，而当中林木生集团的住宅及商业项目，许多都已成为抢手货。如今，在巴生谷一带和彭亨州金马仑高原、云顶半山、霹雳州以及柔佛州各地均可见到林木生集团的高档房屋、商店、连毗式豪宅以及独立式别墅等。

林福山素来行事谨慎，鉴于购买者对房屋品质的要求越来越高，他严谨监察房屋设计及建造过程，

2019农历新年，林福山率领林福源、林福成、林福翔等集团管理层贺岁留影

并为单位所有设备和施工质量制定严谨标准，务求每个项目质量均保持高水平，完全符合购买者的要求与期望。

此外，为了迎合每个地区客户的不同需求，林福山的团队更为客户量身定制最合适的优势房屋，所发展的豪宅及商业项目在位置、用料和设计方面，均成为各区域同类房屋的标杆。

林木生集团的产业计划会持续增加，也会继续在巴生谷收购土地，全力发展更高品质的房地产业。

为最广泛人群建造梦想家园

令林福山引以为豪的一项重点发展计划，便是林木生集团大力发展的翠湖新城，它耸立于蒲种一泓美丽的湖畔，自然环境优美。

林福山对此深感欣慰，常说，这是他的梦想，也是许多人梦寐以求的家园，他要信心满满、一步一个脚印地去完成——完成他自己的以及许多人的梦。

是的，梦想成真，全凭个人的意志与磨砺，其意义不仅在于苦心志、劳筋骨，更在于重塑一种人格力量。对于个人来说，磨砺是一种必经的心灵挑战。这是林福山"轻松做人，用心做事"的生活方式，他把个人以及众人的长久梦想落实于建筑大业，这种磨砺，体现着永不言休的气魄。

2019年3月，马来西亚福建社团联合会组团到福建省访问

翠湖新城已成为马来西亚豪宅的新典范，是低密度豪宅的创新指标，也是一个市场新焦点，并成为雪兰莪州高速发展的"风情岛屿·魅力之都"。

在这处"梦想家园"兴建之时，林福山每月至少亲临翠湖新城发展区巡视两次，亲自督察整个工程的进展，高度关注这个豪宅项目。所谓站得越高看得越远，林福山认为，作为一名企业家，眼光不但要高而远，也要低而近，即谦虚地低下头来看基层的问题，以及走近一些，亲力亲为地了解关键的细节，这也是林福山经营企业的心得之一。

除翠湖新城，林福山特别提起的还有在雪兰莪州打造的太子城，是往KLIA国际机场途中的一个大众化、典型、自供自足的先进城镇。这个发展计划缘起于1997年，当时的亚洲金融危机对马来西亚造成严重冲击；2000年以后马来西亚经济全面复苏，国内人口急速增长，吉隆坡邻近各城镇居住率几近饱和，于是独具慧眼的林福山当机立断移师雪兰莪州南部，与他人合作开发大片土地。

如果你问林福山为何当时会如此勇下决定，他会笑着说："这里面没有振奋人心的宏图大计，也没有浪漫缠绵的爱情故事，可是却有着满满的亲情片段！"

自从林福山掌管林木生集团业务，加上开拓海外市场等因素，经常搭乘班机往返海内外。有一次回国，他刚下飞机驱车回家，父亲就迫不及待地打来电话，老人家叹息着说："下飞机这么久了还未到家，要是我们的家在机场附近就好了！"父亲的爱子心切，深深地触动了林福山，使林福山有了"在机场附近建设家园"的想法。

"让迫不及待想一家团圆的人早点回家，这该有多好啊！"这种美好的情怀，就这样促成了一个社区的发展。至今已建立十多年的太子城，周边设施完善，早已成为一个集教育、商贸、休闲于一体的现代化社区。

在大马和中国的公益舞台上有所作为
生命气魄 永不言休

林木生集团业绩逐年增长，至今已开发和完成了多项庞大的房地产计划。秉持着群体激进奋发的精神与远见卓识，林福山与同僚们把目光投向具有巨大市场和发展潜力的各大领域，为林木生集团的发展提供更广阔的舞台，进而把集团带向一个又一个事业高峰！

林福山希望自己和集团的成长历程能够起到抛砖引玉的作用，希望马来西亚华社今后能够出现一个又一个青出于蓝而胜于蓝的企业家，在努力攀向企业巅峰的同时，不忘族群社团的文化传承。若现代大财团、大企业的领导人懂得重视和活用文化，就有助于运筹帷幄、善用大才，让商业帝国永续经营，一路挺进，扩大版图，精神长青！

作为林木生集团的董事经理，林福山在50岁以前都专注于打拼事业，他带领林木生集团迅速发展成为马来西亚房地产建筑业界的佼佼者。当业务稳健成长，组织完善，拥有优秀团队作为企业强而有力的后盾后，林福山开始活跃于社团公益活动，包括担任学校董事长以及在国内外多个商会乡团担任重要职务。

2012—2015年，林福山曾担任马来西亚福建社团联合会（以下简称"福联会"）副会长。2015年，他出任马来西亚林氏宗亲总会总会长；2017年，出任马来西亚安溪总会总会长；2018年出任马来西亚福联会总会长。

林福山长期管理两家上市企业，同时担任马来西亚广东投资促进总商会会长、八打灵再也公教中学与敦陈修信华小董事长等，并被选为中国侨联第九届委员会海外委员以及中国福建省侨联海外常委等。

作为实干企业家的林福山身兼多职、任重道远，令他一度顾虑是否能全身心投入马来西亚福联会庞杂的工作。

深思熟虑后，他决定角逐马来西亚福联会总会长一职，他认为他所领导的马来西亚林氏宗亲总会已有了足够的营运能力和资金，加上乡亲们的支持，会务趋向稳定，他应该还有余力兼顾其他。更重要的是"父亲他老人家没有反对"。最后，他不负众望，成功当选马来西亚福联会第27届总会长。

马来西亚福建社团联合会主办"2019年振兴经济——UOB大华银行中小型融资讲座会"，福联会总会长林福山赠送果篮

林福山出席敦陈修信华小活动

历年来，林福山与兄弟姐妹们延续并传承着父亲回馈社会与乡团的精神；林木生集团也一直遵循着"取之社会，用之社会"的理念，以高度的社会责任感和满腔的爱心，用各种方式回馈社会，与民众分享企业的发展成果。

关心教育文化事业和社会公益的林木生集团，多年来持续不断地履行企业社会责任，先后资助了国内外多所学校、文化团体和公益基金，捐助金额高达数百万令吉，并且多次进行专项捐资，包括兴建八打灵再也公教中学体育中心，为该校安装太阳能及风力混合绿色能源发电机，以提倡和支持环保行动。同时，集团还资助八打灵双溪威华小装备数码教室30间，让学生体验e时代多媒体数码教学模式。此外，

马来西亚雪兰莪州敦陈修信华小举办 2019 年越野赛，林福山主持开幕仪式

林木生集团所带领的筹募团体，也为多个公益慈善基金筹集数千万令吉，共同为教育、文化与社区建设作出贡献，包括捐助敦陈修信华小的建校发展基金以及举办全国公开摄影赛和校际绘画赛等。

在马来西亚的公益慈善舞台上如此，在中国同样如此。

林福山秉承父亲"饮水思源"的品德和意念，对中国充满浓厚的感情，因此积极发挥海外联系广泛的优势，穿针引线，为两国经济建设出力。他也经常支持两国多种文化及商业活动，建言献策，促进两国经济建设和文化交流。早在 2004 年，林木生集团就已开始发展中国地标计划，如当时总投资超过 7000 万美元的珠海国际赛车场、翠湖高尔夫球会与综合房地产开发等。这些发展计划无论从建筑、设计和用料上，均达最高品质，称得上是优质物业典范。

长久以来，在祖籍地福建安溪新春，林福山一如父亲般对乡亲父老作出诸多贡献。林福山曾多次随父回到福建安溪建设乡公所、祠庙、办公楼等，持续发扬"感恩"与"不忘本"的中华传统和优良文化精神。林福山希望林家也像许多积善之家一样，能在坊间传为佳话并成为典范。

除了安溪，数十年来，林福山和林木生集团还广泛资助广东梅州、福建官侨等地的教育事业和公益项目。

2019 年，林福山受邀在柔佛州南方大学学院举办的企业家大讲堂系列讲座上，以主题"生命气魄·永不言休"开讲，与公众分享心得，向企业家和学生讲述他 30 多年前回国协助父亲创业、领导林木生集团拓展事业的过程，以及他对房地产行业的独到见解。

林福山认为，良朋益友与大环境，加上父亲拿督斯里林木生对子女们的熏陶，慢慢造就了今天的他以及林木生集团的成功。

李昇

拿督李昇博士太平局绅在马来西亚有着"地产王"之称，纵横地产业近50年。凭借超常的商业敏锐度和市场洞察力，他在怡保、槟城等城市及周边区域多次大手笔拿下地皮，并点石成金，使这些地皮成为自身财富增值、产业重塑、城市和社会发展的新资源。

李昇的眼光十分远大，他的地产事业也不仅仅是一门生意，还是链接百业的大平台。在投资地皮的同时，他还是发展商、建设度假村、涉足油棕种植业等，在马来西亚各地都有他的事业分支助力合作伙伴走向新的成功。

在辉煌的商业历程之外，李昇还是马来西亚华人中知名的政治人物。他在人民进步党的党龄达40年，曾担任怡保市议员20多年，2024年受委任人民进步党霹雳州主席和国家副主席。李昇关注社会民生，长年为人民福祉积极奔走。此外，他还担任许多华人社团的重要职务，在各个舞台上回馈社会。

远见诚信 成就马来西亚地产王与政界常青树

——马来西亚 Muthu & Lee 公司董事经理李昇

"财富的本质是利他，是福报的显现。"

——李昇

自幼独立 铸就远见卓识的品质

李昇，原名李庆，字林。祖籍中国广东，马来西亚第二代华人。李昇对他的父亲李耀怀有深深的敬佩之情。李耀于20世纪初出生于中国广东省清远县的一个贫困家庭，20岁那年他孤身一人前往马来西亚，从杂工做起并在后来经营起一家小杂货店。可以说，当时李耀的事业顺风顺水，正当他用自己所有积蓄开了一家花生厂，准备大展宏图之际，日本发动了对马来西亚的侵略战争，花生厂被迫关闭。日本占领马来西亚3年多，李耀带着家人四处逃亡，那时他们唯一的愿望就是"活下去"。

李耀曾经历被日军送上刑场的大劫难，但因为负责押送的军车引擎无法启动，日军提出谁能启动军车就可获得自由。在所有人都尝试之后，李耀成功启动引擎，他也因此成为那场劫难的唯一幸存者。

"大难不死，必有后福。"1945年，日本投降之后，李耀终于迎来了转机。随着局势逐渐稳定，他带着妻儿定居在和丰，并在此遇到了难得的机遇，开始从事建筑承包业务，承接重建民宅和政府工程，甚至参与了吉打 Kuala Mudah 地区以灌溉稻田的运河开凿工程。

或许天意如此，在李昇诞生之后，其父李耀的事业步步高升。在李昇的童年记忆里，只有在新年才能见到忙碌归家的父亲，但父亲那坚毅而伟岸的形象深深地印刻在他的心中，成为他一段永恒的记忆，成为他后来独立生活、持续创业的基因的一部分。

1957年8月31日，马来西亚宣告独立。当时8岁的李昇随父亲李耀来到了和丰钟楼前，与国父东姑阿都拉曼一同高呼"默迪卡"（马来语中意为"自由独立"）。站在象征着国家独立的钟楼下，父亲指着这座建筑告诉李昇："这座钟楼就是我建造的。"这一瞬间，李昇被父亲的话深深震撼，他从未想过父亲竟是如此杰出的人物，这座具有历史意义的钟楼竟然是父亲的杰作。望着父亲，李昇的心中充满了骄傲。"我挥动的手更加有力了，像父亲一样满怀激情地高喊：'默迪卡，默迪卡！'"他回忆道，"我的呐喊不仅是对国家独立的庆祝，更是为了表达对父亲荣耀的敬佩。"

李昇是家中最小的孩子，因为姐姐们要么打工，要么外嫁，哥哥则随父亲一起工作，所以幼年时陪伴在他身边的只有母亲。直到李昇初二那年，母亲去世后，他已经习惯了和丰的生活，并认为自己已经足够成熟，可以独立生活，因此婉拒了父亲邀请他前往吉打共同生活的提议。

13岁的李昇，有着同龄孩子无法比拟的成熟。他为自己规划好每一天，在上学时，他在做好功课的同时广交朋友，放学后邀请朋友们到家里一起做功课；在学校放假期间，他到书店打工或帮报贩送报纸，每月能赚取大约100令吉。他的记忆力极佳，每家每户订阅的报纸种类他都记得清清楚楚，从未出错。骑着自行车，步伐轻快，尽管脸上还带着些许稚气，但他朝气蓬勃的样子就像自带光芒的小太阳，充满活力地照亮自己的生命之路。自律且谨慎的他说："我绝不浪费一分一秒，充分利用每一刻时间。即使可以从父亲那里得到生活费，我还是选择了通过自己的努力来充实每一天。"

当时，李昇一天的生活是这样的："每天早上6点起床，从新路口出发，穿过椰园，经过一段上坡再下坡的路程，步行约3公里到达学校。妈妈还在世时，会为我准备好两块甜柿饼作为早餐；她去世后，我就在家附近买2毛钱的云吞面充饥。放学后我会带同学回家一起温习功课，课余时间我们打乒乓球、到附近的废矿湖游泳、和朋友比赛打水漂等，日子过得有滋有味。"李昇的生活满足了一个孩子对快乐童年的所有向往。

值得一提的是，在一次废矿湖游泳的过程中，李昇偶然发现湖边的猪草在市场上可以出售，于是每逢周日他就和几名同学一起去采集猪草，每篮子猪草能卖三四令吉，一天下来大约能赚10令吉，李昇对自己的辛勤劳动所得感到无比高兴，他敏锐的观察力和商业头脑也得到激发。

后来，李昇在玩耍时注意到新区Taman Muhibah还没有杂货店。他灵机一动，从家附近的商店买了20支冰激凌放在桶里，骑着自行车到新区售卖。正如他所料，居民们见到冰激凌便纷纷前来购买，很快20支冰激凌就被抢购一空。卖完一桶他又回去进货，"每次卖完一桶冰激凌能赚5令吉，一天卖出两桶就能赚10令吉"。

李昇通过派送报纸、售卖猪草和冰激凌赚取的收入已经足够维持他的生活开销。他的勤劳使他在同龄人中成为拥有最多零花钱的初中生之一。在这段美好的时光里，一个孩子在和丰小镇度过无忧无虑的童年，就像蓬勃生长的小草一样，生命力旺盛，并且自动忽略了世间的孤独，对未来充满了无限的希望和期待。

有了额外的收入，李昇就用来购买书籍，养成了良好的阅读习惯。他对知识充满渴望，常常到对面邻居——一位校长家中借阅《星洲日报》和《南洋商报》。"我总是从头版开始，一页一页仔细地看，直到看完整份报纸。"他特别关注那些针砭时弊的社论，并经常收听电台广播来增长自己的社会见识。在这种环境中，李昇的中文水平得到了显著提升。他的老师刘容奖励他一支钢笔，这也奠定了他日后成为一名商余版作家及

关心国家大事并投身政坛的基础。饮水思源，李昇多年来一直与老师保持联系。2023年，他带着老师前往泰国勿洞寻找一位早年失联的学生，完成了老师的愿望，这让他感到无比欣慰。

在那么小的年纪就将每一天的时间排得满满当当，原因是什么？李昇说："我觉得每一分钟都值得珍惜，不应该被浪费。"李昇13岁就能独立生活，18岁时就规划好了自己的人生路径，他认为人们必须在不同的人生阶段设定短期或长期目标，并以坚定的意志去实现这些目标。

1968年，19岁的李昇从霹雳州和丰兴中中学高中毕业。毕业后的第二天，他就骑着自行车从和丰前往怡保拜访人民进步党前主席S.P.辛尼华沙甘。他说："要寻求帮助就得找对人。"他坚信S.P.辛尼华沙甘能为他提供机会。果然，S.P.辛尼华沙甘发现李昇不仅精通三语，态度积极向上，而且活力四射，正是时任国会议员兼州议员拉恩需要的人才。因此，他将李昇推荐给了拉恩。李昇还记得第一次去律师事务所见拉恩的情景，"他测试了我的语言沟通能力、书写信件的能力以及打字速度"，三项考核全部通过后，拉恩当天便以70令吉的月薪录用了他。

如果说是生活给予了李昇远见卓识的品质，那么他的智慧、努力与坚持让他得以将这种品质转化为实际的成功与成就。每一次挑战、每一个困难，都是他成长的阶梯，使他在面对未来的不确定性时更加从容不迫。

人弃我取 问鼎马来西亚"地产王"

初入职场，李昇既是拉恩的员工兼政治秘书，又是拉恩孩子的补习老师。他的职责范围广泛，从处理律师楼文件、跑腿、翻译新闻稿、撰写演讲稿到陪同拉恩出席国会和州议会，并在车上即时进行巫英文讲稿的翻译。无论任务大小，他都以服务为本，带着经验和善意，走进人们的心中。他非常勤奋，是个工作狂，早出晚归，对交托的任何任务从不推诿，大小事务都能处理得井井有条。他说："任何一件事情，只要你重复去做足够多次，就会发现背后的规律。"正是这种事无巨细的态度，让李昇的工作效率极高，迅速积累了人脉和人缘，也将拉恩的客户逐渐转化为自己的朋友。

在繁忙的工作之余，李昇还进修了大学先修班，并义务帮助前来求助的顾客进行文件翻译，同

李昇出席画展剪彩仪式

李昇与中国画家共同主持剪彩开幕仪式

李昇出席在香港举办的世界李氏宗亲大会，并与时任副主席李水会及香港资深艺人李香琴合影

时报读律师课程并通过了第一阶段司法法令考试。

当时，李昇的志向是成为一名律师，但估价和拍卖官卡纳哥纳兰的一句话改变了他的初衷："律师很多，市场非常缺乏优秀的估价师。"这句话促使李昇放弃了律师行业，转而投身于估价和拍卖的专业领域，这一转变彻底改变了他的人生轨迹。从此，他开启了一段全新的职业生涯，不仅实现了个人价值的增长，也为社会贡献了自己的专业技能。

1975年，26岁的李昇成功获得了合格估价师资格，并以有限的资金创立了"李昇公司"。他从零开始，独自承担起房地产估价、拍卖及土地买卖的业务。为了节省开支，他与初出茅庐的律师陈国华合租了一处办公室，而这位陈国华后来成了联邦法院的大法官。

李昇公司在经历了初期的重重困难后，李昇精准投资的能力逐渐显露，并在业界声名鹊起，这引起了地产大师穆都的注意，从而拉开了他们师徒缘分的序幕。李昇回忆道："穆都交际广泛，在上层社会非常活跃，尤其与英国人的关系密切。当时正值英国人准备撤出马来西亚并出售其土地，穆都将这块土地交易的任务交给我作为考验。在短短两周内，我成功售出了价值超过3000万令吉、占地逾千英亩的土地，创造了怡保地区最大的园坵土地交易记录。这项成就不仅让穆都对我刮目相看，也为我带来了人生的第一桶金——80万令吉的佣金。"

李昇用其中的20万令吉购买了他的第一栋别墅，而这栋别墅后来增值至200万令吉，这不仅是他对时代红利的敏锐捕捉，也激发了他对土地投资的热情，加快了他在房地产领域的步伐。

成名后的李昇得到了穆都的高度认可，后者以60%的股份分成邀请他成为商业伙伴。这份看似天上掉下来的馅饼背后，实际上是李昇默默积累的结果，通过不断学习和积累经验，他以博观细取、厚积薄发的方式惊艳了整个行业。这一阶段的成功不仅标志着李昇事业的新起点，也为他未来的发展奠定了坚实的基础。

1980年，"穆都和李"（Muthu & Lee）房地产代理公司正式成立，办公室设在怡保旧街场。为了表达对李昇的重视并明确其在公司的核心地位，穆都特意举办了一场盛大的晚宴，邀请了众多社会名流参加。尽管当时李昇不饮酒，但他手持汽水，在穆都的带领下，向包括著名企业家李莱生、成功的锡矿家张国林以及后来成为霹雳州苏丹的法官阿兹兰沙等各界精英敬酒。这场晚宴不仅标志着李昇正式进入了贵人资源圈，也为他未来的发展铺平了道路。

师徒二人之间的合作堪称天衣无缝，穆都将自己丰富的经验毫无保留地传授给李昇，并视其为自己的接班人。李昇深知，虽然知识可以通过学习获得，但真正的成长必须经历磨炼。怀着年轻无畏的心态，他不负穆都的期望，带领"Muthu & Lee"走向了新的高峰，实现了事业与个人发展的精致与圆满。

在这段历程中，李昇展现了非凡的能力和坚定的决心，不仅巩固了公司的市场地位，还为自己赢得了广泛的尊重和认可。这段经历成为他职业生涯中的一座重要里程碑，证明了他的努力和才华能够将挑战转化为机遇，进而实现卓越成就。

李昇对土地有着特殊的热爱，这源于他自小就对地理科目的兴趣以及对信息类节目的热衷。他认为地球的面积有限，土地资源同样稀缺，随着开发程度的增加，土地的价值也会随之上升。基于这种理念，他遵循"卖一块地，买两块地"的原则，在土地市场上不断扩展自己的版图。

李昇的方法是，当他看中了一块地时，他会出售手中已经增值的土地，利用所得资金购买更多的地块，通过这种循环操作加快资产的增长速度并确保现金流的健康周转。在那个时代，能够像他这样将地产价值延伸与市场争夺做得如此出色的估价师并不多见，甚至可以说是独一无二。这种方法不仅考验了他的勇气，也极大地挑战了他的商业技巧，同时需要他对房地产行业的法律法规有深刻的理解和精准的把握。此外，房地产涉及土地使用、规划许可及建设安全等多个方面，与政府相关部门的关系错综复杂，任何一个环节出错都可能导致项目停滞甚至造成重大损失。然而，李昇总能在问题出现之前妥善处理这些问题，

2001年，李昇被马来西亚霹雳州苏丹委任为太平局绅

这得益于他的勤奋、诚信、持续学习的态度以及广泛的人脉网络。更重要的是，他在面对困难时展现出的坚韧不拔的精神和强大的抗压能力，这些都是他成功的关键因素。

从30岁开始，李昇迎来了事业的高峰。他在职业生涯的长征路上不仅领导着 Muthu & Lee，还前后管理着 Kiara Development Sdn Bhd、Dinamik Optimum Sdn Bhd、Kinding Eco Resort Sdn Bhd、Mentari Solaris Sdn Bhd 等14家相关企业。

李昇不仅是房地产行业的专家，更是一位多面手。他集估价师、拍卖官、产业投资家、发展商等多重身份于一身，还涉足度假村建设和油棕种植业，并擅长将农业用地转化为商业用地。他对所有与地产买卖相关的手续及政府程序都了如指掌，在地产领域中游刃有余，如鱼得水。

他自豪地说道："找到我，就像找到了全马的地产中介。"这意味着无论是寻找农地、厂房、开

2024年,李昇获颁英国Charisma大学荣誉博士学位

发用地、种植用地,还是各类住宅物业,李昇都能凭借其广泛的网络和资源为客户找到心仪的选择,既成就了客户,也辉煌了自己的事业。

因此,人们称他为"地产王"。这一称号不仅源于他在该行业拥有数十年的经验,经手过无数房地产交易,还因为他实际上是一位低调而极具影响力的地产大亨。无论何时何地,只要有房地产需求,李昇总能为客户找到最佳解决方案,从而赢得了广泛的尊重和认可。

纵观李昇活跃在房地产业近50年的历程,他多次成功地将不起眼的土地转化为高价值的黄金地段,展现了他对房地产市场的非凡敏锐度和洞察力。

案例一:他曾在怡保江沙路购买了一块1000英亩的农业用地,当时仅花费3万多令吉。如今这块土地的市值已飙升至30万令吉,实现了近10倍的增长率。

案例二:他在怡保附近的小镇端洛(Tronoh)购入一块位于大路边的农业用地,后来政府为了拓宽及增建道路而征收了这块土地,并给予了数倍于购入价的赔偿金。

案例三:他在太平甘文丁(Kamunting)进行了大规模的土地收购,随后将其规划分段出售,获得了丰厚的回报。

案例四:他以每英亩8万令吉的价格在怡保打扪(Tambun)大街买入一块农业用地,现时该地块的价值已涨至每平方英尺50令吉,即每英亩约200万令吉。此外,他还通过出租部分土地给电信公司建立小型电信塔和驾驶学校,每月租金收入达7000令吉。政府征用其中2英亩土地用于修建道路所支付的赔偿金,足以覆盖他的初始投资成本。正如他所说,"如果当年我用同样的钱买店屋,现在每月租金也不过1000多令吉,与现在的收益相差6倍到7倍"。

案例五:他在怡保红毛丹大路靠近近打河(Sungai Kinta)的位置购置了一个占地5英亩的果园,园内种植有山竹、红毛丹、榴梿等热带水果,并包含一座别墅。之后,他以200万令吉的价格将这片土地租给了德国商人,后者将其改造为民宿旅游胜地。德国商人离开后,李昇重新整理并发展成为The Roots Eco Resorts生态度假村,采用经理制度管理至今。

李昇能够大获成功,一方面,他的"土地稀缺"的判断符合时代潮流;另一方面,他坚持的"人弃我取"的策略引领了时代潮流。"人弃我取,人取我与"出自司马迁的《史记·货殖列传》,原指商人廉价收买滞销物品,待涨价卖出以获取厚利。在马来西亚遭遇金融危机时,许多企业难以维持而纷纷出售资产,而李昇逆势收购资产。"别人放弃时我捡起,别人争夺时我退出",他比喻道:"旱灾时买船卖车,水灾时则反之。"这种逆势操作和普通人"买涨不买跌"的传统思维格格不入,但正是李昇成功的秘诀之一。

逆势操作的最大难点是低估资产何时能够实现价值升值是无法控制的。因此,李昇坚持在选择购买资产时要从长期角度出发,即这些资产在未来一定会实现资产增值。他说:"即便这些产业陈旧破损,但我深知它们的潜在价值,就像贝壳中的珍珠,通过有效的土地规划可以赋予旧产业新的生命。"

李昇常说:"赚钱的方法有很多,不是争来的,以能力换来的财富才会长久。""需要你的人多了,你的价值高了,自然聚财。""财富的本质是利他,是福报的显现。"

在辉煌的过往历史中,李昇收获无数荣誉,包括2013年"产业界诺贝尔奖"国际产业金奖、2021年新时代百大杰出华人、2021华人楷模"金鼎奖"、荣获星洲日报霹雳辉煌品牌奖、荣获南洋商报卓越企业奖和2024年获颁英国Charisma大学荣誉博士等奖项或殊荣。

"我的贵人们"

除命运、性格和智慧等因素以外,李昇时常提到他生命中的贵人。他将每一位贵人都视为一生的朋友,"遇贵人先立业,遇良人先成家"。无论是踏入社会还是后来的创业之路,李昇在不同阶段遇到了给予他机会和支持的贵人。同时,他也深谙选择正确社交圈的重要性,认为要接近有资源的人、有认知的人和有能力的人,以此提升自我。

知遇之恩:人民进步党前主席 S.P. 辛尼华沙甘

S.P. 辛尼华沙甘这个名字,自小就在李昇心中留下了深刻的印象。"每当他在和丰发表演讲时,我总是积极前往聆听。我喜欢他那激昂地分析政治局势的方式,正是他的影响激发了我对政治的兴趣。"辛尼华沙甘以真心为民服务的精神,在霹雳州作出了突出的贡献,因此被李昇视为偶像和"人民的市长"。他深受民众爱戴,性格温和谦逊,这也激励着李昇希望自己有一天也能像他那样成为受人尊敬的人物。

此外,辛尼华沙甘的弟弟 D.R. 也是一位备受敬佩的人物。作为一名杰出的律师,D.R. 以其敢于发声、不畏强权的态度而闻名。当发现某位部长涉嫌贪污时,D.R. 勇敢地挑战对方在公众面前接受质询,并通过多次确凿的证据支持,最终使得该部长因贪污罪名成立而被罢免。这一事件不仅彰显了 D.R. 的正义感和勇气,也让他成为反腐败斗争中的英雄人物。

执业恩师:怡保前国会议员兼律师拉恩

李昇与拉恩共事5年,从担任他的小助理做起,协助处理选民的各种求助。"那时,许多人来找拉恩帮忙解决公民权等问题,他不计回报、全心全意为人民服务的精神深深影响了我。"

在那段时期,李昇不仅帮助拉恩接待来访者,还负责翻译工作,解决了许多关于公民权申请、补办出生证明以及红登记转蓝登记等民生问题。尽管工作繁忙,但这段经历让李昇感到非常充实和满足,这也成为他打开视野的第一扇门。

李昇出席在香港举办的世界李氏宗亲大会,与宗亲李鹏飞合影

1973年,李昇决定离职创业。面对拉恩的极力挽留,他承诺每天上午继续回到拉恩的办公室工作半天,下午则专注于自己的事业。正是这种乐于付出的态度,使得李昇赢得了良好的口碑,也为他日后自立门户奠定了坚实的基础。随着服务口碑的传播,生意逐渐自动找上门来。

在这段默默奋斗的过程中,虽然未来充满不确定性,但李昇逐渐意识到,每一分钱的收入都是对自己市场认知能力的验证。每一次努力都不会白费,每一步都算数。

引路人:卡那哥纳兰

"卡那哥纳兰是发现并指出我天赋优势的贵人。他举止潇洒、学识渊博,是我值得学习的高人。"

"作为拉恩的客户,卡那哥纳兰经常到律师楼处理估价文件,在频繁的接触中,我们逐渐熟悉起来,并常常交流讨论。我也时常无偿帮助他处理各类估价信函。看到我能将事务处理得井井有条,卡那哥纳兰给了我一个重要建议:律师很多,但持有正式执照的估价师很少。马来西亚正处于快速发展阶段,房地产市场潜力巨大。"

李昇与马来西亚霹雳州州务大臣合影

李昇参加马来西亚人民进步党大选,并与其他候选人一起上台演讲

在卡那哥纳兰的鼓励下,李昇采纳了这一建议,开始投身于房地产领域,他因此成为李昇人生中的重要导师和贵人。在取得相应的文凭和执照后,李昇萌生了创业的想法。他认为,企业家首先必须是实践者,需要通过市场竞争来验证和发展自己的能力。

亦师亦友:何人可凉茶创办人何继昌

当李昇决定自立门户时,何继昌主动提出让他免费使用何人可凉茶的办公室。于是,李昇上午在拉恩的公司工作,下午则前往何继昌的办公室专注于自己的事业。尽管每月从拉恩那里只能拿到 70 令吉的薪水,不足以维持生计,但李昇凭借在土地局帮助人们填写地契转名表格,每份收取 5 令吉的服务费来补贴收入。由于当时许多人对公务文件不熟悉,李昇的服务迅速赢得了口碑,排队等候的人越来越多,他的收入也随之增加。

与此同时,政府举办团结班,鼓励民众学习马来文,特别是为年长者提供学习机会。李昇因流利的马来语被邀请成为语文老师,在李氏宗祠每周三次晚上授课,吸引了 40 多位学生,每月额外赚取约 300 令吉。他还特别辅导了何继昌的马来语,每逢周二、周四和周六进行一对一教学。何继昌虽已 70 多岁,却依然充满求知欲,不仅学有所成,还参加了马来语演讲比赛,展现了积极乐观的态度。

正能量的朋友是人生上等的风水。当年 30 多岁的李昇与 70 多岁的何继昌初次见面便一见如故,如同知己般默契。两人共同出资购买了 Tanjung Rambutan 的土地,并由李昇负责规划开发商铺和排屋。这些售价 6 万令吉的排屋一经推出即售罄,100 多套房屋被迅速抢购一空。这次成功让李昇深刻体会到将市场洞察转化为实际收益的喜悦。

何继昌对李昇最大的影响在于他"活到老学到老"的精神。即便到了 80 岁高龄,何继昌仍然赴香港大学深造,这种放下过去荣耀、重新学习的态度深深感染了李昇,使他也立志在退休后重返校园继续学习。

何继昌不仅教会了李昇终身学习的重要性,还在日常生活中给予了他诸多支持。两人互为师生,彼此尊重、相互学习。这种深厚的友谊一直延续到何继昌去世,李昇至今仍对他念念不忘,怀念这位既是导师又是挚友的长者。

莫逆之交:"二叔"曾瑞杰

在人生的旅途中,贵人并非那些直接给予金钱帮助的人,而是能够打破我们固有思维模式、纠正我们认知并提升我们境界,赋予我们正能量的引导者。对于李昇而言,"二叔"曾瑞杰正是这样一位不可或缺的贵人。

曾瑞杰的兄长是著名社会名流拿督曾瑞豪,而曾瑞杰自身亦以其广阔的人脉和豪爽的性格著称,朋友们亲切地称他为"二叔",以表达对其深深的尊敬之情。

李昇与"二叔"曾瑞杰的合作始于一次商机的把握。"交友广阔的二叔得知泰国养鸡大王Sompong Rungnirattisai(后来收购LOTUS莲花超市)要在马来西亚找农场地建设养鸡场,二叔听到消息马上找到我,我见机不可失便把手上的农场地转卖给Sompong Rungnirattisai。"

他们之间的关系不仅是商业伙伴,更是莫逆之交。无论是协助台湾友人在马来西亚开设工厂,还是共同创立"怡和有限公司"和"成功发展有限公司",抑或是承建了和丰怡和广场以及新街场部分建筑屋,都成就了一段佳话。

"二叔就是那个帮我赚钱、教我做人,和我谈人生理想,处处为我加油打气的人,希望我越来越好的贵人。"李昇说。

然而,这段美好的友谊却因一场意外戛然而止。"二叔"曾瑞杰在帮助一位女性朋友处理车祸纠纷时不幸被撞身亡,他的离世对于李昇来说是一次沉重的打击,让他深切体会到失去一位真心朋友的痛苦。

正如李昇所言:"有些贵人的到来仿佛是在完成我人生的拼图,协助我完整自己的生命。"即便岁月流转,每当回忆起"二叔"曾瑞杰,李昇心中依旧充满了感激与怀念。

识英雄重英雄:橡胶世家陈敬文

经历过风雨的人,总希望为他人撑起一把伞。在事业有成之时,李昇不忘提携后辈,热心参与社团公益活动,在此过程中结识了福建会馆青年团长陈敬文。

年轻的陈敬文是一个极其努力且积极进取的人,他每日从早到晚在家族的橡胶工厂忙碌,这种精神让李昇仿佛看到了年轻时的自己,从而萌生了赏识与扶持之心。李昇任命陈敬文担任人民进步党的州财政,而陈敬文以实际行动证明了自己的价值——他认真负责、慷慨解囊、全力以赴,将每一件事都处理得井井有条。

"由于陈敬文家族经营橡胶工厂,我们不仅共同开展商业活动,也在政治舞台上并肩作战。"两

李昇作为霹雳州人民进步党主席为获奖者颁发奖牌

马来西亚人民进步党主席为妇女组顾问颁发奖牌,右二为李昇

人联手成立了3家公司,专注于收购英国人的园丘。他们共同购入超过1000英亩的园丘,其中第一家公司致力于建设商店,第二家开发了怡景岭度假村,第三家则专注于农业用地的发展。

陈敬文不仅在本地建立了稳固的基础,还将业务拓展至国际市场,包括泰国和印度尼西亚等地,成为世界领先的橡胶供应商之一。

伯乐也有千里马:穆都

穆都以其温文尔雅的态度和绅士风度,总是给人留下深刻印象。他擅长在外国人圈子中游刃有余地活动,拥有卓越的处事能力和广泛的国际人脉网络。穆都深知"独行快,众行远"的道理,凭借其出色的交际手腕,成为外国人在马来西亚购置或交

纪念中马建交50周年

李昇与友人合影

易土地时首选的合作伙伴。他在业界建立了无可比拟的声誉和联系网,是一位极具个人魅力的企业家。

穆都专注于房地产及园丘的估价、拍卖、投资与管理。在他看来,李昇是一位可造之才,有能力将他的事业发扬光大并传承下去。因此,他慷慨地出让了60%的股份给李昇,共同创立了"Muthu & Lee",视其为自己的接班人。"穆都打开了我的眼界,提升了我的认知。"对于这位恩师,李昇满怀敬意。

在穆都的悉心指导下,李昇逐渐掌握了估算地段发展潜力、收购土地、投入油棕种植、土地分段开发、推动地产增值直至最终实现投资回报的一整套方法论。这些宝贵的知识让李昇不仅能够将热爱之事做到极致,也奠定了他在"Muthu & Lee"中的重要地位。

多年以来,李昇始终秉持着穆都所传授的职业道德和服务理念,在诚信、信誉、耐心、经验和服务方面保持行业顶尖水平,成为霹雳州房地产估价界的领军人物,以及著名的产业估价和拍卖先锋。

尽管穆都已经离世多年,他的家人将公司全部股份转让给了李昇后,李昇并未改变公司的名称,依旧保留"Muthu & Lee"。因为这个名字不仅代表了两人共同努力的品牌,也是李昇对恩师的一种纪念方式。即使时光流逝,穆都已经不在人世,李昇希望每当人们看到"Muthu & Lee"这个名字时,都会记得这位传奇人物及其对行业不可磨灭的贡献。

商业战友:李水

当两位势均力敌的行业巨擘——李昇与李水相遇,他们的合作仿佛双剑合璧,迸发出无限潜力。李水以其丰富的园丘业务知识和对种植业的深入研究,与对土地充满热情的李昇一拍即合,两人之间的话题似乎永无止境。

"我们相识时,我担任霹雳李氏宗祠青年团副主席,而李水是署理会长。"李水不仅是一位实业家,经营木薯厂、砖厂、园丘及种植地,而且凭借其丰富的种植经验赢得了英国人的青睐,受邀管理两家大型园丘。李昇对李水的种植技术赞叹不已,二人决定携手合作,将李水的经验与李昇在土地分段买卖方面的专长相结合,共同开拓新的事业领域。李昇擅长发掘人才的优势,并将其融入事业中,而李水则因其出色的口才和强大的亲和力成为李氏宗祠活动的重要发言人,他无私奉献,从不计较个人得失,深受他人尊敬。

基于彼此的欣赏,李昇和李水决定合资成立公司。在一个农历新年新年的第二天,这对搭档踏上前往沙巴的旅程,"那时交通远不如现在便利,几经波折才抵达山打根,但我们一眼便看中那片未开发的土地,我们毫不犹豫地签下了购买5000英亩种植地的合约"。这次冒险的选择——在沙巴种植油棕——展示了他们勇敢果断的专业眼光,也为他们带来了丰厚的回报。

对于李昇而言,土地不仅仅是生产资料,它还蕴含着无限的价值:"土地不仅仅是一块地,它还承载了众多可能性,如矿物质的分布决定了可以种植的不同作物类型,这是一项既专业又充满乐趣的工作。"对于热衷挑战的李昇来说,土地就像是一个巨大的玩具,激发了他的创造力和探索精神。

选择种植油棕而非当时热门的可可树,有效避免了害虫的侵袭,且3年后便开始有收成,取得了丰硕成果。这次成功极大地激励了李昇,之后他又在西马购入橡胶园并翻种油棕,通过分段出售获取了更大的利润。李昇和李水的先锋行动成为种植油棕的开端,其他发展商纷纷效仿,在沙巴掀起了一股开垦热潮。

经过4~5年的精心培育,李昇将沙巴的园丘转售给华阳集团创办人何穆兴。尽管已经尝到了成功的甜头,但李昇仍然活跃于安顺、太平、和丰、江沙、巴力与红毛丹等地,持续投资于种植业,不断追求更高的成就。

惺惺相惜:华阳集团创办人何穆兴

何穆兴是和丰人,在马来亚大学毕业后,最初在OCBC银行任职。因何穆兴卓越的能力被锡矿家李莱生发掘,并邀请其担任特别助理。之后,何穆兴自立门户成为发展商,在怡保成功建立了首座购物中心——"益丰"。正如古语所言,"山河不足重,重在遇贵人",人生之路漫长而充满挑战,每一次相遇都有其独特的意义,既帮助你成长,也引领你前行。

随着李昇逐步走向成功的致富之路,他深刻体会到结交正能量朋友的重要性。真正的友谊在于亲近而不失分寸,疏远却心有灵犀,和谐且各具特色,共享美好。李昇热衷于与朋友及客户分享他的财富理念,坚信唯有以诚待人,方能携手并进。

秉持着"诚信赢天下"的信念,李昇在地产界赢得了无数客户的信赖和支持。正因如此,他与同样重视诚信、为人友善的何穆兴一见如故。何穆兴创立了"运联有限公司",专注于土地购买与发展业务。他对李昇的眼光深信不疑,许多优质资产都是通过李昇推荐购得。"老李,今天有什么好料介绍"成了每次见面时何穆兴的口头禅。每当有好地段出现,李昇总会优先考虑保留给这位老友。李昇从不为了一时之利随意推荐,而是真心实意地为客户和朋友着想,确保每一项推荐都是精品,这也让何穆兴在地产投资中屡获佳绩。

两人不仅在事业上合作无间,在性格和处事风格上也有诸多相似之处:清风明月般的情怀,精准的眼光,果断的决策。李昇回忆道:"有一次,我

李昇偕同子女,与"圆满人生"首席教练合影

李昇与家人同马来西亚国会官员欢聚并合影留念

早上带何穆兴去看1000多英亩的土地,下午他就签下了买卖合约。"这种雷厉风行的作风,使得何穆兴的事业蒸蒸日上,最终成立了华阳集团,并迅速实现了公司上市。

功成名就后的何穆兴依然不忘旧情,经常找李昇叙旧。每逢何穆兴来到怡保,李昇都会准备好友喜爱的烧肉,何穆兴则会带上美酒,两人相聚畅谈往昔岁月。英雄不论出处,他们的相处一如既往地坦荡豁达,展现了真挚友谊的最高境界。

有"富"同享:郑登成

郑登成,怡保著名的成功商人,以其从零起步、自力更生的故事成为商界的传奇人物。

出生于太平古楼的郑登成,初入职场时从事摩

李昇在家乡清远市与亲人合影

托车修理工作，那时大家都亲切地称他为"成仔"。然而，凭借不懈的努力和敏锐的商业洞察力，他迅速崛起，从代理台湾机械到转型为一名杰出的发展商，"成仔"很快成为众人尊敬的"Mr Teh"。

"郑登成买地的眼光既快又准。有时候我带他去看地，他甚至不用下车，只需要环顾四周就能决定是否购买。"李昇与郑登成之间的友谊深厚，他们无须事先约定，便能在某个茶楼不期而遇，一边品茗一边讨论地产市场的最新动态。当有地产中介想要向郑登成推荐项目时，郑登成总是先让对方找李昇审核，只有得到李昇的认可，他才会进一步考虑。这种长期建立的合作默契极为珍贵，不仅体现了两人之间的深厚信任，也展示了他们在财富积累道路上携手共进的精神。

尽管取得了巨大的商业成功，郑登成却始终保持低调。许多我们日常生活中所见的地标性建筑、购物中心、办公楼以及住宅区等，都出自他的名下，背后这位风云人物的存在却不为人知。

在李昇的见证下，郑登成逐步建立起自己的商业帝国，包括"郑登成实业发展有限公司""郑登成集团有限公司""郑登成地产投资有限公司""达利地产发展投资有限公司""达利屋业发展商有限公司"，这些成就无不彰显了郑登成卓越的商业才能和非凡的领导力。

遗憾的是，这位挚友于2020年去世。"每天早上能与他一起喝早茶，交流产业心得和经商之道的日子已成追忆。"李昇感慨地说道。

彼此成就：朱昌云

每当提及朱昌云（老朱），李昇的脸上便会浮现出一抹温暖的笑容："老朱啊，也被称为'夜半作家'。为什么呢？因为他常常在深夜失眠时起身写作，久而久之，我们这群朋友便给他起了这个雅号。"朱昌云不仅是位才华横溢的作家，还担任霹雳文艺研究会的顾问。

李昇与朱昌云的缘分始于对文学与艺术的共同热爱，两人皆是文化艺术的热情追随者。在李昇担任文艺研究会会长期间，他所举办的活动丰富多彩，深受好评，这其中离不开朱昌云的重要贡献。"那时，朱昌云开了一家海南咖啡店，成为文人雅士们的聚集地。在那里，大家常常一边品茗一边交流，灵感火花四溅，催生了许多精彩的文艺活动。"

在朱昌云的号召下，二人携手策划并举办了一系列文化艺术画展，为怡保带来了无数的文化亮点，极大地提升了当地的艺术氛围。"我能在担任文艺研究会会长时遇到朱昌云，真可谓是如鹿归林、如舟靠岸。他的出现恰逢其时，彼此扶持，共同实现了许多美好的艺术梦想。"李昇满怀感激地说。

神奇的缘分：Tan Sri Tajol Rosli

李昇与前任霹雳州州务大臣 Tan Sri Tajol Rosli 的故事，始于他们年轻时共同追求知识的道路。当时，李昇正在攻读法律学位，Tan Sri Tajol Rosli 则经营着自己的会计事务所。两人虽然选择了不同的职业道路，但在求学期间，由于对知识的共同热爱和志趣相投，建立了深厚的友谊。他们甚至邀请了法律系的老师到 Tan Sri Tajol Rosli 父亲——时任霹雳州州务大臣 Tan Sri Gazali Jawi 的官邸进行辅导，一起深入研究法律知识。

尽管后来两人各奔东西，一个成为估价师，另一个步入政坛担任州务大臣，但他们之间的深厚情谊并未因此而消减。随着李昇加入人民进步党并成为党的重要成员，命运再次将他们的道路交织在一起。

Tan Sri Tajol Rosli 的出现为李昇的世界带来了非凡的变化。政治舞台风云变幻，在国会中争取一席之地绝非易事。然而，正是这位贵人的帮助，让许多看似不可能的事情变成了现实。基于对李昇能力和为民服务初衷的信任，Tan Sri Tajol Rosli 在关键时刻给予了他巨大的支持，将李昇推荐给当时的首相马哈蒂尔，成功为人民进步党争取到了一个国会议席和一个州议席，成就了一段传奇。

"Tan Sri Tajol Rosli 就像一场及时雨，在我需要跨越重重障碍时给了我勇气和支持。在我任职期间，每当我遇到困难或挑战，他总是毫不犹豫地伸出援手，帮助我解决了许多民生问题。是他鼓励我走出舒适区，突破自我，带领我进入更高的层次，实现了个人的成长和价值的提升。"

李昇感慨道："在我的一生中，能拥有 Tan Sri Tajol Rosli 这样一位挚友，是我莫大的荣幸。我会珍惜这份珍贵的情谊。"

感恩提携：丹斯里拿督黄罕荣

提到丹斯里拿督黄罕荣，人们自然会联想到他一手创办的"国际旅游小姐"和"马来西亚纪录大全"。作为一位传奇人物，尽管他的教育背景并不显赫，其成就却令人瞩目。他经常以自己的经历激励他人："像我这样的人都能成功，你也一定可以。"这句话成为许多人前进的动力。

李昇与黄罕荣通过马来西亚联邦拿督理事会（MDPM）相识，当时黄罕荣担任全国署理主席，

李昇父子与马来西亚联邦拿督理事会主席合影

李昇则是马来西亚联邦拿督理事会的一员。"丹斯里拿督黄罕荣以其亲切待人的态度闻名，无论走到哪里都受到人们的热情欢迎。每次我们一同外出用餐，餐厅老板都会主动请客，这足以见得他非凡的人缘。"深知李昇在房地产领域的成绩，黄罕荣利用自己广泛的人脉资源，将达官贵人介绍给李昇，帮助他拓展客户群，极大地提升了李昇的业务表现。他对李昇的支持不仅是朋友间的关怀，更是那种深入人心、彼此信赖的贵人之情。

黄罕荣撰写的励志书籍《勇于逐梦》，通过分享个人成长的故事，不断激励着李昇保持积极向上的心态，避免陷入负面思想。"你若盛开，蝴蝶自来"，这句话恰如其分地描述了李昇与丹斯里拿督黄罕荣之间的深厚友谊。无论是往返于怡保还是吉隆坡，他们总能找到机会相聚聊天，两人如同频率相同的知音，相互学习、相互鼓励。

分享宝贵经验 帮扶初创业者

李昇认为，人才如同一条理性的河流，企业若要吸引并留住人才，就必须重视他们，为他们提供

李昇在马来西亚全国地产讲座大会上发表演讲

李昇父女与马来西亚全国地产讲座大会负责人合影

公平的发展环境和机会。

回忆起事业初期资源匮乏的日子，许多事情无法一蹴而就，一切都得循序渐进。然而，如今的时代不同了，知识传播迅速，电子商务的兴起让市场无限扩大。李昇鼓励年轻人勇敢地去人口密集的国家寻找机会："有人的地方就有市场，趁着年轻勇敢闯荡。"他坚信追光的人终会光芒万丈。

受过他人恩惠的李昇，也希望成为他人的贵人。"时常有新入行的年轻人来向我请教问题，我很乐意分享我的经验。提携后辈是我的责任，正如穆都当年教导我一样。"通过观察一个人的眼神和谈吐，李昇能判断其品格。他认为珍惜人才的同时，更要注重培养品德优良的青年才俊。"我希望自己能像一盏明灯，在关键时刻帮助他人渡过难关。"

多年来，李昇培养了不少年轻人，看到他们独立创业时，他感到非常欣慰，并没有因制造竞争对手而担忧。在业界，他与同行保持良好关系，需要时大家也会互相支持。他强调："三人行必有我师，年长者的信任和年轻人的尊重能够形成有价值的关系传递，久处不厌便是最佳关系。"

李昇为初创业者总结了10条关键建议：设定明确的目标并为之奋斗；诚信是成功的通行证；不仅要做到好，更要追求极致；拒绝任何形式的欺骗；寻找适合自己的平台展示才能；制订计划有序行事，避免盲目冲动；保持高效的工作态度；持续学习，不断自我提升；快速行动，拖延只会错失良机；把握每一个时机。

他还提道："做一个善良、温和、富有同情心和宽容的人。处理事务时留有余地。商场上，恶会激发恶，善则会得到相应的回报。"

"弱者合群，强者交际，智者独行。创业靠的是日积月累的努力，年轻人应在该努力的时候全力以赴。虽然表面看似平静，实际上需要付出巨大的努力才能到达目的地。所有顺境中的援手都是逆境中积累的人品，等待时间的认可，就会迎来收获。"

李昇以自身经历鼓励年轻人："当我们有能力站稳脚跟时，应该向下兼容，保护幼苗成长为大树，助树成林。力所能及地帮助他人，真正实现利他的价值，从而越来越具有贵气，成为别人乃至自己的贵人。"他希望传承下去的不仅是职业技能，更是为人处世的智慧和道德。

关注社会民生 活跃于政治舞台

在建功立业的地产界之外，李昇还是马来西亚政治舞台上的常青树。

李昇的职业生涯从首任老板拉恩开始，在卡纳哥纳兰的引导下，再到穆都的提携，最后到政治盟友丹斯里卡维斯的带领下，逐步步入政坛。

投身政党为李昇提供了更多服务社会的机会，

他不分种族地帮助弱势群体，成立了人民进步党服务中心，并自掏腰包资助那些需要帮助的人。"先付出，认真去做，抛砖引玉，真正为民服务，其他人看在眼里，也会主动出资出力，为社会贡献力量。"他认为，投政的基础在于拥有一颗热诚的心。

商人具备市场洞察力、销售技巧、谈判能力、创新能力以及强大的财务和沟通社交技能，政治家则拥有韧性、远见、制衡能力、学识和广阔的视野。两者结合不仅不冲突，反而可以通过优势互补，对社会作出更大贡献。

李昇在人民进步党作为反对党的巅峰时期加入，并经历了该党1973年加入"国阵"后的起起伏伏。1974年，因选举失利，他随拉恩退党成立人民团结党。拉恩在1978年大选失败后隐退，李昇也随之淡出政坛7年。直到1985年，在人民进步党主席拿督巴兰吉星的邀请下重返该党，致力于党务发展和社会事务，迎来了个人政绩的巅峰。

自1987年起，李昇担任怡保市议员超过20年，其间历经八任市长，并担任人民进步党秘书长等重要职务。尽管他在2004年和2008年的选举中未能当选，但他选择专注于房地产领域的发展。

时隔16年后，2024年，在人民进步党主席拿督罗加的真诚邀请下，李昇再次回归政坛，先后被任命为人民进步党霹雳州主席兼国家副主席，迅速成为该党主流领导之一，并成为最高华人领袖。

重返政坛的李昇，怀着延续前主席S.P.辛尼华沙甘无私服务精神的决心，致力于解决党内纷争，倾听华社和民众的声音，使人民进步党重回政治主流。短短几天内，就有300名新党员加入支持他的回归和领导。

如今的李昇，比以往任何时候都更有经验，更加谨慎和务实。他深知一个人能够成就多少人的梦想，就能赢得多少人的追随。通过持续的努力和自我实现，他用实际行动证明了自己的价值。面对时代的变迁，他坚信深耕细作、勇于破局、持续创新，

李昇与家人共同出席马来西亚全国地产讲座大会，并在现场合影

李昇与儿子李劼晟在马来西亚全国地产讲座大会现场合影

便无惧任何挑战。这种坚定的人生观和胸怀坦荡的态度，使他在时代的大潮中始终屹立不倒。

迎向未来 持续回馈社会

李昇以理性、长期的眼光审视这个世界，也以这样的理念打造自己的事业和生活。

李昇的第一笔投资是购买别墅。目前，他在Gopeng Road及怡保市内拥有5间大别墅，在雪兰莪拥有4间豪华别墅。此外，他在Serendah购置了3块共107英亩的发展用地，计划建设高尔夫度假村，专注于休闲旅游的投资开发。

2022年，李昇以巨资购入槟城Teluk Kumbak

李昇与家人度假

200 英亩的农业用地，当前为榴梿园。随着政府计划将槟城南部打造成高科技工业园（硅谷岛），这片土地的价值迅速攀升。李昇预计，随着填海工程的推进和外资的引入，这片土地的价值有望跃升至 4 亿令吉。他对此地制定了 15 年的开发计划，包括建立新市镇、公寓、排屋、别墅及娱乐设施，满足科技精英对住宿的需求。

回顾过去，当他拥有安顺 3000 英亩、太平 1000 英亩及怡保周边 1000 英亩的土地时，李昇感到自己达到了事业的巅峰。然而，现在回望，那时认为的巅峰不过是小山包。他说："高未必是最高，只要不断努力，路虽遥远，但行则将至。"

李昇指出，各地的地产价值都会随时间增长，只是速度不同。人口密集地区的购买力更强，马来西亚最具购买力的城市依次为吉隆坡、槟城和新山。他认为霹雳州的潜力巨大，尤其是怡保市、曼绒区、太平市及安顺市，这些地方的农业、商业及旅游业发展迅速，加上码头和西海岸大道计划的支持，未来发展前景广阔。

李昇从不属于过去，他一直属于未来，一直从未来的角度观察当下、理解当下、买入当下。

在纵横商场和政界的同时，李昇还通过参与宗亲活动和支持文学、艺术及教育工作来回馈社会。他常年为学校提供资助，并担任名誉董事长等职务，践行着"取之于社会，用之于社会"的理念。

李昇还担任了李氏宗祠的顾问、怡保深斋中学副董事长、霹雳怡保瀹罗古庙顾问、霹雳太平局绅公会 Council 理事及华人活动主席等职。他认为，天下华人为一家，通过参与宗亲活动不仅能促进李姓族人的繁荣，还能弘扬中华文化的精髓。

李昇极为赞同"百年大计，教育为本"。在他看来，"即使国家经济暂时落后，也不能忽视文化和教育的发展。唯有文化与教育的进步，才能真正振兴一个国家"。李昇认为，持续的学习和自我更新是实现个人和社会长远发展的关键。

李昇曾担任霹雳文艺研究会会长，内心始终怀揣着对文学艺术的热爱。他的办公室和家中显眼处挂满了当代艺术家的作品，这不仅是他对绘画艺术的喜爱，也是对艺术家们最直接的支持。"从小我就喜欢绘画，尤其是国画、山水画、水彩画和书法。我曾将自己的绘画作品寄给沙巴的一所学校，甚至收到了聘请我担任绘画老师的邀请信，我差点成了一名绘画教师。"

李昇特别钟情于以兰花为主题的画作："兰花以其清净、独立、淡雅的气质深受文人墨客的喜爱，是中国传统'四君子'之一，象征着高尚品格。"

作为虔诚的基督教徒，李昇和家人每周都会参加教会礼拜。在生活或事业遭遇困境时，他总是通过向上帝祷告来寻求力量，信仰赋予了他面对困难的勇气与祝福。李昇回忆起自己一次惊险的车祸经历时说："那次我独自驾车从怡保前往吉隆坡，途中不幸被后方车辆撞击，导致我的车失控撞向路边斜坡。在这次强烈的碰撞中，我被甩出车外，昏倒在沟渠边。事故现场，我的车严重变形几近报废，而我苏醒后，除了手部有些许擦伤，竟无大碍，目睹此景的人都感到不可思议。"劫后余生的李昇深信，正是神的庇佑创造了这一奇迹，让他得以平安无恙。

李昇经历了两段婚姻，第一段婚姻持续 20 年，育有五名子女：李致豪、李致维、李国成、李姿莹和李致源。李昇的第二任妻子是黄丽珠，育有李劼晟和李劼施两个孩子。"劼晟"寓意成就与担当，"劼施"则寄托了乐善好施的愿望。受父亲李昇的影响，两个孩子对估价行业产生了浓厚的兴趣，并且都毕业于英国利物浦约翰摩尔大学（Liverpool John Moores University），并获得了合格估价师的认证。

目前，儿子李劼晟正在跟随父亲的脚步工作，专注于拓展公司的数字化管理领域。女儿李劼施自幼便展现出了非凡的聪慧与美丽。她在15岁时参加了《星洲日报》举办的阳光少女比赛，并在16岁时摘得了太平选美小姐的桂冠。随后，在她18岁那年，代表马来西亚前往中国参加世界城市小姐大赛。李劼施以其活泼开朗的性格和出色的才艺给人留下了深刻的印象。

李昇与黄丽珠的婚姻已走过30年，感情深厚。李昇感激妻子不仅教育了两个孩子，还在事业上有所发展，经营教育中心、代理健康鞋及从事房地产等，使李昇感到无比幸福和满足。

李昇年轻时勤奋努力，夙兴夜寐，孜孜不倦地追求事业的成功。如今步入晚年，他更倾向于追求中庸之道，注重修身养性。

他的家中种满了花草树木。即便工作繁忙，但工余时间，他会换上背心，像一位专业的园丁那样，专心致志地在花园里修剪果树、打理花草。此外，他还热衷于跑步，挥洒汗水，练习气功十八式以舒经活络，"每次练完气功后，都感觉全身舒展、血脉畅通"。

为了深入学习气功，他曾前往清迈追随国际知名气功大师谢明德（Master Mantak Chia），学习如何通过气功吸纳天地间的精华元气，借助五大元素的能量循环滋养五脏六腑。在宁静而不受打扰的环境中，他找到了与世界和谐相处的方式，也让疲惫的身体得到了充分的放松与恢复。

李昇始终保持着对生活的热爱，无论是忙碌还是闲暇，他都能找到其中的乐趣。他用自己的方式践行着不虚度光阴的生活理念，让生命中的每一刻都充满了意义。这样的一生，确实充实而值得。

马来西亚华总青年团顾问李日文，与李昇同为艺术爱好者，谈及艺术收藏品时总是充满激情。从小通过报章阅读李昇的文章，李日文视其为敬仰的前辈，尤其赞赏他在解决民生问题和教育领域的贡献。"李昇的成功源于他的忠诚和精准的投资眼光。"李日文如此评价。

霹雳文艺研究会创会会长兼诗人徐持庆，是与

女儿李劼施自幼聪慧美丽，曾多次参加选美比赛，以其活泼开朗的性格和出色才艺赢得赞誉

李昇相识超过50年的知己好友，徐持庆见证了李昇从加入霹雳文艺研究会到成为会长的成长历程。1969年加入，1972年便担任会长，李昇的才华展露无遗，对推动当地文化艺术的发展功不可没。"我们相识于微时，至今他依旧尊重每一位朋友。"徐持庆感慨道。

霹雳文艺研究会创会副会长兼顾问、曾任星洲日报怡保主任的李锦禧，与李昇私交甚密，见证了他的每一步成长。"他热心为民谋福利，现今成就只是开始。"李锦禧认为李昇的成功在于其才学、人缘以及天时地利人和的结合，"未来依然灿烂"。

2019年，李昇携全家回到中国广东省清远县探亲。清远以其连绵的山脉、壮观的瀑布、刺激

李昇出席 2019 年清远鸡美食旅游文化节

2024 年 9 月，李昇与家人游览长江三峡

的漂流、温泉、地下河和溶洞而闻名，宛如一幅美丽的画卷。作为家族中的长辈，李昇在清远见到了上百位晚辈。他每次返乡站在那片充满自然美景的土地上，都感受到一种特别的惊喜："回家的意义在于让我们这些长大的人重温童年的快乐。"夜幕降临时，小镇炊烟袅袅，鸡鸣狗吠，勾勒出温馨美好的乡村生活图景，成为心中最珍贵的回忆。

尽管李昇游历过世界各地，见识了无数美景，但他始终觉得，寻根之旅带来的感动最为深刻，也最具温暖与治愈的力量。在清远的日子里，李昇见证了岁月无法割断的家族纽带。在家宴中，通过一碗一筷间的交流，亲情更加深厚，每位家人都值得他用心对待。

当被问及是否会退休时，对于一个如此热爱生活且对工作充满热情的人来说，"退而不休"或许更为贴切。李昇计划在未来某一天前往北京清华大学进修中国文学，以实现自己的夙愿，开启人生的新篇章。那时，他将赏花、作画、烹茶，回归文人的宁静生活，在字里行间寻找初心的模样，享受生命的每一个瞬间。华

温馨幸福的家庭

林锦成

　　林锦成，这个名字在马来西亚新时代企业家群星中熠熠生辉。正如印度诗人泰戈尔所说，"人类社会是不完美的，因而才奋斗不息"，林锦成亲身经历了马来西亚经济的崛起，并在云谲波诡的商海中拼出一片天，书写了一段充满智慧与勇气、坚持与创新的创业传奇。

　　更重要的是，林锦成的影响远不止于商业上的成功。他用镜头记录、用荧屏展示一个又一个让人铭记的瞬间，让世界变得更美好，将光明照进每一位观众的心中。

让世界因为我们的存在而拥有更多的欢乐与幸福

——马来西亚晟创娱乐创办人林锦成

> "我始终相信，电影不仅仅是娱乐，它更是一个影响社会的强大媒介。我们选择制作有正能量、有品质、有意义的内容，旨在通过这些作品，在观众心中播撒光明的种子，促进社会积极进步，让世界因为我们的存在而拥有更多的欢乐与幸福。"
>
> ——林锦成

永葆初心 为光影世界注入人性光辉

由晟创娱乐与匠子映画、台北市电影委员会等联合出品的电影《五月雪》，在2024年第48届香港国际电影节上斩获了"火鸟大奖"最佳电影，还在威尼斯电影节、纽约亚洲电影节收获荣誉。

《五月雪》讲述的是"5·13"事件及其幸存者的故事。"5·13"事件是马来西亚历史上的一道伤痕，是马来西亚各界都不敢轻易触碰的敏感话题。该事件发生在1969年5月13日，马来西亚首都吉隆坡的一场游行演变为流血冲突，官方披露至少196人死亡，罹难者既有华人也有马来人。

在2022年一个下着雨的早晨，当《五月雪》导演张吉安和监制黄巧顺找到林锦成寻求影片投资时，林锦成因为题材的敏感性也不得不慎重思考。但最终，他决定投资，"希望这部记录国家历史的《五月雪》得以完成，也希望这部电影成为共创美好未来的起点"。

林锦成表示，在他过去筹拍的众多电影中，让他最为感动的是《五月雪》。

林锦成，1975年出生于马来西亚，是马来西亚第三代华裔，祖籍广东揭阳。在20世纪70年代，马来西亚执行旨在减少贫困和缩小族群经济差距的新经济政策（NEP），工作和发展的机会在增多，这对于那些勇于改变自己命运，渴望通过勤奋和智慧创造新生活的人来说，是个巨大的鼓舞。林锦成提到，他的父亲是孤儿，母亲由养父母抚养长大，尽管家境贫寒，但父母从未向命运低头。这种坚韧不拔的精神深深植根于林锦成的心中，教会了他在逆境中也要保持希望与不懈的努力。

林锦成近照

林锦成感恩父母,在吸收父母的优良精神之外,也继承了父母的优良传统。比如,他们的家庭一直有一起用餐的传统,不仅增强了家庭成员之间的情感,也培养了他强烈的责任感和对他人的关怀之心。

在林锦成中学时期,马来西亚经济正在大发展,但林锦成这一代人特别是乡下人,难以深刻感受或观察外部世界的变化。怎样才能开眼看世界?少年老成的林锦成另辟蹊径,他积极参与各种课外活动,尤其是领袖生活营的经历极大地拓宽了他的视野。同时,他还将在乡下学到的经验应用于实践,组织了类似的活动来帮助那些对未来感到迷茫的年轻人。这些经历不仅提升了他的能力,也让他深刻认识到知识和教育对个人成长及社会进步的重要性,为他日后的事业成就奠定了坚实的基础。

在完成学业之后,林锦成没有立即就业,而是创办了一个名为"青色小站"的小店,为乡下年轻人提供书籍阅读、小吃服务,并举办各类活动。尽管"青色小站"未能持续运营下去,但这段经历让他深刻理解了理想与现实之间的差距,并激发了他持续学习的动力。

这些早期深刻、丰富的人生历程,是林锦成未来在光影世界奋力追寻人间暖光的底色,也指明了他前进的方向。

永不放弃 带领晟创娱乐向世界传递正能量

林锦成在1995年初次接触文化娱乐产业,之后逐步完成从陌生到熟悉、从熟悉到专业的转变。到2009年,林锦成踏上了创业之路,而且在这条路上越走越远,投资范围持续扩大,其商业版图也随着业务的扩展而越来越大。

2017年,林锦成创立了晟创娱乐公司,正式涉足影视业,其初衷源于2014年他筹办的一次以"选择;生命"为主题的"世界华语微电影比赛"。在这次比赛中,微电影以"'选择;生命'——宝宝的生命,在您的选择与决定"为主题进行拍摄,比赛的目的是想让人们多了解一些关于堕胎的讯息,呼吁年轻女性在对待堕胎这个问题上,要深思熟虑,给自己多一个选择的机会!给宝宝多一个生存的机会!

林锦成对堕胎现象的关注源自一次偶然的发现。2013年,林锦成偶然间看了一个以人工流产为主题的访谈节目。这个节目揭示了人工流产的残酷,节目还说每一年有将近5千万个胎儿被打掉,这个数字引起林锦成的注意。林锦成在网络上搜寻全世界每年人工流产的具体数据,结果却看到了更多的残酷真相,越是搜索心越凉,那些未曾见过这个世界的胎儿被以各种"极刑"手段结束生命,他们做错了什么?

"选择;生命"世界华语微电影比赛颁奖典礼

纪念中马建交50周年

林锦成出席"有事发生 勇敢发声"社会公益活动

事实上，年轻女性堕胎的现象着实让人揪心，据世界卫生组织保守估计，全球每天有15万个小生命被堕掉，而堕胎对于女性身体也有严重伤害，无论是出于珍爱生命还是关爱女性，林锦成觉得可以通过影像形式，呼吁社会慎重对待堕胎问题，激起对生命价值的责任感。

"世界华语微电影比赛"取得了空前的成功，赛事评委包括电影《寒战》监制邓汉强、《北京遇上西雅图》编剧兼导演薛晓路以及演唱《当你孤单你会想起谁》的著名歌手张栋梁。在北京中央民族乐团音乐厅举行的颁奖仪式圆满结束后，林锦成收到了一些朋友的信息，说她们本来要把宝宝打掉，但是在关注赛事后决定生下宝宝，特别感谢林锦成以及他的团队让她们敢于拥抱幸福的新生活。

该活动的成功让他意识到通过影视作品可以创造巨大影响力，因此他成立了晟创娱乐，希望出品有正能量、有品质、有意义的作品，推动社会正向发展，让世界拥有更多的欢乐与幸福。

晟创娱乐最初专注于投资电影和演唱会项目，在经济效益上一度遭遇亏损，更糟的是还曾遇到不诚实的合作伙伴，林锦成甚至有过放弃的念头。

但是，每当想到创立晟创娱乐是因为"世界虽然是不完美的，但我们还是可以尽己之力，让它尽可能地美一点！"的初心，每当看到家人无比信任的眼神，林锦成知道他唯一的选择就是永不放弃，坚定地走在让世界变得更美好的大道上。

林锦成说："我始终相信，电影不仅仅是娱乐，它更是一个影响社会的强大媒介。我们选择制作有正能量、有品质、有意义的内容，旨在通过这些作品，在观众心中播撒光明的种子，促进社会的积极进步，让世界因为我们的存在而拥有更多的欢乐与幸福。在我看来，真正的成功不应只以短期的经济收益来衡量，而是通过为社会贡献积极力量，留下长远的影响。我们希望通过这样的坚持，推动电影行业朝着更有意义的方向发展。"

在电影行业普遍追求流量变现以实现利益最大化的当下，林锦成做出了选择。对于经济效益和社会效益孰者居前的问题，林锦成选择了社会效益。对于如何平衡这两者的关系，林锦成给出的答案是"以商养善"。

林锦成说："晟创娱乐始终优先考虑那些能够传递正能量、有意义、有品质的题材，即使它们不是商业片。无论何时，我都相信，以商养善的善才能更长久。因此，我们的姊妹公司千年媒体将出品顺应市场需求的作品，但即便是商业片，我们仍然会坚持有正能量、有品质、有意义的内容。"

对于正向导向作品的坚持与引领，正在给晟创娱乐带来积极回馈。例如，电影《五月雪》给社会带来了长远且积极的影响。晟创娱乐通过举办和赞助"防诈骗公益微电影比赛""有事发生 勇敢发声"等有意义的公益活动,赢得了社会的认同,快速提升了其品牌知名度。

目前,晟创娱乐的团队规模约为30人。其姊妹公司千年媒体的业务涵盖娱乐、教育、技术和营销四大核心板块,构建了一个互相赋能的生态系统。

星光璀璨 阔步走向全球市场

近年来,林锦成带领晟创娱乐出品或联合出品了《天使曾经来过》《玩转全家福》《新年泰疯狂》《英雄假期》《五月雪》(Zombitopia)(The Spiral)等佳作,其中一些作品享誉世界。比如,《天使曾经来过》这部电影讲述的是一个追求自我的帅哥,热衷享受生活,放荡不羁,其座右铭是"不轻易道歉,不向生活低头"。然而,突然有一天一个8岁的天真无邪的小女孩朝着他喊了一声"爸爸"。帅哥生活从此发生了天翻地覆的变化,一段不一般的父女情故事就此上演。该片上映后收获许多好评,并获得美国加州金门国际影展"优选电影"和"最佳摄影奖"、法国ARFF影展"评审奖"、美国亚利桑那州影展"优选播出电影"。

电影《五月雪》马来西亚吉隆坡首映礼

电影《五月雪》马来西亚槟城首映礼

又如贺岁电影《英雄假期》,以一个少年在新冠病毒感染疫情封城令解开后回乡参加朋友婚礼为线索,带出那些年光怪陆离、悲伤感动、快乐温馨的人、事、物,并得出了一个感悟:如果生活中没有英雄,那就让自己成为自己的英雄!这部影片在第32届马来西亚电影节颁奖礼中入围11项,最终荣获最佳导演、最具潜质女演员、最佳儿童演员、最佳原创故事、最佳原创音乐、最佳摄影、最佳电影海报7项大奖。

由晟创娱乐与匠子映画、台北市电影委员会联合出品,张吉安执导的电影《五月雪》也获得多项国际大奖,该片荣获第80届威尼斯影展"电影艺术奖特别提及"和第60届金马奖最佳音效奖,荣获第48届香港国际电影节"火鸟大奖"最佳电影,以及第23届纽约亚洲电影节"最佳电影"奖项等。

就最新推出的作品而言,晟创娱乐投资675万令吉拍摄制作的电影《摇篮凡世》,于2024年9月底举办开镜仪式。该片以讲述女性社会边缘议题为主,包括未婚怀孕、堕胎、性侵等内容。导演张吉安表示,将以温柔的方式呈现社会的残酷,期望引起社会更多的思考和共鸣。《摇篮凡世》在10月28日至11月6日举办的第37届东京国际电影节世界首映,并入围"亚洲未来"竞赛单元。

林锦成表示,如果《摇篮凡世》电影有盈利,晟创娱乐将会拿出50%的盈利捐给马来西亚的弃婴保护舱,另外50%留作拍续集。

林锦成出席"2023年马来西亚国际小姐"选美比赛活动并致辞

晟创娱乐赞助支持"晟创娱乐与马来亚大学医药中心乳癌慈善义跑2024"慈善活动

林锦成出席马来西亚首届"品牌传奇奖"颁奖典礼

除自主投资制作高质量的电影之外,林锦成还带领晟创娱乐投资符合公司愿景、使命与价值观的电影与其他文化娱乐的作品。比如,罗大佑《2024同学会》演唱会、许冠杰《此时此处最紧要好玩》演唱会2024马来西亚站,于文文《魔方视界》巡回演唱会2024马来西亚站,梁静茹《当我们谈论爱情》世界巡回演唱会新加坡站与吉隆坡站,李圣杰《一人一首李圣杰》曼谷2024演唱会等。另外,林锦成也热衷于赞助传递幸福和快乐的其他活动,如晟创娱乐赞助支持的"拉玛希塔 马来西亚音乐爱情故事"、"KimSir社区故事车 一州一站·公益巡演"、"晟创娱乐与马来亚大学医药中心乳癌慈善义跑2024"、"Herstory FitFest 2024"慈善活动、"半碗饭送爱心计划"活动等。

在作品走向世界之际,林锦成也以一套"组合拳"策略带领公司实现国际资源整合、推动公司实现更大发展。对于挖掘国际大市场机遇的自身优势,林锦成说:"马来西亚是一个多元文化的国家,融合了马来文化、中华文化、印度文化等,使得我们的影视作品能够融汇多种文化视角,形成其他国家难以复制的多样性优势。马来西亚的创作者在这种多元文化背景下,能够结合国际视野与本土智慧,讲述具有全球吸引力的故事,同时保留独特的文化身份。此外,马来西亚人普遍掌握多种语言,包括中文、马来语、英语、印度语等。我们能够用中文与世界第二大人口的中国市场对接,用印度语与世界第一大人口的印度市场对接,用英语与第三大人口的美国和其他英语国家对接,并通过马来语连接世界第四大人口的印度尼西亚市场。这种文化和语言的多样性为我们走向世界市场提供了独特的竞争优势。"

在优势以外也存在挑战,林锦成说:"在全球化的电影市场中,我们面临诸多挑战,如人才、技术、资金和市场的限制。为克服这些挑战并取得成功,我们必须保持高标准的内容创作,积极与国际团队合作,提升制作水平。

同时，了解国际观众需求并找到文化共鸣点也至关重要。还有，通过积极参与国际电影节等，我们可以进一步提升全球曝光度，为公司在国际市场上的扩展奠定基础。我相信，凭借这些综合策略，我们将在全球电影市场中取得新的突破。"

林锦成对于公司进入中国电影市场也有规划，"中国市场庞大，竞争激烈，且市场环境和观众需求不断变化。这既是挑战，也是机遇，为马来西亚独特的多元文化电影提供了进入中国市场的机会。我们正在积极寻找与中国公司合作的机会，进入这个庞大市场。同时，中马文娱合作不应局限于中国市场或电影领域。中国的技术和内容优势可以结合马来西亚的多文化和语言优势，共同打造更多综合娱乐产品，拓展东南亚乃至全球市场"。

未来几年，晟创娱乐将联合姊妹公司千年媒体，共同推动公司整体发展。在千年媒体娱乐、教育、技术和营销四大核心业务板块规划方面，林锦成指出："在娱乐板块，我们将签约艺人，制作并出品短剧，力争成为马来西亚乃至东南亚的短剧领军者。教育板块将签约专业人才，并开设影视课程，培养未来影视人才。技术板块将开发售票平台等产品，为业务发展和未来布局提供支持。营销板块则将为其他三大板块赋能，并为有需求的企业提供营销服务。"

在公司实现新发展的过程中，林锦成希望团队成员也能顺势而上、跃上更高舞台："对于明星和影业人才，公司最大的魅力在于提供一个自由发挥的舞台，帮助他们实现梦想，并激励他们在艺术道路上追求更高的成就。"

慈心永驻 让善良的你我他共享和谐时光

林锦成不仅是一位成功的创业者，也是一位热心的慈善家。

林锦成表示，引领他关注公益和慈善的人是刘德华。在娱乐圈很难见到刘德华这种常年没有绯闻且坚持公益和守护善良的明星。"从刘德华身上我学会了反哺社会。"而刘德华说过的"学到的就要教人，赚到的就要给人"这句话，也成为林锦成的座右铭。

多年来，林锦成善行遍布多国，他在柬埔寨建立佛教小学，长期资助老人与儿童发展团体，为当地居民提供免费接受教育的机会；在中国，他出资40万美元举办首届"世界华语微电影比赛"，还推出了最高可获得100万美元投资资金的"防诈骗公益微电影比赛"；在马来西亚，他配合《光明日报》创刊30周年纪念主题，独家赞助"校园民歌、华教义演"的慈善活动，为8所学校筹募数百万令吉的发展与建校资金；在印度，他出资修葺最底层孩子免费就读的慈恩学校；在中国香港，他为2024—2025学年的一名马来西亚学生提供5万美元的"晟创娱乐奖学金"。

特别是最近几年，林锦成力推的"防诈骗公益微电影比赛"引起社会广泛关注。

2022年11月28日，由晟创娱乐主办的"贡献您的才华，减少诈骗悲剧！"防诈骗公益微电影比赛正式启动。在启动仪式上，金马奖最佳新导演张吉安、威尼斯电影节最佳短片特别提名与视觉突破导演杨俊汉、奥斯卡金像奖最佳纪录短片导演杨紫烨等重量级嘉宾出席。该赛事以公开组、学生组两个组别进行，两个组别前十名参赛者都将获得现金大奖，总奖金达12.8万美元，公开组优胜者还将有机会获得100万美元的电影专项投资资金。对此赛事目的，林锦成在开幕致辞中指出："希望让更多的人，尤其是那些没有看新闻的人也可以获得防诈骗的信息，进而减少诈骗悲剧。"林锦成真挚地呼吁电影人、艺术创作者："贡献自己的才华，为社会尽一份力，减少诈骗悲剧！"

2023年6月17日，晟创娱乐"贡献您的才华，减少诈骗悲剧！"防诈骗公益微电影比赛颁奖典礼在北京举办。在88部入围作品中，《救我》《坏日子》《剧本大纲scripted》与《永远的约定》《局Trap》《坠SINK》分别包揽公开组、学生组前三名，再加《Putih Hati》《远方的工作》等14部作品，共20部作品获奖。以一等奖作品《救我》为例，其通过对光影艺术的深刻理解，运用梦境的表现手法，完美展示了受困于诈骗集团时各种触目惊心的情景，并"复刻"出脱身难比登天的现实。画面场景扣人心弦，令人对诈骗警醒。

林锦成在总结防诈骗微电影获奖作品时说："这些作品不仅展现了参赛者们的创意和才华，更让我们深刻地体会到了举办这次活动的意义。通过这些作品，我们可以看到社会对诈骗问题的关注和重视，也可以看到大家对公益事业的热情和投入。"

林锦成说，晟创娱乐始终在践行企业公民的社会责任，主动支持各种有益于社会的活动。此次比赛便源自林锦成"贡献自己的才华，为社会尽一份

纪念中马建交50周年

2023年6月,林锦成在"晟创娱乐防诈骗公益微电影比赛"的颁奖典礼上致辞

2023年6月,"晟创娱乐防诈骗公益微电影比赛"颁奖典礼在北京举办,林锦成与嘉宾及参赛选手合影

林锦成旅行照

力，减少诈骗悲剧！"的公益情怀。

其实，早在2013年，林锦成偶然看到一部关于堕胎的纪录片，了解到堕胎的残忍，就决定为那些无辜的新生命发声，因此与团队开始筹备世界华语微电影"'选择；生命'——宝宝的生命，在您的选择与决定"比赛活动。2014年，"世界华语微电影比赛"成功举办，后来朋友们称他为"新生命守护者"。"我接受了这个标签，因为我希望在面对堕胎困境时，人们能想到我，联系我，寻找替代方案，给宝宝多一个生存的机会。我们也发现，不少准妈妈在面对堕胎的选择时非常彷徨，需要更多的关爱。因此，我们成立了'圆爱组织'，旨在长期守护新生命，并关爱准妈妈。"

此外，作为一名马来西亚华人，林锦成深知振兴华社的重要性。他指出，当前马来西亚华人应致力于提升教育质量、经济能力和创新水平，并积极参与社会事务，为国家的进步贡献力量。

泰戈尔说：人的痛苦，不仅覆盖着柔软的泪珠，也闪烁着刚毅。它在弯路上逡巡，在人类社会中创造崭新的劳作的世界和美的世界。林锦成则认为："世界虽然是不完美的，但我们还是可以尽己之力，让它尽可能地美一点！"

2024年，在中马建交50周年之际，林锦成接受《马来西亚华商名人堂》专访，以下为部分访谈对话实录。

问：您在完成学业后，最初从事过怎样的工作，这些工作对您创业有何裨益？

答：在完成学业后，我没有马上开始工作，而是通过向家人、亲戚和朋友借款，创立了一个名为"青色小站"的小店。

这里不仅可以阅读漫画和小说，还有小吃供应，并且举办讲座和活动，旨在为乡下的年轻人提供一个交流和学习的去处。虽然"青色小站"因为入不敷出最终停止了营运，但这次经历让我学到了许多终身受用的知识。例如，我深刻意识到理想与现实之间的差距，不能只追求理想而忽略现实需求。

林锦成与员工合影

此外，我明白了生意成功需要知识。这促使我养成了终身学习的习惯，对未来的事业产生了深远的影响。

问：电影行业是商业片的天下，您以有正能量、有品质、有意义为追求，希望让世界变得更美好。这样的诉求与利益最大化不符，您是怎么考虑的？

答：的确，在电影行业中，商业片通常占据主导地位，追求快速的经济回报。然而，我始终相信，电影不仅仅是娱乐，它更是一个影响社会的强大媒介。我们选择制作有正能量、有品质、有意义的内容，旨在通过这些作品，在观众心中播撒光明的种子，促进社会积极进步，让世界因为我们的存在而拥有更多的欢乐与幸福。

在我看来，真正的成功不应只以短期的经济收益来衡量，而是通过为社会贡献积极力量，留下长远的影响。我们希望通过这样的坚持，推动电影行业朝着更有意义的方向发展。

问：您希望自己的电影既立足马来西亚还要走向世界，从实践来说，这个诉求有哪些机会和挑战，如何去取得新的成功？

答：首先我们谈机会。马来西亚拥有独特的多元种族文化，这使得我们的影视作品能够融汇多种文化视角，形成其他国家难以复制的多样性。

马来西亚的创作者在这种多元文化背景下，能够结合国际视野与本土智慧，讲述具有全球吸引力的故事，同时保留独特的文化身份。此外，马来西亚人普遍掌握多种语言，包括中文、马来语、英语、印度语等。我们能够用中文与世界第二大人口的中国市场对接，用印度语与世界第一大人口的印度市场对接，用英语与世界第三大人口的美国和其他英语国家对接，并通过马来语连接世界第四大人口的印度尼西亚市场。

这种文化和语言的多样性为我们走向世界市场提供了独特的竞争优势。

接下来，我们谈挑战。在全球化的电影市场中，我们面临诸多挑战，如人才、技术、资金和市场的限制。为克服这些挑战并取得成功，我们必须保持高标准的内容创作，积极与国际团队合作，提升制作水平。

同时，了解国际观众需求并找到文化共鸣点也至关重要。还有，通过积极参与国际电影节等，我们可以进一步提升全球曝光度，为公司在国际市场上的扩展奠定基础。

我相信，凭借这些综合策略，我们将在全球电影市场中取得新的突破。

问：影业的管理常常被聚焦到明星管理上，公司在管理方式和创新发展上做了哪些变革和努力？

答：在管理方面，我们不仅关注明星的管理，还注重团队合作，致力于打造一个支持创新、激励个人进步的工作环境。我们不仅为有经验的成员提供机会，也为新人提供平台，鼓励大家不断尝试和成长。

对于明星和影业人才，公司最大的魅力在于提供一个自由发挥的舞台，帮助他们实现梦想，并激励他们在艺术道路上追求更高的成就。

问：我们看到您参与许多公益慈善事业，您是怎么看待企业及企业家的社会责任问题的？

答：我始终相信，虽然世界不完美，但每个人都可以通过承担责任和发挥个人力量，让世界变得更美好。

作为企业家，我们超越了国家、种族和宗教的界限，能够承担更多的社会责任，贡献更多力量。在商业决策中，企业家应考虑其社会影响，追求企业效益与社会责任的双赢。我相信，履行社会责任不仅不会削弱企业效益，反而会增强品牌信任度，推动企业的长期可持续发展。

问：您在公益慈善方面的规划是怎样的，这些年取得了哪些积极的成果？

答：在公益慈善方面，我们始终将社会责任放在首位。

有人说，帮助自己变得更好是解决所有问题的关键。我也相信，帮助那些有意愿变得更好的人，是解决社会问题的关键。我们通过将娱乐与教育相结合，主办和赞助有意义的活动，旨在为社会带来更多积极的改变。这些年来，我们的公益项目受益群体不断扩大，并得到了社会的广泛认可和积极反馈。

问：繁忙的工作之余，您有怎样的兴趣和爱好？

答：除工作之外，我喜欢阅读、旅行和运动。此外，我非常重视与家人共度时光，无论多忙，我

林锦成与家人合影

都会抽出时间陪伴家人。对我而言，我们的努力都是为了让自己、家人和社会的生活越来越好。如果忽略了家人，那就是本末倒置。

问：华人和华裔是马来西亚三大民族中非常重要的一股中坚力量。作为本土华人后裔，您如何看待振兴华社的使命感？您认为，马来西亚华人当下最值得努力的方向有哪些？

答：马来西亚华人的人口在逐渐减少，以往我们强调"重质不重量"，但如今其他族群不仅人口增加，素质也在不断提升。面对人口数量不足且素质逐渐失去优势的局面，若不改变，华人将逐渐失去竞争力。作为马来西亚华人后裔，我深感振兴华社的使命。

当前，马来西亚华人最需要努力的方向有三个：一是提升优质教育，培养具有全球竞争力的下一代；二是提升经济、创新能力与竞争力；三是积极参与社会事务，与各族携手推动国家发展。这些方向共同构成振兴华社的使命，确保华人在国家和国际的未来中继续发挥关键作用。🇨🇳

陈友信

  陈友信于1987年在马来西亚吉隆坡一间普通的教室里，与37名学生共同开启了英迪学院的历程。他以坚韧不拔的精神和坚定信念，创建了英迪学院与欧美名校间的学分互认双联课程，为普通家庭的学生打开了通往国际教育的大门，革新了马来西亚的教育格局。他的努力不仅改变了无数学生的命运，也为社会进步作出了重要贡献。

  2019年，他的成就获得国家认可，时任马来西亚国家元首授予他"拿督"勋衔，表彰他在教育领域的卓越贡献及对社会发展的深远影响。

马来西亚教育国际化的开拓者

——马来西亚英迪国际教育集团总裁陈友信

在马来西亚的教育领域,陈友信的名字家喻户晓。他创办的英迪学院是马来西亚顶尖的私立大学之一,在国际上享有盛名。

陈友信的教育理念不仅改变了无数学子的命运轨迹,还在全球教育界引起了巨大的反响。他的经历充分证明了勇气、智慧与坚持的结合,是逆境中把握机遇、挑战中开创全新局面的成功典范。

家风浓厚 行以致远

陈友信,1956年出生于马来西亚,祖籍福建厦门。

父亲陈珠龙对中华文学情有独钟,在陈友信8岁时,父亲便开始引导他阅读简版《三国演义》,为他购置带有漫画插图、词汇简易的《中国历史》。童年时期,陈友信便对中国历史、文学与哲学产生了浓厚的兴趣,这份兴趣如清泉般流淌,滋养了他的求知之路,成为他一生不懈追求的精神动力。

"在我成长的历程中,父亲的影响最为深远。他既是我的良师,亦是我的益友,在日常生活中,他以身作则,潜移默化地引领我前行。不幸的是1994年他就去世了,享年63岁。"陈友信说。

陈珠龙生前不仅涉足了进出口贸易,还涉足了房地产开发。在陈友信的记忆里,父亲长期默默地支持华文教育,并且对慈善事业充满热情。每当遇到处于困境中的人,他总是毫不犹豫地慷慨相助,从不吝啬。这种热忱和行动力深深打动了陈友信,可以说,父亲是他成长道路上的一盏明灯。

陈友信自小成绩便极为优异,在巴生光华中学读书时,他被选为学校社团团长,在此期间,他展现出了卓越的领导力,成为同学们一致公认的学生领袖。

"后来,我在巴生高级中学上大学先修班。虽然我被马来西亚理科大学录取,但我最终选择到英国利兹大学(University of Leeds)深造,在这所著名的英国工程大学攻读土木工程学位。在创立英迪学院时,我就是应用自身在项目管理方面的丰

陈友信已故的双亲——林玉珠女士和陈珠龙先生

富经验，将英迪打造成一所在教育行业内领先的民办教育机构。"陈友信说。

在利兹大学读书期间，他被推选成为拥有600余名会员的利兹大学马来西亚学生校友会的副主席，从而有机会让他在大学时期就开始活学活用管理知识及展现领导才能。"我很早就洞悉到，学习管理和经营方面的知识会对身为工程师的我在创立和经营企业方面大有裨益。因此，在获取工程学位后，我进入伦敦城市大学（City, University of London）攻读工商管理硕士学位。当时学习与掌握的企业管理知识和能力，在后来推进事业规划与领导企业面对多重挑战时得以应用。"

1996年英迪董事会

1983年，陈友信结束了约8年的海外留学生活后，返回马来西亚。当时，恰逢马来西亚经历经济衰退。起初，他受聘于一家工程管理公司，担任项目经理。

1985年，他与几位好友一起合伙从事房地产开发业务，在彭亨州武吉丁宜高原（Bukit Tinggi）山麓地带购买8公顷的土地来建造度假公寓。从职业生涯的早期开始，他就一直创造机会，将自己在其他地方看到、学到的知识和经验应用在马来西亚。比如，当时他引进"健康农场"概念，在武吉丁宜开发丁怡山庄（Selesa Homes）度假村。

遗憾的事，由于在项目发展理念和管理策略上与公司同人出现分歧，陈友信毅然决定退出，转而寻觅志同道合的合作伙伴，开创新的事业平台。

"早年，我在探寻业务经营方向的时候，曾了解到马来西亚对高等教育的需求，仍是发展中国家的马来西亚迫切需要为国内各族国民创造更多的可以接受高等教育的机会。"陈友信说。在各种令人振奋的教育发展理念推动下，好友谢松坤（英迪创办人之一）向他引荐了玛拉理工学院应用科学院创始院长李华安博士，一起探索民办教育事业。他们的想法是，效仿玛拉理工学院的学分转移计划，让学生以较低的成本获得美国学位。

"20世纪80年代，马来西亚非土著学生缺乏在马来西亚国内接受高等教育的机会。正是在这个时候，我决定与其继续悲观抱怨，不如采取积极态度，以建设性的行动改变现状，不分种族地为所有马来西亚人创造充足的深造机会。我提出创立一所民办大学的前瞻想法。"陈友信说。

1986年，陈友信携手一群教育工作者和企业家共同创立英迪学院（INTI College Sarawak）。为马来西亚学子们提供双联课程的途径和机会。"INTI这个字起源于梵文和希腊文，在马来文乃至秘鲁文中的含义都相同，皆意为'本质'或'核心'。"陈友信解释说。

英迪学院创办初期，原本打算筹集100万令吉，但实际仅筹到50万令吉作为初始资金，第二年另增筹20万令吉。为了克服创业初期资金不足的困难，陈友信特地邀请了约20位教育工作者和挚友，并肩作战，共同投身于这项开创性的事业中。

"我个人较善于展望未来，运用自己在土木工程方面的知识，获取资源，创造公平竞争的环境，为英迪的发展奠定基础。在英迪学院专案组和策划组的会议中，我一步一步确立未来的路向该如何前进。另外，我与朋友们一致同意落实问责文化，而我也一直坚持维护和贯彻这种文化。到20世纪80年代后期，我基本已认定以教育企业家的身份为教育做贡献是自己的使命。"陈友信说。

英迪学院筹备就绪开始招生。当时马来西亚经济处于低谷，高校招生难，英迪的"双联课程"观念超前，连马来西亚政府官员也对课程的政策不大理解。于是，陈友信开始在马来西亚全国巡讲。

"学院成立初期，只有三位全职工作人员：

1996年，英迪控股在吉隆坡证券交易所第二板上市，后于2000年转入主板

身为总裁兼院长的我、一位秘书和一位助理。那些年，我和同事们到各地巡讲，邀请当地学生到英迪上学。我也从父母那里学会节俭，完全不介意学院并不风光的起步。无论是当时还是现在，对我而言，最重要的是学生们能否从自己创立的机构获得优质教育。"陈友信说。

在马来西亚霹雳州的一场宣讲会令人难忘。他与合伙人倾尽全力筹备宣讲会，租下酒店场地，却遭遇开场时门可罗雀的尴尬场面。见此情景，酒店老板心生怜悯，主动免去了费用。在新山资讯分享会也仅有一名学生出席。尽管困难重重，他依然不畏艰难，足迹遍布马来西亚各州，耐心阐释课程优势，最终说服众多家长，让他们坚信海外高等教育的梦想触手可及。正是因为这份执着与专注，1987年1月，在吉隆坡十五碑一楼的一间教室内，英迪学院的第一批37名学生开始正式开课。

在当时还有些简陋的课堂里，37名新生为英迪学院注入了希望。陈友信号召教师们要以赤诚之心，为学生提供最优秀的教育，要把英迪学院办成马来西亚最优秀的学院。

第二年，英迪学院新生人数达到400人。英迪学院的经营亏损也从第一年的20多万令吉减少到1万多令吉，英迪学院的转折点正在显现。第二年下半年，英迪学院收支平衡，经营进入正轨。

逆境而生的陈友信说："既然决定要做这一行，那就一定要坚持下去，所以当时不曾有过要放弃的念头。"随着政府政策的逐步放开，英迪学院开启了崭新的篇章。

"3+0"创新 引领发展

20世纪80年代，马来西亚私立学院的竞争激烈，国内涌现出一间又一间新学院，也相继倒闭了一间又一间学院。

然而，英迪学院犹如一棵茁壮成长的参天大树，学生人数逐年攀升，即便校址几经变迁，英迪学院始终坚守其优质教学的根本宗旨。经过10年的不懈努力，英迪学院最终成为业界的成功典范，也因此吸引了更多家长和学生。扩大学院规模可以说是接下来唯一的合理选择。由于战略扩张需要资金，陈友信和英迪开始探索通过上市更有效地筹集资本。

1995年，在双联课程的基础上，英迪学院首创了"3+0"教学模式。陈友信笑着说："3+0这个概念是我们首先创造的，通俗来讲，就是课程转移。""3+0"可以解释为将某个著名大学的课程部分或全部转移至国际分校，教学质量由转出课程的大学保障，学历文凭由转出大学颁发，并被国际公认。同时，英迪学院也制定了"2+1"或"1+2"等不同的双联课程选项。英迪学院根据社会需求、学生志向以及家长和社群的期望，回应市场的情况。

"3+0"概念创造性的地方在于，进一步方便学生利用英迪学院遍布世界的合作课程。即3年内学生可在英迪学院完成美国、加拿大、澳大利亚、英国等国家著名大学的课程，取得国际公认的文凭，而无须到提供课程的国家去学习，节省大约四分之一的学费。

"这种课程，是为华人子弟获取外国文凭、学位，又节省费用，避免过早漂洋过海的一项创举性尝试。现在已成为亚太地区包括日本、韩国等地在内的学生广泛选择的一种留学方式。"陈友信说。

1996年，英迪学院迎来了重大发展，它由一个单一的教育机构扩展成为拥有1个主校区和3个分校区的综合性教育集团。在这一年，英迪国际大学的建设投资超过了1亿令吉。同年，英迪控股在吉隆坡股票交易所成功上市，标志着马来西亚教育界一座新里程碑的崛起。此外，英迪学院在私立教育领域首开先河，推出了涵盖学术卓越、领导力培养及体育风采的三项奖学金计划。

随后，英迪集团通过一系列收购活动，持续扩大其业务版图，在槟城、亚庇、古晋等地开设了新的分校。到2002年，其在校学生人数已经突破了1万人。2004年，英迪集团与名胜世界合作，在风景秀丽的云顶高原成立了云顶英迪国际学院，并开设了酒店管理课程。此外，它还并购了以提供澳大利亚双联学位课程而著称的首都高等学院（Metropolitan College），并在2005年进一步收购了位于八打灵再也的艺术与设计学院。

截至2005年，英迪集团在马来西亚已经拥有8个校区，并且在北京、香港、曼谷、雅加达设立了分校，同时在仰光、上海、河内设立了办事处。

如今，马来西亚英迪国际教育集团已经为来自逾百个国家的超过10万名国际学生提供了升学的机会，让他们在马来西亚这片土地上继续追寻知识的光芒，实现深造之梦。在过去的25年里，英迪国际教育集团成功地帮助约8000名学生进入300多所美国大学学习。这些学生如同璀璨星辰，毕业后在各自的领域里闪耀光芒，才华横溢，而他们的人数还在逐年攀升。

由于陈友信在国际教育领域作出的杰出贡献，2019年，马来西亚国家元首苏丹阿都拉陛下授予他"拿督"勋衔；2002年，被英国考文垂大学授予他工商管理荣誉博士学位；2003年，英国赫特福德大学授予他荣誉法律博士学位。

陈友信与英迪的传奇故事仍在继续书写，他从一位充满激情的创业者逐渐成长为教育界和商业领域的领军人物。在这一过程中，他始终保持着坚定的信念和不屈不挠的精神，勇敢地面对着风云变幻的岁月。陈友信在时间的长河中不断前行，用自己的智慧和努力谱写着属于自己的辉煌篇章，也在守护着这片充满文化底蕴的沃土。

2024年，在中马建交50周年之际，陈友信接受《马来西亚华商名人堂》专访，以下为部分访谈对话实录。

北京英迪经贸学院

问：相较于同行业者，您认为英迪学院的差异化核心价值是什么？

答：根据哈佛商学院著名的战略管理学家波特（Michael E.Porter）提出的三个策略——差异化策略、集中策略和成本策略，我们英迪都有应用。因为如果不实施产品差异化策略，创业成功的难度将大大增加。差异化正是抓住商机的关键所在。此外，专注也是至关重要的。我们在创业之初就集中精力，专注于开设美国课程，因此，专注成为我们创业成功的关键，通过突破一点来带动全局的发展。

英迪学院应是马来西亚私立学校中最早颁发奖学金的，包括学术、领导及运动三类奖学金。我们虽不是在马来西亚最早开办美国学分转移课程的，却是做得最早最成功的。

我一直坚信，教育机构能够通过良好的规划和经营，实现企业化管理的高效实践。我常讲一个例子，部分国内教育机构的教室使用率达到70%就已经说全满，而英迪的使用率最高时保持到90%以上。差别在于你怎样充分应用这些硬件设备，你可以选择上完一门2小时的课程后，再花1小时找清洁工来清扫；你也可以培养学生良好的习惯，上课使用时不随地乱丢东西，在下课离开之前将桌椅摆好，把黑板擦干净，下节课就可以立刻启用了。私立学校最大的挑战，就是必须意识到资源就是金钱，不用就是浪费。我常常讲浪费是一种罪过，即使那不是你的钱，是公家的钱也是一种罪过。

总之，创业初期需自我摸索，勇于求教于有经

位于马来西亚森美兰州汝来新镇的英迪国际大学

验者,善用资源,广纳书籍智慧,倾听各方意见与反馈,持续集思广益。

问:关于团队管理,您推崇怎样的管理方式?特别是在如何打造团队执行力、凝聚力、创新力等方面,您有哪些心得体会?

答:我相信团队智慧,欢迎各阶层团队成员建言献策。领导人可下放职权,不可下放责任。故我对企业、业务或职能领导职务者有不同要求与期望。虽论及基本权利时秉持平等主义原则,然而因级别、责任范围及层级之差异,期望亦有所不同。

因此,需选拔最优秀人才,以鼓舞人心的职业前景及丰厚的回报留住他们,推动其持续发展。教学不应仅仅被视为日常工作,而应被看作一项具有社会责任的事业。以此为出发点,应继续营造尊重学者与学术自由的文化氛围。公平与关怀之态度,使英迪员工具动态视角,为英迪学生的人生带来积极改变。

问:对于您和英迪学院而言,当下最重要的工作是什么?您为英迪学院设定的目标是什么?

答:到目前为止,英迪学院已培养了逾十万名来自马来西亚和海外的毕业生,运用所学知识在各自的领域中施展才华与抱负。这个数目仍在持续扩展中。这足以证明,通过成功的学分转移课程在国内提供优质的外国教育,不失为早期教育体系转型成功的一个好例子。

展望未来,英迪将继续聚焦人才培养,注重学科交叉、实践教育和全球化视野的培养,为学生提供全面的教育和职业规划服务,培养具有创新思维和实践能力的全面人才。

问:您如何看待企业家肩负的社会责任?在平衡商业价值与社会价值二者之间,您有哪些考量?

答:我投身于一些社会事务和公益事业。除英迪之外,我在马来西亚华社及各个社会团体担任领导职务。

当下社会越发功利,财富常被视为衡量人成功与否的唯一标准。已故伟人陈嘉庚曾言:"钱财如肥料,散播才有用。"嘉庚先生在财富鼎盛时捐助社会,全面效仿他虽难,但我们至少应深刻理解并践行其精神内核,即在积累财富的同时,不忘回馈社会，帮助弱势群体，共同推动社会的和谐与进步。我们常以嘉庚精神教导下一代，即便生意成功，也不能忘了社会责任。

此外，为建设美好社会发声的脚步从未停歇。我始终积极参与国家发展的社会、经济及政治层面的探讨，并在公共议题领域持续发声，贡献自己的力量。身为吉隆坡暨雪兰莪中华大会堂(隆雪华堂)前任会长，我认同新经济模式的平等原则。隆雪华堂由约400个华团组成。

我于2016年至2022年担任马中总商会总会长一职，积极促进马中企业家在跨国界、跨族群、跨文化方面的经贸交流与合作，为马来西亚经济发展及与中国的商业人文交流贡献力量。

目前，我还是马来西亚华校董事联合会总会（董总）署理主席，心系华教活动。我接受此项任命，动机明确，即通过华文教育在马来西亚弘扬中华文化。

身为企业家，我认为在马来西亚，让所有种族不分性别、宗教，拥有平等机会，是推动国家持续发展的唯一途径。每个马来西亚人都应紧跟时代步伐，不断进取，因为在这个全球化的时代，我们必须积极参与国际竞争，才能立于不败之地。

问：华人和华裔是马来西亚三大民族中非常重要的一股中坚力量。作为本土华人后裔，您如何看待振兴华社的使命感？您认为，马来西亚华人当下最值得努力的方向有哪些？

答：回答这个问题，需跳出传统思维的框架，探索新的可能性。以我为例，未深入交谈者，或以为我向往多元而不重中华文化，或觉我"亲中"且执着于中华文化。实际上，我的跨族群思维源自我对中华文化推动马来西亚社会发展的坚信，以及华教对马来西亚生产力提升的贡献。在马来西亚，中

陈友信近照

华文化是我之根，我对多元文化的欣赏正是基于中华文化的深厚底蕴。多元自信非沙文或民粹，身份认同可多重。我是马来西亚人亦是华人，二者无冲突，且可相辅相成，有利于塑造国家认同。

多元文化环境所生之多元思想与包容心态乃我们的强项。马来西亚是一个多民族国家，此为立国根基。多元的现实环境不仅丰富了马来西亚的特色，也增强了其国际竞争力。唯如此，方能将华人与他族利益相系，把"我"扩展为"我们"。

问：繁忙的工作之余，您有怎样的兴趣和爱好？

答：我热爱阅读，除了有助我紧贴时代脉搏的经贸类资讯，我尤其喜欢翻阅文学及哲理类的书籍杂志。鲁迅是我最喜欢的作家之一，鲁迅对社会问题的尖锐批评对我本人也影响深远。

我也喜欢旅游和运动。我有个习惯，那就是坚持每天晨走45分钟，让思绪清醒以应付整天的工作量。一周内也会安排三次跟友人打乒乓球的运动。

我喜欢中国民歌民乐。听着美妙的乐符，那就是我放松身心的悠闲时光。华

李彬维

  李彬维以全球首创的绿色石墨技术撬动全球市场，不仅为供需失衡的全球石墨市场注入了新力量，更为全球可持续发展的未来增添了绿色动力。他带领公司在短短两年内成功登陆美国纳斯达克，使公司事业实现了从马来西亚到美国和日本等国际市场的跃升。因为在绿色能源和创新技术方面的突出表现，他所带领的公司成为马来西亚2030年"新工业大蓝图"倡导企业之一。

  作为一位永远保持创新活力、持续精进的马来西亚新生代商业领袖，李彬维致力于让企业如航母般稳健前行。

纪念中马建交50周年

开创全球绿色石墨新时代 开启人类美好未来

——马来西亚冠界科技联合创办人兼首席执行员李彬维

> "坐小舢板遇到的都是小风小浪，当小舢板变成大航母你是否能应对大风大浪？做企业一定要朝着'大航母'的方向前进，也一定要为此选拔和积累人才，共同开启更美好的未来。"
>
> ——李彬维

世界唯一采用棕榈壳作为原料的绿色石墨成功登陆纳斯达克

2024年3月15日上午9时30分，在美国纳斯达克交易所，马来西亚冠界科技联合创办人兼首席执行员李彬维，在公司高管团队的见证下敲响开市钟，冠界科技就此正式挂牌交易。

冠界科技凭借其满足锂电池负极材料使用要求的高端绿色石墨和石墨烯技术及产品，其在全球科技企业向往的纳斯达克成功上市，意味着不仅在产业界撑起一片天，更获得了全球领先资本市场的认可。同时，在上市融资的加持之下，冠界科技加快了做大做强的脚步，其创新技术将在马来西亚以及美国、日本等国家和地区遍地开花，一家国际化的绿色石墨龙头正破茧而出。

对于李彬维来说，包括纳斯达克上市在内的每一次重大进步，都是公司冲向下一个更高目标的起点。身处市场庞大、发展迅速的石墨和石墨烯市场，他必须以全速冲刺的方式引领企业挖掘市场机遇，因为唯有领先才能拥抱美好未来。

在全球石墨和石墨烯企业中，成立于2019年的冠界科技属于新兴企业，是一家创新的单层石墨烯和石墨生产商，而且是世界上唯一采用棕榈壳作为基础原料提炼成石墨的厂商。公司已经在马来西亚、中国、美国和印度尼西亚等国家申请了全球首创的发明专利，授权有效期为10年。

李彬维说，公司能获得独特的石墨和石墨烯制备技术，既是命运的垂青，也是公司团队人人保

2024年3月15日，冠界科技在美国纳斯达克成功上市

持高度探索欲和责任心的成果。

"2019年，我们公司向可再生能源领域发力，以生物质废物循环再利用为发展方向，积极发展绿色能源。简单而言，就是将棕榈壳等植物废弃物通过专门工艺加工制成生物质成型燃料，提升这些原料的燃烧性能，然后替代煤炭燃烧发电。在处理灰渣时意外发现石墨和石墨烯，石墨含量在60%～70%。我们在2022年成功研究出以棕榈壳为原料的绿色人造石墨和石墨烯产品。之后，我们就专注发展人造石墨和石墨烯产品了。"

冠界科技在美国纳斯达克成功上市当日，李彬维接受媒体采访

棕榈壳是在棕榈油提炼过程中产生的废料，马来西亚、印度尼西亚和泰国占全球棕榈油产量的90%，每年能产生约2700万吨棕榈壳废料。冠界科技石墨和石墨烯生产技术具有可持续性，给全球石墨和单层石墨烯供应链带来革命性的颠覆。

李彬维说："我们拥有独创的生物原料科技、独树一帜的研发中心、独特的生产工艺，更重要的是我们凭借生物废料再循环达到高端人造石墨产品的使用要求。当前，在锂电池石墨负极材料市场中，人造石墨负极市场占比达80%。人造石墨的焦原料，目前普遍使用油系焦或煤系焦，其中油系焦应用更多一些，在人造石墨负极产品中油系焦的应用占比更高。而我们是用生物废料，可再生资源，这和使用上述原料的企业有巨大的区别。我们已经形成了从生物原料获取到高端石墨、石墨烯生产的全流程管理和配套机制及工艺，产品质量的一致性极高，可以满足锂电池负极材料的使用要求。"

对比使用油系焦或煤系焦的同业，冠界科技将生活废料变为了服务人类的新产品，就是变废为宝，对社会和环境持续发展更加友好。

从马来西亚到美国
冠界科技的新跨越

李彬维在短短几年内就带领公司成功登陆纳斯达克，主要原因就是公司产品和技术的稀缺性。

从市场供需角度来说，中国政府在2023年12月1日正式实施对部分石墨产品的出口管制，其中，高纯度（纯度>99.9%）、高强度（抗折强度>30兆帕）、高密度（密度>1.73克/厘米^3）的人造石墨材料及其制品，天然鳞片石墨及其制品（包含球化石墨、膨胀石墨等）未经许可，不得出口。中国石墨产量占全球产量的近98%，而高端石墨产品及其原料的出口管制，促使有意打造本土锂电池产业链的国家和地区不得不寻找新的供应方。比如美国，美国希望在本土生产锂电池石墨负极材料，但未来5～10年不会出现石墨生产供应链，因为美国本土无法提供石墨生产的原材料，也没有相应的科技和工艺。另外，其他亚洲国家如日本和韩国以及欧洲的一些国家也都面临供应之荒。

李彬维说："我们预计全球至少有200万～300万吨的电池相关石墨需求，需要寻求新的供应来源。美国本土人造石墨市场还是一张白纸，我们到美国发展，原因之一就是'一张白纸好画画'。我们希望把握市场发展的重大机遇，实现公司版图的快速扩张。"

从高端人造石墨同业对比来说，全球使用生物质生产石墨和石墨烯的厂商还没有，就算有也是在测试和实验的阶段。冠界科技首创以棕榈壳为原料生产石墨和石墨烯，不仅在品牌和市场方面居于领先位置，在技术和产品方面也能完全满足锂电池负极材料使用要求，而且成本和碳排放遥遥领先。相比传统方式，冠界科技的生产技术能减少高达83%的碳足迹，降低多达50%～80%的成本。

冠界科技下属工厂生产照片

目前,冠界科技位于马来西亚彭亨州关丹工业区的首座工厂投产后,以棕榈壳废料为基础原料,可年产1万吨人造石墨和60吨石墨烯,年营业额约30亿令吉。此外,公司位于雪州沙亚南区的甘榜峇鲁梳邦的新厂的第一条生产线也已投入生产,冠界科技是在中国以外,第一家也是目前唯一一家人造石墨生产工厂,并已经进行生产。

目前,冠界科技正在推进在美国的设厂事宜。冠界科技计划投资1.5亿~2亿美元在美国内华达州斯帕克斯附近设立美国首个人造石墨生产工厂,年产1万吨高端人造石墨。如资金到位,计划2026年完成建厂并于2027年投入生产。

李彬维说:"美国新厂毗邻特斯拉的电池工厂,而且特斯拉还在筹划扩大生产规模。"

另外,他说:"美国的一些客户正在测试我们的产品,反馈良好。从产品测试到试生产以及正式生产,这个过程大致需要9~18个月。"

因为在绿色能源和创新技术方面的突出表现,冠界科技获得马来西亚投资、贸易和工业部的认可,成为2030年"新工业大蓝图"倡导企业之一。同时,冠界科技还与世界经济论坛建立合作伙伴关系,并在Frost & Sulivan的2023年度最佳实践奖中,将"全球领导奖"和"全球技术创新领导奖"收入囊中,这是对该公司的可持续增长和卓越技术的高度认可。

期待与中国优质公司携手 以产业集群的方式 共拓全球版图

在全球布局过程中,李彬维和他的团队也遇到一些挑战。在美国,他们遇到的第一个问题是"黄皮肤",李彬维说,"和对方见一面,看到我们是华人,对方就会变得谨慎,有所保留,这就导致无谓的时间浪费,谈了好久还没进入实质性话题"。第二个问题是"普及基本知识",由于美国缺乏完整的石墨产业链,他们需要不断向客户和潜在客户解释人造石墨的价值与市场前景,这是一项耗时的工作。

解决了这两个问题,自然机遇重重,但也不是每一家企业都可以在一个空白市场独自建立一条现代的产业链体系。因此,从企业到产业链的跨越最有效的模式是联合同业及上下游企业共同开拓新市场。

李彬维说:"未来3～5年,我们希望继续加强与中国同业的交流与合作,以产业集群的方式共同做大国际版图。"

李彬维构想:"从合作的角度来说,中国石墨产业链龙头其实可以借助我们独特的技术开拓诸如美国等空白市场。中国石墨产业链十分完整且全球领先,全球布局也正当其时。"

同时,空白市场一旦产能爆发往往是井喷式的,这意味着巨大的经济效益。当需求得到满足,技术迭代也将快速前进。李彬维说,"无论是推进市场开拓,还是寻找新的技术路线,产业链集群发展的效率一定高于单个企业的单打独斗,我们真诚希望与中国头部的电池、石墨等企业联手抢抓全球市场机遇。"

事实上,李彬维与中国顶级企业早有合作。他与中国国有企业合作的第一个项目是太阳能建设,合作伙伴是一家全球领先的多晶硅供应商。这次合作使他意识到,中国企业在可再生能源领域具有无可匹敌的技术和价格优势。这也促使他将公司业务重点转向可再生能源领域,致力于生物质废物的循环再利用,发展绿色能源。公司通过专门工艺将棕榈壳等植物废弃物加工成生物质成型燃料,以替代煤炭发电。恰恰是在这一过程中,他们意外发现了石墨和石墨烯。

在期待与中国公司携手的同时,李彬维继续带领公司精进技术,"在技术方向上,可再生能源的发展空间非常大,我们在棕榈壳再利用发电方面发现石墨、石墨烯后,我们也在探索其他生物的这种可能性,如果把生生不息的花花草草等生物产生的废物变为新的石墨产品,既能改善环境、促进经济发展,又能推动经济社会的可持续发展。需要强调的是,技术的探索不是一朝一夕之功,需要久久为功"。

永远心怀希望
致力于美好未来

作为马来西亚新生代企业家,李彬维以其敏锐的商业嗅觉和永不言败的探索精神走出了一条创新发展、谋划全球的新路径。

李彬维不是官二代,也不是商二代,他出生于

冠界科技是马来西亚第一家成为世界经济论坛企业成员的公司

马来西亚柔佛的一个普通家庭,9岁的时候全家迁往槟城,并在槟城长大。父亲的祖籍是中国福建安溪,母亲的祖籍是中国海南。作为家中独生子,李彬维自言在上大学之前一直很叛逆,他10岁就偷偷去打临时工赚零花钱——每小时赚两三令吉,这让天天上班的母亲"担心死了",但他依然故我。

但李彬维又是无比幸运的,他的母亲常常说:"再穷也不能穷教育。"正是在这种家庭教育理念下,家中省吃俭用供他上学,也最终将他送入大学的校门。也正是上了大学,李彬维迎来自己的开悟时刻。

在大学期间,李彬维遇到了多位富有经验的企业领导者,正是这些经历帮助他形成了真正的价值观,并促使了他的成长。"读大学时,我对金融行业充满兴趣,希望进入金融行业做一番事业。这要感谢当时我服务的四位老板,他们都是马来西亚金融领域排名前十的领袖人物,教授了我很多的知识与经验。"

2009年大学毕业后,大学主修销售管理专业

李彬维于公司照片

的李彬维却在首都吉隆坡成为一名电脑工程师。"我当时觉得这是自己最理想的选择。"李彬维说。而选择到吉隆坡工作,源自他"人生的路,终究是需要自己走的。趁着年轻去首都,就是要闯一闯,见识一下"的想法,他要试着闯出一番事业来。

李彬维从第一份工作开始,就不断寻找创业机会,而且工作之余成立了一家小型科技公司,提供电脑科技相关的顾问服务。在打工过程中,他也吃过一些苦。他说,"把人生的苦或者挫折吃在前头,它让你在创业过程中坦然面对挑战和苦难,从不服输,敢于突破自我,不断追求更高目标"。

这种边走边试持续到 2016 年。那一年李彬维创办了自己的公司,为客户提供金融管理和顾问服务。当时全球经济正处于繁荣阶段,马来西亚和其他东南亚国家成为国际资本投资的热土。由于马来西亚的"第二家园计划项目"吸引了许多中国家庭,这为他的公司带来了许多机遇。后来,他带领公司转型绿色能源并取得今天的新成就。

对于管理,李彬维推崇日本管理大师稻盛和夫的管理哲学。稻盛和夫说过,要想成功地经营企业,前提条件是要"付出不亚于任何人的努力",做不到这一点,任何愿景都是空中楼阁。

李彬维在招揽人才时,首要标准是勤奋,无论是在日常工作中还是在周末,所有员工都需要随时关注工作。在招聘高管时,他倾向于选择成熟稳重且经验丰富的人。他认为,高级管理人员应该具有强烈的责任感,带领公司向前发展。

李彬维说:"我常说,你坐小舢板遇到的都是小风小浪,当小舢板变成大航母你是否能应对大风大浪?做企业一定要朝着'大航母'的方向前进,也一定要为此选拔和积累人才,共同开启更美好的未来。"

李彬维强调要永远心怀希望,"让自己的每次经历都变成一种新的力量的累积,让自己变得更强大"。

同时,李彬维将环境、社会和公司治理(ESG)理念融入日常工作,他领导公司在产品、技术和管理等方面践行环境友好、公平和合规治理的理念,力求实现可持续发展。

在公益活动方面,李彬维的公司热衷于赞助教育,尤其是支持马来西亚华校的发展。他说:"作为一名华人,我觉得自己有责任和义务传播中华文化,让更多的其他种族人士理解中华文化,理解中国人。"

2024 年,在中马建交 50 周年之际,李彬维接受《马来西亚华商名人堂》专访,以下为部分访谈对话实录。

问:您的原生家庭为您树立了怎样的价值观,使您具备了创业素质?

答:我出生于马来西亚柔佛一个普通的家庭,我是家中独子。父亲祖籍中国福建安溪,母亲祖籍海南。我 10 岁就开始外出工作,当然这么早工作其实就是为了赚些零用钱。我从小学就开始在马来西亚的一些咖啡馆、餐馆做小时工。到中学、再到大学,我都会找些临时的工作做。

读大学时，我遇到许多有经验的企业领导者，才形成真正的所谓的价值观，才真正开悟。之所以有机会认识这些领导者，还是因为我到处寻找工作机会，那时候我做过会计、金融分析师等，结识了几位企业领导者，从这些企业领导者、前辈身上学到了很多知识和经验。

也是在大学期间，我对金融行业充满兴趣，希望进入金融行业做一番事业。这要感谢当时我服务的四位老板，他们都是马来西亚金融领域排名前十的领袖人物，教导了我很多的知识与经验。

问：您10岁就开始打工，是否当时就理解了"奋斗"这两个字？

答：那时候对于奋斗、对于为未来打拼我是没有概念的。和每个小孩一样，我当时也有非常多的欲望，想要玩具，想打游戏机……满足这些欲望都需要花些小钱。父母工作很辛苦，不能向他们伸手要钱，那我就随便打份零工赚点小钱，买自己想要的东西。

问：父母支持您那么早就开始工作吗？

答：父母当然不支持，我就趁他们不在家的时候跑到外面去工作，工作的时间一般是1~3小时。妈妈担心死了，怕小孩被骗。我从小就比较叛逆，直到快上大学了还是如此。事情的另一面是，妈妈看到自己的孩子那么自立自强，也感到很欣慰。

问：每个人的基因都是传承自父母，塑造了我们最基本的素质和品格，您父母教育您时特别强调什么？

答：读书和教育，我妈妈经常说"再穷也不能穷教育"。因为这种家庭教育理念，家里省吃俭用，我才完成从小学到大学的基本教育。

在马来西亚，华人占总人口的22.6%，比例较小。作为华人，我们一直都很争气，就是因为华人有重视教育、重视传承的传统。在海外华人比较集中的国家，马来西亚是唯一一个坚持兴办华校、传授华语（普通话）的国家，马来西亚华人普遍能听得懂华语，也会讲华语，他们还会讲闽南话、粤语。我一直觉得，这是我们马来西亚华人国际化发展的一大优势。

从我的经历来说，学华语是最困难的，因为华语比较复杂、博大精深，但一旦喜欢上了华语就欲罢不能。我从工作到创业，一直都很喜欢研究华语精髓。

问：您在大学学的是什么专业，在大学期间也会外出打工吗？

答：我在大学学的专业是销售管理专业，上大学时，我除了在学校里上课、做功课，其他时间都在外出打工。我做过促销员、会计、市场调查员，还帮一些老板处理金融文件等。我上大学的大部分学费都是我打工赚来的。

我是2009年毕业，全球经济处在国际金融危机当中。那时候找工非常难，高薪水的工作更难找。我在首都吉隆坡成功取得人生中的第一份全职工作，任职电脑工程师，我当时觉得那是自己最理想的选择了。

问：是什么机缘让您一个人去闯荡马来西亚首都吉隆坡？

答：人生的路，终究是需要自己走的。趁着年轻去首都，就是要闯一闯，见识一下。电脑工程师的工作我做了不到一年，之后陆续做了四五份全职工作，直到做销售开始发现很多创业机会。我在做全职工作的时候其实也"兼职"创业，开了一间小型科技公司，为客户提供与电脑相关的顾问服务。

那段工作和创业的经历，让我见证了许多创业者的起起伏伏、成功和失败，我觉得这种人生经验真的是非常可贵。在我的事业梦想里不存在马上创业就马上成功这种幻想。

还有就是我在打工过程中也吃过一些苦，把人生的苦或者挫折吃在前头，那么在创业过程中面对挑战和苦难，才能做到从不服输，敢于突破自我，不断追求更高目标。

在2016年，我将全部精力投入创办自己的公司上，为客户提供金融管理和顾问服务，客户包括来自中国的国企。当时全球经济繁荣，马来西亚和其他东南亚国家是国际资本十分青睐的投资热土，马来西亚的"第二家园计划项目"对中国许多有孩家庭充满吸引力，马来西亚的国际学校还是不错的，顺应种种需求，我们公司把握住了很多机遇。

李彬维作为主讲人参加伦敦气候变化论坛

问：从金融创业开始，后来又为什么转到科技行业？

答：我和中国国企合作的第一项目是太阳能建设，合作伙伴是一家全球领先的多晶硅、硅片供货商。

与中国企业的合作让我注意到未来的趋势，中国企业在可再生能源领域的优势，在技术方面是全球领先的，在价格方面是对客户友好的，几乎没有其他地区的企业可以与之竞争。对我最有价值、最大的启发是，可再生能源领域拥有无限的机遇。

问：可再生能源领域十分广阔，您主要做什么，后来是如何发现的石墨烯？

答：2019年，我们公司发力可再生能源领域，以生物质废物循环再利用为发展方向，积极发展绿色能源。简单说，就是将棕榈壳等植物废弃物通过专门工艺加工制成生物质成型燃料，提升这些原料的燃烧性能，然后替代煤炭燃烧发电。棕榈壳是在棕榈油提炼过程中产生的废料，马来西亚、印度尼西亚和泰国占全球棕榈油产量的90%，每年能产生约2700万吨棕榈壳废料。

生物质燃料燃烧后，主要产物是二氧化碳和水，还会产生灰渣以及微量有机物等。在我们工厂运行一年多后，积累了一定的灰渣等固体废物，工人们想试着把这些废物彻底烧尽，就是在这个过程中，发现一种材料，它既烧不融，也不会变成粉末，还不会蒸发，刚刚烧过又会马上变冷。工人们把这个材料拿去化验，发现石墨含量在60%～70%。接着我们研究团队介入，发现了石墨烯。我们在2022年成功研究出绿色人造石墨和石墨烯产品。之后，我们就专注发展人造石墨和石墨烯产品了。

问：请您介绍一下公司石墨和石墨烯的独创性。

答：我们拥有独创的生物原料科技、独树一帜的研发中心、独特的生产工艺，更重要的是，我们凭借生物废料再循环达到高端人造石墨产品的使用要求。当前，在锂电池石墨负极材料市场中，人造石墨负极市场占比达80%。当前，人造石墨的焦原料，普遍使用油系焦或煤系焦，其中油系焦应用更多一些，在人造石墨负极产品中油系焦的应用占比更高。而我们是用生物废料，可再生资源，这和使用上述原料的企业有巨大的区别。

我们已经形成了从生物原料获取到高端石墨、石墨烯生产的全流程管理和配套机制及工艺，产品质量的一致性极高，可以满足锂电池负极材料的使用要求。对比原料来自石油和煤炭的同业，我们是将生活生产废料变为了服务人类的新产品，就是变废为宝，对社会和环境更加友好。

目前，全球使用生物质生产石墨和石墨烯的厂商还没见过。我们在美国纳斯达克市场上市，就是希望把握市场发展的重大机遇，实现公司版图的快速扩张。美国希望在本土生产锂电池石墨负极材料，但未来5～10年不会出现石墨生产供应链，因为美国本土无法提供石墨生产的原材料，也没有相应的科技和工艺。可以说，美国本土人造石墨市场还是一张白纸，我们到美国发展，原因之一就是"一张白纸好画画"，前景大好。

问：公司在美国申请专利保护了吗？在美国上市容易吗？

答：我们在马来西亚、中国、美国和印度尼西亚等国家都申请了发明专利，授权有效期10年。

我们为在美国上市忙碌了差不多两年，上市条件非常苛刻，但我们完全满足审核条件，最终迎来了奇迹。我们向股东们承诺，我们立足永续经营，追求稳健发展。

问：公司当前的石墨产能是多少？是否有和中国企业合作开拓国际市场的计划？

答：公司绿色石墨年产几千吨，产量还在提升当中。从全球市场来说，处于全球看中国的状态，中国石墨产量占世界总产量的98%。中国的大型石墨生产企业众多，比如河北恒科新能源材料有限公司（以下简称"恒科新材料"），恒科新材料位于河北唐山的锂电池新型负极材料一体化基地项目，主要生产人造石墨负极材料、天然石墨负极材料、硅碳负极材料三大类产品，可年产10万吨锂电池负极材料、5万吨硅碳负极材料。恒科新材料与比亚迪、宁德时代等知名品牌长期稳定合作。

李彬维在冠界科技登陆美国纳斯达克的上市仪式现场留影

从合作的角度来说，中国石墨和稀土等原材料目前实行出口管制，中国石墨产业链龙头其实可以借助我们独特的技术开拓诸如美国等空白市场。中国石墨产业链十分完整且全球领先，全球布局也正当其时。

问：公司的合作伙伴集中在哪些国家或地区？

答：我们目前专注于美国、东南亚以及日本等国家和地区，美国的一些客户正在测试我们的产品。从产品测试到试生产以及正式生产，这个过程大致需要9～18个月。所以说，开拓一片新市场是非常难的。目前，客户反馈良好。

我们运营的基本策略是以销定产，定制化生产，

纪念中马建交50周年

李彬维受邀参加世界银行活动

李彬维接受美国消费者新闻与商业频道（CNBC）采访

全面满足客户需求。因为技术一直在进步，产品品类日渐丰富，合作伙伴也越来越多。但就像我刚才说的，开发一个新客户的时间周期是跨不过去的，所以一旦增长可能就是爆发式增长。

问：在全球布局过程中，您和公司当前最大的机会和挑战分别是什么？

答：从我和团队来说，开发美国市场遇到的最大的挑战，不是技术和产品，而是我们的"黄皮肤"。和对方见一面，看到我们是华人，对方就会变得谨慎，有所保留，这就导致无谓的时间浪费，谈了好久还没进入实质性话题。

还有就是美国没有石墨产业链，美国对人造石墨没什么概念，没有认识到人造石墨对于他们发展动力电池的重要性。我们需要不断地和客户以及潜在客户宣讲人造石墨的价值和市场前景，这个时间成本也非常高。

问：对于未来公司的发展，您有什么规划？

答：我们的规划涵盖短期和长期，从短期来说我们最主要的任务，一是推动马来西亚石墨工厂按期顺利投产，二是推动美国分厂的设立。美国政府希望以传统的"铁锈带"——佐治亚州、田纳西州、北卡罗来纳州、南卡罗来纳州、得克萨斯州、密歇根州和肯塔基州等地为核心，兴建新的电池带。我们计划在内华达州斯帕克斯附近设立工厂，特斯拉的电池工厂也在那里，特斯拉还在筹划扩大生产规模。

从长期来说，未来3~5年，我们希望继续加强与中国同业的交流与合作，以产业集群的方式共同做大国际版图。

另外，在技术方向上，可再生能源的发展空间非常大，我们在棕榈壳再利用发电方面发现石墨、石墨烯后，我们也在探索其他生物的这种可能性，如果把生生不息的花花草草等生物产生的废物变为新的石墨产品，既能改善环境、促进经济发展，又能推动经济社会的可持续发展。需要强调的是，技术的探索不是一朝一夕之功，需要久久为功。

无论是推进市场开拓，还是寻找新的技术路线，产业链集群发展的效率一定高于单个企业的单打独斗，我们真诚希望与中国头部的电池、石墨等企业联手抢抓全球市场机遇，很肯定的就是石墨和电池供应链离不开中国企业的参与。

问：公司管理创新方面是如何做的？

答：日本管理大师稻盛和夫说过，要想成功地经营企业，前提条件是要"付出不亚于任何人的努力"，做不到这一点，任何愿景都是空中楼阁。

我们招揽人才的第一条标准就是必须非常勤劳，每天都要勤奋工作，这比什么都重要。举个例子，勤奋工作不一定是办公室里，包括我在内的所有员工，要随时随地想着自己的工作和任务，这也是我们真心热爱这份工作、这个事业的基本表现。即便是周末，只要涉及工作的沟通或者加班，任何人都必须第一时间响应。在招聘高管时，我比较倾向年龄比我大一些的人，这样的人成熟稳重且经验丰富。

我一直认为，付出与收获一定成正比，只有全体同人共同为公司事业付出，那么公司才会取得更大的成功。特别是高级管理人员，一定要有强烈的责任感，带头工作，为公司产品、技术和方方面面的进步出力。

问：您遇到过的最大挑战是哪一次？

答：我自创业走到今天，经历丰富，起起落落了两三次，遭遇过合作伙伴的欺骗，痛到骨髓里。但我没服输过，吃一堑长一智，让自己的每次经历都变成一种新的力量的累积，让自己变得更强大。

我总是心怀希望，越挫越勇是一种经历，但更要铭记创业路上的贵人。比如，一些中国大企业的领导者及前辈，对我的管理理念提升有非常大的帮助。正所谓，读万卷书，不如行万里路；行万里路，不如高人相助。

问：您对ESG怎么看？怎么平衡社会效益和企业效益？

答：ESG涉及方方面面，是一个宽泛的概念，比如，你来看办公室要关灯，这也算ESG规范的内容。ESG是一个世界潮流，是为了未来10年、20年乃至更长远的未来，全人类能拥有一个更加美好的环境、更加美好的生活、更加完备友好的社会。

李彬维受邀参加联合国总部活动

因为ESG、联合国可持续发展目标（SDGs）都是为了可持续发展，所以我们对ESG、SDGs非常看重。企业在践行可持续发展过程中，首先，要有稳定的盈利，只有持续的盈利支持，企业才有能力承担更多的社会责任。其次，企业在产品、技术和管理等各方面都应践行环境友好、公平和合规治理等理念。

目前，天然石墨是通过开采天然矿床获得，而我们的人造石墨原料是棕榈壳，是可再生资源。天然石墨在开采过程中，取得1千克石墨会产生5～8千克碳排放量，而人造石墨每千克产生2～3千克碳排放量。而且，我们的技术还在优化，还可以继续降低碳排放量。

问：公司在公益方面是怎么做的？

答：我们热衷于赞助教育，特别是支持马来西亚华校的发展。在马来西亚，华人占比22.6%，且占比是逐年下降的，但中华文化源远流长、博大精深，理应发扬光大，永远传下去。而且，华校在马

李彬维亲力亲为，参与社区慈善事业

来西亚日益受到欢迎，现在有很多马来人、印度人都上华校了，他们能说华语，能看懂中国字。

作为一名华人，我觉得自己有责任和义务传播中华文化，让更多的其他种族人士理解中华文化，理解中国人。

问：您平常的一天是如何安排的？

答： 我早上7点多起床，第一件事是查看工作邮件。这是个长期的工作习惯，现在变得尤其重要，因为我们现在在美国筹建新工厂，来自美国的工作邮件更需要及时回复，因为马来西亚的早上，美国时间是下午或傍晚了，有时候我不得不在早上四五点钟就起床回复邮件或举行电话会议。

回复完邮件后，再做做运动，之后是洗漱吃早餐。早餐时间我会看一些马来西亚和美国的报纸。然后到工厂开始日常工作，一般忙到晚上7点左右。晚上10点，也就是美国的早上时间，我还需要查看邮件并回复，这项工作一般要忙到凌晨12点。如果这一天有空闲，我会听音乐或看书。

我每天用在工作上的时间差不多12小时，希望两年后，公司事业变得稳定了，能把工作量降到10小时以内。

黄涧杏

　　黄涧杏出身贫苦，但他自小就深知"懦夫从不启程，唯有强者一路前行"。他付出常人难以想象的代价，从一名社会最底层的杂工一路打拼成为马来西亚鞋履行业的领军人物。

　　黄涧杏从创业至今始终坚持要做一双适合马来西亚以至身处热带的消费者的鞋子，且满足舒适、时尚、性价比高的高标准。因为对该理念连续20多年的一贯坚持，他创建的XES品牌，是马来西亚最受欢迎的鞋履品牌之一，为马来西亚本土鞋履业崛起贡献了时代典范。

　　目前，XES品牌在马来西亚已经遥遥领先于同业，其在马来西亚拥有140多间自营门店以及进驻主要电商平台，市场占有率持续攀升，并且已经走出马来西亚，辐射周边。同时，黄涧杏还在商业版图以外投身慈善、关怀员工，在公益慈善舞台上演绎新的传奇。

缔造马来西亚本土鞋履传奇

——Shellys Marketing 有限公司创办人兼董事经理黄涧杏

> "我们不会被市场淘汰,但是会被时代淘汰,唯有不断学习,紧跟市场趋势,更要居安思危,未雨绸缪。"
>
> ——黄涧杏

艰难困苦 玉汝于成

在 20 世纪 70 年代的马来西亚,社会正处于经济转型与发展的关键时期。这个时期,国家一方面努力摆脱传统农业经济的束缚,大力推动工业化进程,众多工厂如雨后春笋般在城市周边拔地而起,为民众提供了大量的就业机会;另一方面教育逐渐普及,新一代年轻人开始拥有更多改变命运的机会,尽管贫富差距依然显著,但希望的曙光已然在这片土地上悄然升起。

对于黄涧杏来说,当时社会经济、教育的积极转变显得有些遥远。黄涧杏 1979 年出生于马来西亚的一个贫苦家庭,5 岁那年,命运无情地给这个脆弱的家庭一记重创——他的父亲离开,生活的重担瞬间压在了母亲柔弱的肩头。

面对命运的不公,要么屈服于命运安排,要么直面困苦、迎难而上去改写命运。黄涧杏属于后者。在母亲竭尽全力支持他继续学业之际,黄涧杏觉得男子本是家庭的顶梁柱,于是他稚嫩的肩膀早早扛起了生活的重担。他在 9 岁时便踏入社会打工,给家人撑起一片希望的天空。

童年的一幕幕,黄涧杏永远铭记。在街头巷尾的地摊旁,有他稚嫩叫卖的身影;在杂乱忙碌的工厂车间里,曾留下他瘦小却努力劳作的足迹。那些年,他什么脏活累活都干过,只要能赚到钱,只要能让家人吃顿饱饭,他从不计较辛苦。这段深入骨髓的记忆,造就了黄涧杏无比坚毅的性格品质,更成为他日后在创业的道路上披荆斩棘、勇往直前的精神根源。

到 20 世纪 80 年代末 90 年代初,马来西亚政府为了进一步促进经济多元化发展,出台了一系列鼓励中小企业发展的政策。这些政策涵盖了税收优惠、资金扶持、技术培训等多个方面,旨在激发民间创业热情,培育本土产业竞争力。当时,黄涧杏还在上小学。

16 岁时,他中学毕业到购物中心当销售员卖床单,改变命运的机会就在这段时间悄然出现。"有次午餐时间,我经过一家鞋店,发现里头人山人海。"当时的他便想,鞋子商机很大,应该有更大的发展空间,于是他立即决定辞去床单销售员的职务,往鞋业发展。

然而,当时对做鞋一窍不通的他,该如何开始呢?黄涧杏认为,要从不懂行变为懂行或者内行,必须从基础学起,从生产制造的过程和细节中学习。于是,他毅然决然地投身到一家鞋履公司,从最底层的学徒做起。在接下来的 4 年里,他如同一块干涸的海绵,拼命汲取着制鞋知识与经验。他仔细观察每一道工序,从鞋面的裁剪、鞋底的制作到鞋垫的挑选与安装;他认真学习设计技巧,了解不同脚型与鞋子版型的适配原理;他还钻研生产流程,掌握如何提高效率、降低成本,也掌控销售技巧,累积了营运经验。这 4 年,是黄涧杏厚积薄发的 4 年,他不仅学会了做鞋，更成为鞋履行业的专家，为日后的创业之路筑牢了根基。

21世纪初期，因为和自己的老板意见不合，黄润杏不得不另谋生路，但新的人生就此开始。黄润杏怀揣着创业梦想与积攒的经验，勇敢地迈出了自立门户的关键一步，Superior Chanel Enterprise 有限公司应运而生。此时，政府对中小企业的扶持政策已经初见成效，创业环境相对宽松，为他提供了一定的助力。他创立了自己的鞋厂，开始为国内众多鞋履品牌做代工生产。

Shellys Marketing 总部

创业初期，困难重重，资金短缺、订单不稳定、技术难题等问题接踵而至，但黄润杏凭借骨子里那股不服输的劲头一一克服。在这个过程中，黄润杏有了更深的思考。他说："那时我才二十多岁，非常有拼劲。我一直有个想法，既然懂市场的走向，又懂设计、制造和生产，为何不自己开门店？"

于是，在2002年，Shellys Marketing 有限公司成立和一个具有里程碑意义的时刻到来了——第一家 XES 门店诞生了。

这标志着 XES 品牌正式亮相市场，黄润杏将自己多年来对鞋履的理解与追求融入其中。XES 品牌从创立之初，便秉持着舒适、时尚、性价比高的核心理念。黄润杏深知，消费者购买鞋子，首先关注的是设计，一双外观精美时尚的鞋子能瞬间吸引顾客的目光；其次是当顾客试穿时，舒适度则成为决定购买与否的关键因素，鞋子再漂亮，若穿着磨脚、不舒适，也难以赢得消费者的青睐；最后，价格则是促成交易的临门一脚，只有合理的价格才能让消费者心甘情愿地购买。基于这些深刻的洞察，XES 品牌凭借打造外观出众、穿着舒适、价格亲民等优势，并通过持续践行这一理念，迅速在市场上站稳了脚跟。

匠心独运 XES 崛起为马来西亚最大的鞋类零售品牌之一

XES 品牌的创立与迅速扩张，是黄润杏不断克服重重挑战的成果，更是其决心、勇气及果断行动力的体现。这种内在素质蕴含着一种面对困难永不言败、敢于做出决断的"狠劲"。

正如黄润杏所言："如果你对自己不够狠，市场就会对你狠。"

回想当年开设第一家门店时，黄润杏手头资金捉襟见肘，只能在小型商场租赁一处狭小空间，根本无力承担装修、美化与宣传费用。对此，他决定以"实惠的价格"作为敲门砖，吸引顾客关注 XES。凭借过硬的产品质量与超高的性价比，店铺逐渐盈利，他这才得以逐步投入资金用于美化店面与加大宣传力度。

黄润杏自豪地说："我们可不只是单纯地制作鞋子，我们是真正懂鞋的行家。"

无论是从一双鞋的制作还是从 XES 品牌的运营，无不体现着黄润杏"懂鞋"的深刻含义。对于做鞋，黄润杏介绍说："做鞋工序繁杂，有30多道工序。但要知道，只要其中一道工序出现偏差，或是手工稍有瑕疵，这双鞋就沦为次品。正因为我当过学徒，又有创厂实战经验，所以才敢拍着胸脯说，我不只做鞋，更懂鞋。也正因这份'懂'，我对细节的把控近乎苛刻。从整双鞋所选用的原料到其厚度、长度、宽度等各个维度，乃至每一道制作程序和细微之处，我都了然于心。"简而言之，鞋履品质的优劣，归根结底取决于"做鞋之人秉持何种态度"，黄润杏正是以这种精益求精的工匠精神，

黄润杏与团队共同商讨公司业务发展

为 XES 品牌注入了灵魂。

对于 XES 品牌运营，黄润杏始终坚持舒适、时尚和高性价比的原则。在 XES 品牌诞生的短短几年内，订单充足，自家鞋厂的产能难以满足庞大的需求。当时，公司每年销售鞋子超百万双，可受限于材料供应等诸多因素，本地鞋厂仅能生产三四十万双。于是，他将目光投向中国，选择在中国包厂生产。黄润杏说："中国地大物博，汇聚了众多全球顶尖的资源。就拿马来西亚来说，近 80% 的鞋履生产原料都源自中国。但采购过程中，采购者的心态至关重要。中国市场广阔，企业林立，难免鱼龙混杂。倘若采购者一味贪图便宜，那到手的必然是劣质产品。"因此，对他而言，"采购"绝非简单的比价行为，而是必须以质量为首要考量，唯有如此，才能确保获取高品质的原材料。找合作厂家亦是如此，他只挑选信誉卓著的厂商，并亲自严格管控生产环节的品质，力求每一双 XES 鞋履都臻于完美。

多年的市场深耕，让黄润杏对消费者购物心理洞若观火。"消费者进店，首先会被一双鞋的设计吸引。可当他们试穿在脚，感受最深的便是舒适度，所以即便鞋子外观再精美，穿着不舒服，我绝不推向市场。而最终促使消费者消费的关键因素是价格。"然而，仅仅做好设计、舒适与价格这三大要素就够了吗？答案是否定的。这只能促成一次性交易，若想赢得回头客，还有一个至关重要的环节——消费者买回去后的长期穿着体验。

在黄润杏看来，高性价比并不属于普通阶层独有，即便是富裕阶层同样追求物有所值。"我所理解的实惠，是优质的价格匹配优质的质量，且具备长久耐用性。我给予消费者的实惠，绝对对得起产品的价值，这便是我为 XES 精心塑造的品牌价值。倘若我只想售卖低价劣质品，那根本无须打造品牌，不是吗？" 黄润杏说。

随着 XES 品牌的口碑逐渐传播开来，市场需求日益旺盛，黄润杏意识到，必须加快拓展业务版图的步伐。一方面，他加大在产品研发上的投入，组建了专业的鞋履开发团队，推出超过 1000 款鞋履设计，涵盖正装鞋、休闲鞋、运动休闲鞋等多个品类，以满足不同消费者在各种场合的穿着需求。这些鞋履不仅款式新颖，而且注重细节与品质，每双鞋都要经过严格的质量检测，确保消费者购买到的是优质产品。

另一方面，黄润杏积极开拓销售渠道。在实体店布局上，他采用稳步扩张的策略，将销售据点精准投放于各大邻里商城以及人流量密集的商业区域。从 2002 年到 2024 年，XES 在马来西亚拥有 140 多家自营门店，这些门店如繁星般遍布马来西亚各地，让消费者无论身处何处，都能便捷地购买

XES 获颁 "超级品牌奖"

到 XES 的产品。

时至今日，XES 已华丽蜕变为马来西亚最大的鞋类零售商之一。毫无意外，巨大的增长与成就为 XES 赢得了超过 21 项行业荣誉及奖项，包括 The Brand Laureate 中小型企业最佳品牌奖、南洋品牌奖、中小企业卓越零售奖、金鹰奖、马来西亚本土品牌最多鞋履连锁店纪录大全、星洲企业楷模奖、超级品牌奖等。

双线破局：
融合线上线下，开启零售新篇

伴随科技浪潮汹涌来袭，网络颠覆生活模式，电子商务携快递、网购服务异军突起，实体店与零售业遭受前所未有的冲击。在此背景下，零售品牌纷纷投身线上服务，顺应时代大趋势。

与等待和观望的零售品牌不同，黄润杏直言："网购已成为当下及未来的主流趋势，抗拒无益，唯有接纳并融入，方能洞悉局势，适时调整应对策略。"

鞋子作为"特殊商品"，因尺码适配、品质考量、舒适体验等因素，消费者仍倾向于眼见为实、亲身试穿，满意后方才选购，故实体店的重要地位与生存空间目前仍大于网购平台。即便如此，黄润杏依然高度重视数字营销与拓展计划。

早在 2014 年，当时网购平台尚处于萌芽初期，XES 便前瞻布局，涉足线上销售领域，相比同行更早一步拥抱数字化浪潮。

2017 年，Shellys Marketing 果断踏入电子商务领域，携手 Lazada 和 Shopee 两大巨头，搭建 XES 网购平台。仅一年时间，盈利便激增 134%，

XES 获颁"南洋品牌奖"

销售额从 35.8 万令吉飙升至 87 万令吉，2019 年更是突破 200 万令吉，鞋履销售总数较 2017 年暴增 5.5 倍，成绩斐然。

在全球新冠病毒感染疫情暴发后，全球网购业务迅猛发展，而 XES 凭借前期积累的线上运营经验，迅速适应新形势，在线上销售渠道大展拳脚。

与多数线上商店将实体店仅作为"展示、体验与仓库"用途不同，XES 反其道而行，坚持实体店与线上交易同步发力，且两者产品种类、款式与价格遵循"互不重复"原则运营。简而言之，同一品牌，精准聚焦"两种款式"，深度耕耘"两个市场"，实现线上线下一体化营销闭环。

洞察市场动向的黄润杏敏锐地捕捉到"网购消费注重价格优先"这一趋势，因而线上商店主打简约款式鞋履，专注服务上班族及日常普通穿着场景；实体店则侧重满足消费者出席各类场合的多元鞋履

XES 品牌旗下门店

XES 获颁"马来西亚至尊品牌奖"

2024 年，Shellys Marketing 公司荣获"超级金鹰奖"

需求，全方位触达消费者，满足不同购物习惯人群的需求。

黄润杏介绍说，"网购大潮虽冲击实体店，却也为零售实体店开辟新航道，促使包括鞋履市场开发者的我们，将开发部一分为二，针对线上线下两个消费市场需求精准推出产品"。

当然，疫情风暴也给 Shellys Marketing 带来了不小的冲击和挑战，特别是行动管控令导致商业门店客流下降，以致闭店谢客。其中，XES 旗下门店 2021 年全年就被迫关门 153 天，对品牌和公司运营造成重大打击。

在被迫关门暂停营业而失去大部分收入来源的情况下，黄润杏坚持不裁退任何一名员工，公司全体上下共度时艰，以行动落实良心企业文化，凸显品牌核心价值。为了优化运营，黄润杏果断采取一系列行之有效的措施，如出售非核心资产，优化门店布局，削减不必要的运营成本，确保资金链的稳定。在这场艰难的考验中，他们不仅成功地渡过了难关，还在短短 3 年内实现了逆势增长，门店数量稳步攀升，营业额更是一路飙升，双双创下历史新高，成为行业内逆势突围的典范。

谈及"化危为机"的那段经历，黄润杏总结道："思考时多一份危机感，现实生活就少一份危机。"

2024 年，Shellys Marketing 第六度荣获金鹰奖——"超级金鹰奖"，充分证明了 Shellys Marketing 和其鞋履品牌 XES 在行业内的领先地位。

在变幻莫测的商海，因变而变、乘势而上是卓越企业的典型特质。黄润杏一再提醒自己和团队："我们不会被市场淘汰，但是会被时代淘汰，唯有不断学习，紧跟市场趋势，更要居安思危，未雨绸缪。"

在他的带领下，公司上下形成了浓厚的学习氛围。他们定期参加行业展会、研讨会，与国内外同行交流学习，了解最新的制鞋技术、设计理念和市场动态。同时，利用大数据分析工具，深入挖掘消费者需求。通过对线上线下销售数据、消费者评价等海量数据的分析，精准洞察市场变化，提前布局新产品研发和营销策略调整。例如，当大数据显示男性消费者对时尚鞋履的需求逐渐增加，且更注重鞋子与服装的搭配时，黄润杏迅速调整男女鞋的比例，加大男性鞋履的研发和推广力度，并推出一系列与时尚品牌联名的男性鞋款，满足市场需求，抢占先机。

筹划上市 致力基业长青

早在几年前，黄润杏就考虑推动 XES 在 2027 年之前满足马来西亚股票交易所的上市标准。

对于 XES 而言，上市不仅是企业管理水平、发展前景与盈利能力的有力背书，更是提升品牌知名度、扩大市场影响力的关键契机。黄润杏深知员工是品牌发展的基石，曾在社会基层摸爬滚打的他，深刻理解员工对企业的期望与职业发展诉求。他期望通过上市，为员工创造更广阔的职业发展空间，共享企业发展红利，也为消费者带来更优质的产品与服务体验。

凭借多年稳健的发展，XES 有望在 2027 年成功上市，届时将为品牌自身、企业乃至整个马来西亚鞋履行业注入全新活力，助力马来西亚鞋履在国际舞台上绽放耀眼光芒。

对标上市公司龙头标准，黄润杏持续推进 XES 全方位的精进计划。在产品、营销、管理、服务、售后等各环节持续优化、永不止步。

比如，在产品研发上，他持续加大投入，与国际知名设计师合作，引入更多时尚前沿的设计理念，推出更多具有创新性的产品。例如，探索智能鞋履领域，将科技元素融入鞋子中，如内置计步器、健康监测传感器等，满足消费者对健康生活的追求；同时，在材料创新上持续发力，研发更加环保、舒适、耐用的鞋材，顺应时代对可持续发展的要求。

在市场拓展方面，除了巩固马来西亚本土市场，进一步提升品牌在国内的市场占有率，他还加快国际化步伐。以东南亚市场为突破口，利用已在印尼开设的品牌实体店为基础，深入了解当地市场需求，优化产品适配度，逐步扩大在东南亚地区的市场份额；并放眼全球，积极寻求与国际品牌的合作机会，通过并购、联合营销等方式，将 XES 品牌推向世界舞台，让更多国家的人们认识和喜爱 XES 鞋履。

在企业管理上，黄润杏将进一步完善公司治理结构，吸引更多优秀人才加入。他深知，人才是企业创新发展的核心动力，只有会聚各方人才，才能在激烈的市场竞争中立于不败之地。

在品牌诉求方面，XES 每 5 年更新一次品牌口号，这些口号犹如品牌发展的里程碑，见证了 XES 的成长与蜕变：从 "Trendy Family Shoe Store" 展现品牌的时尚家庭定位到 "Superior Comfort For Happy Feet" 强调极致舒适体验，再到 "Xpressive. Elegant. Shoes" 凸显优雅时尚

公司产品（一）

公司产品（二）

表达，以及"Shoes For Every Moment"传递陪伴消费者每一刻的品牌承诺，每一个口号的更迭，都在向消费者宣告XES不断进取、追求卓越的决心，而不变的是为消费者提供舒适、高质量且价格实惠鞋履的初心。

黄润杏对企业价值来源的排序是：客户第一，员工第二，合作伙伴第三，他以及公司股东位列第四。

为了让各个阶层的顾客满意，XES品牌精准推出三大板块产品系列，全方位覆盖工作、生活、聚会等各类场景，陪伴消费者走过人生每一个重要时刻。XES品牌立足大众市场，用心为男女老少打造各类舒适优质鞋履，以亲民的价格与卓越的品质赢得广泛青睐；Refresh品牌专注女性休闲运动鞋领域，将时尚与功能完美融合，让女性在任何场合都能畅享舒适与自信；Devo品牌则专为男士量身定制户外鞋履，酷炫时尚的外观设计下，蕴含着出色的舒适性能与实用功能，深受男士喜爱。

这三大品牌自推向市场以来，始终以消费者需求为导向，借助大数据分析深入洞察市场趋势，精准把握时尚脉搏与消费者痛点，在产品研发过程中精益求精。每推出一款新品，背后都凝聚着团队对市场需求的深刻理解与对品质的执着追求，力求让每一双鞋履都能完美契合消费者心意。

即使是在促销活动中，XES也是随时呼应消费者的诉求，推出力度空前的优惠折扣，从买一送一到买二送三，让消费者尽享实惠。这些促销活动不仅契合消费者携家带眷采购的习惯，更在每年的固定佳节期间准时登场，为消费者减轻置办穿搭的经济负担，赢得了消费者的衷心拥护，培养了一大批忠实粉丝。

同时，XES高度重视消费者反馈，对于每一个问题都认真对待、迅速解决。曾有顾客反馈某款鞋履鞋底容易开胶，XES团队立即行动，反复测试不同胶水，直至问题彻底解决才重新将产品推向市场。这种对品质一丝不苟的态度，让XES在消费者心中树立了极高的口碑。

回馈社会 践行企业担当

在一路带领公司跻身行业顶级公司之列以及自身成长为新锐企业家的同时，黄润杏也时刻关注着自己的内心和责任。他深知，自己和XES的成功

XES 品牌积极参与公益慈善活动

黄涧杏近照

离不开社会各界的支持，他理应回馈社会。更进一步，只有企业积极履行社会责任，才能实现企业和社会的可持续发展，以商养善。

多年来，黄涧杏和XES在许多领域贡献了积极价值。

在教育领域，黄涧杏关注到学生群体对校鞋的需求，为了让学生们穿上舒适、质量可靠的校鞋，公司在2022年推出校鞋产品。他算了一笔账："全国有500万名学生，小学生每年大约需3双校鞋，中学生2双，粗略估算，每年校鞋市场需求量高达1300万双。哪怕我们只拿下10%的份额，那也是130万双的可观销量，足以大幅提升公司营业额。"但他推出校鞋的初衷不仅是为了商业利益，更是希望为学生们提供更好的产品。公司在设计校鞋时，充分考虑学生的生长发育特点，采用柔软、透气的材料，确保鞋子穿着舒适，同时在款式上兼顾美观与实用性，让学生们愿意主动穿着校鞋。

在公益慈善方面，XES品牌通过"Kongsi Rezeki Bersama XES"倡议，积极参与各种慈善活动。在2022年，向非营利组织Pertubuhan Hati Seni Selangor（2022年重返校园计划）捐赠共2万令吉和免费校鞋，帮助贫困学生顺利返校；向慈善机构Pertubuhan Warisan Suci和慈善外厨团队Kembara Kitchen（赈灾计划）捐赠物资，为受灾群众送去温暖。

同样是在2022年，XES品牌开展社区扩展计划——共享生计项目（Program Kongsi Rezeki），致力于为弱势群体提供经济援助。"我们接触社区成员，从中识别并协助有迫切需求的群体，所做的不是捐献鞋子，而是通过改善他们的生活，最大限度地为社区带来积极、正面的影响。"黄涧杏说，别具意义的是，顾客也能参与其中，为有需要的人尽一份力。"我们希望能通过这项计划，启发及激励社区里的其他成员，一同向真正有需要的人伸出援手。此计划自开展以来，广受好评并持续成为XES社区拓展计划的支柱。"

这些善举不仅体现了黄涧杏的个人爱心，也为XES品牌赢得了良好的社会声誉，进一步提升了品牌形象。

在员工关怀上，黄涧杏更是不遗余力。目前，公司已拥有逾500名资深员工。黄涧杏深知，员工是企业最宝贵的财富，没有员工的辛勤付出，就没有企业的今天。公司为员工提供良好的福利待遇，包括有竞争力的薪酬、完善的保险体系、定期的培训与晋升机会等。2022—2024年，公司还发放了总值200万令吉额外奖金给表现优秀的员工们，借此感谢他们对公司的付出。同时，黄涧杏注重营造良好的企业文化，倡导团队合作、创新进取的精神，让员工在公司感受到家的温暖，激发员工的工作积极性和创造力。

多年来，黄涧杏凭借卓越的领导才能和Shellys Marketing有限公司出色的表现，赢得了无数荣誉。这些荣誉不仅是对他个人和企业的认可，更是激励他继续前行的动力源泉。

"舍比得更有福。"这句话是黄涧杏最常挂在嘴边的，也体现了他内心深处最为柔软的情感与哲理思考。

黄涧杏至今保持着一个在创业第一天起养成的习惯，就是每天都是第一个抵达、最后一个离开公司的人。他每天凌晨4时30分准时起床，简单运动后，6时30分便投身工作，直至晚上10时才结束一天的工作。他要求自己必须时刻往前走，即便是XES有一天成为全球知名鞋履品牌，他也不会止步。華

蓝振忠

  蓝振忠，一位笃行致远、乘风破浪的匠心企业家。他紧抓机遇、力挽狂澜，让跨国公司绝境逢生；他心无旁骛、大胆开拓，敢于吃苦耐劳；他正直善良、"富养"员工、扶危济困，用善心与恒心谱写了一位企业家的责任和情怀。

  在"出海寻光，走进东南亚市场"的战略引领下，蓝振忠以其高瞻远瞩的战略眼光、统筹全局的领导能力以及追求卓越的匠心精神，成功带领 Koike Malaysia 驶入了出海企业发展的快车道。

===== 纪念中马建交 50 周年 =====

和而不同 共融而生

——Koike Malaysia 执行董事蓝振忠

> 作为一名企业家,蓝振忠多年来都秉着"态度决定人生"的精神。他相信有什么样的态度就会有什么样的人生,成败的关键不在于拥有什么样的出身,或者拥有多高的智慧,而在于我们做事的态度。很多时候,格局不同,思考、看待问题的角度就不同,最后所呈现出来的工作状态自然也就截然不同。热爱工作的人会努力钻研、精益求精,不断突破自我,人生之路也会越走越宽。

草根学子 勤勉致知

清晨,微凉的风从海上吹来,裹着湿润的水汽和淡淡的鱼腥味。

蓝振忠从小就生活在这样一个出行靠船、偏僻贫穷的小渔村。海边长大的他,拥有豁达的心胸,也有异于其他男孩的活泼和聪颖,他有一种爱拼敢赢、向海而生的特质。

在这个"先日而曙,将雨而云"的地方,早年间,蓝振忠的父母靠经营一间杂货铺维持生计,生活拮据。蓝振忠自幼就很懂事,经常在杂货铺帮忙。

由于岛上生源少、师资力量薄弱,蓝振忠的求学之路格外艰难。小学是一所"袖珍"小学,全校仅有百余人。中学时候,他每天早上天还没亮就得搭乘巴士到镇上去上学,日复一日、年复一年。中学毕业后,蓝振忠被怡保一所技术学院录取并就读两年。

他在技术学院毕业时,恰好有一间旅行社到学校宣传赴日本留学半工半读项目。彼时,考虑到当时马来西亚的大学可选性不多,去日本可以以半工半读的形式完成学业。于是,不安于现状的蓝振忠做出了一个大胆而疯狂的决定——赴日留学。但父亲希望他继承家里的杂货铺,周围的人包括老师也表示不赞成,唯独母亲非常了解自己孩子的性格,并理解他的热爱。最后父母还是全然支持、尊重他的选择,并给了他 1 万令吉。

在小渔村长大,当时尚未接触过外面世界的蓝振忠,坚信"知识改变命运"。虽然自己家境平凡,但他事事不甘于人后,十分努力上进。

到日本的第三个月,蓝振忠遇到了一位来自公益机构 YWCA 的日本人,这位日本人作为他的担保人,帮他申请到一所日本的语言学校读书。这段特殊时期的鼎力支持,让他仿佛有了强大的支撑,也给了他逆势崛起的宝贵机会。然而,面对昂贵的留学费用,他陷入了困境,如何筹集足够的资金成为一个无法回避的问题,于是,他决定靠自己的努力赚取留学费用,之后他开始寻找各种兼职机会,开启了半工半读的留学生活。

筚路蓝缕 业终有成

破釜沉舟的结果全部写在 1989 年那封姗姗来迟的日本早稻田大学理工学部的合格通知书上。

在日本早稻田大学就读的 4 年时间里,蓝振忠课后尝试过各种行业的兼职,如汉堡店、搬运公司、翻译员等,在学校放长假时他会到 Koike Japan(小池株式会社)工作,由于他在兼职期间的出色表现,毕业后蓝振忠正式加入了 Koike Japan。

Koike Japan 和 Koike Malaysia 的管理成员合影，后排左二为蓝振忠

Koike Malaysia 初期时的公司总部和仓库

然而好景不长，仅仅3个月后，马来西亚的子公司 Koike Malaysia（以下简称"Koike"）就面临业绩下滑、濒临倒闭的局面，公司管理者要求初入职场的蓝振忠拟一份提案。非商科学术背景的他认真翻阅了大量的书籍，摸索着进行市场调研，梳理当前市场情况，起草了一份关于马来西亚子公司未来商业的提案，这份提案意外地被上司赏识，并委派他到马来西亚的子公司履行职务。

回到马来西亚后，蓝振忠受限于拓宽客户渠道以及前期团队信息零散等不利因素，市场开发收效甚微。在一次机缘巧合中，蓝振忠结识了一家电子零件制造商的管理者，在双方的良好互动下，他瞄准市场需求，以深化交流为契机，积极促进业务发展，成功地将公司最初的工业包装业务扩展到采购业务。

尽管他带领的销售服务部仅有3名业务人员，却集销售、服务于一体。大家在入库、包装、品质检查、出库等流程上合理分工、充分协作，以"高效工作、创新服务"为部门工作守则，合力将业务成功地扩展到了物流及仓储等方面。鉴于此，在当时竞争激烈的市场环境和成本压力下，公司以及时便捷、高质低价的服务优势开启了零件组装的业务。至此，公司在他的经营下渐渐步入整体性好转轨道，且稳健增长。

多年来，得益于业务的全面增长，公司合理把控销售节点，积极抢占市场份额，销售额大幅增长。Koike 在 2019 年成功获得首笔 3 亿令吉的销售额，并在 2022 年实现翻倍甚至超过 6 亿令吉的销售额。值得骄傲的是，Koike 也从众多供应商中脱颖而出，连续 10 年荣获"最佳供应商"奖项。

这份荣誉的获得，充分体现了供应商、合作伙伴以及客户对 Koike 的支持和信任，彰显了公司在产品品质、客户服务以及技术创新等方面的卓越实力，这也是对全体员工的鞭策和鼓励。

Koike Malaysia 初期，公司工业包装和物流业务

纪念中马建交 50 周年

2022 年，Koike Malaysia 获颁金牛奖

2023 年 6 月，蓝振忠荣获亚太企业奖（APEA）之"优秀企业家奖"及"卓越企业奖"

"风起于青萍之末,浪成于微澜之间。"蓝振忠个人也收获了许多的奖项。如2022年金牛奖、2023年亚太企业奖之"优秀企业家奖"及"卓越企业奖"等。然而对他来说,最大的成就在于公司能以锐意创新的姿态,与时代同步加速,并且在取得令人瞩目的成就时,不忘员工,确保员工福利待遇不断增长、生活品质持续增强,与员工一起携手共创幸福,让员工心有安处。

解锁全球机遇 多元化出海提速

作为扭亏脱困公司的掌舵者,蓝振忠时刻警醒自己,像 Koike 这样规模较小的公司很难与同行业的跨国公司竞争,需要更精准地在复杂的市场环境中把握机遇。

在进行海外市场拓展时,适时调整战略、借用成熟资源抢占市场也成为一种有效的方法。多年来,通过对企业、产品、技术、市场的深入了解和积累,他深知物流已成为企业经营的核心环节,是很多企业生产经营的生命线之一。只有具备卓越物流能力的公司,才能通过为企业提供一流的物流服务,获得更多的市场优势。目前马来西亚物流行业的集中度还有一定的上升空间,而 Koike 资源整合能力较强,公司负责这一业务板块的团队和资源网络也具备快速响应市场变化的能力,能够提供及时的物流解决方案。

面对全新的领域,公司积极适应、迎难而上。这些年,Koike 以中小企业为核心客户群,凭着不懈的努力逐渐赢得客户和合作伙伴的信任,给当地的物流行业注入了新的能量。

对于海外消费者而言,品牌最直观的表达方式

Koike Malaysia 如今的组装业务和仓储业务

就是产品。为满足摩托车和汽车配件在马来西亚的供应需求,蓝振忠在2021年收购了一家金属管制造、加工和镀铬厂,实现了成本的有效控制和产品本身的品质保障,也更有利于获得当地消费者在情感上的认同,品牌影响力正不断提升,让 Koike "出海"这条路走得更为通畅。

"出海企业需要很接地气,充分了解每一个市场的特性,才能做到满足不同市场需求。"Koike 能在短时间内,一路披荆斩棘,满足消费者的需求,取得海外市场业绩,与蓝振忠这些年的决策是密切相关的。他以卓越的战略眼光和领导力,持续推动

蓝振忠在公司生产部，与员工商讨生产情况

Koike 成为一家拥有多元化业务的企业，确保企业在除抵御任何个别业务动荡之外，还能保持整体业务的增长和可持续性。

为进一步完善 Koike 的海外布局，蓝振忠在专注于摩托车的制造和组装的同时，积极与多个马来西亚本地及日本、中国、越南、印度尼西亚等海外公司建立合资关系。其中包括与研发和制造公司设计及研发汽车内外饰件，为半导体行业制造精密零件和其专用的特殊包装设计等。不仅如此，公司还积极引入各种日本食品及日常消费品到马来西亚市场，此举不仅提高了 Koike 的品牌知名度，也有利于直接与潜在客户、分销商和合作伙伴建立联系，扩大公司的业务覆盖范围。

"只满足于今天的企业，在变幻不定的明天就会感到难以生存下去。"蓝振忠寄望于未来几年，加强印度尼西亚和越南等其他东南亚市场的业务，并进军摩托车和汽车行业以外的领域，如医疗设备和营养保健品等。

另外，Koike 也希望在"一带一路"倡议的指引下，抓住机遇、开放合作、深化布局，拓展和中国厂商的合作。中国与马来西亚作为传统友好邻邦，两国关系一直保持良好发展势头。近年来，随着中国－东盟自贸区成效不断累积，中国已经连续13年位列马来西亚第一大贸易伙伴。

Koike 希望可以利用优势互补和资源互配，吸引更多中国的供应商进入马来西亚，加强中马双方跨境产业供应链合作，在把中国的产品开拓到东南亚市场的同时，也把东南亚的产品引进中国，带到中国消费者面前，不断带动产品创新和业务优化升级，促进中马两国经贸交流，以及可持续发展，提高双方消费市场的渗透率，高质量构建"出海"新格局，努力把马来西亚的经营模式发扬光大。

对于 Koike 的未来，蓝振忠更是充满期待：希望将来公司可以在马来西亚吉隆坡证券交易所上市。

从落脚点到新支点
——日企的"马来西亚样板"

做"出海"企业是一件既复杂又艰苦的事情，要充分认识当前国际环境发生的深刻复杂变化，需要的是敢于不断创新、不断挑战自我的人。蓝振忠从未停下一路向前的脚步，总是能做到心无旁骛，始终坚守初心。而今 Koike 作为日本企业"出海"的缩影与代表，在市场大浪潮下，率先跑出了日本企业"出海"新样本，成为全球化经济浪潮中的"日企品牌"新势力，成功打造了日本企业"出海"的"马来西亚样板"。

作为一名企业家，蓝振忠多年来都秉着"态度

Koike Malaysia 总部团队合影

Koike Malaysia 槟城分公司团队合影

决定人生"的精神。他相信有什么样的态度就会有什么样的人生,成败的关键不在于拥有什么样的出身,或者拥有多高的智慧,而在于我们做事的态度。很多时候,格局不同,思考、看待问题的角度就不同,最后所呈现出来的工作状态自然也就截然不同。热爱工作的人会努力钻研、精益求精、不断突破自我,人生之路也会越走越宽。蓝振忠在经营中非常注重团队精神,他认为,一个团队里需要聚集着一群有信念、有能力,为了共同目标奋斗,互相支持的人,只有让每一位员工都成为主角,依靠全体智慧和努力完成企业经营目标,才能实现企业的飞速发展。他尝试放权管理,目标驱动,给予员工充分的信任,在管理过程中更多地使用资源支持等行为,鼓励员工不断自我提升,通过参加培训和自学等方式掌握

Koike Malaysia 公司下属 Kuala Langat 分公司

Koike Malaysia 公司下属 Batu Kawan 分公司

现在的 Koike Malaysia 公司总部

新技能，积极参与和支持企业公共事务，勇于提出自己的想法和创意，大家齐心协力团结奋进，在与公司同行的路上彼此成就，正如公司的核心价值理念——"梦、创、勇、信、乐"，企业发展启于敢于梦想、开拓创新、勇于尝试及努力不懈的信念，得以获得顾客及合作伙伴的信任，从而获得满足感。因为 Koike 相信"在一起，我们变得更强大；在一起，我们和而不同"。

一直以来，蓝振忠都心怀感恩。他心系员工，关爱员工。坚持"以人为本"的理念，高度重视员工的利益和合法权益，注重员工的身心健康和社交健康。重视培育民主型的员工管理方式和愉快的员工合作氛围；不断落实员工温暖关怀，改善员工的工作环境和福利待遇；坚持人性尊重和人文关照，尊重员工追求工作与生活平衡的愿望；为员工搭建展现自我的舞台，帮助员工发挥优势，鼓励员工之间的对话与合作，努力给员工提供一个融洽、舒适平等的幸福职场，全面提升员工的归属感和幸福感。

达济天下爱盈怀

马来西亚，作为一个多元文化的国家和区域商业枢纽，一直积极寻求改善，以此来吸引更多海外企业加入，进一步丰富当地的消费生态布局。蓝振忠深谙其中的重要意义。

从市场机遇角度来看，马来西亚稳定、透明、开放和高效的投资环境为"出海"企业提供了安全感。因此，在核心技术的赋能下，蓝振忠与 11 家不同的海内外的研发公司合资，旨在将不同的技术引进马来西亚，助推企业冲刺业务新赛道，进一步开拓市场，同时带动当地良性竞争，为马来西亚当地居民提供更多的就业机会。与此同时，马来西亚自然资源丰富，经济发展条件良好，当地人收入水平较高，购买力强，从经贸联通到社会相通，这也在一定程度上为双方带来了持续的发展机遇。

慷慨解囊，他乐在其中；回报社会，他持之以恒。蓝振忠，一位普通的企业家，也有着崇德向善的济世情怀，不仅通过企业来积极承担社会责任，也用责任和爱心来反哺社会。作为个人，他也始终热心参与各项公益事业，在公益道路上留下了一串坚实而温暖的足迹。

他心系教育，对困难学子的求学艰辛感同身受，积极参与学校的捐款活动，根据当地学校对困难家庭收集整理反馈的需求，为贫困学生送去善款或者各种必需品等，用爱心点亮寒门学子的希望之灯。同时捐资义助孤儿院与弱势群体，为老人残障中心、儿童福利院等马来西亚慈善机构捐赠生活物资以及提供资金援助，以此鼓励其勇敢面对困难，积极生活。

理想不在于能知，而在于能行。蓝振忠用他的远见和创新扩展了 Koike 的世界版图。昨日破局突围，浸透着他追梦的步履维艰；今日创新"出海"，承载着他的运筹帷幄；未来他也将充分发挥领军作用，带领团队奋力拼搏、开拓创新，共谋企业发展新篇。

何锦财

  何锦财在懵懂的年纪就明白了正直与诚信是人生路上的两大基石的道理。几十年来，无论是在学习、工作还是领导公司事业中，正直和诚信的品格让他赢得了无数的信任、欣赏和好口碑。他常说："My word is my bond，我的承诺如同契约，言出必践，一言九鼎。"

  不忘初心，方得始终。自2016年以来，何锦财领导着马来西亚乃至新加坡唯一一家上市的海上燃油加注服务公司——马来西亚海峡能源有限公司，从零开始逐步发展成为一家涵盖国际船舶燃油加注、清洁燃料加注、科技业务和投资业务等的综合型公司。

  何锦财希望，在世界最繁忙的水道马六甲海峡，海峡能源能够持续拓展业务规模，助力马来西亚成为区域性海上加油中心。

助力马来西亚成为区域性海上加油中心

——马来西亚海峡能源有限公司董事经理何锦财

> "海峡能源的主要业务活动集中在马来西亚半岛、马六甲海峡和马来西亚东海岸。未来，我们确实有意通过扩展业务，帮助马来西亚成为区域性的海上加油中心。我寄望海峡能源能够成为被认同的加油服务供应商（Bunkering Services Provider），并提高这个行业的受认可程度。"
>
> ——何锦财

传承父母的诚信基因

何锦财出生于一个普通的中产家庭。这是一个充满优秀中华传统文化氛围的家庭，父母将中华传统的孝道、礼仪、忠义、谦逊等良好品德和社会责任感传授给了何锦财，并对他的整个人生产生了深远影响。

何锦财说："父母把一生奉献给了我们，并教会我们什么是正确的道德观及人生观价值观。他们是坚定的佛教徒，督促我们做人必须正直及拥有诚信，我对这个信念坚信不疑，这些年来我也一直坚守这个信念。"

"人若无私，百事可成。"何锦财秉持着信任、忠诚及诚信的理念演绎着自己的精彩人生，他的独特气质吸引了一批志同道合的朋友、伙伴一路同行，共同谱写人生华章和铸就事业辉煌。

在父母给何锦财的人生打下诚信底色之外，何锦财自己有着与生俱来的不随波逐流，永远知道自己的目标是什么以及如何实现目标的优良特质。

何锦财早在求学期间就明确了如何过好自己的人生。上学时，有一件小事让何锦财念念不忘，就是他看到自己的一些朋友都是专车和司机接送上学，这激发了他要改变生活的决心。"我常常在想，如果别人能做到，我也一定可以。正是这种信念促使我比别人更加地努力工作，以争取为自己创造更好的生活。"

进入职场时，何锦财的第一份工作是在一家银行任职。在银行工作的必备素质是诚信、专业以及拥有风险意识等，其中又以诚信要求最高，因为银行涉及大量的资金交易和客户信息，任何不诚实的行为都会对银行的声誉和客户的信任造成严重损害。

正是在银行的工作经历，让何锦财无比感恩父母，同时认识到诚信等品质的重要性。他说："在这份工作中，我深刻领悟到，无论做什么事情，诚信和坚守原则都是至关重要的。我一直坚信'My word is my bond'——'我的承诺一如契约'，也就是我一言九鼎。这种信念不仅提高了别人对我的信任与欣赏，也让我在工作中建立了良好的口碑。人们可以感受到我的认真和负责，因此更愿意与我合作，因为他们知道我不会轻易承诺，但一旦承诺就一定会履行。"

需要指出的是，何锦财的承诺都是建立在其深刻的市场洞察力、清晰的商业计划以及优秀的风险识别能力基础上的。何锦财的原则性很强，灵活性也很强。

何锦财说："我在做生意方面没有特定的策略，

何锦财近照

我必须随机应变，在适当的时候做出对公司最好的决定。我秉持信任、忠诚及诚信于我的一生，在经营业务方面也是一样。我觉得人必须诚实，那样别人才会信任你，把业务交托给你，才想跟你做生意，因此诚信不能被忽略。在商界里，你一定会遇到一些想占你便宜的人，这是无法避免的。但是经过多年的摸爬滚打，你会懂得分析谁是真实的，谁是来获取好处的，你会变得更为谨慎。"

领导马来西亚唯一海上燃油加注服务公司

除了进入职场初期以外，何锦财一直在航运业打拼。1989—1991年，他在一家位于香港的贸易和航运公司担任经理，并负责自有船队的商业管理工作。自1991年起，他开启 R.H. Pacific Shipping (Agents) Limited 的工作历程，该公司从事散装／袋装货物的航运及运输业务。自1997年8月以来，何锦财在 R.H. 担任董事，主要负责监督业务的营运和管理。

海峡能源有限公司标识

何锦财最重要的事业是在海峡能源。他于2016年8月加入在马来西亚证券交易所上市的海峡能源（前身为海峡物流），成为大股东，并任公司非独立非执行董事，后于2017年1月获委任为执行董事。自2017年8月30日起担任海峡能源的集团董事经理，负责业务管理和战略发展。

对于为何开启海峡能源的新历程，何锦财回忆说："我之所以在2016年入主海峡能源成为大股东，源于我心中的一个愿望：为我的家庭建立一份基业，希望我的孩子在未来能够接手并打理，我拥有留给下一代的传承产业。我希望通过这样的事业，我的下一代能记住我，铭记我的努力。而这个机会来自一位朋友，他当时向我提出了这个想法，促成了我最终的决定。"

在何锦财加入之前，海峡能源公司一直从事过滤产品制造生意，发展的天花板很低。正是何锦财的加盟，让公司迎来转型发展的新机遇。

何锦财说："从加入公司的第一天开始，我就着手整顿整家公司，把公司的声誉提高，然后注入新的业务。虽然从过滤产品转向海上燃油加注业务看似跨度很大，但其实我们所涉足的每一项业务，扩展时都会与我们现有的业务有某种关联。这些业务之间能够产生协同效应，彼此促进。通过接管公司并进一步扩展，我们找到了与现有业务的契合点，从而顺利实现了业务的转型和拓展。"

据了解，海上燃油加注市场规模十分可观。早在2021年，全球传统燃油加注市场（包括船用柴油和燃料油）的规模约为300亿美元，预计到2027年保持稳定增长。同时，由于环保法规的加强，近年来液化天然气（LNG）加注市场呈现出快速增长的趋势。相关报告预测，到2027年，全球LNG加注

Tumpuan Megah 发展私人有限公司第十届年度晚宴

市场价值有望增至 49 亿美元，其间复合年均增长率（CAGR）高达 30.3%。

在亚洲，新加坡是主要的海上燃油加注港口，且已成为全球最大的生物燃料加注港，其生物燃料销量在 2024 年第三季度达到 22.7 万吨，环比增长 26.4%，同比上升 67.5%。

何锦财先人一步预见并布局海上燃油加注业务，展现出卓越的运营能力。

在执掌海峡能源之初，公司账上只有数百万令吉资产，而公司的营运状况又使得公司无法从银行获得足够贷款以及从股市融资，这意味着何锦财发展新业务必须另辟蹊径。

2018—2019 年，何锦财主导了公司两项重要并购。2018 年，公司收购了 Tumpuan Megah 发展私人有限公司（TMD）55% 的股权，TMD 在马来西亚的 15 个港口均有业务，这包括巴西古当港口、丹绒柏勒峇斯港口、关丹港口、瓜拉登嘉楼港口、甘马挽港口、纳闽港口、亚庇港口及美里港口等。2019 年 2 月，公司收购香港万利能源国际（Banle Energy）38% 的股权，使得海峡能源业务进入中国香港、中国大陆以及中国台湾的海上燃油贸易市场，扩宽国际业务版图。

对于上述两项重大并购，何锦财采用的是发行股份并购资产并募集营运资金，部分资产还兼用了分期付款模式。这一策略可以有效地降低并购成本，减轻公司现金流压力，并让公司快速建立起海上燃油加注业务体系。

需要说明的是，发行股份并购资产成功的前提是这家公司的股票需要得到被并购方的认可，对于当时财务窘迫的海峡能源来说，运用此策略并不容易。之所以最终取得成功，或许正是因为何锦财多年耕耘国际航运领域所建立的良好商业声誉和个人声誉，"他一呼，众人百应"。

从实际的效果来说，发行股份并购资产使海峡能源和新股东形成了事实上的利益捆绑，业务整合顺畅，运营效率出现"1+1＞2"的效果。

何锦财说："基于之前的经验，我们意识到在海上加油行业，不能停止学习，我们每天都在通过接触新事物来加强自己。教育客户这一块必须做得很好，让客户知道整个供应链的由来及运作。我们寻求与客户一起成长，并没有吝啬于分享我们的知识。这是成功之道。"

目前，海峡能源主要从事石油贸易和燃料加注服务，以及投资控股活动。加油服务涵盖通过船舰向其他船只和远洋轮船（如油轮、集装箱船、货船和游轮）提供船用汽油和船用燃料，是马来西亚唯一一家提供海上燃油加注服务的公司。同时，公司在 2019 年还将现有业务拓展至港口管理服务，以多元化营业额和盈利。公司旗下的运输船数量从最初的 2 艘增加到目前的 15 艘。

顺应景气周期
助力马来西亚成为区域性
海上加油中心

海峡能源 2024 年第一季度的营业额约为 7.97 亿令吉，涨幅达 29.21%，主要由船舶加油和航运相关服务收入上涨推动。另外，公司首季净利涨 53.44%。如此表现表明，经济在复苏，海上运输业务正在恢复。

何锦财说："2024 年第一季度马来西亚海峡能源营业额的显著增长确实反映了海上运输业务的恢复以及亚洲经济活跃度的提升。自新冠病毒感染疫情行动管制令解除后，业务逐渐恢复，并回升至疫情前的水平。此外，全球局势的变化导致许多船只选择更长的航线航行，进一步增加了对燃油的需求。同时，亚洲地区的经济活动也更加活跃，这些都推动了船舶加油和航运相关服务收入的增长。这些因素共同促使我们第一季度取得了如此亮眼的业绩。"

"未来，我们预见更好的表现，在成交量方面也拥有提升的趋势。海上加油服务是一个成交量游戏，也是毛利游戏，我们希望能够通过更好的营运效率来增强公司的盈利表现。"他说。

海峡能源行业照片（一）

从亚洲海上燃油加注市场区位优势来说，马来西亚未来可期。何锦财认为，亚洲海上燃油加注业务的市场前景非常广阔，尤其是在马来西亚。"马来西亚沿着马六甲海峡有众多港口，且将新建一个紧邻新加坡的港口，这为我们提供了巨大的发展潜力。目前，马来西亚的加注业务量仅是新加坡的一小部分，而新加坡每年的加注量达到了 5000 万吨。我们希望能够达到新加坡加注量的 10%～15%，这对于马来西亚而言是一个非常可观的目标。"

作为马来西亚唯一的海上燃油加注公司，海峡能源的发展将直接影响马来西亚海上加油中心的建设。何锦财表示："海峡能源的主要业务活动集中在马来西亚半岛、马六甲海峡和马来西亚东海岸。未来，我们确实有意通过扩展业务，帮助马来西亚成为区域性的海上加油中心。为了实现这一目标，我们计划更新船队并增加更多船只。我们目前拥有 15 艘船，未来将继续扩展船队，提升运营能力。这

海峡能源行业照片（二）

将使我们在马六甲这条全球最繁忙的航道上发挥更大的作用，并推动马来西亚成为区域海上加油的关键枢纽。"

为了更好地回归主业、聚焦主业发展，何锦财持续整合公司旗下的各项业务。公司在2020年取得马来西亚纳闽自由港的管理合约，涉足港口管理业务。2024年8月初，海峡能源宣布计划退出港口运营和管理业务，出售所持纳闽自由港相关股权。何锦财说："我们投入很多时间及金钱在港口服务上，不幸的是我们在投资初期也遇上了全球疫情大暴发，直接影响了港口业务。纳闽是马来西亚最小的港口，所以股东们在考虑了股东效益及回酬下，选择退出相关业务。"

在主营业务上，何锦财领导公司积极推进生物燃料的使用。2024年初，海峡能源子公司Tumpuan Megah Development成功实现了向一家世界顶级综合物流公司交付约4500吨的经欧盟国际可持续发展与碳认证（ISCC EU）认证的B24船用生物燃料。这标志着马来西亚供应商首次完成此类认证的可持续船用生物燃料的交付。何锦财说："这不仅是一座里程碑，也是我们支持行业向替代燃料过渡、减少环境负面影响的承诺的体现。"

可持续船只使用生物燃料具有显著减少碳排放的潜力，从而降低海运业务的整体碳排放。然而，航运业参与者还需证明其燃料中的生物成分具备可持续性。ISCC EU认证在原料的可持续性、整体供应链的可追溯性以及可信、可验证的减少碳排放量方面，为航运业提供了至关重要的保证。

作为马来西亚首家获得ISCC EU认证的船用生物燃料供应商和贸易商，以及马来西亚领先的优质船用燃料供应商之一，海峡能源的定位是致力于推动行业在可持续增长方面发挥更大的作用。何锦财说："随着船用生物燃料需求的加速增长，我们预计这一业务将成为公司未来盈利增长的重要推动因素。"

另外，海峡能源自2021年以来持续耕耘油气领域的4G/5G网络发展，推进数字化业务。何锦财介绍说："我们在近年跨入这个领域，按年计算，这项业务的成长也取得翻倍的成绩，未来我们希望能扩大这项业务，并将其分拆上市。"

在资本运作方面，海峡能源还将寻求在美股市场上市。早在2023年底，海峡能源就宣布，有意分拆燃油与航运相关业务，以通过公开募股方式在美国纳斯达克交易所上市。何锦财说："我们的目标是将旗下核心子公司Tumpuan Megah在美国纳斯达克上市，接下来将会是召开特别股东大会取得

Tumpuan Megah 发展私人有限公司 2024 年度晚宴

批准,并在 2024 年底前完成上市活动。"若计划顺利实施,海峡能源将实现马来西亚和美股市场双重上市地位,融资平台扩大,企业声誉及形象提升,这将有利于扩大其客户基础,还能扩大与建立其全球业务。

从公司未来几年发展的角度来说,何锦财说:"我们未来希望在马来西亚南部,柔佛州大展宏图。"

2024 年,在中马建交 50 周年之际,何锦财接受《马来西亚华商名人堂》专访,以下为部分访谈对话实录。

问:创业常常会经历磨难,您进入海上燃油加注行业后最希望改变的是什么?

答:我寄望海峡能源能够成为被认同的加油服务供应商,并提高这个行业的受认可程度。基于非法供应商的出入,这个行业的形象已经被彻底破坏,因此我们必须努力经营这项业务,以挽回客户对业者的信心。

问:您在领导海峡能源发展的进程中,公司面临的最大挑战是什么?

答:这些年我们面临的最大挑战就是融资。虽然我们只是服务供应商,并没有直接涉及油气行业,但是银行把我们纳入该行业当中。油气行业前两年的表现影响了我们的融资机会。

另外,聘用适当的人才也是一门大学问,你必须设法找到一些能够为公司提供价值的人才,然后再想办法把他们留住。好员工是公司的最佳资产。

问:在海上燃油加注行业,全球性巨头拿到了大部分市场,海峡能源当时推行怎样的策略,来让公司在这个行业立足、发展以至壮大?

答:在马来西亚的海上燃油加注行业,与新加坡相比,我们只有少数几家供应商。海峡能源在马来西亚开展燃油加注业务时,我们的策略是通过提高效率、提升交付能力以及提供具有竞争力的价格来与其他供应商区别开来。

我们的工作方式与其他马来西亚供应商不同,他们的价格会随市场波动频繁调整,而我们则致力

海峡能源行业照片（三）

当时国际海事组织（International Maritime Organization，IMO）所发布的新燃油含硫量规定促成。现在我们是马来西亚甚至新加坡唯一一家上市的海上燃油加注服务的公司，并拥有15艘船。

问：在亚洲，中国船舶燃料有限公司、中国石化燃料油销售有限公司都是海上加油的大型公司，海峡能源与这些公司有没有合作计划？

答：我们目前没有跟任何中国海上加油公司合作，不过我们不排除未来有合作的可能性。目前马来西亚的市场还是相当的大，机会很多，所以我们把焦点锁在这个区域，未来如果我们能够代表一些中国公司的品牌在马来西亚海域运作，那会是个新的发展机会。

问：您长期在中国香港工作，主要职责或目的是什么？

答：其实这个行业能够以远端工作的方式进行，所以我会在不同的国家或地点工作，大致上我每个月会在中国香港工作两周，另外两周在其他国家。

问：公司在ESG方面是如何理解和投入的？

于保持稳定的定价策略，确保客户能够在波动的市场中获得更可靠的服务。这些差异化的做法帮助我们在市场中稳步立足并逐步发展壮大。

问：经过几年的发展，海峡能源事业不断扩大，截至2024年第二季度，海峡能源和您领导之初有哪些重大变化？

答：过去10年来的改变很多，当初我们只有2艘船，只是专注于轻柴油（Marine Gas Oil）的供应。我们从2020年开始提供其他油，譬如低硫燃油（Low Sulphur Fuel Oil，LSFO），这也是受到

答：我们于2023年底，通过子公司Benua Hijau私人有限公司与马来西亚登嘉楼公园管理委员会和士兆土地局（Setiu Land Office）签署了一份谅解备忘录，这两家机构隶属登嘉楼政府管辖，负责实施一项多年期植树造林项目，以恢复马来西亚半岛东海岸地区最大的天然湿地——士兆湿地（Setiu Wetlands）州立公园内的退化林区。

这一ESG倡议涉及在当地采取重要行动，这将使我们能够高度参与和关注我们的项目，并帮助我们确保产生可量化的积极影响。为此，Benua Hijau将参与士兆湿地的实地工作，从而腾出

MPTN 的资源，用于其他重要领域。

我们认为，这个项目不仅是恢复士兆湿地自然美景的关键一步，也是为全球应对气候变化作出贡献的重要一步。此外，通过生产可持续森林资源、生态旅游和当地家庭手工业，Tasik Berombak 的植树造林将带来宝贵的经济机遇。这反过来又将为周边社区的当地人创造就业机会。

问：您在公益慈善方面的规划是怎样的？这些年取得了哪些积极的成果？

答：作为植树造林项目的一部分，Benua Hijau 私人有限公司计划在 200 英亩（相当于 113 个足球场）的土地上种植 10 万棵千层树／茶树。植树造林活动将持续 5 年，主要集中在士兆湿地的 Tasik Berombak 周围的指定区域。Tasik Berombak 是马来西亚东海岸地区最大的淡水湖和茶树生态系统之一。

Benua Hijau 将协调整个指定区域的活动，包括实际植树和社区参与活动。另外，Benua Hijau 还将投资建立一个专门的苗圃和研究中心，以培育茶树树苗并研究茶树生态系统和价值链。

问：请您描述一下，普通工作日的一天，您从早到晚是怎样的工作状态？如何分配您的时间？

答：我习惯早起，并会在早上详读所有手机信息及新闻，然后一一回复。在 9 时 30 分以后开始跟各个公司的主管沟通以了解业务境况。我一般会花较

何锦财与友人聚会

海峡能源在 ESG 方面积极投入

多的时间跟同事以及各部门主管沟通，以了解大家所面对的问题，然后想办法解决。傍晚我会选择跟家人一起度过。我也喜欢旅行，会定时跟家人出游。

张润安

  拿督张润安是马来西亚极富远见的商界领军人物，在他的领导下，和丽园集团经过30多年的发展，从早期承接工程及产业管理的名不见经传的建筑公司，成长为一个涉足投资开发房地产、酒店、高尔夫球场、教育、主题水上乐园等领域的多元化企业集团。

  同时，作为备受尊敬的华人社团领袖，他积极推动客家族群的团结与发展。年少经历的困苦铸就了他的感恩之心，事业成功后，他积极投身公益，秉持"取之社会，用之社会"的信念，慷慨支持教育、宗教和社会福利项目，以实际行动回馈社会。

商界黑马 华社领袖

——和丽园集团创办人兼主席张润安

白手起家的张润安凭借在建筑工程行业积累的知识和经验,以及敏锐的洞察力和坚韧的意志,成就了自己的产业王国。他始终秉持着诚信的经营哲学,踏实前行,坚定执着,并勇于创新,使得和丽园集团始终保持竞争力和卓越的经营能力。作为马来西亚客家族群领袖的他也不遗余力地为客家乡亲谋福利,并为传承客家文化、弘扬客家精神鞠躬尽瘁。

无惧困苦 改写艰难人生

张润安出生于马来西亚霹雳州的首府怡保,是马来西亚第二代客家移民。他的父亲是广东省增城县人,祖父是当地颇有名望的地主。在他父亲小时候,有个算命先生给他卜了一卦,说他如果去南洋,将来一定会大富大贵。祖父对此深信不疑,于是便让儿子漂洋过海来到了马来西亚。

然而移民生活异常艰辛,为了生计,张润安的父亲做过罗里司机,开过药材店,也和别人合伙做过生意。他的母亲则通过为别人缝衣来补贴家用。尽管夫妻二人起早贪黑、辛勤劳作,但生活并不富裕。

他们共养育了七个孩子,张润安排行第六。虽然张润安的父母从未受过正规教育,他们却深知教育的重要性,希望孩子们都能接受良好的教育。受经济条件所限,他们无法供所有的孩子读书。后来,张润安的大姐和三姐便将上学的机会让与了弟弟妹妹。这来之不易的读书机会让张润安倍感珍惜,他勤学苦读,发愤图强,希望借此改变命运。

受家庭影响,张润安自幼懂事,为了替家里节省开支,减轻父母的负担,从小学二年级开始,他就购买便宜的旧课本来用,用完后再出售。中学毕业后,他一心想去英国留学,但他深知家中的条件不允许,为了不让父母操劳,他除了走街串巷卖书,还到建筑工地打工赚钱。作为一个小工人,他经常被呼来喝去。那时的他就暗自发誓:将来一定要摆脱贫困,这辈子再也不要被钱压倒,而是要把钱压倒!依靠卖书和打工,3个月后张润安筹集到了学费和旅费。得知他为此做好了准备,父亲既感动又欣慰。

带着家人的期许,张润安进入伦敦大学土木工程专业,开始了半工半读的留学生活。在大学里,他也是想尽办法赚取学费。除了在宿舍帮忙开伙出菜,他看到许多学生半夜煮完东西经常忘记关瓦斯,并乱丢垃圾,好几次差点酿成火灾,于是他去投诉,并借机找了一份新工作——每晚巡逻两轮,保证全部水电关好,垃圾打包好。这份工作可以让他每天赚取2英镑,后来甚至宿舍的大小事也全由他负责安排。很多人留学,都是父母亲寄钱给他们,而张润安却可以寄钱回家!

经过几年的半工半读,1984年张润安以优异的成绩毕业,回到马来西亚。当时马来西亚急需土木工程师,于是他进入公共工程局工作,为政府提供服务。很快,他便凭借客家人的勤奋努力和聪明才智成为业界小有名气的工程师。在这期间,他了解了施工管理、品质管理等建筑流程以及政府的操作规则,并积累了一些人脉。

4年后,张润安被一家私人建筑公司以双倍薪水挖走。在建筑公司的那段工作经历让他对建筑公司的运作、工厂的管理和建筑材料的价格都了如指掌。但对他来说,最感兴趣的仍是设计,后来他进

和丽园高尔夫球度假村

入吉隆坡一家著名的工程设计与顾问公司，负责彼时最大的工程项目——居銮蓄水及供水工程。

由世界银行资助的居銮蓄水及供水工程总经费高达5亿令吉，由张润安和30多位工程师共同完成。虽然团队中有许多资历比他深的工程师，老板却指派张润安担任总工程师。在他的带领下，工程如期保质保量完工。这段经历也锻炼了张润安的执行能力、管理能力和领导能力。

这项工程完成后，已经积累多年行业经验的张润安认为是时候出来自己创业了，不然一辈子都会不甘心。于是1990年，34岁的他和朋友南下新山，合资创办了一家建设与发展企业——和丽园集团（Austin Heights）。

在决定创业时，他交给了妻子一笔钱，告诉她自己可能接下来两三年都没有钱交给家里了。他让妻子给他3年时间打拼，如果3年后不成功，他再去给别人打工。

幸运的是，此前积攒的人脉和良好的声誉让他很快便承接了多个项目，他也出色地完成了各类工程。尽管业务发展稳定，但他并不满足，他希望自己做开发商，可是买地皮需要付出昂贵的代价。恰巧当时马来西亚政府开始大力推进土地私有化，从中嗅到商机的张润安便写了10份建议书，向政府提出联营申请，即由政府出土地，他们出技术，共同建造房屋。他的建议书写得十分详细，包括资金流动、完工日期都计算得十分清楚，加上他一言九鼎的诚信精神，经过朋友的介绍，他最终从政府手中拿到了两块地，在没有资金投入的情况下转型成为开发商，并用赚来的利润完成了资本的原始积累。

但政府项目毕竟有限，后来张润安筹集了更多资金购买地皮，以期将企业做大做强。据悉，目前他购买的地皮已累计超过5000英亩。

开拓创新 勇做行业领跑者

就在张润安准备在房地产行业大展拳脚之际，股东们却建议见好就收，并纷纷套现退出。然而张润安却不安于现状，即使没有了股东们的支持，他也毅然选择独立经营。

1991年，他在外界惊诧的目光中，以2亿令吉的大手笔买下了连年亏损的茂奥斯汀高尔夫球场，并重金聘请了澳洲著名的球场设计师Nigel Douglas重新规划。按照Nigel Douglas的设计，将高尔夫球场的一半用作休闲俱乐部，另一半则规划为高级住宅与商业发展区，并改名为"和丽园高尔夫球场休闲俱乐部及酒店"。经过重新设计，如今的和丽园高尔夫球场成为南马高尔夫球爱好者首选的球场之一，整个项目的总产值也跃升至60多亿令吉。

和丽园高尔夫球度假村

此后,张润安更是依靠过人的魄力和胆识,在房地产领域创造了多个第一。

2002年,张润安以6000多万令吉收购了茂奥斯汀发展区内一个197英亩的地块。为了拓展全新的领域,他集思广益,虚心聆听专业人士、客户、供应商和职员们所提出的各种建设性意见。经过综合考量,2004年和丽园在柔佛州首创毗连式田字屋款。这种房屋采用半独立设计却只要排楼的价格,这一创新概念一经推出,便深受市场欢迎,因此赢得了柔佛州毗连式屋款"开山鼻祖"的美誉,并掀起了一股开发毗连式屋款的浪潮。

毗连式房产的成功,印证了张润安及其团队的战略眼光和对市场的正确判断,这促使他继续在房地产领域尝试更多可能。

2010年,他又购买了毗邻茂奥斯汀高尔夫球场休闲俱乐部与酒店的地段,将它命名为"和丽园2"。和丽园2秉持着"以人为本"的设计理念,规划了崭新的发展概念,力图打造一个"和丽园城市综合体"。这个城市综合体内铺设了宽阔的道路,为保证社区安全配备了辅警保安队,并建设了一座绿野青葱的高尔夫球场及休闲公园。此外,综合体内还有完善的教育走廊、国际展览会议中心、医疗和高档的养老配套设施、室内蹦跳床、时尚攀岩和挑战身心的水上乐园等一系列配套设施,从小孩到老人都能在此安居乐业。和丽园2建成后赢得了社会各界的赞赏及推崇,成为新山区独有的现代综合城镇。

在张润安眼中,"以人为本"就是一切从人心出发,企业领导必须有持续发展的积极性,并具备远见卓识,以推行优质产业为主要驱动力,才能推出新产品,让投资者持续获益。

然而创业的道路难免遭遇种种困难,其中资金回笼慢是张润安面临的最大问题。对此,他有着自己的解决之道:首先,一定要了解自己企业的实际情况,要在力所能及、能够控制的范围内开展业务;其次,要有诚信,诚信是人的立身之本,也是企业的立业根本。一旦资金回笼,张润安就立刻把钱发给员工,对他们有个交代。

也正是因为脚踏实地和心怀感恩,加上扎实的专业技能和敏锐的洞察力,张润安在短短几年内一跃成为马来西亚知名房地产商。

多元发展 构筑商业王国

在房地产领域功成名就后,张润安并未就此止步,而是将触角伸向其他领域。

身为教育的受益者,他向来非常重视教育这一行业。中国古代就有"孟母三迁"的故事,如今的业主买房,同样将教育配套视为一个重要的参考因素。加之马来西亚的教育理念不太稳定,许多家长为了能让孩子接受良好的教育,不惜每天舟车劳顿地把孩子送到新加坡上学。在张润安看来,读书应该是个开心的过程,而不应该受罪,所以他决定办

和丽园水上与冒险乐园

一所学校,把孩子们的上学局面扭转过来。

早在和丽园建造之初,他就捐了一块地给宽柔华文小学用于扩建。不料学校在短短3年内,学生人数增加到4000多人。很多人为了孩子能进入这所好学校,还买了和丽园的房产,这也让张润安大受启发。

2011年,和丽园引进了"教育走廊"的概念,与大学联营,开办了一所大型国际私立学校——和丽园国际学校。学校涵盖从幼儿园到中学,设置了完整的英国基础教育课程,并且采用"体验学习"的教育理念,通过实践活动启发儿童的创造思维,进而提高他们学习钻研的兴趣。这种教学理念赢得了许多家长的青睐,甚至吸引了一些

纪念中马建交50周年

和丽园国际学校

新加坡学生到该校读书。

张润安的夫人刘碧珍是和丽园"教育走廊"的重要推手,并全权管理这所学校。同样热爱教育事业的她希望和丽园国际学校能创造一个国际化的人文环境和学习氛围,并为学生们提供一个全方位的发展平台,让他们更加自信地迎接未来全球化的挑战。

和丽园国际学校也得到了马来西亚教育部的高度认可,在教育部学校质量标准评估(Standard Kualiti Pendidikan Swasta,SKIPS)的准绳下,和丽园国际学校于2015年和2019年两度荣获教育部为私立教育机构颁发的"五星级荣誉"奖。教育部评估的标准包括学校的行政管理、学术成就、师资阵容、教学过程、课外活动等。教育部每三年进行一次评估,其中五星级是最高等级的奖项。2016年,和丽园国际学校荣膺马来西亚私立教育机构协会颁发的"国际学校教育特优奖";2016—2018年,该校连续3年被星洲企业楷模奖评为"卓越教育品牌奖"以及"企业社会卓越责任奖"。

在张润安的领导下,经过30多年的发展,和丽园集团从早期承接工程及产业管理的名不见经传的建筑公司,成长为一个涉足投资开发房地产、酒店、高尔夫球场、教育、主题水上乐园及其他领域的多元化的商业王国。

虽然身在海外,但张润安时刻关注祖籍国——中国的发展,并积极寻求合作机会,希望实现互利共赢。通过多次到中国考察访问,他也发现了许多商机。他认为和丽园可以在电商、物流方面大展宏图。此外,马来西亚的制造业虽然较弱,但可以大力发展种植业,如种植榴梿、咖啡等。"中国和马来西亚民心相通、政治相通、物流相通,将会是一个很大的市场。"他说。

和丽园国际学校举办活动

传承客家文化 弘扬客家精神

年少时经历的苦难让张润安心怀一颗感恩的心，商业上取得成功后，他将许多精力投入公益事业。

他一贯秉承"取之社会，用之社会"的理念，长期为学校、庙宇、老人院、孤儿院等提供捐助。他以个人名义捐献了50万令吉，在古来成立了一个以父母名字命名的关怀基金。此外，他还为古来德教会、新山客家公会、马来西亚陈嘉庚基金及马来西亚中华大会堂分别捐献了超过100万令吉的现款。张润安还与夫人共同成立了总额为1000万令吉的和丽园教育基金，以资助莘莘学子；同时还捐献了价值超过1000万令吉的地块给新山宽柔国民型第五小学及茂奥斯汀国民型中学。

不仅如此，多年来张润安也一直热心参与社团组织活动，他曾担任多个社团的领袖：马来西亚七大乡团联合会主席、马来西亚客家公会联合会（以下简称"大马客联会"）总会长、马来西亚新山客家公会高级顾问、房地产和房屋开发商协会柔佛分会主席、新山古来德教会紫霄阁阁长、马来西亚新山客家公会会长。目前，他还是陈嘉庚基金会发起人兼主席。

其中，大马客联会创立于1978年，旗下属会共有81个，分布在全国各个城镇，属会之间关系密切，精诚团结，以便凝聚全国客家人的力量，为客家族群谋福祉，为国家经济建设和社会繁荣做贡献。大马客联会自成立以来，始终秉持着弘扬客家文化的宗旨与使命，不断发展与壮大，加强对外沟通与协作，培养接班人，最终成为团结和凝聚客家族群的核心组织。

根据人口普查记录，目前马来西亚的客家人大约有180万人，即在马来西亚的四个华人之中就有一个客家人。张润安认为，如果把他们凝聚起来，将是一股很强大的力量。作为马来西亚客家人的民间最高组织，这些年大马客联会在华社扮演着重要的角色。与此同时，该组织也为推动中马两国的经贸发展、投资合作、旅游业及文化交流作出了重要贡献。

一年一度的大马客联会全国会员代表大会由各地属会轮流承办，让各地乡亲都能分享身为客家人的自豪感和归属感，并发挥各属会乡亲的力量参与大马客联会的全国性工作。

2015年，全国会员代表举行理事选举，张润安由于热心参与社团活动，加之他在商界也颇有影响力，顺理成章被推举为新一届大马客联会总会长。

谈及担任大马客联会总会长的核心理念，张润安透露：一是要为大马客联会的会员做好服务；二是传承和传播美食、服饰等客家独有的文化；三是要与时俱进，通过大马客联会总会这个平台提升会员对时事的敏感性，并配合中国的发展；四是要提升客家人在世界范围内的形象，并积极参与一些慈善活动；五是鼓励团结和谐，每个人的出生环境不同，要教他们何为民主，让他们知道少数服从多数，服从之后大家就要一起努力。同时要加强组织建设，使庞大的组织系统更好地发挥整合联动效应。

作为马来西亚客家族群的领袖，张润安对年青一代的客家人也寄予了厚望，希望他们能传承客家人吃苦耐劳、艰苦奋斗、勇于开拓、不断进取和奋力拼搏的精神与美德。同时，他也呼吁客家乡亲肩负起弘扬客家文化的使命，继续发扬客家精神，加强对外合作，并培养接班人以薪火相传。他还希望世界各国及各地的客家人团结一心，增强凝聚力，形成一股新力量，为客家精神注入更旺盛的生命力。

中华文化五千多年长盛不衰，马来西亚则是一个永续传承五千多年中华文化的南洋国家。正因如此，1999年11月，大马客联会主办了世界客属第15届恳亲大会。当时盛况空前，为马来西亚客家乡亲留下了光辉的一页。

世界恳亲大会是国际上具有广泛影响力的华人盛会之一，也是世界上最早举办的华人国际大会之一。它缘起于1971年，由香港崇正总会在香港发起举办第一届世界恳亲大会，之后基本上每隔两年在世界各地客家人聚集的某个城市举行一届。世界恳亲大会是世界各地客属乡亲联络乡谊和进行跨国、跨地区交往的重要载体，也是全球范围内客家人开展经济合作和文化交流的重要平台。世界恳亲大会自20世纪70年代初开始至2018年已举行了29届，举办地点分别为中国、泰国、美国、日本、毛里求斯、马来西亚、新加坡、印度尼西亚等国家和地区。

2019年10月18—20日，大马客联会再一次承担起重任，在马来西亚吉隆坡举办第30届世界恳亲大会，此次大会由张润安担任组委会主席。

2017年，张润安荣获南洋商报超级金鹰奖

2018年，张润安荣获南洋商报超级金鹰奖

为了筹办此次恳亲大会，2018年张润安相继到中国广东省拜访广东省客属海外联谊会，到梅州市平远县，并前往香港拜访香港梅州联会等，以促进交流、加强合作，实现互利共赢。与此同时，他介绍了大马客联会的发展历程、会务开展情况及第30届恳亲大会的筹备情况，并诚挚邀请对方参加此次盛会。

在世界客属第30届恳亲大会宣传片中，张润安说：马来西亚的客家晚辈，时时刻刻都不能忘记先贤们所传承下来的客家精神，今天，我们所处的生活环境已经不再像当年先辈们开荒时那般辛苦，我们生活在经济发达、繁荣昌盛的现代都市，但是我们不能忘记历史，不能忘记先辈们的奋力拼搏换来我们今天的幸福生活，先辈们的优良传统和使命是我们必须传承和发扬的，让客家精神融入新时代，让客家精神应对新挑战，这是我们每一个客家人的责任，不为什么，因为涯系客家人。

在张润安及大马客联会的共同努力下，来自世界各地的大约3000名客属社团代表们出席了此次盛会。为创新大会举办模式，设立"全球客家事业杰出贡献奖"及"马来西亚杰出客家人"等奖项，表彰杰出客属人士。

商业上的成功以及对社会所做的卓越贡献，让张润安获得各方的肯定及表彰：他曾荣膺2015年星洲企业楷模奖之"卓越楷模年度人物奖"；2018年世界华人经济论坛所颁发的"世界华人杰出奖"；2023年获颁南洋百年品牌奖之"风云人物"（传承与永续经营倡导者）。和丽园集团在他的执掌下，也屡创纪录，获颁多个奖项：2016年至2018年，连续三年荣获南洋商报超级金鹰奖，其中2016年，和丽园集团更是获得南洋商报超级金鹰奖第一名；2016年至2018年，集团还连续三年获得"星洲企业楷模奖"。

张润安戏称自己曾是一个农民工，但他凭借远见卓识和坚韧的意志实现了人生的逆袭。谈及事业成功的原因，他表示："自身要富有正能量，不要好高骛远，即使成功了也不要骄傲；此外，要有诚信，并勤奋努力，人和人的智商相差无几，但如果我每天工作比你多半小时，我成功的机会肯定比你多。"相信和丽园集团和大马客联会在张润安的正确领导下，未来会迈向更高的台阶！

杜志辉

  杜志辉率领拥瑞集团从一家传统家族企业成功转型为现代化企业，并迅速在全球胶带制造业中崛起成为行业翘楚。他深谙创新与可持续发展的重要性，促使企业在环保战略和自动化技术方面进行了革新，从而在激烈的市场竞争中脱颖而出。

  他发起的"胶带革命"倡议，通过采用回收或可生物降解材料、提升生产效率及优化包装，将可持续发展理念融入公司运营。2023年亚太企业奖（APEA）上，拥瑞集团荣获三项大奖，彰显了集团在创新、可持续发展及胶带行业的领先地位。

创新与绿色 缔造极速涂胶新纪元

——马来西亚拥瑞集团董事经理杜志辉

> "企业的核心价值在于为客户创造价值,而真正的成功在于提供或交付那些在客户眼中最有价值的产品或服务。这些产品或服务不仅要满足客户的显性需求,更要挖掘并满足他们的潜在需求,让客户体验到'喜悦、轻松、信任',这是衡量企业成功的重要标准。"
>
> ——杜志辉

父爱如山 从田野到书本的逐梦之路

1973年,杜志辉出生在马来西亚南部的一个乡村——麻坡吧口新村。麻坡吧口新村在东南亚国家地区,是"杜"姓人口最为集中的地方。值得注意的是,首届世界海外"杜氏"公会大会正是在这里举办的。在家庭中,作为长子的杜志辉,有两个妹妹和一个弟弟,他们共同构成了一个温馨和谐的家庭。

杜志辉出生时,父亲杜瑞美已经是一位在销售领域拥有丰富经验的销售员,尤其擅长销售药物和纺织品等商品。随着经济压力的不断增大,杜瑞美决定前往新加坡工作,以期赚取更多的薪水来应付家庭开销。

时光飞逝,到了1977年,杜瑞美带着雄心壮志和创业激情,返回了家乡,开始了他的创业之路。1980年,在家乡的工厂步入正轨之后,杜瑞美决定前往马来西亚首都吉隆坡寻找更广阔的发展空间。与此同时,杜志辉与母亲和弟弟妹妹则仍旧留在乡村,继续他们那简单而宁静的生活与学习。

杜志辉的童年岁月是在家里经营的一家小型家庭式工厂中度过的。每天放学后,他都会在工厂内协助母亲做些简单的簿记记录工作,在空闲时间,他就会和其他小朋友一起度过美好的乡村玩乐时光。这段经历不仅磨炼了他的实践技能和责任感,也加深了他对故乡的深情厚谊。

小学毕业后,他选择继续接受华文教育。当时学校与家的距离长达15公里,他不得不每天清晨6点起床,乘坐巴士前往学校。

对于杜志辉来说,中学时期是他人生中一个至关重要的转折点。进入中学后,杜志辉仿佛变成了一只挣脱束缚的鸟儿,对都市的繁华与诱惑充满了探索的欲望和向往。两年后,他面临初中二年级学业成绩差1分而不及格的困境,不得不留级重修。那时,杜志辉向父亲提出转到另一所学业成绩比及格分数少5分都可以升级的学校,但父亲坚决反对。父亲坚持认为杜志辉应该多投入一年时间重修,尽管杜志辉当时对此感到极度不情愿。

在一年以后,杜志辉终于领悟了父亲的良苦用心。他深刻认识到,只有打下坚实的基础,未来在学业或职业道路上,才能取得卓越的成就并开拓更广阔的发展空间。几年后,杜志辉以全班第一的优异成绩圆满完成了高中学业。

除了学业,杜志辉还积极参加多项课外活动,如华文学会、摄影学会、童子军团以及跆拳道学习社团等。他对各种球类运动充满热情,并且曾经作为学校足球队的一员，成功地参加了马来西亚的州际比赛。

逆境中的崛起
辍学生的商业传奇故事

1993年，杜志辉和母亲及弟弟妹妹一起从宁静的麻坡乡村搬迁到繁华的首都吉隆坡，他也顺利进入大学，开始学习"商业行政"课程。然而，命运似乎为他铺就了一条非凡的道路。在与父亲进行的一次深刻谈话中，杜志辉面临着人生中第二个转折点。

那个时候杜瑞美的身体出现了严重的健康问题，同时他创办的企业——拥瑞集团（SB Group）也面临被迫出售或强制清算的严峻危机，杜瑞美希望杜志辉能够考虑中断学业，回家接手并振兴家族企业。

"我当时问父亲，我多久可以有能力接班，他回答说一年到一年半吧，我现在可以确定，他那是'哄'我的。"杜志辉笑着回忆说。

拥瑞集团的起源要追溯到1977年，杜志辉的父亲杜瑞美在麻坡市创立了第一家工厂，并逐步将业务拓展至首都吉隆坡。20世纪80年代中期，东南亚地区正处于日本产业转移的浪潮中，经济结构从农业向工业转型。凭借其卓越的商业洞察力，杜瑞美在1988年引领公司从贸易和小型家庭作坊转型为生产彩带和自粘胶带的制造企业，并将生产基地迁移至首都吉隆坡。

然而，从1990年开始，杜瑞美因肾脏功能衰竭而频繁就医，最终不得不接受换肾手术。尽管手术使他脱离了生命危险，但他的健康受到了严重影响，无法继续承担公司的重任。

在这样的背景下，父亲希望杜志辉能立即结束学业，回家承担公司的工作。杜志辉深知如果自己不去承担这份责任，公司可能会面临更加严峻的危机，因此，他毅然决然地放弃了学业，全身心投入公司事务，肩负起家族企业的重担。

自杜志辉加入公司后，他几乎担任了公司内的所有职位。得益于中学时期每逢假期就被父亲安排到公司学习和协助工作，他对职场环境并不陌生。

杜志辉近照

他迅速适应了公司的节奏，并逐步展现了自己的才华与能力。

1994年，在父亲的提议下，公司启动了土地购置、土地整理及新厂房建设的项目。但就在即将迁址至新厂址的关键时刻，旧厂房发生了火灾。此次火灾不仅造成了巨大的经济损失，还给公司的既定计划和安排带来了干扰。

面对逆境，杜志辉并未选择退缩。他带领团队成员迅速行动，投入恢复生产与重建工作。经过一年的不懈努力，他们成功地将原计划中的两间工厂整合为一间，并且机械与生产线也已完全就绪。

1997年5月，24岁的杜志辉步入婚姻的殿堂，开启了家庭生活的新篇章。然而，正当他以为生活即将步入稳定之际，一场金融危机横扫东南亚及部分东北亚地区。这场金融危机不仅给企业的运营带来了沉重打击，也成为杜志辉人生中的第三个重大转折点。

在那个特殊时期，马来西亚面临着极其严峻的财政状况，濒临破产的边缘，同时政治局势也不稳定，使得民众普遍感到不安。在这样的外部环境挑战和危机之中，拥瑞集团也遭受了进口商品导致的巨额美元外汇亏损。当时银行业普遍亏损，现金短缺，资金状况极为紧张，银行借贷利率飙升至22%。除此之外，公司生产销售的一款产品又遭到了客户的严重退货，导致资金被大量挤压，损失达数百万令吉。

杜志辉与妹妹（拥瑞集团CEO）

在众多企业遭遇倒闭危机，债务问题屡见不鲜，以及拖欠债务或无力偿还的严峻形势下，父亲与杜志辉再次进行了一次深入的谈话。经过周密的讨论，他们决定采取适当的措施，父亲重新掌握公司的投资策略、财务和外销业务，杜志辉则主要负责工厂的生产运营和国内市场的销售工作。

彼时，杜瑞美展现出了卓越的商业智慧，面对马来西亚货币令吉大幅贬值的挑战，他采取了一种逆向思维的策略，就是利用货币贬值的优势，积极扩大出口业务。这一策略不仅巩固了公司在东南亚市场的地位，还成功开拓了中东和欧洲的新市场。随着市场的不断扩大，公司的财务状况得到了缓解，最终成功地走出了危机。

1999年，面对土地和厂房资源的短缺，杜志辉与父亲果断决策，以较高成本购入公司相邻的土地，成功将厂区面积扩大至原来的三倍，并增加了新产品，包括自粘胶水、电子胶带以及纸管及纸业加工等产品，进而显著提升了公司的市场竞争力。在杜志辉的领导下，公司迅速成长为东南亚胶带制造业的领军企业之一。这一成就主要得益于杜志辉在现有市场配方的基础上，自主研发出独特的水性胶黏剂配方，为公司的Sweettape品牌发展奠定了坚实的基础。

在杜瑞美的领导下，拥瑞集团成功实现了其初期的发展目标，并为公司未来发展打下基础。2006年，杜瑞美不幸离世。随后，年仅33岁的杜志辉正式接管了公司，此前他已经为公司服务了13年。

从那一刻起，拥瑞集团迈入了改革和创新的新时代。

2007年，面对众多质疑声，杜志辉力排众议坚持引入了先进的涂胶机，并根据公司的独特需求进行了定制化改造。这一举措不仅突破了行业内的技术壁垒，而且成功创造了世界最快的涂胶速度。

2007—2010年，杜志辉经过深思熟虑，提出了要成为亚洲最大的OPP胶带制造商，以及到2020年成为全球最大的OPP胶带生产商的宏伟愿景。为了实现这个目标，同时在时任马来西亚首相推行"国家经济转型"计划的大背景下，杜志辉启动了为期10年的企业转型计划。

同期，他将公司于2008年在越南开始试运行的胶带加工厂与一家中国台湾企业家投资的胶水及化工胶带制造工厂合并，这也算是完成了父亲生前的一个愿望。

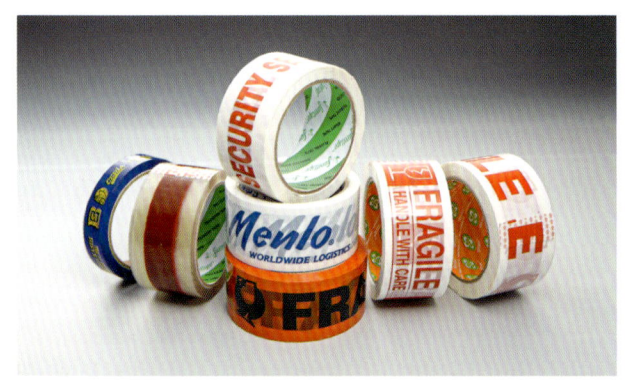

拥瑞集团下属工厂产品

得益于父辈的远见和决策，拥瑞集团持续传承创新精神，在激烈的市场竞争中崭露头角。如今，凭借卓越的产品、广泛的市场影响力和持续的创新，拥瑞集团继续引领包装胶带行业发展，并为客户提供稳定可靠的解决方案。

以服务为重心 培养人才并推动创新

拥瑞集团秉承着"无论回报如何，我们始终致力于服务社会"的坚定信念。杜志辉说："企业的核心价值在于为客户创造价值，而真正的成功在于提供或交付那些在客户眼中最有价值的产品或服务。这些产品或服务不仅要满足客户的显性需求，更要挖掘并满足他们的潜在需求，让客户体验到'喜悦、轻松、信任'，这是衡量企业成功的重要标准。"

在拥瑞集团数十年的发展历程中，其成就彰显了杜志辉及团队对员工及其需求的奉献精神。集团深知，在与本地合作伙伴紧密合作过程中，深入理解不同文化的特殊需求，对于提供定制化解决方案至关重要。同时，拥瑞集团也将人力资源视为运营的核心要素，人才被视为最宝贵的资产。因此，集团特别注重年轻人才的成长与进步，致力于为行业的未来领导者铺就发展之路。

为了使公司能够灵活应对市场环境的不断演变，拥瑞集团在2015年启动了一系列战略性计划。这些计划的核心目标在于识别并培养与企业文化和实际工作环境相匹配的本地毕业生。通过实施"种子计划"，拥瑞集团成功地从马来西亚彭亨大学的化学工程专业招募了18名应届毕业生，为他们在集团的职业发展开辟了道路。该计划取得了显著成效，其中3名参与者已经晋升至公司关键管理岗位，包括助理运营经理、高级项目工程师和高级计划主管。

目前，拥瑞集团的员工平均年龄不到35岁，而且拥有大专及以上学历的员工数量显著高于同行业的竞争对手，这为拥瑞集团在激烈的市场竞争中赢得了显著优势。

杜志辉与公司高管在公司会客区合影

杜志辉与公司高管在生产车间合影

在竞争激烈的全球市场中，拥瑞集团凭借坚定不移的决心和追求卓越的精神脱颖而出。在杜志辉的领导下，集团在胶带行业实现了前所未有的突破。他们创下了操作胶粘涂布机速度高达450米每分钟的全新世界速度纪录。这一突破显著提升了生产效率和产量，使拥瑞集团与同行业竞争对手之间拉开了明显的距离。

此外，拥瑞集团深刻认识到环境保护的重要性，并采取了一系列相应的措施。他们通过推出创新产品"瑞生物胶带"，旨在减少塑料垃圾填埋场的数量。这一行动不仅有助于环境保护，也彰显了公司对社会责任的承担。

纪念中马建交 50 周年

拥瑞集团生产的生物降解胶带

绿色未来之路 环保与创新战略的融合

杜志辉深刻认识到，公司的未来发展与绿色倡议的实施息息相关。自 20 世纪 90 年代起，这些环保行动已成为拥瑞集团增长的核心动力。1995 年，在他的积极倡导下，拥瑞集团与马来西亚西橡胶研究院携手，共同创立了合资企业，致力于开发全球首款"水性天然乳胶自粘胶水"，这一创新产品被应用在自粘胶带上。

在杜志辉的引领下，拥瑞集团已经实施了多项环保措施。例如，采用生物质燃料替代传统石化燃油，显著降低了公司的碳排放量，展现了公司对环境保护的坚定承诺。杜志辉坚信，在环保领域，拥瑞集团有着巨大的发展空间和潜力，需要不断加大投资和创新力度。

公司的最新举措是推出一系列创新的环保产品，这些产品充分体现了拥瑞集团对可持续发展的坚定承诺。这些创新产品包括利用回收塑料或薄膜制成的物品，这不仅展示了公司减少废物和推动循环经济的决心，也彰显了拥瑞集团在环保领域的创新精神。此外，公司持续优先发展和推广其在 2011 年开发的可生物降解 PP 胶带，这是一项具有里程碑意义的环保解决方案。随着全球环境保护意识的不断提升，杜志辉对这些产品的巨大增长潜力抱有坚定的信心。

自动化技术在塑造公司未来发展方面发挥着至关重要的作用。杜志辉坚信，通过利用技术进步来提升运营效率和产品质量，是拥瑞集团保持竞争优势的关键。因此，在他的推动下，公司已经启动了生产线自动化的分阶段实施计划。目前，拥瑞集团正在安装最先进的全面化包装技术，这将是简化公司运营流程、提高生产效率的关键一步。

杜志辉认为，成功的道路往往充满挑战和困难。他说："只有具备奉献、决心和坚定不移的精神，才能克服途中的障碍和挑战。那些最终到达成功巅峰的人，正是在追求卓越的道路上展现出这些品质，并且持之以恒、不懈努力的人。"杜志辉相信，在拥瑞集团全体员工的共同努力下，公司定能迎来更加辉煌的未来。

胶带革命 创新实力独占鳌头

在拥瑞集团，变革管理的坚定信念孕育了一种持续创新的文化。集团领导者深刻认识到满足客户不断变化的需求的重要性，并以灵活、前瞻性的策略引领公司走向成功。拥瑞集团始终致力于提供卓越的产品和服务，以满足客户需求。

杜志辉积极寻求解决客户"痛点"的策略，以应对各种挑战。面对众多工厂在提升生产效率和成本效益方面的困境，杜志辉和团队深入探讨"我们如何帮助客户提升生产效率和降低运营成本"，在他的推动下，拥瑞集团实施了多项措施，例如，将工厂使用的胶带母卷长度从 4000 米增加到 16000 米。这一创新突破显著提升了拥瑞集团的生产效率，减少了人力和换卷损失，同时帮助客户降低损失并提高工作效率。

杜志辉非常重视倾听客户的体验并了解他们的需求，他会及时向客户通报行业趋势，并不断提供满足其不断变化需求的创新解决方案。这种对解决问题和客户满意度的承诺，加上对可持续发展和社会责任的关注，使拥瑞集团在胶带行业成为一个值得信赖的合作伙伴。

"胶带革命"是杜志辉在拥瑞集团最新推出的倡议，旨在将可持续发展的理念融入公司运营。在他的领导下，公司对现有产品线进行了重新设计，采用更多回收或可生物降解材料生产产品，并提升了生产过程的效率，同时对包装进行了重新设计。拥瑞集团的目标是将全球 1% 的密封胶带消费转变为生物胶带。未来的发展方向将侧重推出更多环境友好型产品，如可生物降解胶带（预计在 3～5 年内可在垃圾填埋场分解的胶带）和后消费者回收胶带（由回收材料制成的胶带）。

通过这些举措，拥瑞集团获得了亚洲可持续创新项目联盟（ASEIC）和亚太企业奖（APEA）等组织的认可。公司在 2015 年和 2016 年连续获得 ASEIC 生态创新项目的奖项，并在 2023 年 APEA 颁奖典礼上获得三项殊荣。这些荣誉充分证明了杜志辉在创新和可持续发展方面的努力和成就，也展示了拥瑞集团在胶带行业的领先地位。

诚信与责任
通往可持续发展的道路

拥瑞集团始终坚持高标准的诚信、道德和合规，致力于为客户带来高价值的产品和服务。公司不仅追求商业上的卓越，还积极投身于企业社会责任（CSR）活动，特别关注环境、道德、慈善和财务责任。

在环境责任方面，拥瑞集团实施了多项措施以减轻对环境的影响。在杜志辉的领导下，公司团队采用棕榈核壳和木托盘等生物质燃料作为生产线的能源，显著减少了对化石燃料的依赖。公司还优先使用 100% 再生纸制作纸芯，有效减少了对原生林木的砍伐。拥瑞集团获得的 REACH 和 RoHS 认证，进一步印证了公司对环保实践的坚定承诺。

2022 年，杜志辉领导的团队投资太阳能电池板项目，每年可减少约 317 吨二氧化碳排放量，相当于节省了 1643 棵树的碳足迹。

在道德责任方面，拥瑞集团作为供应商道德信息交换（Sedex）成员，展现了对供应链中道德问题的高度重视。此外，公司致力于提供安全的工作环境，确保员工有权自由选择工作，并提供公平的就业机会，包括竞争力的薪酬和福利，以此优先保障员工福祉。

在慈善责任方面，拥瑞集团积极参与支持社区发展和进步的活动。杜志辉长期支持 CNRM 项目，该项目是专注于关心、绝育、放归和管理工业区附近的流浪动物。他还赞助流浪狗的医疗治疗项目，救助因事故或疾病受伤的动物。此外，拥瑞集团鼓励员工参与访问养老院和孤儿院的活动，为弱势群体提供援助，并向贫困人士捐赠食品和生活必需品，以改善他们的生活条件。

在杜志辉的领导下，拥瑞集团不仅在商业领域取得了显著成就，更在社会责任的履行上树立了典范，充分展现了公司对可持续发展和社区贡献的承诺。

杜志辉对未来还有着更深切、更远大的梦想。"我观察到全球市场有从国际化转为本地化的趋势，倾向在某个区域或者国家生产当地所需要的产品。因此，未来拥瑞集团将坚持弹性、灵活的优势，与国际级企业开展策略性合作，推动胶带产业发展，开拓成长新契机。同时，我们会持续朝着绿色、环保、减碳的方向开放产品，为保护地球尽一份心力。"杜志辉最后说。华

2023 年，拥瑞集团在亚太企业奖（APEA）颁奖典礼上获得三项殊荣

杜志辉率领公司高管出席 2023 年度亚太企业奖（APEA）颁奖典礼

林绅文

　　林绅文出生于马来西亚柔佛州居銮小镇,父亲是一名司机,母亲经营着一家咖啡店,父母辛苦赚钱养家,让他从小明白仅靠拼搏不足以改变命运,还需洞悉市场趋势并具备正确行事的能力。

　　拥有积极心态与正能量的他,无论何时,总是充满活力,展现出无穷的精力,正如他一手创办及领导的企业——晨旭之美集团(GoodMorning Group Sdn Bhd)一样朝气蓬勃,激励着身边的每一个人。

做事做人 利他利众

——马来西亚晨旭之美集团创办人兼执行主席林绅文

> 林绅文说:"如果要阐述我的整个人生经历,我会将之总结为三部曲,即'做对事''做好人',以及'做大局'。"
>
> 人生走过五十,知天命的林绅文,已升华至更大的格局,一步一个脚印地充分把利他利众的初衷在"做大局"的过程中深植成为晨旭之美集团打造大健康产业生态圈的核心价值观。

看别人看不到的事 才能做别人做不到的事

生活让林绅文自小立志从商。学校里课本上的知识已无法满足林绅文想要探索商海的心,加上家里生活拮据,更让他义无反顾,决定提早踏入社会,为日后创业累积经验。

"我的第一份工作是在居銮一间摩托车店做维修学徒,每日的薪水只有4令吉。虽然当时我只有16岁,但我很清楚自己的目标不是当一名摩托车技工,这里将是一个教我如何做事,而且不只是做对的事,还要把事做好的地方。"林绅文回忆说。

其间,林绅文与其他几位仅沉浸在学习钻研维修摩托车技术的学徒不同,他更看重和关注的是学习为人处世,老板、师傅,甚至顾客,都是他每一天关注、研究与学习的对象。

"做生意,产品很重要,而诚以待人,敬以致事,更重要。学会做事后,我便学习做人,再做生意,这也是我一直强调利他利众的创业初衷。"林绅文说。

求第一非炫耀 自我要求严格

与林绅文不熟络的人,首次见面或许会觉得他很爱炫耀,事事都说要第一!深入了解他的人,便会觉得他是一位自我要求严格、追求完美、实事求是的企业家。

脱离学徒生活,进军保险业的林绅文赚到了他人生的第一桶金。1988年,年仅18岁的林绅文看到了人们对保险觉醒的时代已来临,在之后的20年里,他把保险业绩做到最顶尖,成为马来西亚全国第一。

"当年,我是与自己竞争,就算第一名胜券在握,我也会为自己定下至少要以两倍或三倍以上的差距超越第二名的目标。"

在林绅文的观念中,从来没有第二名,这也鞭策着林绅文不断追求突破,从第一综合谷粮不断突破马来西亚全国多个纪录,到成功转型成为生物科技公司,打破马来西亚全国单一股权众筹数额与投资者最多人数的纪录,即获得1046名投资人支持,并成功众筹2000万令吉,继续以倍数的差距超越第二名。

"我这么说不是因为我骄傲,而是要不断提醒自己必须持续更上一层楼,因为在这个竞争激烈的时代,企业是逆水行舟,不进则退。"

从餐桌谷粮到解决世界危机

2008年,林绅文创办晨旭之美集团。2023年,稳坐马来西亚全国综合谷粮冠军宝座的晨旭之美集团正式宣布全面向生物科技转型,通过壮大科研团队铸造壁垒,规划集团可持续发展的大健康生态圈。

"晨旭之美集团走过16个年头，一直坚守'把健康带给全世界'，'为世界粮食危机与气候变迁带来解决方案'的目标；我们拥有良好下游快销产品品质，以及具备开发创新独家生物科技活性成分的研发能力，并已启动集团发展大蓝图，通过整合发展上、中、下游产业，加速发展打造集团的核心竞争力。"林绅文说。

2023年，晨旭之美集团推出马来西亚首款粉状可负担均衡营养植物蛋白肉（Wonder Meat），以迎合全球对植物性替代食品不断扩大的需求。粉状的可负担均衡营养植物蛋白肉使食品行业变得更具永续性，开启美食创意的全新时代，并创下辉煌里程碑，被列入《马来西亚纪录大全》。

对林绅文而言，掌握一个产业链的关键核心技术非常重要，因为这是组成产业链、价值链、生态系统，以及衔接上下游的关键钥匙。

通过生物科技科研，上、中、下游共同努力，实现从无到有的突破，林绅文再次引领晨旭之美集团，迎合未来世界可持续发展趋势，让家家户户可以成为晨旭之美的一分子。

"在这个大健康生态圈中，我们将继续秉持利他利众的初衷，为所有GoodMorning人带来最大的健康和价值。"林绅文人生第三部曲的"做局"，便是从这里开始。

林绅文一直深信一家公司要想成功，团队向心力极为重要，而他的感召力，在为企业招贤纳士方面发挥了极大作用。

在联合国工作10年后返回马来西亚，并加入

晨旭之美集团旗下多项综合谷粮产品领先市场，首创粉状可负担均衡营养植物蛋白肉被列入《马来西亚纪录大全》

晨旭之美集团的核心团队，左起：方耀宗、章芳俊、林绅文、庄宝月、李永权

晨旭之美集团的首席执行官章芳俊，以及其他核心领导层，包括首席商务官李永权、首席营运官方耀宗、首席科研官庄宝月等，都在林绅文的感召下，成为集团持续发展的中流砥柱。

世界唯一的秘密是没有秘密
科研代工共荣共赢

林绅文有一句经常挂在嘴边的话，那就是世界唯一的秘密就是没有秘密。

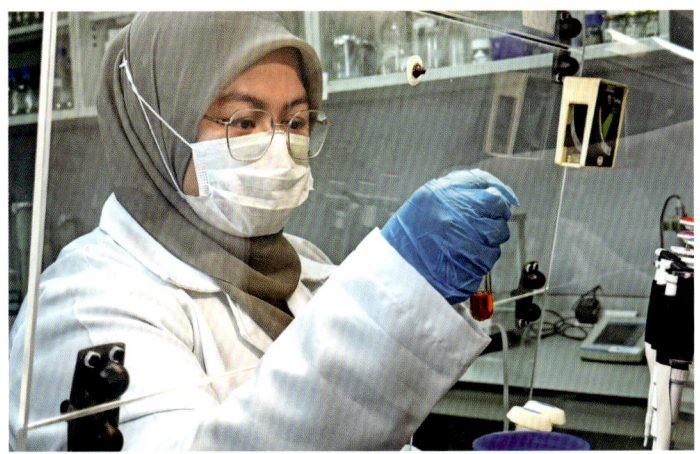
通过不断壮大科研团队铸造壁垒，晨旭之美集团打造可持续发展的大健康生态圈

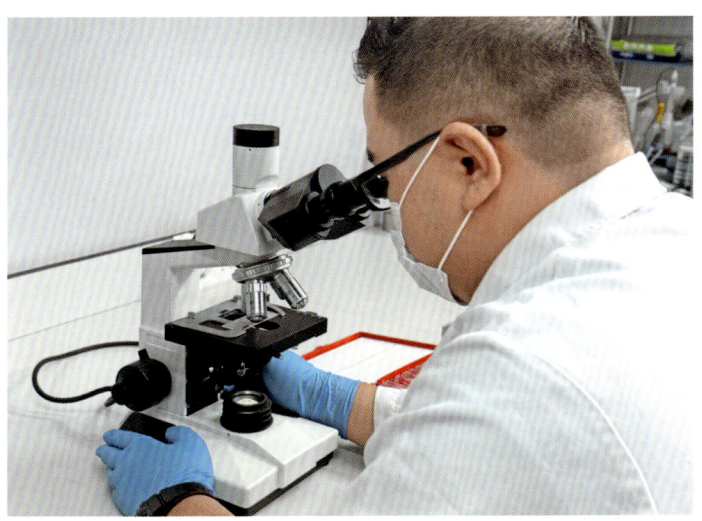
晨旭之美集团通过自主的生物科技与产品研发，拥有多项独家科研技术与配方

林绅文捐赠救护车予马来西亚圣约翰救伤队

他说，产品可以抄袭，代工可以被取代，但理念和后续发展规划以及自主研发都是掌握在自己手中的筹码和竞争优势。

"我们不仅具备生产符合各规格标准、清真认证，且高品质的优质产品，还有强大的科研团队作为后盾，以及洞悉市场和消费者的营销团队作为先锋。在晨旭之美集团，我们提供的代工服务，不是劳力代工，而是涵盖生物科技科研、配方开发与生产，乃至营销策略的新时代科研代工一站式模式。"林绅文说。

林绅文为帮助年轻企业和鼓励更多人创业，甚至将代工门槛设在最低的600千克。

"这是我们最大的不同和优势，我们想要百花齐放，不希望蓝海变红海，要做大做优，而不是杀敌一千自损八百或互相攻击的恶性竞争。"

从曾经找人代工生产的企业，到如今延伸至上游涵盖策略伙伴的菌类种植农场、自主的生物科技与产品研发、拥有多项独家科研技术与配方乃至高品质的自动智能生产线，晨旭之美集团将整个产业供销和物流链牢牢掌握在自己手中，并强调"将心比心，共荣共赢"的合作方式，成为集团保持良性和强大竞争力及领导地位的优势。

不断创新、开发知识产权是企业持续发展的保障，但在强大自身的同时，林绅文以全民可参与代工的概念，通过专利许可的方式，共享配方、技术和资源，互惠互利，促进马来西亚生物科技领域的繁荣发展与合作共赢。

捐钱不落人后
愿景基金贯彻 ESG

真正了解和认识林绅文的人都知道，对于确实有需要的社会公益慈善募捐，他一直都是不遗余力地支持。同时，集团在2023年设立晨旭之美愿景基金，以全力贯彻落实ESG的标准。

林绅文也积极参与社团活动，目前担任多个社团要职，其中马来西亚圣约翰救伤队是他最热衷和积极参与的组织。

位于雪兰莪州莎亚南的晨旭之美集团总部

"对我来说,马来西亚圣约翰救伤队是一个真正超越种族,不分你我,少有人事纠纷,人人都乐意付出,并且全心全意为社区有需要群体提供救助的团体。这个组织的宗旨,符合我做人、做事业利他利众的初衷。"林绅文说。

不故步自封超越华团框框
创办乡团造福全民

2022年,林绅文联合其他福建同乡领袖发起创办莎亚南福建联合总会。

这个年轻的乡团组织在成立仅仅3年的时间里,平地一声雷,成为雪兰莪州一个备受关注的新兴乡团组织。

在林绅文的领导下,此乡团发起创设一间具有专业和完善设备的疗养院,不分种族和籍贯,以民众可负担的方式,为社会有需要的年长者提供疗养安老服务。

这个项目深获社会人士的认可,在不到两年的时间内,便成功筹集超过50万令吉的启动基金。

"当初,我与数位志同道合的乡长决定创立莎亚南福建联合总会时,我便提出要办一个与其他乡团会馆组织不一样的团体。除了联系乡谊和发扬中华文化,我们还必须关注社会的问题和需求,全面将我们组织的功能升上一个级别,以发挥更大的影响力,让社会和政府都能认同,这样我们才有更多的话语权,才能帮助更多的弱势群体。"林绅文说。

林绅文也担任马来西亚柔佛州居銮属林氏宗亲会会长,在推动林氏宗亲福祉以及文化传承工作方面扮演重要角色。

从不故步自封,让林绅文的人生不断蜕变突破;无论是企业、社团,还是社会服务工作,林绅文从做事、做人到做局,不畏人言,大胆变革,精益求精,最终以利众的思维,成人达己。华

李斯仁

李斯仁是马来西亚吉打州著名实业家。他出身寒门,少年失学,却凭借过人胆识在商海开辟天地,于1975年创立马来西亚启顺造纸业公司。历经近半世纪发展,公司现已成为马来西亚纸业标杆企业。

作为吉华独立中学与培华华小掌舵人,李斯仁矢志传承中华文化命脉,被尊为"北马华教守护者"。秉持"知识改变命运"理念,他于1994年创设"李斯仁贷学基金",以无息助学模式为千余名寒门英才架起大学桥梁。2023年,他荣膺第八届"陈嘉庚精神奖",该殊荣特别表彰其三十载如一日对教育公益的卓越奉献。

从寒门创业家到华教守护者

——马来西亚启顺造纸业公司创办人李斯仁

> "身为华社的一分子,我觉得办教育是最重要的,因为教育可以改变个人、家庭乃至国家的命运,只有教育才能培养社会人才。"
>
> ——李斯仁

白手起家 诚信兴业

李斯仁,1940年出生于中国福建省南安县梅山石渐尾村。1949年,他随母亲远渡重洋至马来西亚吉打州的一个小镇,与在当地经营咖啡粉生意的父亲团聚。然而,家庭团聚的喜悦很快被冲淡,由于父亲不识字遭受了销售人员的欺诈,导致其咖啡粉生意失败。面对这一困境,李斯仁全家搬迁至名为乌丹甘光的小村落,依靠自家炒制并售卖咖啡粉艰难维持生计。

李斯仁的求学之路始于吉打州首府亚罗士打市的启智小学,之后转至华侨中小学校继续他的五年级学业。由于家庭经济困难,年仅13岁的他不得不半天上学,半天协助父亲贩卖咖啡粉,直至傍晚才能结束一天的工作。尽管在高二时便已取得政府颁发的高三离校文凭,但由于家境贫寒,李斯仁最终选择辍学。

辍学之后,父亲曾希望通过朋友的帮助,为李斯仁在橡胶厂谋得一份工作。但是,李斯仁心中自有打算,他不甘于成为一名工人。他利用卖咖啡粉所得的资金,购买了一台五马力引擎驱动的碾米机,走乡串户收集稻谷,为农民们提供碾米服务,以此赚取微薄的服务费。

在生意经营中,李斯仁坚持诚信原则,从不短斤缺两或采取任何不当手段。因此,农民们更倾向于选择他来代工碾米,结果发现最终得到的米量比以往在其他地方加工的要多。面对生活遇到困境的村民,即使自己也仅依靠碾米维持生计,李斯仁总是毫不犹豫地通过赊米或是提供无息贷款的方式伸出援手,帮助他们渡过难关,从未因这些善举索取过任何额外费用。

他的诚信和对村民如及时雨般的援助,渐渐赢得了村民们的信任与感激。到了收获季节,村民们纷纷将自家的稻谷交由李斯仁处理。就这样,他的"创业"之路不仅起步顺利,而且业务日益兴隆。

1969年,李斯仁做出了一个大胆的决定:承租一家因长期亏损且频繁更换业主而声名不佳的大型碾米厂,希望在做碾米生意的同时,兼顾卖米生意。这家工厂由于碾米机械经常出现故障而备受诟病。然而,在接手之后,李斯仁花费了一个月的时间进行细致的维修和改良工作,使得碾米厂重新运营,机械设备的表现得到了显著提升,故障率大幅降低。

得益于操作流程的优化,碾米厂的碎米率从之前的13%锐减至4%~5%,同时产米率显著增加,比业内其他碾米厂高出6%~8%,产量更是达到了之前的2倍以上。

承租这家长期亏损的碾米厂时,李斯仁由于年轻,多次申请银行贷款均未获成功。缺乏贷款支持,意味着他没有额外资金来囤积谷物作为运营资本，仅能依靠自己的信誉开展业务。幸运的是，一些农民因认可他的良好信誉，愿意将谷物暂时存放在他的仓库中。因此，李斯仁顺势而为，采取了现买现卖的经营模式。

就在那一年，泰国遭遇了严重的旱灾，导致谷价从以往每100斤13～14令吉飙升至19～20令吉。然而，随着商人们完成收割后，谷价又迅速回落到每100斤约16令吉。那些以高达11%年利率向银行借贷来运营的碾米厂因此遭受重大损失。相反，因为李斯仁仓库中的谷物属于农民所有，并不属于他需要偿还债务的部分，所以他不仅没有亏损，反而在市场波动中获利颇丰。

在经营碾米厂的过程中，李斯仁经历了多次机缘巧合。1972年9月，为了拥有自己的碾米厂，他购买了一家大型碾米厂，并尝试将其抵押给银行以获取贷款周转。然而，多次查询，他始终未能得到明确的答复。在这种情况下，李斯仁继续采用现买现卖的方式经营生意。凭借良好的信誉，米商通常会在未提货前就先行付款，这使得李斯仁能够利用这些资金来采购稻谷。即便没有银行贷款的支持，他的营业额依然超过了那些依赖借贷的同行，这一现象引起了银行经理的关注。

当银行经理找到李斯仁了解情况时，他自豪地分享了自己的成功秘诀："我靠信用来经营生意。"在这次会面中，银行经理也透露了一个事实：实际上，李斯仁的贷款申请早在3个月前就已经获得批准，但由于担心他的年轻和经营能力，银行决定暂时观望，暂缓放贷。

这个"暂缓放贷"意外地成为李斯仁的又一助力。原定于12月发放的贷款推迟到了次年2月，那段时间恰逢雨季结束，稻谷湿度降低。加之农民们在1月干旱时期将稻谷晾晒了超过一个月，到2月时稻谷的湿度进一步下降，重量也减轻了。因此，延迟收到贷款让李斯仁得以购买更干燥、性价比更高的稻谷，每包稻谷因减少了3斤湿气，相当于每包便宜了50仙。此外，他还节省了3个月的银行利息，进一步降低了采购成本，增加了利润空间。

随后的3个月里，由于中东战争爆发，米价从每100斤38令吉飙升至68令吉。随着碾米厂盈利的大幅增加，李斯仁慷慨地为员工发放了相当于2～4年工资的奖金，这一举动震惊了业界。1973年至1975年，通过自助、他人支持以及天时地利等多方面因素，李斯仁的事业迎来了快速发展的黄金时期。

亲历亲为 历尽艰辛

如果说碾米生意的成功归功于李斯仁的诚信，那么他在随后投身的更为广阔的造纸行业中所取得的成绩，则更多地依赖于他作为企业家的大智慧和顽强的斗志。

1974年，李斯仁在台湾旅行时偶然发现当地利用废纸再生制作卫生纸和祭祀用纸的现象。由于原料成本与成品零售价之间存在十多倍的差距，这让他意识到其中蕴含的巨大商机——资源回收不仅能创造财富，还极具发展潜力。回到马来西亚后，李斯仁迅速着手筹备建立自己的纸厂。然而，由于马来西亚刚经历了1969年"5·13"事件的动荡，身为华人的他申请创办造纸厂遇到了重重困难，准证难以获得批准。

面对挑战，李斯仁采取了"曲线救国"的策略：收购一家已有准证的工厂，该工厂的部分股份由一位马来股东持有。接下来，他四处寻找具备水电供应条件的土地，并在一年后幸运地找到了一块农业用地。尽管这块土地因马来股东持股比例低于30%，在用途变更、建筑图纸审批及厂房建设等多个环节上遭遇了政府部门的重重阻碍，手续办理过程也屡次被拖延，但在李斯仁坚持不懈的努力下，启顺纸厂最终成功建立了起来。

这次创业似乎比他当初白手起家时更加艰难。由于对造纸行业毫无经验，李斯仁为了购置合适的机械设备，再次前往台湾进行考察。他首先走访了几家杂货店，购买了各种纸卷，并通过产品标签上的信息联系到了几家造纸机械的制造商。经过一系列洽谈，他选择了一位看起来十分可靠的供应商订购了所需的机械设备。

8个月后，设备运抵马来西亚，并随行带来了技术员。然而，经过6个月的安装与调试，生产出的纸卷，布满了缺陷。原来，这名技术员对这套设备并不熟悉。即便又进行了6个月的尝试，依旧未能成功解决问题，最终这名技术员只能返回台湾。

面对困境，李斯仁没有放弃，而是凭借自己的摸索和以往的经验开始对设备进行改良。经过半年不懈的努力，设备终于能够稳定生产出纸卷，尽管产品质量依然不高，难以在市场上与其他品牌竞争。

李斯仁赞助全马来西亚 61 间华文独立中学教员代表赴中国厦门和泉州各大学进行观摩考察

也就是从那时起,李斯仁对机械的研究与改良从未停止,持续致力于提升产品质量和生产能力。

与此同时,李斯仁还面临着企业战略上的挑战。启顺纸厂最初专注于生产大卷卫生纸,然后将其出售给其他工厂进一步加工成小卷卫生纸。然而,这种业务模式利润空间有限,长期来看不利于企业的可持续发展。为了改变这一局面,自 1982 年起,李斯仁决定将业务扩展到直接生产并销售小卷卫生纸给批发商。但是,当时的批发商忙于处理各类事务,无暇推广新品牌,导致启顺的产品销量不佳。尝试直接面向零售商销售时,也因消费者对新品牌的不熟悉而未能取得理想的市场反应。

更糟糕的是,原本投资 80 万令吉成立的启顺纸厂,多年来的累计亏损已达到 280 万令吉,工厂濒临破产。面对重重困难,永不言败的李斯仁做出了一个大胆的决定:出售碾米厂,并将所得资金注入纸厂以维持运营。为提升品牌知名度和增加销量,他采取了一种激进的市场策略——在各大城市的菜市场和夜市进行密集式促销活动。李斯仁甚至亲自上阵,在市场上大声叫卖:"厂家直销新产品!原价 2.5 令吉,现特价 2 令吉!"短短几个月内,他的足迹遍布整个马来西亚半岛。

在成功开拓销路之后,李斯仁调整了促销策略,开始将产品寄售于杂货店。起初,一些店主对此表示犹豫,担心启顺之前采用的密集式促销手段可能已经扰乱了市场秩序。然而,李斯仁向他们详细分析了其中的利弊:市场上其他品牌的卫生纸批发价为 2.4 令吉,零售价 2.5 令吉,利润空间有限;相比之下,启顺纸厂的产品批发价仅为 2 令吉,但零售价同样为 2.5 令吉,这意味着更高的利润率。此外,通过之前的促销活动,启顺的品牌知名度已大幅提升,销售其产品变得更加容易。

经过分析,杂货店老板们权衡利弊后,纷纷同意接受启顺的产品进行寄售。随着越来越多的店铺开始销售启顺的卫生纸,公司的营业额迅速增长,业务也日益繁荣。

为了提升产品质量,李斯仁在 1984 年引入了脱墨技术,以生产更高品质的纸巾和卫生纸。当时,欧洲和日本的脱墨设备虽然技术领先,但价格极其昂贵。为降低成本,李斯仁决定自行组装脱墨机。他对脱墨原理进行了深入研究,并亲自设计了机器,随后在当地找到了制造商进行制作。最终,他仅花费了 5 万令吉就完成了一台性能接近欧日水平的脱墨机,相比引进国外设备所需的约 50 万令吉,成本降低了整整 10 倍。

如今,尽管启顺纸厂已经采用了欧洲先进的脱墨系统,但李斯仁当初设计的不锈钢脱墨机仍然作为辅助生产设备被继续使用。自应用脱墨技术以来,启顺纸厂生产的纸巾和卫生纸质量显著提升,赢得了消费者的广泛好评,营业额也因此大幅增长。

到了 1986 年,启顺纸品在马来西亚的市场销量已接近饱和,李斯仁决定将业务扩展到更广阔的市场,他首先选择了邻国新加坡。他在新加坡成立了营销公司,并聘请了几位销售人员来推广产品。然而,现实却给他泼了一盆冷水:新加坡市场的竞争异常激烈,启顺每月的营业额仅能达到 3000 新加坡元,而公司的运营成本却高达 11000 新加坡元。由于业绩不佳,销售人员纷纷离职。

为了找出问题所在,李斯仁努力挽留这些员工,并请求他们协助自己进行市场调研。在实地考察过程中,他亲自走访杂货店,希望能够了解产品滞销的原因。起初,许多店主对他的来访持抗拒态度,甚至劝他放弃这项生意。但通过耐心交流,李斯仁逐渐获得了他们的信任,并了解到实际情况:在新加坡,卫生纸行业的利润空间非常有限,且市场竞争异常激烈。杂货店稍微提高售价,就会失去顾客;同时,卫生纸占据店内宝贵的货架空间,却无法带来相应的利润回报,因此店主们不愿意销售新的卫生纸品牌。

针对杂货店老板面临的利润低和空间占用问题,李斯仁换位思考,制定了一系列策略。他认为做生意首先要考虑的是利润,在利润微薄的新加坡市场,启顺纸厂决定跳过批发商,直接向杂货店提供产品寄售服务。这样一来,由于省去了中间环节,杂货店可以获得更高的利润。有了这一利润杠杆,李斯仁能够说服杂货店老板将启顺的卫生纸放置在显眼位置并向顾客推荐,甚至只销售启顺的产品,从而解决了"占空间"的问题。

此外,为了应对消费者比较价格的问题,启顺推出了多种品牌和包装形式的卫生纸,并在同一街区的不同杂货店分别寄售不同品牌的产品。这样不仅增加了产品的多样性,也避免了价格差异导致顾客流失的问题。

启顺造纸业公司荣登 2009 年亚洲 200 家最佳中小型上市企业排行榜

带着这套精心设计的方案,李斯仁信心满满地开始了与杂货店老板的一对一洽谈。在这段充满挑战的日子里,他和他的团队不辞辛劳,白天奔波于各店铺之间,晚上则住在仓库里。通过诚恳的态度和详尽的分析解释,他们最终赢得了杂货店老板的信任和支持,几乎所有杂货店都同意代销启顺的纸品。

半年后,启顺卫生纸的销量显著增长,并成功占据了新加坡市场约 70% 的份额。这不仅是对李斯仁及其团队辛勤工作的肯定,也是对他们创新营销策略的最佳证明。

截至 1988 年底,启顺纸厂的生产能力已无法满足市场需求,机械数量不断增加,营业额也随之稳步上升。为提升公司规模和管理水平,李斯仁聘请了一批专业人士全权负责公司的运营。在接下来的几年里,公司持续投资引进新设备,营业额保持稳定增长。然而,到了 1999 年,李斯仁发现公司负债高达 6400 万令吉,而年度利润仅约 1000 万令吉。问题的根源在于这些专业人士虽然设定了生产与销售目标,却没有为员工提供必要的支持和指导,导致员工士气低落。

由于对盈利状况和管理方式不满,所谓的"专业人士"主动辞职,纸厂的重任再次落在了李斯仁肩上。他重新接手后,对公司内部进行了大规模的人事调整,包括晋升和加薪,并根据每位员工的能力和特长进行合理配置,同时积极采纳员工的意见和建议。会议中,他惊讶地发现员工提出的大多数意见对公司有益。员工解释说,前任管理者只关注业绩,忽视了员工的需求和支持,甚至侮辱员工,因此大家不愿提出建设性意见。

这次经历让李斯仁深刻认识到企业文化的重要性。企业成功不仅取决于财务表现,还应体现在对

启顺造纸业公司荣获 2009 年马来西亚 30 大最有价值品牌之一

投资者、员工、消费者及社会的责任感和贡献上。作为董事经理，他以身作则，不向公司索取额外费用，不住豪华酒店或乘坐头等舱，分红时也将个人利益置于最后，以增强企业的凝聚力。

当那些离职的专业人士诋毁李斯仁及其管理能力，称启顺将在两年内破产时，面对债权银行的压力，李斯仁冷静应对，强调自己对公司运作的了解，并承诺改进。6个月后，公司每月盈利增加了约80万令吉，次年的利润从1000万令吉增至1900万令吉。到2003年，启顺实现了2800多万令吉的利润，并成功上市。

2008年国际金融危机期间，李斯仁展现了其卓越的企业管理才能。他敏锐地捕捉到市场废纸价格下跌的机会，果断决策大量储备原材料。随着市场价格的回升，这一策略为启顺造纸业公司带来了丰厚的回报。李斯仁坚信，在市场的优胜劣汰法则下，企业领导者必须深入掌握行业知识和生产流程，以便迅速识别并解决问题，确保企业的持续发展。这种理念不仅帮助他在多次挑战中脱颖而出，也让启顺造纸业公司成功抵御了金融危机的影响，并在困境中发现了新的机遇。

时间来到2023年，印度尼西亚金光造纸业公司总裁黄志源通过旗下子公司 Premier Investment Ltd 收购了启顺纸厂 22.4% 的股权，成为启顺纸厂的最大股东。这一变动标志着启顺造纸业公司进入了一个新的发展阶段。

关注教育 书写大爱人生

除了在商业领域取得的杰出成就，李斯仁对生活有着更为深远的理解与追求，他尤其关注教育这一领域。他认为，优质的教育是开启孩子们美好未来的钥匙，让每一个孩子都能在一个鼓励探索和快乐的环境中成长。对于华人社群来说，支持华文教育，特别是吉华独立中学的发展，被视为一项至关重要的使命。基于这样的信念，李斯仁将自己的一生奉献给了教育事业，不仅慷慨解囊，更是倾注了无尽的心血。

李斯仁表示："教育是推动社会进步的基石，也是衡量一个国家兴衰的重要标志。作为马来西亚公民，我的愿望是看到每一位国民，无论其种族背景，都能够享有优质的教育资源。只有这样，我们的民族才能不断进步，国家才会更加繁荣强大。"

在马来西亚吉打州，85岁的李斯仁因对教育和慈善事业的卓越贡献而广受尊敬。他不仅精神矍铄、步伐矫健，而且思维敏捷、言辞恳切。更重要的是，他对华文教育怀着一颗炽热的心，毕生致力于教育事业，无论是财力还是精力都毫不吝惜，默默奉献，赢得了吉打州乃至更广泛地区各界人士的敬仰与爱戴。

自1973年起，李斯仁便担任吉打港口路培华小学校董事长，至今已达50年之久；1975年至1983年，他还曾担任笼呀路启智华小家协主席；自2003年起，他开始担任亚罗士打吉华独立中学的董事长，至今已经超过20年。

李斯仁以"1令吉对1令吉"的筹款方式赞助吉华独立中学

谈到吉华独立中学的发展历程，李斯仁回忆起学校曾经面临的困境：家长对学校的信心下降，学生数量减少，董事会成员的士气也受到了影响。在一次校友聚餐中，一位校友对他说："老李，我们的母校（吉华独立中学）正处于低谷，你是时候该站出来，为母校贡献你的力量了！"这番话深深触动了他，使他意识到自己有责任不让母校继续衰落。

2003年，李斯仁以校友的身份接任吉华独立中学董事长，并启动了一系列转型计划。"当时，学校急需筹集教育基金，我提出了'1令吉对1令吉'的筹款倡议，鼓励校友们回馈母校，最终成功募得了近160万令吉。"李斯仁认为，办好一所学校不仅需要关注招生情况，还需要有一位优秀的校长来领导以及一支高素质的教师队伍来支持。

现任校长庄琇凤与吉华独立中学的缘分始于2002年，当时她受邀分享关于华文独立中学办学理念的见解。经过多次深入交流，庄校长在华文独立中学办学方针上的独特视角和深刻理解给李斯仁留下了深刻印象。面对学校的需要，李斯仁多次诚挚邀请庄琇凤加入吉华独立中学，终于在2008年，她决定接受邀请，出任校长一职。至今，庄校长已在吉华独立中学服务了16年，在她的卓越领导下，学校实现了显著的发展，并获得了华人社区的广泛支持。例如，最近的一次义卖会便成功募集超过90万令吉，为学校的发展注入了新的活力。

如今，吉华独立中学已成为吉打州内华裔家长首选的学校之一，学生人数从最初的百余名增长至约1100名，每年入学新生都需要通过严格的入学考试。李斯仁强调："我们的目标不仅是创办一所华文中学，更要符合马来西亚的国情需求，实现英语、马来语和华语三语并重的教学模式，使学生们能够与世界接轨。"

此外，为了帮助更多有才华但经济条件困难的学生，李斯仁于1994年设立了"李斯仁贷学基金"。该基金提供免息贷款给品学兼优的学生继续深造，初始时每人可获得3万令吉，现在提升到了每人6万～10万令吉。至今，已有超过1000名学生因此受益，实现了他们的学业梦想。

李斯仁长期担任吉打港口路培华小学校董事长，致力于将这所学校从简陋的板房校舍发展成为一座四层楼高的现代化教育设施，学生人数也显著增加。在他的领导下，学校不仅改善了硬件设施，还通过一系列措施提升了教学质量和师生士气。例如，为了激励教师团队不断进步，李斯仁多次赞助全校教师前往中国厦门等地进行文化交流和考察学习。这些经历不仅开阔了教师们的视野，也为学校的教学注入了新的活力。

因对教育事业的卓越贡献，2016年，李斯仁获得"林连玉精神奖"。2023年，李斯仁荣获马来西亚陈嘉庚基金颁发的"第8届陈嘉庚精神奖"。这两项殊荣是对他在教育领域不懈努力的高度认可。

李斯仁坚信教育的力量在于培养各民族的优秀人才，促进国家的发展，并鼓励富裕阶层帮助弱势群体，共同培育爱国情怀。李斯仁说："优质的教育资源应当普及到每一个孩子身上，无论其背景如何，这样才能真正实现民族的进步与国家的强大。"

吴水光

吴水光自幼铭记父母的教诲："唯有学习才能改写命运。"1997年，他前往中国台湾深造，2000年毕业后与沈政霖先生共同创立了东棋（马）有限公司，开启了创业之旅，也为他的职业生涯谱写了崭新的篇章。

在随后的25年里，吴水光与团队从马来西亚雪兰莪和吉隆坡的小规模进口代理业务起步，历经诸多挑战，逐步将东棋发展成为防水建材行业的领导者。他始终坚持"品质至上"的理念，以客户需求为导向，凭借匠心精神和持续创新，带领团队不断突破，铸就了东棋的辉煌成就。

迈向绿色未来 可持续发展与企业责任的融合之路
——东棋（马）有限公司董事经理吴水光

> "创业必须具备勇于冒险的精神、掌握产业技术、倾注大量心血以及实际执行的能力。行动必须快于言语，一旦决定行动，应迅速付诸实践；然而，也不可轻率行事。真正的创业家精神在于勇敢而果断，同时又需深思熟虑。"
>
> ——吴水光

敢打敢拼 创业艰难之旅

吴水光出生在马来西亚霹雳州爱大华哲仁新村的一个普通华人家庭，自幼便受到父母的谆谆教诲："唯有通过不懈学习，才能改写命运，掌握自己的未来，并有能力帮助有需要的人。"这些教导深深植根于他的心中，成为他日后追求进步与成功的动力。

1997年，吴水光考入中国台湾政治大学深造。在大学期间，他不仅专注于学业，还应聘加入了中国台湾东棋国际集团（DJI）担任兼职工作。凭借出色的表现和潜力，他得到了公司创办人兼董事长沈政霖先生的高度赏识与器重。

2000年，吴水光顺利完成学业，面对未来的工作和人生方向，他感到些许迷茫，甚至对于是否继续留在中国台湾也犹豫不决。恰在此时，DJI正计划开拓马来西亚的绿色防水建材市场。因为吴水光在公司兼职期间的杰出表现，沈政霖先生诚挚邀请他共同创立东棋（马）有限公司。经过深思熟虑，吴水光决定迎接这一新的挑战。这一决定不仅开启了他长达25年的创业旅程，也成为他人生中的一个关键转折点。

创业之路充满艰辛，东棋（马）有限公司在成立初期经历了筚路蓝缕的艰苦阶段。公司最初设立在一个不到20平方米的小店面内，团队成员不足10人，面对吉隆坡这个全新的市场环境和陌生的人文背景，业务的推动和发展遇到了重重困难。

为了适应新环境并快速推进业务，吴水光推行了精简高效的营运改革，使得每位成员都身兼数职。白天，他们奔走于客户之间；夜晚，则回到公司研制产品、准备次日发货的货品。那段披荆斩棘的日子，充满了酸甜苦辣，但也正是那段经历，凝聚了团队深厚的革命情感，并承载着大家对产业的热情与理想。

回顾过去，吴水光感慨万分，他深知每一个团队成员的背后都有家人的默默支持。这些家庭如同公司在大海航行中的避风港，为公司的成长提供了坚实的后盾。正是这种内外结合的力量，支撑着东棋一步步走向今天的成就。

"创业之初，沈政霖先生叮嘱我：创业是不归路，不要往回看，要努力向前行。这句话我一直铭记于心，成为我奋勇前行的座右铭。"吴水光说。

绿色防水、高架地板及环氧地坪多元发展

东棋（马）有限公司最初从代理进口防水建材业务起步，随着业务逐渐稳定发展，公司开始转向自主研发与生产。其产品配方源自中国台湾的工厂，吴水光凭借在中国台湾多年积累的工作经验，在防水施工和生产制造领域练就了精湛技艺。

在技术与业务团队组建完成后，吴水光全力推动公司的快速扩展。自2005年起，东棋陆续在马来西亚及周边国家设立多个分公司：2005年在槟城设立DJIM分公司，2008年在柔佛设立DJIM分公司，2010年在怡保设立DJIM分公司，2011年分别在新加坡和印度尼西亚设立DJIM分公司，2014年分别在关丹和沙巴设立DJIM分公司，2015年在沙捞越设立DJIM分公司，2016年在马六甲设立DJIM分公司。

通过这一系列的战略布局，东棋（马）有限公司的分公司已覆盖马来西亚9个州，业务更拓展至新加坡、印度尼西亚、孟加拉国等国家，在马来西亚防水绿色建材行业中占据领导地位。

与此同时，公司在客户服务和产品开发方面推出了一系列创新举措。吴水光表示："东棋秉持'活力人才'（Dynamic People）、'愉悦空间'（Joyful Place）、'创新动力'（Inventive Power）的经营理念，旨在激发员工在工作中保持活力，在生活中享受愉悦，从而展现出强大的创新力与执行力。这种团队精神不仅增强了内部凝聚力，更直接体现在我们卓越的客户服务和持续的产品创新上。"

在客户服务方面，东棋（马）有限公司特别重视与客户建立伙伴及兄弟般的关系。一个令人印象深刻的案例充分体现了这一点：某个建筑工地在晚上十点多、验收前夕发现地面上仍有难以清理的污垢。由于时间太晚，五金店已经关门，无法购买到天娜水（俗称"香蕉水"）进行清理。接到客户的紧急求助后，尽管当时并非工作时间，且送货并非其直接职责，公司的一名员工还是毫不犹豫地赶回工厂取来清洁剂，并迅速送达工地，帮助客户解了燃眉之急。

这一举动不仅及时满足了客户需求，还加深了公司与客户之间的信任，巩固了彼此间坚实的合作关系。这次经历也充分体现了东棋（马）有限公司团队对客户需求的高度敏感和快速响应能力，展现了东棋（马）有限公司对客户服务承诺的实际行动。

在产品开发方面，东棋（马）有限公司不仅持续提升产品质量并积极拓展创新领域，作为负责

吴水光出席活动并发表演讲

任的地球公民，公司始终致力于推广环保节能产品。近年来，东棋（马）有限公司大力投入循环经济产品的研发，已成功获得中国台湾、新加坡、美国等多个国家和地区的绿色建材标章（Green Label）。未来，东棋（马）有限公司将进一步减少建筑废弃物，提高建材的可回收率，以符合SDGs，为地球的可持续发展贡献力量。

经过多年发展，东棋（马）有限公司目前主要提供三大服务项目：绿色防水建材（Green Waterproofing）、高架地板（Raised Floor）和环氧地坪（Epoxy & PU Flooring）。

其中，绿色防水建材的部分又可区分为绿色防水建材与环氧树脂地坪建材两大系列产品线：绿色防水建材系列涵盖14大系统的产品，适用于屋顶、浴厕、泳池、地下室、水塔及外墙等多种应用场景；环氧树脂地坪建材系列又分为停车场和工业用地板两大系统，广泛应用于室内与室外停车场、工厂车间、低温车间、无尘室、医疗机构及运动场地等不同场合。无论是哪种防水需求，东棋（马）有限公司都提供专业的解决方案。

东棋（马）有限公司的绿色防水及环氧地坪工程遍布全马来西亚，赢得了众多大型发展商和建筑公司的长期信任与合作。这些合作伙伴包括怡保工程、双威建筑、金大务、Kerjaya Prospek、百盛纳、成荣集团、三星物产以及中野株式会社等业内领先企业。马来西亚多个标志性建筑，例如，敦拉萨国际贸易中心（TRX）、默迪卡118大厦等，均采用

吴水光出席活动（一）

了东棋（马）有限公司提供的高质量防水建材服务，彰显了公司在行业内的卓越地位。

在高架地板部分，东棋（马）有限公司针对不同的办公环境和通信机房需求，设计了两种不同的高架地板系列，确保能够满足客户的特定要求。此外，东棋（马）有限公司还组建了高素质的施工和修缮团队，为客户提供一站式服务，确保快速响应并有效解决客户提出的任何问题。

东棋（马）有限公司旗下 Pentens Raised Floor 系列产品广泛应用于各大数据中心和办公室。从标志性的 TRX 到知名跨国企业 [如戴尔（DELL）和惠普（HP）]，再到国油双峰塔（Petronas Twin Towers）、蒲种 IOI 金融中心（IOI PFCC）、THE INTERMARK、马来西亚国家银行、吉隆坡仙特拉蚬壳大厦及吉隆坡联昌银行大厦（CIMB）等著名建筑，均采用了 Pentens 的高架地板解决方案。

这些项目不仅展示了 Pentens 产品的卓越品质和可靠性，也证明了东棋（马）有限公司在高架地板领域的领先地位。通过为客户提供高质量的产品和专业的安装服务，Pentens 已成为众多知名企业和地标性建筑的首选合作伙伴。

沟通融合　建立高效团队

在东棋（马）有限公司，公司始终坚信"沟通、沟通、再沟通"是人与人相处不可或缺的环节。吴水光认为一个缺乏沟通的团队将难以有效执行公司的政策。因此，公司鼓励员工通过正式渠道及时反馈问题，与管理层共同寻找解决方案，而非将不满转化为日常闲聊或私下抱怨。这种开放的沟通环境确保了公司政策的顺畅实施和持续改进。

多年前，有员工提出希望公司将发薪日从隔月 5 日提前至每月 28 日，以方便他们支付月初的各种费用（如车贷和房贷）。经过讨论，管理层意识到这一调整对员工有很大帮助且对公司运营影响不大，因此采纳了建议。自那时起，东棋（马）有限公司改为每月 28 日发薪，显著缓解了员工月初的资金压力。

同时，公司致力于为员工提供全面的专业技能培训。新员工入职后需参加产品介绍课程，深入了

吴水光出席活动（二）

解公司文化和规章制度。每年，公司会安排员工前往中国台湾总公司接受新产品培训，或参与由人力资源发展基金（HRDF）、马来西亚建筑师公会（PAM）及其他机构组织的绿色建材和先进建筑技术课程，确保员工始终站在行业前沿。

为了提升员工福利，东棋（马）有限公司设立了福利委员会，每年从总营业额中提拨0.5%作为福利基金，用于举办趣味比赛、聚餐、旅游补贴等活动，帮助员工舒缓工作压力。公司还提供了良好的休闲空间和小型健身房，让员工可以随时休息、锻炼和放松。

吴水光出席活动（三）

此外，公司依照马来西亚劳工法令为员工缴纳雇员公积金（EPF）、社会保险（SOCSO）、就业保险系统（EIS）和HRDF，确保员工享有全面的社会保障。

自公司创立以来，吴水光始终坚信员工是企业最宝贵的财富，他的管理哲学核心有两大原则。一是授权，公司不怕员工犯错，只怕员工怠惰。充分授权不仅培养了员工的自律态度和工作热情，也让管理者能够专注于公司经营的核心问题，从而发挥团队的最大潜能。二是秉持"财聚人散、财散人聚"的理念，公司承诺提供具有竞争力的薪酬待遇和合理的激励机制，并严格履行对员工的奖励承诺，即使在财务困难时期也绝不失约。这不仅让员工在经济上无后顾之忧，更增强了他们的归属感和忠诚度。

通过这些综合措施，东棋（马）有限公司不仅建立了高效的管理制度，更营造了一个充满活力的工作环境，使每位员工都能在适合自己的岗位上发光发热，与公司共同成长和发展。

整合营销与可持续发展目标 引领行业未来

为了持续有效地推广公司产品，东棋（马）有限公司每年都会编列多项营销预算，涵盖广泛的渠道和形式，如参与建筑师展览、马来西亚建材展、环保建筑展（ECO-B）等专业展会，在《星洲日报》等杂志上刊登广告或接受专访，在南北大道（PLUS）和隆布大道（LDP）等高速公路设置T-Bar广告牌，与五金店合作进行广告联名赞助和路演活动，刊登产业黄页确保在行业目录中的曝光度，利用Facebook、Instagram、YouTube等线上社交媒体平台进行广泛宣传。

此外，东棋（马）有限公司还邀请了马来西亚最知名的运动员——羽毛球天王拿督李宗伟担任公司的环保大使，以增强品牌认知度和消费者信任感。自2013年起，拿督李宗伟不仅成为东棋（马）有限公司的品牌代言人，更致力于推广环保理念。

2020年，为庆祝公司成立20周年，东棋（马）有限公司成立了DJI教育慈善基金会，旨在帮助因环境问题而失学的孩子重返校园，拥抱希望，改变命运。通过这个平台，东棋（马）有限公司致力于培养更多优秀人才，提升孩子们的生活与学习条件，普及教育并促进国家竞争力，将关爱和学习的机会延伸至更多有需要的地方。

为了提升产品的市场竞争力，东棋（马）有限公司每年都会投入大量资金用于新产品研究、开发与生产。除了现有的Pentens系列产品线，东棋（马）有限公司还推出了强调环保的ECO PROOF系列产品、高光泽面漆系列、清洁剂及消毒液系列，并特别关注循环经济产品Cireco系列的研发。对于Cireco系列，东棋（马）有限公司投入仿生技术研发再生材料与生态材料，践行"取材自然、回收再生、循环不息"的理念。

吴水光出席活动（四）

为了适应公司团队的成长以及居家办公、远程协作等新型工作需求，东棋（马）有限公司自主开发了 SkyPentens 系统，整合业务流程、项目管理和日常行政事务的电子化处理。未来，公司将继续扩展系统的功能，通过集成平台减少部门间的信息不对称，提高沟通效率和业务推进的流畅度。

"根据国际货币基金组织（IMF）2021年的统计报告，预计2021年至2025年，马来西亚的实质GDP增长率将维持在5%～6%，人口预计从2020年的3270万人增长到2050年的4000万人以上。随着人口的增长和政府对基础设施建设的投资增加，建筑业将迎来长期的人口红利和发展机遇。特别是在后疫情时代，各国政府积极推行绿色基础设施建设，这对我们深耕多年的循环经济、绿色建材和碳足迹管理项目是一大利好。"吴水光说。

自2015年SDGs发布以来，全球建筑业更加重视永续发展、绿色能源和可回收建材的应用。各国政府纷纷推动绿色建筑、循环经济园区建设和环境友好型生态保护区的发展。为此，东棋（马）有限公司自2023年起导入ESG原则，投入资源开发符合SDGs的产品，目标是在2050年前实现碳中和。

对于公司短期和中期事业发展计划，吴水光表示在未来5年内，东棋（马）有限公司将聚焦三大发展战略。一是扩产，公司计划于2030年与中国台湾专业团队合作，在马来西亚建立大规模防水粉体自动化工厂，同步拓展国内市场。二是整合，自2016年起公司开始发展五金DIY连锁门市及在线销售业务。截至2021年，公司已在雪兰莪州开设15家实体门市，预计2026年前扩展至40家，并进一步结合网购市场，满足终端消费者的需求。同时，公司还将投资开发五金批发市场，实现从制造到终端销售的一条龙服务。三是外销，东棋（马）有限公司将继续扩大印度尼西亚、伊朗、孟加拉国、斯里兰卡和印度等外销市场，目标是将海外营收比例提升至20%以上。

"通过'扩产'、'整合'和'外销'三大策略，我们计划于2027年在马来西亚交易所创业版上市。"吴水光说。这些战略举措将确保公司在快速变化的市场环境中保持竞争优势，实现长期稳定的发展。

追求卓越 践行社会责任

自创业以来，吴水光凭借其卓越的领导力和对品质的不懈追求，带领东棋（马）有限公司取得了令人瞩目的成就。他的努力不仅赢得了海内外多项荣誉和奖项，更奠定了东棋（马）有限公司在行业内的领先地位。

近年来，吴水光及其团队获得的一些重要奖项有：2013年荣获亚太杰出品牌国际委员会颁发的"亚太杰出品牌大奖"，2018年荣获孟加拉国建筑展"最佳设计奖"，2019年荣获马来西亚国际建筑师展览银奖，2021年荣获中国台湾创业楷模奖等。这些奖项不仅是对他个人努力的认可，更是对东棋（马）有限公司团队不懈追求卓越的肯定。

吴水光深知企业社会责任的重要性，并将这一理念融入东棋（马）有限公司的日常运营中。每年，东棋（马）有限公司都会在财政预算中规划专门的CSR资金，用于资助马来西亚各地的育幼院、老人院、残障关怀中心以及华文中小学校。例如，东棋（马）有限公司资助了蒲种竞智华小运动场地坪翻新项目和太平萃联独中宿舍环氧地坪翻新工程，为孩子们提供更好的学习环境。

新冠病毒感染疫情期间，东棋（马）有限公司

吴水光出席活动（五）

展现了强烈的社会责任感。公司向警察局及社区捐赠消毒液，并为受影响的家庭提供免费食物援助，确保那些需要帮助的人们不会被遗忘。此外，吴水光本人也在2016年至2020年，积极参与马来西亚五金批发商公会的工作，义务担任总务职务，为行业的发展贡献自己的力量。

东棋（马）有限公司的赞助足迹遍布马来西亚各地，涵盖各类活动，如Sketcher Friendship Walk 2019及The Shore Sky Tower Towerthon Challenge 2019路跑活动、雪隆五金建材零售商公会平坦适杯羽球公开赛、AIM中文音乐颁奖典礼、马来西亚留台校友会联合总会文华之夜、雪兰莪暨吉隆坡留台同学会新春团拜等。通过这些活动，东棋（马）有限公司不仅支持了本地社区的发展，也增进了与各界朋友的情谊。

吴水光的日常生活安排紧凑而有序，充分体现了他高效的时间管理和对工作的专注。每天早上6时，他会观看国际新闻并回复邮件；7时30分抵达公司后，先巡视工厂以确保当天生产进程和物流准备就绪；8时开始处理公司文件，并通过SkyPentens平台跟进各项业务进展，通常在中午12时前完成这些工作。下午则专注于批阅工程资料，确保所有项目顺利进行。

周末或假日，吴水光喜欢早起陪伴家人共进早餐，闲暇时也会和朋友或客户打高尔夫球，这不仅有助于保持身体健康，也是维系人际关系的好机会。由于工作繁忙，每到长假，他都会和家人一起出国旅游，增进家庭成员间的感情。

在谈及当下马来西亚华人最值得努力的方向时，吴水光说："马来西亚是一个多元种族的社会，马来人、华人和印度人共同构成了这个国家的丰富文化。我坚信教育能够改变人生，特别是在马来西亚的华人社群中，几代先贤不懈努力，才使得从小学到大学的中文教育体系得以延续和发展。我们应当感谢这些先辈的心血，并继续支持中文教育，让中华文化在这片土地上发扬光大。"

同时，吴水光认为，华人应在政治经济领域发挥更大作用，为马来西亚的繁荣作出更多贡献。吴水光在经济上的成功，也为华人社群树立了榜样，激励更多年轻人追求梦想，为社会的进步贡献力量。华

许崇明

许崇明自少年时期便负笈海外，始终勤奋学习，从未懈怠。学成之后，他全心投入临床实践，并持续探索医疗技术的创新之路。

1997年，怀着一颗仁慈之心，许崇明创立了许崇明皮肤专科中心。经过27年的不懈努力，该中心现已跻身亚洲皮肤激光与整形外科领域的前沿，其分院遍布马来西亚各地。凭借卓越的专业技能和持续创新的理念，许崇明赢得了患者的信任及同行的敬重。如今，他的皮肤专科中心已成为东南亚皮肤医疗领域的领军者。

精研医美科学 守护肌肤健康

——许崇明皮肤专科中心创办人兼首席执行长许崇明

> "无论生活多么艰难，知识与教育都是我们最宝贵的财富。它不仅改变了我的命运，也让我懂得了家庭成员之间无私地付出与互相支持的重要性。正是这些成长经历，塑造了我坚韧不拔、注重教育和感恩父母的核心价值观。"
>
> ——许崇明

母亲的远见 教育改变命运

1961年，许崇明出生在马来西亚吉隆坡甲洞的一个普通家庭。父亲许朝火在当地一个水果批发市场内从事书记工作，母亲则是一位家庭主妇。家里共有七个孩子，其中一个是父母领养的女儿。尽管家庭条件并不富裕，但父母一直非常重视孩子们的教育。

然而，家庭的变故在许崇明年少时悄然降临。在他读初中一年级的时候，父亲中风导致半身不遂，家中的支柱瞬间倒塌。父亲的病情不仅影响了家庭的日常生活，也让他们的经济状况变得异常困难。面对突如其来的困境，母亲没有退缩，而是以更加坚韧的态度撑起了整个家庭。

许崇明高中毕业后，父母深知知识能够改变命运，尽管家庭经济拮据，但他们相信教育是最好的投资，为了让许崇明有机会接受更高层次的教育，他们不惜一切代价送许崇明出国留学。父母当时并不清楚该如何承担许崇明未来几年在英国留学的昂贵学费，但他们毅然决然地为许崇明购买了单程机票，先送他走向陌生的国度。

"不仅仅是我，家里与我年龄相仿的弟弟妹妹也都是在那几年陆续被送出国深造。为了我们的教育，父母将家里所有的积蓄都投在学费上。我的母亲尤其令人敬佩，她不仅忍受着经济上的压力，还为我们卖掉了家中所有值钱的东西，甚至卖掉了她年轻时买的房子，来支付我弟弟在澳大利亚的学费。为此，她没有了固定住所，不得不常年寄住在亲戚家，忍受了种种脸色与孤独。"许崇明回忆说。

"尽管如此，母亲从未停下支持我们求学的步伐。每年她都会绞尽脑汁地筹集学费，而我们兄弟姐妹也在假期打工，赚取额外生活费。我们曾在工厂做过工人、餐厅做过服务员，甚至做过高楼清洁工。"那些艰辛的日子虽然苦涩，却也让许崇明深刻体会到——"教育是改变命运的钥匙"。

"无论生活多么艰难，知识与教育都是我们最宝贵的财富。它不仅改变了我的命运，也让我懂得了家庭成员之间无私地付出与互相支持的重要性。正是这些成长经历，塑造了我坚韧不拔、注重教育和感恩父母的核心价值观。"许崇明说。

在英国求学期间，许崇明每次收到母亲寄来的学费，心中都充满了深深的感激。然而，经济上的压力常常迫使他延迟缴纳学费，因此常被大学管理处叫去问话。有一次，他为了参加即将到来的考试，努力准备了很久，但由于无法按时缴纳学费，结果他被通知无法参加考试，那一刻许崇明的内心充满了无助和沮丧。

虽然困难重重，但许崇明始终没有放弃。几年后他终于顺利完成了学业，并在一家英国医院工作。

作为家中长子，许崇明决定将自己的收入用于帮助母亲分担弟弟妹妹们的学费和生活费。"母亲的远见、胆识与坚持深深感染了我，她不仅为我们铺就了事业的道路，也成为我坚韧不拔的榜样。"

"我很感恩有这样一位坚强的母亲，她的无私牺牲为我们创造了机会。正是她的坚持与付出，使得我和四个弟弟分别在英国、爱尔兰、中国台湾、澳大利亚等国家和地区接受教育并成为专科医生。而我的大妹也毕业于加拿大，专攻商业电脑资讯。我的养妹则在澳大利亚获得护理学位。"许崇明说。

许崇明与母亲

致力医学美容 开启事业新篇

在英国求学和工作了17年后，许崇明因怀念家乡，萌生了回乡创业的想法。于是1994年，许崇明带着妻子和孩子们一起回到马来西亚。因为母亲早已将祖屋卖掉供弟弟完成学业，所以他们最终选择在妻子的家乡巴生安家。

按照马来西亚当时的规定，每位医生必须先在政府医院服务3年，才能获得在私人医院执业的许可证。所以许崇明首先被派往森美兰州的一家政府医院里担任皮肤科主任。那时政府医院的薪资非常低，日薪只有100令吉。许崇明每天往返巴生和森美兰的路程，光是油费就已耗尽了他大半的收入。然而，尽管条件艰苦，这段经历却为他日后事业的发展打下了坚实的基础。

其间，为了增加收入，许崇明在巴生找到了一家美发店。经过协商，美发店的老板娘同意出租一个房间给他。许崇明便利用业余时间，在这里为皮肤病患者看病。当时为了节省开支，许崇明的母亲和妻子一起帮他为这个房间进行软装修。"回想起来，那段日子真的温馨且令人感动。"许崇明说。

马来西亚的气候主要属于热带雨林气候和热带季风气候，全年高温多雨。许多人需要在日晒雨淋的环境下从事辛苦工作，从而导致皮肤问题频发，因此许崇明逐渐积累了不少皮肤病患者。3年多的时间里，许崇明在这家美发店的小诊所里，不仅治愈了很多患者，还建立了宝贵的人脉。

正是在那段时间，许崇明遇到了事业的一个关键转折点。一位顾客委托许崇明为她购买一套美国某皮肤专科医生研发的护肤品。由于该产品需要医生开

许崇明与夫人

许崇明和他的夫人及妹妹

据证明才能购买,价格非常高昂,当时许崇明只为顾客订购了一套,然而,卖方却发了五套。幸运的是,这位顾客的朋友们也都愿意购买,于是其余四套护肤品很快就卖掉了。

此后,许多女性顾客纷纷找许崇明帮助他们购买这款产品。因为需求量越来越大,这款护肤品的创办人亲自来到马来西亚举行讲座,并传授护肤技术。这个契机让许崇明首次接触到医学美容领域,并深受启发,他决定开创自己的事业。

1997年,许崇明在巴生开设了第一家皮肤科诊所,并成为马来西亚首家提供医学美容皮肤专科服务的诊所。当时决定创办皮肤专科中心,许崇明是经过了深思熟虑的,他说:"我做出这个决定背后有几个重要的原因。首先,我在英国的学习和工作经历,让我积累了扎实的皮肤医学基础,也让我接触到了先进的治疗方法和理念。这些经历不仅拓宽了我的专业视野,也让我深刻认识到,能够将这些先进的知识与经验应用到实际诊疗中,将为马来西亚的患者带来显著的益处。因此,我决定将自己在英国所学的皮肤专科治疗经验带回家乡,致力于为更多马来西亚患者提供专业的皮肤治疗服务。

"其次,创办自己的专科中心为我提供了更大的发挥空间。作为一名专科医生,我希望能够通过自己的实践,不断探索更有效的治疗方案,并且根据本地患者的具体需求量身定制专业的护理计划。这样,我不仅能够在专业领域实现自我价值,也能够通过提升患者的皮肤健康和生活质量,真正为社会作出贡献。

"最后,在那个时机,马来西亚市场上针对皮肤病的专业治疗资源相对较少,许多人无法获得及时和高效的皮肤治疗。因此,我希望能填补这一空白,为那些需要专业治疗的患者提供一个可靠的医疗平台。通过创办许崇明皮肤专科中心,我能够结合医学技术、个性化护理与创新治疗方法,为更多患者提供高品质的医疗服务。"

许崇明皮肤专科中心旗下的护肤品专柜区

许崇明皮肤专科中心总部

此外，在研发护肤产品的过程中，许崇明意识到马来西亚的气候特点需要特别考量。于是，他与化学师和药剂师密切合作并深入研究，立志开发出适合马来西亚本地市场的护肤产品。最终，他们成功推出了自家品牌——Dermax，并取得了显著的效果，甚至超越了当时的外国品牌，赢得了广泛的认可。至今，许崇明皮肤专科中心的四个护肤系列已经在马来西亚多个购物中心设有专卖店，并创立了皮肤激光与整形外科中心。

随着临床经验的不断积累，许崇明逐渐开始研发多款保健品，这些产品同样取得了良好的效果，满足了顾客在皮肤护理和健康方面的多样需求。通过不断优化和创新，帮助了大量客户改善皮肤状况和健康问题，进一步巩固了品牌的口碑和市场地位。

截至目前，许崇明皮肤专科中心在马来西亚开设了1个总部和93个分支机构，此外，还有10间护肤产品专卖店，以及保健品公司、高端医美治疗机进口公司、骨科手术中心、整形手术中心等机构，团队规模近700人，成为马来西亚最大、亚洲领先的皮肤激光与整形外科中心之一。通过多年的不断创新与努力，许崇明皮肤专科中心不仅树立了行业标杆，也赢得了广大客户的信任与支持。

2024年，在中马建交50周年之际，许崇明接受《马来西亚华商名人堂》专访，以下为部分访谈对话实录。

问：在创办许崇明皮肤专科中心初期，为获得客户及患者认可、建立知名度，您具体运用了哪些策略带领团队打开局面？

答：我们从四个方面入手，首先是注重口碑建设，我认为口碑是建立品牌知名度和赢得患者信任的最重要因素。因此，我们始终把患者的需求和体验放在首位。通过高质量的治疗和细致的关怀，我们确保每一位患者都能获得满意的医疗服务。患者的良好反馈和推荐帮助我们迅速积累了口碑。

其次是提供最优惠的价格。在确保高质量治疗的同时，我们始终为患者提供具有竞争力的价格，使更多人能够受益于我们的专业服务。

再次是提供最优质的服务。我们不仅关注医疗效果，更注重患者的整体就诊体验，确保每一位患者都能感受到关怀与专业。

许崇明与他的弟弟

最后是引进最先进的治疗方案、药物和产品。为了确保治疗效果，我们持续跟进最新的医学进展，并将最前沿的治疗技术、药物和产品引入诊所，力求为患者提供最有效的治疗方案。

问：目前许崇明皮肤专科中心的事业已经走出马来西亚，扩展到国际市场。请您介绍一下公司在海外业务发展方面的新进展以及布局情况。

答：目前，我们公司已在印度尼西亚设有两间分支机构。由于公司在马来西亚的快速发展和业务规模的不断扩大，目前我们将专注于进一步拓展马来西亚国内分支机构，并实行高效的制度化管理，确保每个分支机构的运营效率和服务质量。未来，我们仍计划逐步扩大国际市场，但目前的重点是巩固马来西亚国内业务基础。

问：相较于同行业者，您认为公司的差异化核心价值何在？哪些经典的项目或案例奠定了公司的发展地位？

答：我认为公司的差异化核心价值在于员工福利和顾客认可度的双重关注。我们不仅注重患者的

纪念中马建交 50 周年

许崇明出席 2024 年"星洲企业楷模奖"颁奖典礼

许崇明与培训学院的毕业生合影

治疗效果和体验，也非常重视员工的成长与发展。公司始终致力于研发创新的治疗方案、护肤产品和保健品，以满足市场的不断变化与顾客需求。

此外，我强调无私的培训，确保每一位员工都能不断提升自己的专业能力。我们鼓励员工学习最新的知识和技术，提升整体团队的专业水平。为了培养更多行业人才，我们还成立了培训学院，鼓励有兴趣从事美容与医美行业的人士参与，通过系统的培训帮助他们掌握基础知识和技能，为行业输送更多优秀的专业人才。

这些举措不仅提升了团队的专业素质，也为顾客提供了更高质量的服务。这些理念和项目帮助我们在行业中脱颖而出，奠定了公司的发展地位。

问：创业至今，有没有一些时刻，是您感觉特别艰难的？您是如何应对，如何带领团队找到突破口的？

答：在创业过程中，确实有一些特别艰难的时刻，其中最具挑战性的两个方面是：新诊所的开设手续复杂，以及招聘和培训新员工的困难。

首先，开设新诊所涉及烦琐的行政手续，不仅耗时长，而且需要巨大的资金投入。这个过程往往充满不确定性，给公司带来了不小的压力。为了解决这一问题，我们成立了专门的团队，专注于与政府部门的沟通和手续跟进，确保每个环节都能高效推进。

其次，招聘和留住优秀员工一直是我们面临的挑战。尤其是年轻员工，往往更倾向于尝试新领域，且忠诚度较低，许多员工在未充分熟悉工作之时就轻易离职。为了解决这个问题，我们建立了内部培训学院，专门培养医美护理师和医生，通过系统化的培训提高员工的专业能力，并增强他们的归属感和忠诚度。

面对这些挑战，我始终与团队一起迎难而上，通过创新和制度化的管理找到突破口，最终克服了这些困难，推动公司稳步前进。

问：对于您和公司而言，当下最重要的工作是什么？您为公司设定的短期目标与长期目标分别是什么？

答：目前，对于我和公司而言，最重要的工作是建立高效的系统化管理，将这一管理模式落实到马来西亚各大城市和小镇的分行，确保我们的运营高效一致，并提供优质的服务。

2025年，我们的目标是将公司成功上市，为公司发展提供更多的资金支持，并借此提升品牌的市场认知度和影响力。

我们的长远目标是将公司的业务从马来西亚扩展到全球，成为国际领先的皮肤医学和整形美容品牌，服务全球更多客户。

问：关于团队管理，您推崇怎样的管理方式？特别是在如何打造团队执行力、凝聚力、创新力等方面，您有哪些心得体会？

答：在团队管理方面，我推崇的是目标导向与开放包容的管理方式。我认为作为团队的领导者，我的责任是为团队设定明确的目标，并确保每位成员都清楚自己的角色和任务。同时，我鼓励团队成员提出自己的意见和建议，保持开放的心态，倾听他们的声音，以此激发他们的创新思维和主动性。

为了打造团队的执行力，我强调目标的清晰与沟通的重要性。确保每位成员明白团队整体战略，并明确自己的具体责任，这样才能提高工作的效率和执行的精确度。

在凝聚力方面，我也倡导营造信任和良好的沟通氛围，鼓励团队成员之间的协作与互助。我相信，只有团队成员之间有足够的信任与支持，才能在困难时刻共同面对挑战，保持高效的工作状态。

至于创新力，我提供足够的空间和自由，让员工在工作中发挥自己的才能，勇于提出新想法，并且愿意尝试新的解决方案。我认为，创新的源泉在于鼓励尝试和容忍失败，创造一个支持创新的环境是非常关键的。

通过这些管理方式，我帮助团队在不断变化的市场环境中保持高效、团结和创新，推动公司持续发展。

问：商业之外，您是否还投身于一些社会事务或公益事业？您如何看待企业家肩负的社会责任？在平衡商业价值与社会价值二者间，您有哪些考量？

许崇明近照

答：受父母影响，我一直非常注重教育的培养。我很高兴能够担任华校董事一职，并有机会为华社的教育事业贡献力量，帮助更多孩子获得更好的教育资源。同时，我们公司也积极参与社会公益，例如，常常赞助羽毛球运动和交响乐团体，支持本地文化和体育事业的发展。

此外，我们还鼓励员工参与社会服务，定期组织团队前往偏远地区，为当地居民提供健康教育和免费体检，希望能为更多需要帮助的社区提供支持和关爱。

作为企业家，我认为企业不仅要追求商业价值，更应该肩负社会责任。企业的成功不仅体现在财务业绩上，更应该体现在其对社会的贡献和影响上。平衡商业价值与社会价值是非常重要的，在做决策时，我始终考虑如何用企业的资源和优势来回馈社会，推动社会的可持续发展。

问：目前您如何安排每天的工作？工作之余，您有什么兴趣和爱好？

答：每天上午11时左右我到达巴生总部诊所，开始接诊病人并提供皮肤治疗。除了接诊病人，午间也会参与会议，与公司团队成员、管理层或合作伙伴进行沟通，讨论公司的运营、战略规划和项目进展等事宜。到下午6时我结束一天的工作。晚上则安排时间进行运动，保持身心健康。

我最喜欢的运动是打羽毛球，我常常通过打羽毛球来放松身心。除此之外，我还非常喜欢旅行和阅读，旅行让我开阔视野，阅读则帮助我不断学习和充实自己。

问：华人和华裔是马来西亚三大民族中，非常重要的一股中坚力量。作为本土华人后裔，您如何看待振兴华社的使命感？您认为，马来西亚华人当下最值得努力的方向有哪些？

答：作为马来西亚华人后裔，我认为振兴华社是每个华人子弟的责任。我们必须掌握母语，确保语言和文化得以传承。同时，华人的优良传统文化应代代相传，并向全世界传播。我认为，当前马来西亚华人最值得努力的方向是掌握多种语言，在保留和传承华人文化的同时，更好地与其他民族和文化融合。我希望华人文化能够继续发扬光大，保持其独特的魅力和影响力。

林小雄

　　林小雄是马来西亚华商中的杰出代表。他不仅通过其教育事业惠及了无数学子，还向社会输送了众多杰出人才。他的个人奋斗史同样为那些怀揣梦想、努力前行的人们提供了深刻的启示：无论经历多少困难，只要保持初心，始终坚持，就一定能够实现自己的目标。

　　2019年，为表彰林小雄对马来西亚教育事业的卓越贡献，马来西亚教育部向他授予"国家杰出教育家奖"，这是马来西亚教育界的最高荣誉。

逆境中崛起的杰出教育家

——马来西亚北吉隆坡国际学院创始人兼校长林小雄

> "我们将继续致力于推动职业教育的国际化进程，特别是在东南亚地区的职业教育合作上。希望通过更多的国际合作项目，将马来西亚的职业教育推向全球，为学生提供更多的国际化学习和就业机会。"
>
> ——林小雄

童年逆旅 坚忍不拔

林小雄的祖籍是福建省永春县，那里曾是其家族荣耀的摇篮。他的曾祖父，一位曾在清代福建官场显赫一时的人物，却因一场冤案的误判而遭遇不幸，家族的命运因此被蒙上了一层阴影。他的曾祖母是一位能干好强的女性，携带着家族的财富和希望，跨越重洋，迁居至马来西亚的新古毛，为家族寻找新的生机。

在新古毛，林小雄的祖父继承了曾祖母遗留的丰厚遗产，勇敢地投身商界，成功经营锡矿和塑胶工厂，为家族的繁荣奠定了坚实的基础。然而，曾祖母去世后，家族事业仿佛失去了领航者，开始在商海的波涛中摇摆不定，逐渐走向衰落，生活也日益艰难。

林小雄的父亲林玉伟，成长于那个动荡的时代，接受了良好的教育，精通多种乐器，拥有超凡的社交才华。不幸的是，随着家境的变迁，他的事业未能长久。林小雄在这样的家庭氛围中成长，深受父亲多才多艺的影响，但命运的残酷让他早早地失去了父亲的庇护。家庭的重担，如同一座大山，压在了母亲和五个兄弟的肩上，他们必须共同承担起家族的未来。

林小雄的童年生活并不轻松。他的母亲为了家庭生计，每天早出晚归，辛勤工作。而林小雄，尽管年纪尚小，却早已体会到了生活的不易。他不仅在街头叫卖小吃，还协助母亲打理家中的面摊，用他那稚嫩的肩膀分担家庭的重担。

家中的兄弟们自小便投身于工作，共同肩负起家庭的重担。尽管面临生活的艰辛，他们的内心却充满了对家庭的深情和对未来的憧憬。在这样的背景下，林小雄对知识的追求显得尤为迫切，尽管他的学业之路并非一帆风顺。他7岁进入小学时甚至还不懂得如何书写自己的名字。

然而，校园生活并未如他所憧憬的那般洋溢着欢乐。由于经济条件的限制，他无法购置体面的校服和书籍，这使得他在学校中经常成为同伴们取笑的对象。尽管如此，林小雄并未放弃，这些挑战反而激发了他自学的激情。在逆境中，他逐渐锻造出了一种不屈不挠的意志。

转折点发生在四年级，林小雄遇到了他的华文老师骆老师。骆老师的鼓励宛如一束光芒，照亮他的学生时代。他开始热衷于参加作文竞赛，每一次的挑战都使他更加坚定了自己的信念。在不断的竞赛中，他屡屡取得优异成绩，这些成就不仅让他在学术上建立了自信，也使他在班级中显得格外突出。

在中学阶段，他曾迷失了方向，卷入了当地的非法帮派，接触了社会的阴暗面。然而，命运的转折点突然而深刻地到来，一位朋友的意外去世如同晴天霹雳，震撼了他的灵魂。这场悲剧促使林小雄猛然觉醒，他意识到自己正站在悬崖边上，一步步走向深渊。

自那一刻起，林小雄下定决心彻底改变，重新投身于学业之中。他凭借坚定的意志力和坚持不懈的努力，重新点燃了对知识的渴望之火。在中文和数学的课堂上，他展现出了非凡的潜力和才华，成绩优秀，宛如凤凰涅槃，经历浴火后重获得新生。

这段经历，尽管布满了曲折和挑战，却也塑造了林小雄坚韧不拔的性格。他的故事，不仅关乎家族的荣耀与衰落，也关乎个人的成长与奋斗，更是希望与重生的传奇。

高山低谷 巅峰坎坷

中学毕业后，林小雄并未遵循传统的就业路径，而是选择了投身于补习教育领域。在那个时期，补习班是学生们提高学业成绩的关键平台。凭借对数学和会计的透彻理解，以及他那创新的教学策略，林小雄很快在补习界崭露头角。他的教学风格既易于理解又强调实际操作，使学生们能够迅速吸收那些原本看似难以掌握的知识点。

他的教学理念是因材施教，坚信每个学生都拥有独特的潜力和才华。他细心倾听，耐心指导，帮助无数学生在考试中取得了优异的成绩，也为自己赢得了广泛的赞誉和尊重。

补习班从最初的几名学生逐渐发展成一个拥有数百名学生的教育机构。凭借对教育的热爱和卓越的教学能力，林小雄迅速成为当地学生和家长心目中的"明星补习老师"。他的教学不仅提升了学生的成绩，还激发了学生的学习兴趣和自信心。补习班的成功让他在短短几年内积累了相当可观的财富。

林小雄携手马来西亚吉隆坡教育厅厅长等官员，共同出席"2023丝绸之路教育合作交流会"

林小雄应邀为学生作"高中会计知识要点与高效作答技巧"讲座，以帮助学生在考试中取得更优异的成绩

随着事业的蓬勃发展，年轻的林小雄开始探索其他行业，试图通过多元化投资进一步扩展他的商业版图。他先后涉足直销、榴梿山开发和神台销售等多个项目，然而，由于缺乏足够的市场洞察和管理技能，加上1997年亚洲金融危机的冲击，林小雄的投资项目纷纷失败，最终破产。

林小雄失去了多年积累的财富，甚至不得不变卖房产和资产，生活再次跌入低谷。

=== 纪念中马建交 50 周年 ===

林小雄应马来西亚教育部之邀,为马来西亚高中教师提供高质量会计培训,全面提升教师的专业能力和教学水平

马来西亚教育部授予北吉隆坡国际学院"战略合作伙伴"称号

尽管面临着严峻的事业挑战,但林小雄并未放弃。他深刻认识到自己最大的价值在于教育领域,因此决定重新启动补习班的运营。在深入分析了以往的失败教训之后,林小雄对补习班的教学方法进行了调整,开发出更贴合学生实际需求的课程,并且积极拓展新的教学市场。经过数年的不懈努力,他的补习班不仅重获新生,而且取得了比以往更大的成功。

林小雄深刻认识到,教育不仅是他事业的根基,更是他热忱追求的领域。经过重组的补习班,凭借更加定制化和创新的教学方法,吸引了众多学子。

他在数学和会计等科目上持续展现出色的教学成果,并且扩展了更多应用性强的学科课程,助力学生在考试中脱颖而出。随着补习班声望的日益提升,林小雄的学生遍布马来西亚,许多人在毕业后成功进入顶尖大学深造,这些成就进一步巩固了他的良好声誉。

值得注意的是,他前瞻性地在补习班中融入了现代化的教学工具和技术,采用了线上与线下相结合的教学模式,使得教学过程更加灵活高效。他还为不同年级的学生开设了个性化的辅导课程,特别是在会计和商业管理等实用科目上,为学生们未来的职业生涯奠定了坚实的基础。

在那些充满挑战的时光里,林小雄不仅在教室的讲台上播下了智慧的种子,更使得学子们心中的梦想萌芽。经过无数个日夜的坚持和努力,最终,林小雄的梦想绽放了,结出了丰硕的成果。

2015 年,马来西亚北吉隆坡国际学院正式成立,学院坐落于马来西亚首都吉隆坡,拥有四个校区。该学院提供的课程包括会计学、管理学、营销学、学前教育学、房地产管理学以及中医学,并与中国黑龙江中医药大学联办本科中医学,学生可在北吉隆坡国际学院完成中医学本科课程,同时获得中国黑龙江中医药大学颁发的学士学位证书。

多年来,北吉隆坡国际学院一直致力于提供高质量的教育。在全球 200 多个国家的 LCCI 考试中,北吉隆坡国际学院的学生表现优异,成绩名列前茅。

此外,北吉隆坡国际学院还曾应马来西亚教育部之邀,访问了马来西亚的 13 个州和 3 个联邦直辖区,致力于提升马来西亚所有中学教师的教学能力、综合素质和水平。北吉隆坡国际学院与马来西亚教育部及教育办公室携手合作,实施了多项措施,以促进马来西亚全国教师的发展。

为了进一步推动马来西亚教育与国际教育的深入合作，北吉隆坡国际学院获得马来西亚内政部的KDN批准，可以招收来自其他国家的留学生，并在海外实施"国际交换生"计划。

"我一直认为，教育是改变我们生活和未来的非常有力的工具。良好的教育可以将梦想变为现实，为迎接未来的挑战做好准备。"林小雄以自豪的口吻阐述道，"我们学院致力于树立终身学习的理念，并在学生的学习旅程中注入额外价值，持续提供高质量的教育服务。尤为重要的是，我们肩负着帮助经济困难家庭学生的重任，通过丰富的学习体验，培养他们成长为更加优秀的人才，进而提升他们的生活品质。这不仅是我们的责任，更是我们学院永恒的使命。"

目前，北吉隆坡国际学院已成长为一个具有区域影响力的教育机构，在马来西亚教育行业中占据

英国特许公认会计师公会（ACCA）委任林小雄为"金牌培训伙伴"

了显著地位。该学院的领导团队在教学创新方面不断取得进展，同时在教育管理和学生服务方面也追求卓越，形成了一套完善的教学管理体系，助力众多学生在学术上获得成功。

贡献卓越　屡获殊荣

林小雄不仅在教育领域取得了显著成就，更是在教育论坛和学术研讨会上积极分享自己的教育理念和实践经验，为年轻教育工作者提供了宝贵的经验和灵感。他的成就超越了教育的界限，涉及多个领域，赢得了广泛的认可和赞誉。

在教育的道路上，林小雄荣获了诸多引人注目的荣誉。

为表彰他在教育界，尤其是会计教育领域的杰出贡献，英国伦敦工商会（LCCI）向他授予"LCCI荣誉合作伙伴奖"。

因其在教育改革与创新方面的卓越成就，北吉隆坡国际学院被马来西亚教育部授予"战略合作伙伴"殊荣。

作为会计教育的领军人物，英国特许公认会计师公会（ACCA）委任林小雄为"金牌培训伙伴"，以肯定他在培养顶尖会计人才方面的不懈努力。

2019年，为表彰林小雄对马来西亚教育事业的卓越贡献，马来西亚教育部向他授予"国家杰出教育家奖"（National Outstanding Educator Award 2019），这是马来西亚教育界的最高荣誉。

2019年，马来西亚教育部向林小雄授予"国家杰出教育家奖"

林小雄应邀前往马来西亚皇家警察局，为警官们开展专题讲座，深入分享实用的会计知识

同年，由他编撰的《SPM会计练习书》成为马来西亚的畅销书，帮助无数学生在SPM考试中取得了优异的成绩。

林小雄不仅在教育界屡获殊荣，他的社会贡献同样令人敬佩。多年来，他积极投身公益教育事业，慷慨提供奖学金并组织免费辅导课程，帮助了无数贫困学生圆梦学业，改善了许多家庭的生活状况。

此外，他还热心参与各类社会活动，为社区建设贡献了宝贵的力量，尤其在培养年轻一代和推动社会福利方面，发挥了关键作用。同时，他还为马来西亚的高中会计教师提供专业培训，致力于提升教育水平，为国家教育事业的发展作出了卓越的贡献。

2021年，他因教育、商业和社会影响力成就被列入"马来西亚最成功人物"的名录，成为广泛报道的焦点。

2021年，他还创下了举办最多场线上会计讲座的马来西亚纪录，至今他仍是该纪录的保持者，展现了他对教育形式创新和在线教学的深刻理解。

加强合作 推动职业教育国际化

林小雄不仅在教育领域取得了显著成就，还致力于推动国际合作，特别是在职业教育方面展现了卓越的领导力。他深刻认识到教育的全球性，主张通过国际合作来不断提升教育品质，并拓宽学生的国际视野。

林小雄携同马来西亚教育部资源与科技教育司团队，出席"2024 EducationPlus（无锡）国际职业教育大会暨产教融合博览会"

为了加强国际合作，林小雄曾多次组织并亲自带领马来西亚教育部官员访问中国，深入考察中国的职业教育发展状况和模式，并积极寻求在职业教育、师资培训以及学术交流等方面的合作机会。这些国际交流活动不仅加深了马来西亚与中国在教育领域的合作，也为职业教育的国际化发展作出了重要贡献。

得益于林小雄的持续努力，北吉隆坡国际学院与中国多所高校建立了紧密的合作关系。双方在师资培训、课程设置、学生交流等多个方面展开了深入合作，共同探索教育的无限潜力。

在一次学校交流访问中，林小雄对东道主学校的热情接待表达了诚挚的感激之情。他全面介绍了北吉隆坡国际学院的成长历程、团队构建、课程设置、学生管理以及国际合作教育项目。他指出，马来西亚政府近年来对职业教育的重视程度日益加深，投资力度不断加大，这为双方在师资培训、专业共建、学术交流以及海外教育项目拓展等领域创造了广阔的合作机遇。

不仅如此，林小雄受马来西亚考试理事会（MPM）委托，在中国的"985"和"211"重点高校设立马来西亚大学英语测试（MUET）考点，还协助马来西亚全球教育服务中心（EMGS）成功在中国设立办事处，为推动中马两国教育合作作出了重要贡献。

在职业教育的国际合作领域，林小雄特别强调了双方可以在提升师生学历、短期项目交流、留学生培养等方面深化合作的愿景。他坚信，通过加强两国教育资源的共享，能够为学生提供更加多元化的学习体验，增强他们的国际竞争力。

此外，林小雄还积极倡导举办国际招生博览会，助力马来西亚的职业教育机构向全球展示其优势。他致力于将中国的职业教育标准引入马来西亚，通过引入先进的教学理念和标准，提升当地职业教育的整体水平。

在与多所国际院校的深入合作过程中，林小雄

林小雄携同马来西亚考试理事会官员出席"2024 南宁—河内经济走廊暨'一带一路'南宁友好城市交流大会"

为职业教育的国际化开辟了新的途径。在交流中深入探讨了可行的国际合作项目，并就共同努力建设国际合作与交流平台达成初步共识。这些合作不仅促进了职业教育的发展，也为学生提供了更多走向国际的机遇。

林小雄期望通过这些国际合作项目，进一步推进北吉隆坡国际学院的"马来西亚郑和学院"和"中文工坊"项目的建设。他相信，这些项目不仅能提升学院的国际声誉，还能为职业教育的多元化和国际化开辟新的道路。

尽管已经取得了卓越成就和荣誉，林小雄对教育事业的热情依旧高涨。他希望通过自己的不懈努力，继续推动教育改革，为更多的孩子提供优质的教育资源。他坚信，每个孩子都拥有无限的潜能，教育的使命在于帮助他们发现并发挥这些才能。

展望未来，林小雄将继续致力于推动职业教育的国际化进程，特别是在东南亚地区的职业教育合作上。他希望通过更多的国际合作项目，将马来西亚的职业教育推向全球，为学生提供更多的国际化学习和就业机会。相信在林小雄的引领下，北吉隆坡国际学院的教育事业将照亮更多人的未来，让这个世界因教育的力量而变得更加辉煌，充满希望。华

邱咏筠

　　邱咏筠出身于富裕之家,爷爷邱德根白手起家创办远东集团,父亲邱达昌则号称"马来西亚李嘉诚"。在"富三代"光环之下,她不只受到幸运女神的眷顾,也圆满履行了"自强不息"的家训。

　　由她执掌的帝盛酒店集团相继制定"华人足迹"策略、"创建更理想未来"策略,引领集团进入扩张与领先的全新时代,并坚定致力于可持续发展。目前,帝盛酒店集团旗下拥有及管理的酒店数量已达64间,客房总数约14000间,规模较十年前增长了5倍。

传承是责任 发扬是使命

——帝盛酒店集团总裁及执行董事邱咏筠

出身富裕之家,难免给予人养尊处优的印象。不过,这并不能掩盖一个事实,就是守业不比创业易。事实上,此中凭借自己勤奋努力,令家族事业更上一层楼的不乏其人。邱咏筠便是其中的一位杰出代表,她已将掌管的帝盛酒店集团经营得风生水起;作为女性,她认为经济及精神的独立是认真对待人生态度的体现。无论是在个人事业、社会事务还是家庭方面,她都尽力而为,追求卓越。在外界眼中,她是一位与众不同的"富三代"。

邱咏筠自幼便每周陪伴爷爷到荔园游乐园巡视业务,还曾在亚洲电视录影厂见识过当时的影视红星,少年时期,她在英国伦敦大学国王学院获商业管理学士学位。毕业后,她曾在国际投行工作,后于2002年进入家族企业,出任马来西亚置地有限公司董事,负责吉隆坡地标物业 Plaza Damas 的开发工作;此外,她还曾担任马来西亚交易所主板上市公司 Land & General Berhad 的非独立及非执行董事。

这段经历让她对多元文化以及地产运营有了深刻的认识,到了2007年,邱咏筠开始在业务上独当一面,成功购入了日本连锁快餐店 Freshness Burger 在香港地区的特许经营权。2010年,年仅30岁的她带领团队将远东发展旗下的酒店业务分拆上市,命名为"帝盛酒店集团"。

家业与兴趣

接班家族企业,在很多人看来天经地义,但实际上并非如此。

邱咏筠的爷爷邱德根,祖籍浙江宁波,1925年生于上海,1950年赴香港,白手起家,创办远东集团。

邱咏筠的父亲邱达昌则号称"马来西亚李嘉诚",被马来西亚授予"丹斯里拿督"称号。1970年,只有16岁的他便奉父命只身前往印度尼西亚策划兴建游乐场。年仅26岁时,他就开始在股市上并购公司,过去数十年,他不仅致力于在香港地区及东南亚为中产阶级建造房屋,还是东南亚及香港著名的"四星级酒店之王"。现时,他是远东发展及帝盛酒店集团的主席。

邱家的生意涉猎广泛,包括酒店业、房地产业、主题公园和电视台。作为第三代,邱咏筠从小就在这个多元化的商业环境中成长,使她从小就对商业产生了浓厚的兴趣,她经常跟随父亲开会巡视业务,放学后也经常到公司找他,听他开会谈公事。而父亲也很乐意与她交流公司事务,了解她的想法。

在耳濡目染中,邱咏筠慢慢培养了做生意的兴趣,长大后,她顺理成章地接手了家族旗下的酒店业务。她的大学及之后的进修课程均是与商业业务相关的专业。

不过,邱咏筠并不是很早就打算接管家族生意。"我的爸爸妈妈在这方面一直都给予我很大的自由,让我可以自由选择自己感兴趣的专业及工作,并朝着自己的目标方向发展。接管家族生意是一个偶然的机会。"

2004 年，邱咏筠当时所处的瑞信集团在上海新开办事处，因为她懂上海话，所以公司希望她到上海开拓业务。另外，她父亲在马来西亚的发展公司 Malaysia Land Property 首次着手发展大型的商场项目，希望她能去帮忙。最后，邱咏筠选择了后者。"因为我知道总有一天我会回到家族生意中，与其在上海半途而废，倒不如立即转战马来西亚。"

到吉隆坡后，邱咏筠负责的第一个项目是"Hartamas Shopping Centre"，这是一个包括大型商场、写字楼及服务式住宅的综合发展项目。她开始接触到很多不同的领域，涉及很多方面的专业知识，包括商场清洁的流程、租户装修入住的图与实际施工是否相符、是否会阻挡冷气风口等。

邱咏筠于 2013 年举行的香港管弦乐团晚会上担任指挥，成功筹得超过 300 万港元善款

"我深知身边的同事都是各方面的专才，我通过虚心提问，边学边做，慢慢上手。我很感谢这段离开香港工作的日子，因为它让我变得更加独立，成长得更快。而到后来在马来西亚的各个项目运作进入正轨后，我想寻找新的业务去学习，而且离开家这么多年，我也想多花时间陪陪家人，所以决定回香港。"邱咏筠说。

回到香港后，她正式加入远东发展担任项目发展总监，开始负责集团的酒店业务。"我一直很热衷于与人有关的行业，早在中学毕业后的暑假，我就曾到香港的前 Ritz-Carlton 酒店做管理培训生。在实习期间，我在不同的部门如销售部、客房部、前台部等学到了很多东西，越发喜欢上酒店业，它能为很多基层人士提供就业机会，并为他们创造一条通过努力便能获得晋升的职业发展道路。我很高兴在事业上找到自己的兴趣，并得到了家人的无限支持，打理酒店业渐渐成为我事业上最大的兴趣，我很享受与一班同事互相学习、互相成长的过程。"

2011 年，邱咏筠被委任为帝盛酒店集团的总裁及执行董事。自此，邱咏筠便通过接触世界各地的旅客和各地区同事，认识了不同国家的文化。喜爱旅行的她，深信"读万卷书不如行万里路"，常利用旅途所见所闻开阔视野，并体会世界各地的酒店特色，从而为她在酒店业务上带来新构思。"无论在香港还是其他地区，每当看见有趣或最新的事物（如餐厅、酒店设计或服务），我也会第一时间想起旗下的酒店。"

创新以致胜

帝盛集团上市后，成为亚洲增长最迅速的酒店集团之一，时至今日，集团依然保持领导地位。这样的成功得益于邱咏筠早年倡导的"华人足迹"策略，以及现时致力于"创建更理想未来"的方针。

很早以前，邱咏筠就从自由行的内地旅客的住宿需求中看到了新商机，她认为内地中产人群未来几年会成倍增长，并逐渐成为境外旅游的主力。因此，过去几年，帝盛集团专注于四星级酒店市场，而且主要是"在内地之外服务于内地旅客"，公司将其称为"华人足迹"策略。"我希望通过这一计划，在世界各地建立专为亚洲人设计的四星品牌酒店，并将亚洲传统热情的待客之道呈现给全世界。酒店是客人们下飞机后最先接触的地方，因此我很希望亚洲客人到我们酒店能感受到回家的感觉，而其他国家的客人到酒店也可以体验到亚洲特有的待客之道。"

帝盛酒店集团是香港的品牌，相信比起其他外国酒店品牌会更了解中国人的消费模式。如在海外酒店，他们会至少安排一位华人员工，各项服务设施也设有中文提示，也会提供中式餐饮服务。对于

邱咏筠支持香港艺术中心活动

不太习惯异国文化的年长旅客，相信酒店早餐特有的中式热粥最让他们感到亲切。海外的酒店大多只提供冰水，帝盛的酒店则可以提供电热水壶煮水。欧美中档酒店不向旅客提供一次性用品，帝盛的酒店却会提供包括拖鞋、牙膏、茶包在内的用品。

可以说，集团在世界各地国人旅游热点兴建的酒店，从管理、布置、饮食方面都融入了中国传统特质和元素。即便在内地，虽然只有几间酒店，但都位于上海、成都、武汉等核心城市。"我的目的是要建立品牌，让更多人知晓，将来他们外出旅游时也会马上联想到我们的酒店。""我们不只对酒店业充满热情，还对旅游业、旅客充满热情。客人是否接受酒店，很大程度上取决于酒店能否真诚待客。对于能在增长中的市场和行业中经营，我感到非常荣幸。"邱咏筠接受访问时说，帝盛一直强调，业务要跟随华人的足迹。

要了解内地游客的习惯和做法。她说："我们是香港酒店业较大的公司，我们比市场上其他公司都更关注游客。如果你看一下内地游客的消费支出，你会发现只有12%的钱花在住宿上，70%都用来购物。因此，通过了解市场，你就知道四星级酒店会很受内地游客欢迎。"

现在帝盛集团主要经营四大品牌，占集团70%比例的是帝盛酒店，主要是位于城市中心的四星级酒店；全新公寓式酒店品牌Dao by Dorsett已于伦敦及新加坡开幕，并计划在不同主要城市开设新酒店；d.Collection精品酒店坐落于城市黄金地段或风景区，提供个性化的住宿体验；还有性价比极高的丝丽酒店系列。2022年推出的Dao by Dorsett承诺提供"住宅式酒店"模式，让客人在配备齐全的住宅中享受个性化的生活空间，并通过多种方式与当地社群互动。

邱咏筠介绍："Dao是'道'的拼音，意为'道路'，这象征着我们的酒店致力于为充满活力且独立的每一位客人服务，成为他们探索并融入当地社区的引导者。近年来，世界经历了不可逆转的变化，人与人之间的联系显得比以往任何时候都更加珍贵。随着旅游的逐渐恢复，我们期待通过提供周全服务和设施的长期住宿选择，让我们的客人充分利用旅途中的每一刻，与亲朋好友重新建立联系，并与当地社群建立联系。"

集团目前与TWH及AGORA Hospitalities共同拥有及管理64家酒店，这些酒店分别位于中国内地、中国香港、马来西亚、澳大利亚、新加坡、英国等地。同时，帝盛酒店集团将继续积极在不同有潜力的地区发掘及扩展酒店业务，从而在扩大市场份额方面发挥重要作用。

"做好自己最擅长的，其他可以依托优质平台。"帝盛也要有平台思维，现在邱咏筠希望建设一个能让旅客从单纯住宿延伸到当地生活方式体验的美食及艺术平台，而不是自己经营这些部分。帝盛旨在通过这个平台聚集更多元化的美食和艺术产品。例如，他们在香港的酒店引入了米其林二星餐厅，他们也会赞助香港艺术家到伦敦酒店举办展览，其旗下的香港兰桂坊九如坊酒店长期与知名画廊合作，为青年艺术家提供作品展示及销售的平台。

集团在2019年及2022年均为Affordable Art Fair的独家酒店合作伙伴，将香港本地艺术家推向世界舞台，并通过活动向全球人士推广帝盛的理念及其品牌忠诚计划。

"随着酒店数量的增加，集团致力加强客户关

邱咏筠探访马来西亚国立心脏医院，为病童送暖

系管理，自2018年推行的品牌忠诚计划，有效刺激了消费，并成功留住了核心顾客，提高了品牌知名度和忠诚度。"邱咏筠如是说。

爱艺与助学

在与团队共同努力打造酒店品牌开拓市场的同时，邱咏筠没有忘记企业的社会责任，积极参与艺术活动和公共服务。

除了集团主业，邱咏筠还担任了众多社会职务，包括香港大学校务委员会委员、香港艺术学院主席、香港艺术发展局委员、香港演艺学院友谊社委员会联席主席、香港艺术中心董事会成员、亚洲青年管弦乐团及香港中文大学伍宜孙书院董事会成员等。此外，她还曾任香港管弦乐团董事、香港艺术节协会发展委员会及联合国儿童基金香港委员会委员等职务。

此外，邱咏筠还服务于多个政府委员会，包括担任2021年香港选举委员会委员、2017年行政长官选举委员会委员、中华人民共和国第十二届全国人民代表大会选举委员会委员、大湾区共同家园青年公益基金副主席兼咨询及公共关系委员会副召集人、香港明天更好基金理事委员、香港公益金董事会成员及投资小组委员、团结香港基金会委员、香港总商会公司首席代表、香港酒店业主联会顾问、粤港澳酒店总经理协会名誉副会长、香港一日本商贸合作委员会委员、香港精英会会员、青年总裁组织香港分会及香港青年联会会员，亦曾任香港特别行政区政府博彩及奖券事务委员会和方便营商咨询委员会委员等。

"我对于艺术和文化都好有兴趣，我觉得对社会非常重要。"邱咏筠表示，文化及创意产业是香港最具活力的经济环节之一，有助促进经济增长和创造就业机会。"我的理念是十分重视教育、艺术和文化，因为要维持香港艺术文化的领先地位，除西九文化区这样的硬件设施外，更重要的还是要build up Eco-system，培养人才。"

因为学习艺术需要不少资金，很多学生来自普通家庭，甚至困难家庭，所以邱咏筠参加了包括香港演艺学院在内的不少与艺术相关的筹款委员会，为这些学生提供学习资金。"在任职期间成功为香港管弦乐团及香港演艺学院筹得合计超过5000万港元，受惠约1000位艺术人才；以及推动帝盛酒店集团奖学金计划并为各大院校学生提供实习机会，至今为止捐出逾5000万港元，受惠超过1200名来自中学、职业学院及大学学生。因为支持教育事业，培育下一代，为香港培养更多艺术文化的人才，是我们作为香港一分子的一个使命和任务。"

在过去的几年当中，邱咏筠尤其致力于青年事务的发展。她曾到香港中文大学授课，为学生传授酒店管理的经验，其后更成为香港中文大学伍宜孙书院的董事局成员，常常参与书院内的各种活动，希望能以自身的力量正面影响香港的青年；与此同

2014年，家人共同现身支持由邱咏筠担任主席的香港演艺学院筹款晚宴，左起：二妹邱咏贤、邱咏筠、母亲邱吴惠平、父亲邱达昌、三妹邱咏麒、弟弟邱华玮

邱咏筠出席香港艺术中心年度旗舰展览（2015）

体力行感染大家。"学生给我好多能量！我鼓励同事都到社区教学，帮助有需要的学生，尤其是教授面试技巧，好多时候一些同学没机会读大学，而面试只有几十分钟就决定是否成功，所以非常重要。"

其中，帮助一位贫困女学生的案例令邱咏筠印象深刻。这名巴基斯坦裔女学生Kianat曾在裘锦秋中学就读。"早年我在报纸上看到她获得青协颁发的助学金，我特意去颁奖礼鼓励她，找老师了解她家情况。发现她爸爸是建筑工人，不幸离世，家庭失去了支柱，家人情绪崩溃，庆幸的是Kianat保持乐观，继续努力读书，带家人走出伤痛。我们深受感动，并为Kianat提供了助学金，前年得知她被香港公开大学录取，修读幼儿教育专业，我感到非常欣慰。见到她一步步靠近理想，我为她感到高兴。"

2022年，邱咏筠促成帝盛酒店集团捐款400万港元创建VTC企业共创中心，协助学生掌握创新科技及职场技能，又特别拨款90万港元为VTC学生提供创新意念奖及种子基金计划，推动VTC学生释放他们的才能和潜力。

此外，邱咏筠大力支持粤港澳大湾区新经济生态的发展，尤其是科技、医疗、ESG等领域的初创公司和青年企业家。邱咏筠是海阔天空创投基金的管理团队成员、阿里巴巴创业者基金（大湾区）和Astera Capital Fund的顾问委员会委员。此外，邱咏筠还为其他投资基金提供战略性建议和运作指导。

时，邱咏筠麾下的帝盛酒店集团每年也提供不少实习的机会给有志从事酒店相关行业的学生，培养他们的"企业家精神"及"社会责任"，以帮助他们将来更好地融入社会。

邱咏筠深信知识能改变命运，因此有空亦会到爷爷邱德根以发妻裘锦秋名义创办的三间中学与学生分享人生和工作经验、教授面试技巧等，希望身

宝贵的家教

如果说守业成功源于创新，那么敢于创新则是源于爷爷的家训"自强不息"。

"爷爷教我要自强不息，以祖母命名的三间中学，都挂上了'自强不息'牌匾，提醒我们要不停进步。爷爷以前每日都会上班，好勤奋，我们放学会去写字楼找他吃饭；爸爸亦好勤奋，这个年纪依然不停学习。"

除了爷爷邱德根，父亲邱达昌对邱咏筠也有巨大影响。通过父亲，她自幼就了解到香港作为中西文化交汇之处，香港企业家可以更好地借助这个定位和资源来面对更国际化的市场。她还从父亲的身上学会了放权与勤奋，以及稳中求进。她会经常研究宏观经济大环境及不同国家的目标客户特点，在每一间酒店选址时都要实地去看几次，经常与团队讨论投资方向，也乐于听到团队有理有据地对她说"不"，对于很多新事物持开放的心态去尝试。

邱咏筠代表香港艺术中心领奖

"我认为其实我同普通人一样，虽然爷爷和父亲在事业上很成功，但回到家后，我们其实与一般温馨幸福的普通家庭无异。爷爷从小教导我要勤奋用功，处事谦虚，好学不倦。父亲则让我明白，不要怕吃亏，只要肯付出，必定有收获的道理。我于英国伦敦读书的时候曾经试过在快餐店打暑期工，我的日常生活与一般人并没有分别。因此，无论在外工作，还是打理家族生意，我认为最重要的还是踏实地干，凭实际成绩和工作态度去赢得同事的尊重和信任。"邱咏筠亦很感恩能够成长在一个充满爱的幸福家庭中，能在自己热爱的事业上努力，而家族背景并没有为她带来太大的压力。"爷爷、父亲和母亲都在各方面给予我很大的自由空间，并无条件支持我。而我觉得，家庭背景给予我的，是很多很好的机会，让我在事业上从小便能认识到很多各行各业的成功人士，从中学习到很多，更快地成长。而最重要的是，家庭背景给予我一个很好的平台去帮助别人。其实除爷爷和父亲外，母亲也影响我很多。她从小教我，做人最重要的是懂得感恩。除了感激帮助过自己的人外，更要在别人需要的时候给予帮助，这样心灵上也能同时感到富足。"

邱咏筠和家人的感情一直都很好。"在任何事情上，爸爸、妈妈都给予我很大的空间和自由，让我能毫无后顾之忧地做自己喜欢的事情。虽然我中学阶段已到英国念书，但我与弟弟、妹妹的感情一向很好，与他们在一起的时光是我最舒服、最放松的。虽然长大后，我们各有各的忙，不停地出差公干更是让我们很少有机会见面。但每年不论是任何一位家庭成员的生日，再忙我们一家人都一定会聚在一起庆祝。时间允许的话，我也很喜欢和家人们去旅行，而每年的家庭旅行更是我最期待的时刻，因为家庭旅行能让一家人聚在一起，到不同的地方度假放松。"

在充满爱的家庭环境包围下，作为长女的邱咏筠已然成为父亲商业帝国中的左膀右臂。虽然公务、慈善事业两线忙碌，但邱咏筠仍然乐在其中，并在走向成功的路上收获了满满的荣誉——香港演艺学院荣誉院士、职业训练局荣誉院士、2017年女当家传承大奖、2016年金紫荆女企业家非凡大奖、首届世界杰出华人青年大奖，以及被委任为香港最年轻的太平绅士之一，还获得了由大众公开投票选出的 2016 年 Women of Hope 环球成功人士奖项，皆表彰了邱咏筠热爱工作，努力推广香港及其他领域的建树；此前，她亦被评选为2014年福布斯亚洲杰出女性企业家12强及2014年全港时尚专业女性。

而对于"酒店公主"称号，她说："我深感荣幸和幸运，但不代表自己最好，可能因为酒店业管理层女性较少，所以较易受到认同。我会不断提醒自己不要飘飘然，要脚踏实地。在服务业中，假如自满傲慢、脱离客户，是无法生存的。"

裘锦秋中学奖学金颁奖典礼（2016）

"有了大家的支持，我将继续努力回馈社会，特别是在教育、文化、艺术及推广香港方面。作为亚洲国际都会，香港总是时刻充满能量，不仅令游客尽兴，更在'一带一路'的政策推动下展现出无限的商机；这个见证我成长的城市教会我很多，我从心底里热爱它，并与身边的女性一同致力于把香港带上全球舞台,让它发光发热。"2016年5月27日，邱咏筠在接受"Women of Hope之环球成功人士"殊荣时如是说。

同心抗疫

2021年是邱咏筠接掌酒店的第10年，尽管在2020年初暴发的新冠病毒感染疫情，给全球酒店业带来重挫，但邱咏筠还是交出一份令人惊喜的成绩单：2021财年旗下酒店的毛利率仍达44.7%，表现优于同业约30%的水平，也是少数在疫情下仍有盈利的酒店。更甚的是，集团旗下经营及家族持有的酒店已达64间，拥有约14000间房间，规模较10年前翻了5倍。

邱咏筠介绍，从2020年8月开始，旗下酒店的入住率已比2019年同期还要理想，平均入住率亦逾八成，尤其是在旺季时的入住率更高。若将以上数据跟行业内平均入住率约五成多进行比较，帝盛旗下酒店的入住率较同行高出20～30个百分点。

帝盛酒店于逆市下创造出跑赢大市的佳绩，是由于集团专注经营三星级、四星级酒店，并且是首批响应香港特别行政区政府要求成为隔离酒店，从而在疫情下保证了营业收入。当时集团旗下在香港的酒店，绝大部分已作为隔离酒店使用，其中集团旗下的香港荃湾丝丽酒店，也于2021年8月底成为外佣入住的隔离酒店。

"我们的成功并不是侥幸，为何我们的酒店那么早就可以开始经营隔离酒店的业务？是由于我们本身已有一定经验，我们是第一批接待香港医护人员的酒店，也在武汉有一定的酒店防疫经验，因此政府相信我们，当然，我们自己也要不断改进，为此我们做了充分的准备。" 邱咏筠坦言。

2019年底，武汉暴发疫情，当时邱咏筠正在海外工作，突然收到武汉要封城的消息，她立即做出应变。"当时我们在武汉的酒店，约有三成的客人是海外人士，我们要安排车辆接走他们，有一些海外的旅客仍未安排飞机接送的话，就住在我们酒店。"那时疫情来势汹汹，不少由外资经营的酒店选择立即关闭，邱咏筠却选择继续营运酒店，除照顾被滞留在武汉的客人外，更接待当地的医护人员。

在武汉酒店接待医护人员的经历，给帝盛上了宝贵的一课，集团也决定于2020年3月，将香港的湾仔丽悦酒店用于接待医护人员，成为香港首家主要接待医护人员的酒店。邱咏筠表示："我们很早就决定将酒店预留给香港的医护人员使用，由于冷气及通风系统存在不少风险，我们提前就跟工程部的同事研究，酒店的冷气是否适合。当我们确认了酒店的冷气及通风系统没有问题，同时，我们也邀请了很多医护人员来跟同事沟通，解答同事的问题，大家也能安稳接受后，于是在2020年3月决定将湾仔丽悦酒店改为接待医护人员的酒店。"

香港运动员在东京奥运会夺得佳绩回港后，如夺得两面银牌的女飞鱼何诗蓓、赢得铜牌的女子乒乓球团队成员杜凯琹、苏慧音及李皓晴等多名运动员、教练及团队也是居住在集团旗下的酒店内进行隔离。由于他们已接种疫苗，只需要隔离七天即可完成隔离过程。

"其实不只是东京奥运，之前香港运动员到海外参赛或受训后，回港也是住在我们旗下的酒店。由于我们较早推出隔离酒店服务，这方面较有经验及能力去应付。"帝盛酒店也为运动员做出不少窝心举动，邱咏筠透露，"如运动员回港后，他们下机的时间是凌晨2时，来到酒店后，我们先送上热腾腾的云吞面，以美食欢迎他们。"

帝盛酒店集团从2020年2月开始，在香港以不同方式配合政府抗疫，如为前线医护人员、密切接触者、来自高风险国家的旅客、家庭佣工及检疫客人等提供住宿，防止疫情在社区蔓延。

2022年2月，香港特别行政区政府推行社区隔离设施酒店计划，帝盛酒店集团当即宣布将旗下在香港的五间酒店约2000间客房暂改为社区隔离设施，供症状轻微或无症状的确诊者入住隔离。

邱咏筠近照

"当时，集团在香港的九间酒店在以不同方式抗疫。社区隔离设施：荃湾帝盛酒店、观塘帝盛酒店、旺角帝盛酒店、荃湾丝丽酒店及海景丝丽酒店；密切接触者检疫中心：丽悦酒店及远东丝丽酒店；指定检疫酒店：湾仔帝盛酒店及兰桂坊九如坊酒店。"邱咏筠介绍说。

此外，集团亦致力于帮助世界各地有需要的家庭。邱咏筠表示："伦敦帝盛酒店Dorsett Shepherds Bush London协助英国政府收容从阿富汗撤离的难民，还为有需要的家庭提供日用品和衣物，又为难民组织捐赠，包括安排市长办公室的捐赠活动。当时，我们酒店共收容约300名阿富汗难民，其中包括160名儿童。"

在带领帝盛酒店集团积极抗击疫情的同时，邱咏筠也不忘感谢集团全体同人的齐心协力和贡献。

2022年初，邱咏筠向员工发出手写信，感谢每位员工在过去一年的付出，在疫情期间坚守岗位，也要照顾受疫情影响的人士甚至密切接触者，作出了无私的奉献。她宣布，所有合资格员工可获2个月花红，并获每月3000元的疫情津贴，同时，所有员工将享有5天工作周，以及2022年度将加薪2%～4%，加薪政策于2月1日生效，希望员工们可以开开心心地迎接新一年。

在谈及集团未来发展时，邱咏筠坦言，将继续带领帝盛酒店集团再创佳绩，同时不忘回馈社会，共同创建更美好的未来。华

谢溢高

    谢溢高以卓越的领导才能和创新精神，成为马来西亚及亚太地区高科技产业发展的关键推手。作为马来西亚亚太航天集团有限公司（Angkasa-X）的执行主席，他凭借远见卓识和坚定信念，积极助力马来西亚太空经济崛起。

    他运用智慧和毅力推动区域高科技产业发展，并致力于通过创新与合作将马来西亚打造成全球航天科技及卫星应用领域的领导者。在他的领导下，目前亚太航天集团已发展成为马来西亚领先的太空科技公司。

逐梦星空 引领马来西亚太空科技

——马来西亚亚太航天集团有限公司执行主席谢溢高

> "在大学时，我掌握了学习的方法，学会了如何自我学习。虽然我对卫星服务一无所知，但我懂得运用系统化的方法去解决问题。因此，我能够依据这种方法实现目标，并始终秉持'活到老，学到老'的精神。"
>
> ——谢溢高

永不言弃 勇敢开拓

谢溢高出生于马来西亚森美兰州，早年在森美兰州首府芙蓉市完成了他的小学和中学学业。1989年，他远赴美国求学，攻读计算机科学工程学士学位，并获得计算机科学硕士及商业管理博士学位。

1994年，谢溢高在美国加利福尼亚硅谷开始了他的技术职业生涯，先后担任Software Publishing公司及Netscape通信公司的软件开发工程师，这段工作经历，为他多年后在科技领域的发展奠定了坚实的基础。

1997年，谢溢高放弃了在美国的高薪和舒适的工作环境，返回马来西亚。他凭借在美国科技公司积累的丰富经验，受邀加入Sun Microsystems公司，担任多媒体超级走廊（MSC）智能学校和远程医疗旗舰项目的技术顾问。

2003年，他从Sun Microsystems公司离职，投身创业，积极追求丰富的人生经历。他深信"生命即经历"，将赚钱视作经历的副产品，对现状的不满驱使他不断尝试新事物，勇敢地踏上了创业之路。

他的创业之旅如同一场丰富的旅程，他通过掌握虚拟计算机科技，将这些知识转化为创造财富的新途径。谢溢高的创业灵感源自生活中的点滴启发。例如，在大学时使用苹果电脑，他预见到苹果公司的潜力，因此在新加坡投资设立了全东南亚第一家苹果专卖店（Apple Store）。十多年后，苹果产品风靡全球。

2022年9月13日，谢溢高受邀出席"2022年世界创新大会"，并发表主旨演讲

在成功上市并出售经营苹果专卖店的Afor有限公司之后，谢溢高将目光投向了中国。他发现在中国衣食住行已成为人们的基本需求，而旅游和消费正逐渐成为新的生活方式。凭借这一趋势，谢溢高在旅游景点引入了网购和电子钱包支付，并把握了2008年北京奥运会带来的消费热潮，成功开拓了新的财富机会。

多年来，谢溢高已经创办了4家上市公司。凭借在企业界的卓越成就，他成功拓展了国际网络与影响力，将自己带入了更广阔的舞台。

踏足星际 梦想航程

当谢溢高决定要进军卫星服务行业时，面临了众多质疑，许多人认为这一决定匪夷所思。然而，凭借对计算机科学的深刻掌握，谢溢高将卫星视作一个复杂的计算机系统，游刃有余地运用软件的操作与程序化原理。他坚定不移地追求梦想，展现了非凡的胆略与远见。

古语有云，"艺高人胆大"，谢溢高不仅技艺超群，更有与天比高的决心。他敢于挑战无垠的太空领域，因为他能看到别人难以察觉的机会，并勇敢地实现它们。他指出，与常人不同的是，他具备发现未曾察觉机遇的能力，并将这些创意付诸实践。

"在大学时，我掌握了学习的方法，学会了如何自我学习。虽然我对卫星服务一无所知，但我懂得运用系统化的方法去解决问题。因此，我能够依据这种方法实现目标，并始终秉持'活到老，学到老'的精神。"谢溢高说。

2021年，谢溢高正式创立马来西亚亚太航天集团有限公司（以下简称"亚太航天集团"），这一创立源于他对太空科技的深厚兴趣和对未来技术发展的坚定信念。他希望通过这家公司推动太空经济的发展，并为马来西亚的经济转型作出贡献。

2023年6月27日，亚太航天集团成功发射了东盟卫星"槟城1太极号"（A-SEANSAT-PG1），为马来西亚的太空技术生态系统注入了新活力。这颗卫星如同星际航程中的一颗璀璨明珠，以前沿的技术开创了全新行业，致力于打造一个由马来西亚

2023年7月26日，谢溢高获颁PIKOM独角兽奖

设计和组装的低轨卫星群，推动太空领域的创新与发展。

目前，亚太航天集团已经与多家中外民营卫星科技企业签署了战略合作，在马来西亚联合研发、组装、测试低轨道遥感及通信卫星，以供应卫星服务，服务东盟及在赤道地区的企业需求，特别是矿业、农业、渔业、碳信用交易、灾害管理，以及提供卫星互联网的数字应用给郊区的贫苦居民。谢溢高希望利用先进的卫星技术，推动东盟及在赤道周边国家贫苦郊区的数字经济，为贫苦郊区带来重要通信资源，加速经济发展。

为了提升其在本地和区域航天科技生态系统中的影响力，亚太航天集团在2023年11月获得马来西亚通信与多媒体委员会的批准，于2024年2月向国际电信联盟提交A-SEANLINK卫星网络申报，旨在建立由500颗低地球轨道卫星组成的A-SEANLINK星链。卫星轨道是马来西亚航天事业的宝贵资产，谢溢高将亚太航天集团定位为东

纪念中马建交50周年

2023年10月14日，谢溢高参加"2023槟城年度皇家受封仪式"，并受封"拿督"勋衔

南亚首家向国际电信联盟申请在近赤道轨道上部署500颗低地球轨道卫星的公司，服务东盟国家和其他赤道地区。

展望未来，亚太航天集团有望立足于东盟航天经济转型的前沿，通过不懈努力和对创新的坚定承诺，逐步推动东盟国家在郊区引入数码技术，实现其愿景，推动"南南合作"。

坚守信念 全球视野

在亚太航天集团初创阶段，主要是专注于卫星服务和太空技术研发。为了赢得市场认可，亚太航天集团团队采取了包括创新技术、战略合作及市场营销在内的多方面策略，迅速打开市场并建立了良好的知名度。除了获取了关键的低地球轨道资产，还在全球缔结战略合作伙伴关系，进行战略性的卫星技术和数据收购，并获得了马来西亚及多个东盟国家政府的强力支持。

目前，亚太航天集团已成为马来西亚领先的太空科技公司。谢溢高认为，公司的核心差异在于其前沿的技术创新和全球视野。如"槟城1太极号"展现了公司在高科技领域的非凡洞察力和战略眼光，为公司的发展奠定了坚实基础，使其在行业中脱颖而出。

"向国际电信联盟申报卫星轨道位置是一个里程碑式的成就，是亚太航天集团的重要一步，更是马来西亚航天事业的一次巨大飞跃。这不仅展示了亚太航天集团致力于将马来西亚定位为东盟航天经济领导者的决心，也体现了我们缩小数字鸿沟、改善连接性、推动东盟地区可持续经济发展的努力。"

"我们非常荣幸能够引领这一倡议，这将为数亿人带来深远的积极影响，促进区域合作，并将马来西亚打造为全球创新航天及卫星科技的枢纽。"谢溢高说。

在公司团队管理方面，谢溢高秉持"以身作则"的领导理念，强调领导者不仅是发号施令，更要亲力亲为，与团队共同奋斗。他认为，团队的成就感远比金钱重要，这种成就感能激励团队成员成长为未来的领袖。在他的带领下，团队的凝聚力和执行力不断增强，为公司取得一系列成功奠定了坚实的基础。

此外，谢溢高还积极参与社会事务和公益事业，认为企业家肩负着重要的社会责任。他在平衡商业价值与社会价值方面特别关注如何通过科技和创新来改善社会，努力实现两者的和谐共存。

作为马来西亚华人，谢溢高深感振兴华社的使命。他认为，马来西亚华人应努力推动社会进步，特别是在高科技领域，争取在全球竞争中占据一席之地。

"2024年是中马建交50周年，过去50年见证了两国民间良好的商业往来和文化互信，我也期待通过中马共同合作和努力，促成两国在航天商业领域内的企业间合作、技术交流与商业互利。"谢溢高说。

谢溢高的职业生涯是一部充满挑战与辉煌成就的传奇。他以超人的智慧和毅力，推动马来西亚及东盟地区的高科技产业向前发展。在未来，他的目标是通过创新与合作，将马来西亚打造成全球航天科技及卫星应用产业的领先国家。华

许康文

　　许康文自幼对电影怀有浓厚兴趣，15岁那年，母亲送给他一台相机，开启了他探索影视的道路。电影《阿甘正传》中的经典台词，"人生就像一盒巧克力，你永远不知道下一颗是什么味道"，许康文对此感悟颇深，认为电影之路同样布满未知，坚信只有不断努力，才能迎接每一个机遇，让成功更近一步。

　　光影交错如梦幻之舞，在电影世界里，许康文用镜头编织人生故事。从懵懂热爱到创办乐盟电影，他亲历了马来西亚电影的发展变迁，并积极推动华语电影在国际舞台上熠熠生辉。

默默耕耘 踏实前行

——乐盟电影创始人许康文

> "梦想的实现，从不在于空想和纸上谈兵，而在于脚踏实地的行动。实战经验是个人成长的催化剂，也是锻炼能力的熔炉。"
>
> ——许康文

从平凡到不凡

许康文出生在马来西亚柔佛州新山市的八哩半新村，小时候，家境虽不是很富裕，却满溢着家庭的温暖与包容。母亲柔软而坚韧，为养育家中三个孩子，每天凌晨3时起床，在厨房制作潮州糕点，随后与父亲一起拿到路边档口售卖。虽然很辛苦，母亲却从未抱怨。

"母亲受的教育程度不高，但在我心中，她是一个思想非常开明的女人。从小，母亲便教导我们一个道理：如果有能力读书，就应该努力学习；如果不行，就要早点踏入社会，努力拼搏。不论选择什么路，最重要的是不要成为社会的负担。"许康文说。

那时，母亲深知家境平凡，虽难以给予孩子充裕的物质支持，却从未对孩子的梦想设限。在许康文15岁时，他向母亲表达了对电影有浓厚兴趣，随即母亲送给了他一件珍贵的礼物——一台相机，那是母亲用多年辛苦攒的积蓄购买的。母亲一直站在他的背后，用行动默默支持他。母亲曾对他说："不论你做何种选择，只要不后悔就行。"这句简单的话，伴随许康文走过了将近20年的电影路，也给了他面对一切挑战的勇气。

许康文在新山宽柔中学读书期间，学校要求学生选课外辅导项目，他选择加入视听教具学会，其中摄影部门就如学校"信息档案库"，负责记录学校各类活动影像资料。他借此机会接触了大量影像工作，培养起了拍摄兴趣。他渴望用镜头讲故事，记录精彩瞬间。其间，许康文积极参与学校举办的各种活动，如座谈会、运动会、义卖会、校庆、歌唱比赛和演讲比赛等，用镜头记录下每个精彩的瞬间与感动。

此外，在假期的时候，他还积极参与各类校外活动，如古庙出鸾游行和大宝森节游行等，为活动做义务拍摄的工作。

在16岁那年，许康文如愿申请进入马来西亚多媒体大学深造，选修电影动画系。

2001年，马来西亚独立电影迎来了全盛时期，当时还在读大学的许康文，在假期时积极参与校外拍摄，甚至周末也会帮助别人义务拍摄。"早晨5时搭乘巴士出发，有时候在片场工作到凌晨才能回家。现在回想起来，那一段日子虽然看似辛苦，但我乐在其中。"许康文说。

他深知影视圈人脉资源至关重要。学校难以传授全部社会经验，需走出舒适区，接触各类人群，洞察世间万象。他笃定唯有不计得失，从基础做起，才能拓展社交圈。也正因如此，他结识了众多影视前辈，开启了电影之门。

2003年，许康文在马来西亚多媒体大学毕业后，才真正开始接触并理解电影制作的各个环节。他与两位朋友组成名为"Dream Image"的团队，凭借仅有的500令吉，开启了一部微电影的制作。那时，他心中所想的是，"零零碎碎的拍摄机会里，有钱就拍一些，没钱就等下一次有钱再拍"。

2005年，许康文正式涉足中文商业电影领域。他与两位友人自筹资金，每人出资5万令吉，拍摄了他们的第一部电影《精灵》。为了筹集这5万令吉，许康文被迫向家里人开口借钱，母亲为了帮他借钱，甚至专门打电话向舅公说明情况。

待资金备齐后，他们便着手拍摄。当时外界议论纷纷，有人赞其勇气，有人忧其冒险，毕竟那时中文商业电影市场尚未兴起，况且他们还是第一次投身大制作，根本没有任何实战经验。

幸运的是，《精灵》在制作完成后，得到了国际发行公司哥伦比亚三星的青睐，并在马来西亚50多家电影院上映，这证明了他们的电影质量并不逊色。遗憾的是，电影尽管上映，但票房收入不尽如人意，他们遭遇了亏损。为了偿还债务，许康文在私立大学担任讲师，耗时几年才清偿债务。债务还清之后，他又重新踏上了电影创作的道路。

首部电影虽经济亏损，却给许康文带来了宝贵经验。他当时总结说："第一，电影营销至关重要，创作者不能只专注制作，忽视营销计划；第二，电影制作不可动用家庭资产；第三，要电影成功上映且票房良好，需建立良好的院线人脉，深入了解市场，才能事半功倍。"

创新与坚持

"在我刚踏入电影行业的初期，有幸结识了许多业内前辈。其中，一位来自澳大利亚的讲师杰瑞（Jerry）对我影响深远，他曾担任电影《埃及王子》的动画师。讲师杰瑞教会了我，作为监制，应超越作品的优劣，致力于挖掘并提升作品的潜力。他开明的态度启发了我，他认为电影界有潜力的新人才不多，他们这些前辈更应以传承之心指导新人，拓展电影的思维和事业模式。这是我一直欣赏并决心效仿的工作方式。"许康文回忆说。

在2016年之前，许康文与现任合伙人李勇昌导演一直以自由职业者的身份努力工作。在一次深入的交谈中，他们决定合作，李勇昌负责编导，许康文则专注于监制。他们意识到，为了扩大和提升他们的事业，他们需要一个系统化的团队。在商业

电影《一家亲亲过好年》海报

电影界，人际关系错综复杂，而电影制作需要大量的人力资源。他们希望在电影制作过程中保持快乐，一群人在一起愉快地完成工作。因此，便将公司命名为"乐盟"，意为"快乐的联盟"。

公司成立后，许康文凡事都需要亲力亲为，财务责任也自然落在他的肩上，压力也接踵而至。幸运的是，他一路得贵人相扶，亦感怀往昔自身于剧组间不懈奔走，才有契机结识诸多前辈，前辈们在关键时刻屡施援手给予支持。从他们身上，许康文不仅学到了行业中的宝贵经验，更收获了身为公司领导者所需的责任感与远见。

他深知光靠别人的帮助不足以让乐盟电影走向稳定发展。他坚信与其依赖他人，不如依靠自己。为了更好地了解行业市场，他迅速采取行动，与搭档投入乐盟电影首部作品《一家亲亲过好年》的拍摄，并成功在中国上映，译名为《疯狂这一年》，在豆瓣上取得了7.0的评分。工作之余，许康文也开始自学各种商业和制片课程，不断充实自己，以更好掌握市场方向，带领公司走向成功。

在乐盟电影的众多电影作品中，电影《怨灵2》

纪念中马建交 50 周年

电影《消失的小孩》剧照

迄今为止，乐盟电影发展的战略性合作伙伴已遍布中国内地、中国香港、中国台湾和新加坡等地区。乐盟电影曾协助众多影视制作团队进行区域性电影的制作与拍摄工作，包括融资与发行。

随着疫情逐渐缓解，乐盟电影积极恢复和扩大其事业版图。例如，乐盟电影参与的中马合作拍摄项目——恐怖电影《消失的小孩》在疫情缓和后重新启动，并已进入后期制作阶段。该电影由李勇昌执导，会集了马来西亚、中国内地及中国香港的众多实力影视人才加盟。

无疑是一个重要的里程碑。这部结合了中国和马来西亚文化元素的恐怖片，改编自马来西亚云顶高原的恐怖事件，由明秋成担任制片人。该片在票房上取得了 1150 万元人民币的成绩，超出了预期，并在多个国家和地区上映，赢得了广泛的关注和认可。

乐盟电影的成功案例还包括与 Astro 合作的原创贺岁剧《姐就是要酱过年》，这标志着公司在电视剧领域的新尝试和拓展。此外，公司还计划探索动画和网剧等更多领域，展现了其不断创新和多元化发展的战略规划。

乐盟电影在行业中的地位不仅体现在其作品的票房和口碑上，还体现在其对新锐电影人才的培养和对电影艺术的执着追求上。公司的作品得到了海内外专业人士的肯定，成为影视行业的一股活跃力量。

全球视野下的战略布局

近年来，马来西亚电影产业的发展受益于 FIMI 政策，该政策通过提供高达 30% 的现金回扣，成功吸引了大量外国投资，促进了马来西亚电影制作活动。

乐盟电影也意识到，在拓展海外市场的同时，也需吸引海外资源到本土，以促进当地经济的发展。FIMI 政策在这方面发挥了积极作用，通过提供税收优惠和现金回扣，鼓励外国和本地电影制作公司在马来西亚进行影视制作。

许康文表示："公司的核心理念是制作高质量的作品，为观众带来值得观看的电影。同时，乐盟电影在影视界不断努力的这些年，感激有贵人相助，包括投资者、平台负责人、媒体、演员、电影团队以及观众。"

乐盟电影自成立以来，秉持着"乐在其中"的理念，为观众带来了多部叫好叫座的电影作品。2022 年，乐盟电影为成立 6 周年举办答谢宴，庆祝公司与 Astro 首部合作的原创贺岁剧《姐就是要酱过年》正式杀青。

用电影传递正能量

许康文在商业领域取得成就的同时，也热衷于社会事务和公益事业。自大学时代起，他便积极参与各类活动的组织工作。因此，除了电影制作，他还经常策划跨国文化交流活动，如中马交流电影展和亚太影展等。这些活动并非出于营利目的，而是旨在为社会或行业带来积极影响。

此外，许康文特别注重举办慈善放映会。每逢贺岁片上映，他都会安排慈善放映，这不仅是为了推广影片，更重要的是为弱势群体提供温馨的新年体验。放映结束后，他还会举办餐宴，与他们共庆佳节。这些活动虽不需要大量投资，却能为许多人带来欢乐和温暖。

在追求商业价值与社会价值的平衡中，许康文始终认为，优秀的企业不仅要追求利润，还应承担社会责任，利用自身资源为社会作出贡献。通过合理分配资源，他们既能推动商业发展，也能为更多人创造积极影响。

在组织这些公益活动时，他始终考虑的是如何以最小的代价，为更多人带来幸福感和归属感。

2024年，在中马建交50周年之际，许康文接受《马来西亚华商名人堂》专访，以下为部分访谈对话实录。

问：在您逐梦电影的道路上，有没有特别欣赏的电影导演或者作品？

答：在18岁那年，我观赏了红极一时的商业电影《泰坦尼克号》。它是一部于1997年上映的美国史诗浪漫灾难电影，电影部分情节是根据1912年4月14日至15日的泰坦尼克号沉没事故改编的。当时，对于家境并不宽裕的我来说，能够踏入电影院观影是一种难得的享受，但我不惜花费"重金"连看两次。导演对情感与灾难的刻画，深深震撼了我，让我意识到通过银幕可以与角色产生共鸣。影片中的沉船场景，以震撼的视觉效果，让我这个来自小地方的观众体验到了前所未有的梦幻感。从那时起，我心中悄然种下了电影梦想的种子。

另外，《阿甘正传》也是对我影响深远的影片之一。它讲述了智力有限的阿甘凭借坚定的意志，在多个领域创造了奇迹的励志故事。电影中的阿甘，通过将努力、行动和运气完美结合，实现了不凡的人生逆袭。阿甘母亲临终前的一句话，"人生就像一盒巧克力，你永远不知道下一颗是什么味道"，让我深有感触。电影之路同样充满了未知，我坚信只有不断努力，才能迎接每一个机遇，让成功更近一步。

因此，我始终保持着备战状态，不断努力，随时准备抓住机遇。

问：您现在有哪些经验或故事，可以分享给现在的年轻电影从业者？

2024年中马交流电影展，许康文担任筹委会主席

第61届亚太影展授权仪式

答：我常对年轻从影者说，梦想的实现，从不在于空想和纸上谈兵，而在于脚踏实地的行动。实战经验是个人成长的催化剂，也是锻炼能力的熔炉。

我认识一位朋友，他怀揣着拍摄电影的梦想，声称只要有500万令吉就能实现。我告诉他，慢慢等待吧，因为没有人愿意为一个未经实践检验的梦想买单。这并非泼冷水，而是希望他能看清现实。一个连500令吉项目都未尝试过的新手，如何能让人相信他会成功。

许多年轻人一毕业就渴望拍摄电影，但如果连

许康文新书分享会

自己的要求极为严格，不做则已，做就必须达到满意的成果。

回顾往昔，公司从最初的两人发展到今天的规模，我心中充满了感激。这一路，我们获得了众多前辈的支持与信任，正是因为他们的信任，我们才不敢轻易放弃。尽管我自认为不是一位擅长管理的领导者，也不擅长在浮躁的世界中追求名利，但我一直坚信，与其费尽心思去获得市场的认可和提升知名度，不如脚踏实地地制作出优秀的作品。优秀的作品自身就能赢得观众，无须过多的宣传，真正能够依靠口碑传播的，才是好作品。

一部微电影都未能掌控，又谈何拍摄一部长篇巨制，如果连500令吉的小额资金都难以把控，那么面对150万令吉的预算时，又怎能妥善运用。

我常建议年轻人从小规模的微电影开始，逐步过渡到参与大型制作。随着经验的积累，未来的路才会越走越宽，越走越稳。

在一次电影项目的汇报中，我偶遇大学老师Azhar Salleh，他是国家电影发展局的委员。我们的重逢充满温情，他对我说："康文，好好干，我们的资金支持不会因肤色而有所偏颇。我唯一的期望，是看到你将马来西亚电影带向国际，那将是对我们最好的回报。"这番话深深触动了我，激发了我继续前进的动力。我告诉自己，一定要创作出备受认可的作品，不负那些看好我、启发我的人。

这个故事，我愿与每一个电影梦想者共勉。

问：乐盟创世初期，影视拍摄经历了哪些困难，您又是怎样渡过难关的呢？

答：制作电影对我而言并非难事，真正具有挑战性的是建立公司和引领团队。公司成立之初，我肩负了巨大的压力，因为我对

我们只需要脚踏实地，合理利用手中的资源，名誉和利益自然会随之而来。然而，作为监制，不仅要对作品的质量负责，还要考虑投资方的盈亏。对我来说，如何在作品质量和投资回报之间找到平衡，才是最重要的。

问：相较于同行业者，您认为公司的差异化核心价值何在？哪些经典的项目或案例，奠定了公司的发展地位？

答：在影视行业中，乐盟电影的独到之处在于我们实行了ISO标准管理体系。这一体系虽与公司盈利无直接关联，却为团队提供了坚实的保障。它

乐盟电影员工合照

不仅构建了与合作伙伴和投资商之间的深厚信任，也赢得了观众的信心，我们的账目透明，信息共享，确保了合作的公开与透明。

乐盟电影在国际影视制作领域的地位，得益于一系列经典项目，其中《怨灵2》是重要的里程碑。这部中马合拍片，由明秋成担任制片人。我们与明秋成的合作始于香港影展的偶遇，最终达成了合作。《怨灵2》以马来西亚著名的云顶高原恐怖事件为背景，尽管这是一部惊悚片，上映时排片率不高，但成本可控，观众易于接受，最终取得了1150万元人民币的票房成绩。

许康文接受媒体专访

《怨灵2》不仅在中国内地和马来西亚上映，还在越南、泰国、中国香港等其他亚洲国家和地区放映。初期期望并不高，但它在票房和影响力上的表现远远超出了我们的预期，成为我们走向国际的重要案例。

通过这些成功的项目，我们不断展示着乐盟电影的差异化核心价值，确立了公司在行业中的发展地位。

问：创业至今，有没有一些时刻，是您感觉特别艰难的，或是面临空前挑战的？您如何应对，如何带领团队找到突破口？

答：我天生就是个乐天派，坚信世上无难事，只怕有心人。问题既然是人创造的，解决之道亦然。电影行业在世俗眼光下，常被戏称为金钱堆砌的梦工厂，这话不无道理。没有资金，何谈拍摄，对于制片人而言，能用钱解决的问题都不算问题。资金短缺或用尽，总有办法筹集。真正让我焦虑的是疫情期间的不确定性。

2019年底，新冠病毒感染疫情让整个电影行业陷入了困境，全球性的封锁措施让人们闭门不出，娱乐消费的欲望自然降低，更别提出门拍摄了。整个行业几乎陷入了停滞，但生活还得继续。在极其有限的条件下，我们团队在政府放宽限制后，第一时间联系了业界同行，以小规模的方式重启拍摄。我们启动了几个项目，这不仅因为公司需要收入，更因为我们想探索疫情下行业的可行性。

问：对于您和公司而言，当下最重要的工作是什么？您为公司设定的短期目标与长期目标分别是什么？

答：在后疫情时代，电影产业面临着前所未有的挑战和机遇。短期内，生存成为许多电影公司的第一要务。由于疫情的影响，许多拍摄项目不得不停工或延期，大量影片的上映时间推迟，有些甚至被取消或无限期搁置。这不仅影响了票房收入，也给电影公司带来了巨大的财务压力，许多公司不得不裁员，一些小型公司甚至面临破产的风险。

疫情期间，电影院的关闭迫使我们将目光转向线上平台。媒体平台如 Netflix、Prime Amazon、"Disney+"等成为新的舞台，改变了电影发行的传统模式。这种转变也影响了电影的票房收入模式，使得电影制作和宣传方向必须更加注重号召力，电影卡司和题材的选择变得尤为重要。

随着疫情的逐渐缓解，电影制作开始逐步恢复，但严格的防疫措施导致了制作成本的增加。电影公司需要为工作人员定期进行核酸检测，配备个人防护设备，并减少拍摄现场的人员数量，这些都给制作过程带来了新的挑战。

长期来看，作为一家电影公司，我最大的目标就是走向国际。相信电影能够跨越语言的界限，主打情感连接。本地电影的海外市场推广是可行

许康文家庭生活照

的。在这个过程中，电影公司需要在资金、制作、发行和员工就业等各个方面寻找并把握生存和发展的机会。

在这个变革的时代，电影公司需要坚持长期主义，平衡短期生存和长期发展的需求，通过创新和适应新的市场环境，寻找新的发展路径。

问：关于团队管理，您推崇怎样的管理方式？特别是在如何打造团队执行力、凝聚力、创新力等方面，您有哪些心得体会？

答：我自认为是一个不懂得管理的管理者。我的为人处世比较松弛，并不会局限于各种阶级分化，也不推崇向下管理。所以我常常把为公司服务的员工视为合作伙伴。我希望我的团队都有能力接班，青出于蓝胜于蓝。推崇内部孵化政策，提拔下属成为伙伴，发掘新潜能。我坚信，工作应该要以合作的模式进行推进才能稳步发展。我更倾向于创造，而非复制模仿，所以我一直以来都非常乐意提拔年轻一代的具有潜力的人才。

问：您会如何分配您的时间，来平衡您的工作和家庭生活？

答：普通工作日里，我享受着工作带来的每一份快乐，因为于我而言，工作不仅是职责，更是兴趣所在。每天从早上6时开始，先送孩子上学。之后，我会进行一些运动，因为我相信，健康的体魄是保持工作热情的源泉。

工作时间对我来说是灵活的，但不变的是，我会将夜晚和周末的时光留给家人，让亲情的温暖冲淡工作的忙碌。尽管商业活动不可避免，我也会尽量将其安排在工作日，以确保与家人共享周末的宁静。

问：工作之余，您有怎样的兴趣和爱好？

答：事业与兴趣的结合，让我的工作和生活充满活力。我常在往返工作的路上，享受着每一刻的忙碌与创造。而在闲暇之余，我热爱通过歌唱来释放压力，让音符跳跃成为心情的调节剂。旅游亦是我生活中不可或缺的一部分，通过探索不同的风土人情和文化，我不断汲取新的灵感和经验。

我坚信"读万卷书，不如行万里路"，每一次旅行所带来的新视野和启发，我都将其融入个人成长和事业发展之中。这些体验让我在繁忙的工作中找到平衡，维持心态的健康和活力。華

林祥才

　　林祥才于1995年当选马来西亚国会议员，开启了他的公共服务生涯。四年后，他升任马来西亚交通部政务次长，以卓越的领导力和对交通领域的深刻理解获得了广泛赞誉。此后，林祥才历任新闻部、旅游部及财政部副部长，积极促进各领域发展，为马来西亚的繁荣稳定作出了重要贡献。

　　退出公职后，林祥才回归商界，利用其丰富的政界经验和出色的领导才能，引领企业实现质的突破。在他的带领下，公司业绩显著提升，声誉日益增长，最终跃居行业领先地位。

纵横马来西亚政商两界的华人楷模

——马来西亚健坤国际集团执行董事林祥才

> "无论未来面临何种挑战,我都将保持一颗平常心,不骄不躁,不气不馁。我将致力于传承中华文化,促进中国与马来西亚的交流与合作,永远在路上,不断前行。"
>
> ——林祥才

从清寒家庭到商界领袖的奋斗之路

林祥才,出生于马来西亚槟城州威省南部小镇爪夷的一个大家庭,祖籍中国广东潮阳。家境清寒、兄弟姐妹众多的成长环境,塑造了他早熟坚韧的性格,并激发了他要通过努力改变命运的决心。

中学时期,林祥才表现了非凡活力。他积极参与学校社团活动,担任多个学生组织的领头人,同时对乒乓球、篮球、垒球等球类运动充满热情。这些经历不仅丰富了他的校园生活,也锻炼了他的领导能力和团队协作精神,为未来职业生涯奠定了基础。

在中四那年,林祥才做出了一个重要决定:离开家乡,独自前往槟城州槟岛的工业学院求学。这段背井离乡的经历使他变得更加独立坚强。

就读于工业学院期间,林祥才广交朋友,拓宽人脉关系,朋友们来自不同背景,带来了多元的思想碰撞和宝贵的学习资源,极大地开阔了他的视野。他还积极参与学校社团活动和学习交流,以此提升个人综合素质。

20世纪70年代初,林祥才从电力工程专业毕业,怀揣着梦想前往吉隆坡发展,在一家建筑公司开启了他的职业生涯。工作期间,他展现出不屈不挠的精神和高度的职业操守,迅速赢得了公司高层的信任与认可。

27岁时,林祥才被委派至东京进行业务洽谈,这次国际任务不仅顺利完成,还为公司带来了新的商机。他的表现得到了公司高层的进一步肯定,次年便晋升为总经理,负责公司的整体运营和发展战略。在担任总经理期间,林祥才继续展现其领导才能,带领团队取得了显著的成绩。

除了在企业界的杰出贡献外,林祥才还积极参与行业组织的活动,曾出任马来西亚电业公会会长长达六年。在这段时间里,他致力于推动行业的规范化和技术进步,成为业界公认的成功企业家。林祥才以其专业的素养、敏锐的市场洞察力以及对社会的责任感,为马来西亚的电力行业发展作出了不可磨灭的贡献,并树立了良好的商界形象。

从商界到政坛 林祥才的转型之路

林祥才从商业领域转向政治舞台的过程,表面上看似平顺无波,但实际上背后隐藏着深层次的原因。首先,他的父亲是马华党的资深党员代表,这使得林祥才自幼便生活在浓厚的政治氛围中,对政治的兴趣和认知如同种子般在心中悄然萌芽。

其次,随着个人事业的成功,林祥才内心深处怀揣着一种强烈的使命感。他意识到,通过参与政治活动,可以更好地传承家族的优良传统和价值观,并将这些理念转化为实际行动,为社会的进步贡献力量。因此,在事业达到一定高度后,林祥才开始思考如何更有效地利用自己的资源和影响力来服务社会。

1993年，林祥才正式投身马华党的党务工作，标志着他正式步入政坛。1995年，他首次当选为国会议员，掀开政治生涯新篇章。此后，林祥才在多个重要岗位上积累了丰富的经验，包括1999年被任命为交通部政务次长，随后又相继出任新闻部副部长、旅游部副部长以及财政部副部长等职位。

在这些不同部门任职期间，林祥才以务实的工作作风和显著的政绩赢得了广泛赞誉。例如，在担任旅游部副部长时，他积极倡导官员学习华语，以搭建政府与华语社区之间的沟通桥梁；而在新闻部副部长任内，他推动了华语电台言论自由的发展，为后来的媒体多元化奠定了基础。这些举措不仅促进了文化交流和社会和谐，也为马来西亚的繁荣稳定作出了重要贡献。

特别值得一提的是，在担任财政部副部长期间，林祥才特别关注中小企业的发展。他深刻认识到，在全球经济不确定性加剧的背景下，华资主导的马来西亚中小企业面临着前所未有的严峻挑战。长期以来，这些企业主要依靠自身的坚韧顽强和创新精神谋求生存与发展，但在政府支持有限的情况下，它们往往难以应对复杂的市场环境。为此，林祥才建议马来西亚政府应进一步加大对中小企业的扶持力度，特别是在税务减免、资金注入等方面推出更多优惠政策，助力这些企业稳健成长，蓬勃发展。这一系列措施不仅有助于提升中小企业的竞争力，也为国家经济的持续健康发展提供了坚实支撑。

除了在政治领域的卓越表现外，林祥才还拥有丰富的商业经历和个人成就。他对人生的思考和认识也因这些经历而变得更加深刻。林祥才曾坦诚地表示："实际上，从一名普通的党员起步，一直到后来担任国会议员和副部长，我比许多人都要幸运得多。"他坚信"谋事在人，成事在天"，认为无论从事什么工作，只要全力以赴，即使结果不尽如人意，也不应该过于纠结。这种豁达的态度体现了他对生活的理解和对未来的乐观期待。

此外，林祥才兼具英国特许工程师与马来西亚职业工程师的双重资格，并是多个专业协会的会员，包括马来西亚工程师协会、英国电气工程师协会、马来西亚发明与设计学会及马来西亚管理学会。他还曾担任马来西亚华人公会（马华）副总会长、马来西亚电业公会会长、马来西亚象棋总会会长、马来西亚排球总会会长、马来西亚乒乓球总会会长等多个职务，肩负多项社会公职。这些职务不仅是

林祥才近照

对他个人能力和贡献的认可，也是他多年来不懈努力的结果。

以多重身份推动中马交流与合作

爱国华侨领袖陈嘉庚曾言："为子孙后代，为祖国繁荣，我们应尽国民之责，全力以赴回报国家。"这不仅是陈嘉庚先生的心声，也是所有爱国华人的共同信念。林祥才作为一位杰出的华人领袖，以其多重身份和不懈努力，积极推动中国与马来西亚之间的交流与合作，见证了两国关系日益紧密的发展历程。

自20世纪80年代以来，林祥才因工作需要频繁往来世界各地，其间与中国建立了密切的联系。他亲身经历了中国经济的腾飞，并深刻感受到这一变化对海外华侨华人地位的影响。"中国日益强盛，海外华侨华人的地位也随之水涨船高，这已成为无可争辩的事实。"林祥才评价道。

近年来，中马两国的合作越发紧密。中国已经成为马来西亚最大的贸易伙伴，而马来西亚则成为中国在东盟地区最重要的贸易伙伴之一。两国不仅在传统贸易领域合作不断深化，在金融领域的互动也取得了显著成果。

纪念中马建交 50 周年

林祥才出席活动

2010 年 6 月，中国证监会与马来西亚证监会签署了一项重要协议，允许中国合格境内机构投资者（QDII）投资于马来西亚资本市场。林祥才亲自率团赴北京，与时任中国证监会领导会晤，表达了对中国进一步开放合格境外机构投资者（QFII）市场的期望。这次访问不仅促进了两国资本市场的互联互通，也为后续更广泛的合作奠定了基础。

为进一步加深中马两国间的了解与合作，2011 年 9 月，清华大学经济管理学院与马来西亚证监会签署了战略合作意向书，共同启动了"金融家高级研修项目"。该项目专为马来西亚金融业领袖、上市公司高管及政府高层管理人员设计，旨在帮助他们更好地理解中国经济发展脉络、股市动态、金融体系架构及监管环境。时任马来西亚财政部副部长的林祥才出席并见证了这一重要时刻，他表示："中国经济的迅猛崛起为马来西亚开辟了前所未有的贸易机遇。"

林祥才强调，面对中国经济快速发展的新机遇，马来西亚的金融及市场专家应当抓住这一历史契机，深入研究中国金融体系与规则，不断提升自身的跨文化交流能力。他认为，只有这样，才能为两国未来的合作奠定坚实的基础。同时，他也鼓励更多的人参与中马两国的文化交流，通过互相学习增进彼此的理解与友谊。

谈及祖籍国的变化，林祥才感慨万千。在他担任旅游部副部长期间，足迹遍布中国的各大城市，致力于推广马来西亚的旅游资源。目睹中国日新月异的发展变化，他既感到惊讶又充满自豪。林祥才坚信，随着两国间交流的不断加深，未来将有更多机会促进双方在各个领域的合作与发展。

林祥才以其独特的视角和丰富的经验，积极促进了中马两国在多个层面的合作与交流。他的努力不仅增进了两国人民之间的相互了解，更为构建更加紧密的双边关系作出了重要贡献。

退而不休 再续辉煌

退休后的林祥才并没有选择安逸的退休生活，而是以更加成熟稳重的姿态重返商界。他带领公司不断向前发展，业绩持续攀升，公司也声名远播。林祥才不仅全身心地投入企业的经营管理，还始终关心着国家经济的发展大局。他身兼多家新兴企业顾问之职，凭借多年积淀的丰富经验，为青年创业者指点迷津，助力前行。

林祥才的职业生涯是一段充满转变和挑战的历程。从商界起步，到转入政界，最终又回归商界，这一系列的转变让他对国家的发展轨迹有了深刻的理解。他能够洞察政府政策的导向，并且敏锐地捕捉到民众的反馈，积累了极其宝贵的经验。林祥才深知国家建设之路的坎坷，尤其在马来西亚这个多元文化融合的国度，管理的复杂性更是可想而知。他认识到，管理好这样一个社会，需要智慧与技巧并用，精心协调，才能促进各族群的和谐共生。多年在政治领域的经历，让他深刻体会到种族和谐对于国家稳定和发展的重要性。

林祥才同样热衷于利用现代科技手段，通过个人媒体号发表自己对时事的独到见解，积极与公众进行互动交流。随着中国"一带一路"倡议的深入实施和粤港澳大湾区的蓬勃发展，林祥才时刻准备着，为粤港澳大湾区的发展贡献自己的力量。该区域作为国际科技创新中心和"一带一路"建设的重要支撑，正成为高质量发展的典范。他相信，通过科技和信息的传播，可以更好地促进国家之间的交流与合作。

展望未来，林祥才满怀信心地表示："无论未来面临何种挑战，我都将保持一颗平常心，不骄不躁，不气不馁。我将致力于传承中华文化，促进中国与马来西亚之间的交流与合作，永远在路上，不断前行。"华

王冠文

王冠文，曾荣膺"世界十大杰出青年"，身为亿德恩集团创始人，他以超乎年龄的商业敏锐和战略视野，在马来西亚建立了坚实的商业根基，并将业务扩展至OEM制造、教育平台、网红经济、软件开发及房地产投资等多个领域。

通过一系列精准决策，他不仅显著提升了企业的市场竞争力，还成功推动亿德恩集团旗下公司在新加坡上市。这一成就不仅为公司开启了新的发展篇章，也为马来西亚新一代华人创业家树立了榜样。

纪念中马建交 50 周年

从逆境到大健康领域的领导者

——马来西亚亿德恩集团创始人王冠文

"一个人究竟要飞得多高才算成功？"王冠文常常反问自己。他认为，真正的成功是回归生命的初心，在追求自我成就的同时，帮助他人，共同创造一个更美好的世界。他倡导的是一种全面的成功观，不仅包括个人的成就，还包括对社会的贡献和对人类健康的推动。

马六甲少年 与命运的交锋

王冠文出生于马来西亚马六甲的一个小康家庭，家中洋溢着爱与温馨。然而，在他小学四年级时，命运的转折悄然降临。他的左手腕开始出现僵硬的症状，逐渐失去了同龄孩子应有的灵活性，无法自如地弯曲和活动。经过医生的详细检查，他被诊断出患有一种极为罕见的后天性基因变异疾病。

这一突如其来的疾病不仅严重限制了他的日常生活自理能力，还使他频繁遭受病痛的折磨，给他的生活带来了诸多不便与困扰。

多年后，回忆起那段艰难岁月，王冠文依然感慨万千："每当疾病发作，我不得不卧床一周，几乎什么都不能做。那时候的我，常常感到无比的无助和沮丧，甚至有过放弃生命的念头。"尽管如此，这段经历并未击垮他，反而成为他日后坚韧不拔、追求卓越的动力源泉。

在与罕见疾病的抗争中，王冠文逐渐展现出了非凡的勇气和决心。面对左手腕逐渐丧失灵活性的现实，他并未选择沉沦，而是做出了一个关键且勇敢的决定："既然我获得了来到这个世界的机会，我就要以最潇洒的姿态，走过这一生。"这份坚定不移的决心成为他生命中的转折点，激励着他开始探索音乐的世界。

音乐对于王冠文来说，不仅是一种艺术形式，更是一剂心灵的良药。他开始尝试接触并学习钢琴和吉他，尽管起初进展缓慢，但他从未放弃。每一次艰难地按下琴键，每一次弦音的响起，都是他对命运的一次挑战。随着时间的推移，他发现音乐不仅能抚慰他的心灵，给予他精神上的慰藉，还逐渐帮助他改善了左手的功能。虽然左手的灵活性依旧有限，但通过坚持不懈的努力，他逐步恢复了一部分手部功能。

音乐的力量和他那不屈不挠的意志，使王冠文不仅战胜了身体上的挑战，也重塑了他的内心世界。每当指尖轻触琴键时，他仿佛找到了与自己对话的方式，那些曾经的痛苦与绝望渐渐被希望和勇气取代。音乐成为他表达情感、释放压力的窗口，也为他带来了前所未有的自信与满足感。

正是这份对音乐的热爱和执着追求，让王冠文能够以更加积极和乐观的态度面对生活中的每一个挑战。他不再将疾病视为障碍，而是将其看作成长的契机。每一次克服困难的经历都让他变得更加坚强，也更加珍惜当下的每一刻。音乐不仅是他对抗病痛的武器，更是他走向成功的伴侣，伴随着他在人生的道路上越走越远。

最终，音乐的帮助以及他自身的努力让王冠文不仅恢复了一定的手部灵活性，还铸就了一种坚韧不拔的精神品质。这种精神支持他在未来的人生旅程中不断迎接新的挑战，并为他后来在商业领域的成功奠定了坚实的心理基础。

成长与转变 致力于大健康产业

王冠文的成长历程充满了挑战。他的父亲曾满怀希望地踏上创业之路,但不幸的是,在资金周转问题上遇到了瓶颈,导致整个家庭陷入了财务危机。这一突如其来的变故不仅改变了家庭的经济状况,也深刻影响了王冠文的人生轨迹。

面对家庭的困境,刚刚步入青年时代的王冠文不得不离开家乡马六甲,前往吉隆坡寻找出路。"那段时间是我人生中最困难的阶段之一,由于走得匆忙,我没有找到合适的住处,只能在车里度过了整整一个星期。"多年后回忆起这段经历,王冠文仍感慨万千。尽管环境恶劣,这段经历却让他迅速成熟,并为他后来的创业选择播下了种子。

王冠文的左手腕因罕见疾病而失去灵活性的经历,让他对健康的珍贵有了深刻的体会。这份亲身经历促使他决定投身于健康产品销售事业,希望通过自己的努力,帮助更多人改善健康状况。同时,父亲创业失败的经验教训也使他在未来创业时更加谨慎。

凭借不懈的努力和坚定的决心,王冠文的健康产品事业逐渐取得了成功。他敏锐地洞察到了市场的需求,并通过与当地电视台合作,迅速扩大了产品的知名度和市场份额。电视媒体的广泛影响力,让他的事业如虎添翼,使健康产品迅速赢得了消费者的青睐。卓越的产品品质和亲民的价格,让他的公司在吉隆坡市场上站稳了脚跟。

王冠文近照

正当王冠文的事业步入正轨,享受着成功的喜悦时,一场突如其来的危机悄然而至。过度的工作奔波和与生意伙伴之间的矛盾,使他承受了巨大的身心压力,最终患上了抑郁症。"那段时间,我感觉自己整个人都失去了方向,仿佛置身于一个黑暗的深渊,无法自拔。"王冠文回忆道。

然而,幸运的是,他并没有被困境击垮。回想起自己曾经克服左手腕疾病的艰难历程,王冠文深知意志力的重要性。在家人的支持和朋友的帮助下,他开始了艰难的治疗过程。经过两年的专业治疗、积极心态调整以及不断探索生活中的点滴乐趣,王冠文终于走出了抑郁症的阴霾,重新焕发了生机与活力。

经历了人生的高低起伏之后,王冠文开始深入反思自己的人生目标和社会价值。他认识到,真正的成功不仅仅在于个人事业的辉煌,更在于能够为社会带来正能量,贡献自己的力量。基于这样的认识,他将事业重心转向了大健康产业,立志通过基因检测、精准营养和全面健康管理,帮助人们实现健康长寿的目标。

"健康是每个人最宝贵的财富,而基因检测技术可以帮助我们提前了解自己的健康风险,从而进行科学的预防和干预。"王冠文坚信,科技的力量应该服务于人类的健康和幸福,而不仅仅是治疗疾病。他希望通过科技与人文的结合,让每个人都能在健康的基础上,追求内心的平静与幸福,最终实现全面的人生价值。

王冠文被授予"马来西亚十大杰出青年"称号

王冠文认为,企业的价值不应仅仅体现在盈利上,更要对社会产生积极的影响。因此,他的公司积极参与公益活动,普及健康知识,帮助更多人提高生活质量。无论是个体的身心健康,还是整个社会健康事业的发展,王冠文都在不遗余力地推动着这些领域的进步。

王冠文在事业和个人成长上的成就,不仅让他成为行业内的标杆人物,也为他赢得了崇高的社会荣誉。他被授予"马来西亚十大杰出青年"的称号,这是对他卓越贡献和领导能力的肯定。不仅如此,他还被评为"世界十大杰出青年",这一全球性的荣誉让王冠文成为马来西亚的骄傲,彰显了他在国际舞台上的影响力。

这些荣誉不仅是对他过往努力的认可,更是一份责任,激励着他继续为社会创造更大的价值。作为亿德恩集团的创始人,王冠文用自己的行动证明了,即使面对再大的困难,只要有坚定的信念和不懈的努力,就有可能创造出属于自己的辉煌人生。

展望未来,王冠文将继续致力于大健康产业,利用科技的力量提升人们的生活质量。他的团队开发了一系列基因检测服务,覆盖超过1099种检测项目,包括生活方式建议、健康风险评估和癌症风险分析。他们还利用AI技术,结合用户的血液检测数据,为每个人量身定制精准的营养方案。

除了基因检测,王冠文还带领团队研发多种草本药物和健康产品,与中国企业合作,结合中医古方和现代科技,创造了更具效果的产品。疫情期间,虽然实体会议受到限制,但他通过线上模式与全球合作伙伴保持沟通,开拓了更多的国际市场。

王冠文希望打造一个全面的生命管理体系,从基因检测到精准治疗,再到长期的健康维护,帮助人们全面提升生活质量。他的目标不仅是帮助人们活到100岁,更是让每个人在生命的每一天都能感受到活力与幸福。"健康不是终点,而是一种生活方式。我们希望通过科技的力量,让每个人都能享受健康的生活。"王冠文总结说。

未来,王冠文将继续深耕大健康领域,致力于帮助人们实现更长寿、更健康、更有意义的生活。他的愿景不仅是提供卓越的产品和服务,更是希望通过科技与人文的结合,推动社会整体健康水平的提升。对他而言,这不仅是一项事业,更是一种对生命价值的不懈追求和承诺。

王冠文著作《商弈》封面图

陈正财

陈正财24岁时向父亲借5000令吉起步创业,初期凡事亲力亲为。在一次收购旧货时,他发现印度商家高价回收并翻新大型空油桶获利,意识到市场潜力后他果断决定生产油桶,经过多年努力,最终建立了马来西亚最大的金属桶制造企业——陈大毛瑟(马)金属有限公司。

他始终追求卓越,赴多国考察学习,面对进口设备的高昂成本,他决定自主研发。经过十年努力,最终在马来西亚建立了首条金属桶生产线,实现了更高的事业目标。

纪念中马建交 50 周年

白手起家 诚信铸就未来

——陈大毛瑟（马）金属有限公司创办人陈正财

> "做企业的人，一定要有企业的精神，要不断问自己，你的满足感到哪一个地步。我一直都在改变企业的模式和平台，因为总在思考如何让它们达到更高的水准。"
>
> ——陈正财

独具慧眼 发现商机

陈正财祖籍福建安溪，出生于马来西亚雪兰莪州双文丹市的一个贫困家庭。他的父亲在一个小乡村经营一家传统的杂货店。尽管在外人看来生活似乎尚可，实际情况却远不如表面那样。作为 11 个孩子的父亲，他肩负着依靠这家小小的杂货店维持全家生计的重任，这使得家中的经济状况十分拮据。

陈正财在兄弟姐妹中排行第七，自幼年起便常常需要帮助父亲打理店铺和搬运货物。通过协助父亲工作，他不仅学会了如何合理地管理财务，还继承了勤俭节约的精神。即使在艰苦的生活环境中，陈正财也从未放弃学习与成长的机会。

陈正财的小学时光在双单文华小学度过，随后他进入万挠英文中学继续学业，直至初三毕业。这一年，16 岁的他按照父亲的安排，协助二哥从事旧货收购生意。

如果陈正财满足于平凡的生活，他的人生轨迹或许会同许多为生活而努力工作的普通年轻人一样，遵循着命运的安排前行。然而，在跟随二哥工作的七年中，他逐渐明确了个人的人生目标和规划。陈正财意识到那样的工作环境并非他追求的生活方式。他明白，若继续留在那里，他的未来将会受到限制，宝贵的青春也会在这种环境中无声无息地消逝。他的梦想是在未来的三十年里取得属于自己的成就，建立自己的事业。陈正财很清楚如果他不尝试改变命运，等待他的会是平庸的一生。若想改变命运、追求梦想，他只能靠自己赤手空拳全力打拼，才有机会出现新的转机。

1975 年，24 岁的陈正财向父亲表达了自己想创业的想法。父亲起初反对，觉得他还太年轻，难以承担企业重任。尽管陈正财多次尝试说服父亲，但父亲依然摇头表示不同意。然而，这位倔强的年轻人并未因此改变自己的决定，"我告诉父亲，这件事我非做不可。"陈正财回忆说。

尽管创业之初身无分文，满腔热血的他最终还是向父亲借了 5000 令吉。他用 2000 令吉买了一台小货车，剩下 3000 令吉就是他的创业启动资金了。自此，他开始沿街从事运输和旧货收购等工作。

由于当时资金有限，陈正财不得不事事亲力亲为。无论烈日炎炎还是风雨交加，他都没有丝毫停歇。这段时期虽然非常辛苦，但也正是在这样的艰苦环境中，他的坚韧不拔、吃苦耐劳以及勇于面对挑战的精神得到了充分的磨炼。不仅如此，陈正财以其远见卓识和细致入微的观察力，在此过程中敏锐地捕捉到了推动其事业发展的绝佳机会。

一次，陈正财如往常一样驾驶着货车去收购旧货。在日常的铁制品和纸皮之外，他的目光被一种常见的物品吸引——大型空油桶。这些油桶为圆柱体，桶身中部饰有两圈类似竹节的花纹，标准容量为210公升，广泛用于石油及种植行业，作为石油、棕榈油和树胶汁的容器。令他感到好奇的是，不少印度商家竟愿意以不错的价格抢购这些所谓的"废物"。

这一现象激起了陈正财的好奇心："为什么这些商家对旧油桶如此感兴趣？他们购买这么多空桶究竟有何用途？"

为了找到答案，陈正财决定追踪这些油桶的流向。"我拜访了那些从我这里购买旧油桶的商家，发现他们只是通过人工方式将这些油桶翻新，然后转卖给石油能源或种植行业的客户，并从中获得了可观的利润。"

了解到这一点后，陈正财灵机一动：既然市场上对油桶的需求如此强烈，自己何不创办一家工厂专门生产这类产品呢？

这个想法如同明灯照亮了陈正财前行的道路，也成为他事业发展的转折点。正是凭借这次对市场的敏锐洞察，陈正财奠定了如今马来西亚最大的金属桶制造企业——陈大毛瑟（马）金属有限公司（以下简称：陈大毛瑟）的基础。

千里之行 始于足下

中国有句成语："千里之行，始于足下。"这句话对当年的陈正财产生了深远的影响，他认为无论目标多远，关键是从第一步做起。很多人因目标宏大而不知如何开始，甚至犹豫不前。其实，只要勇敢迈出第一步，并持续前行，终能达成目标。不要急于求成，应从最简单的事做起。

受资金和技术限制，陈正财选择从油桶收购起步。经过市场调研后，他找到了销售渠道和供应商，并迅速开始了空油桶的收购与转售业务。为了确保资金的有效周转，他采取了当天买入卖出的策略。

与此同时，陈正财不断自学，广泛学习有关金属桶生产和再循环的知识。他了解到，早在百年前，欧美国家就已经掌握了这些技术。然而，受资金短缺限制，陈正财只能逐步积累经验，寻找机会。"我想做，但没有足够的资本，甚至缺乏流动资金。因此我决定慢慢存钱，想办法积攒资金，总有一天我要像他们那样去做。"陈正财说。

陈正财摄于马来西亚国家皇宫

然而，在当时的条件下，仅仅依靠收购来赚取事业发展的第一桶金并非易事。收购利润微薄，且需要大量的人力和时间投入。尽管如此，陈正财并未放弃，而是在坚守中寻找机会。

不久后，机会终于来临。一次油桶市场涨价，新旧油桶价格均有所提升，陈正财借此机会获得了初步的资金积累。"我不再局限于收购，而是转向循环利用，进行复新。"于是，1976年，陈正财在怡保路设立工厂，通过清洗和简单加工旧金属桶，将其翻新后卖给相关商家，实现了资源的循环利用。

这是一段极其艰难的创业时期，陈正财不仅要承受日常工作中的辛劳，还需要在几乎无人知晓的情况下，竭尽全力完善产品和拓展市场。在这个过程中，他凭借一贯的踏实品格稳步前行。同时，受自身性格和客观条件的影响，陈正财采用了一种独特的方法——帮助他人。这种助人为乐的方式在其事业发展初期起到了至关重要的作用，可以说，他的事业正是从帮助别人起步的。

回顾自己的创业历程，陈正财始终强调一个核

陈大毛瑟（马）金属有限公司生产车间（一）

心经验：做人要脚踏实地，不可寻求捷径。"真实和诚恳至关重要。"

正因为这种品格，自创业以来，陈正财关注的从来不是短期利益，他也不愿像许多人那样追求快速盈利。他更注重的是夯实企业的基础和拓展稳固的人脉网络。因此，尽管帮助别人在很多人看来是一种高投入且回报不确定的策略，但对于怀有长远事业理想的陈正财而言，这是构建企业坚实基础的有效途径。

事实上，早在陈正财24岁开始沿街载货闯荡时，帮助别人就成了他扩展业务的一种非常有效的策略。当时，他向父亲借钱买了一辆小货车，并不单纯是为了载货。陈正财有自己的"小盘算"："购买这辆小货车不是单纯为了载货，而是为了打入别人的工厂。不这样做，怎么能有机会进去呢？"因此，为了进入工厂，他会主动驾车寻找客户，诚恳地与对方交谈，让对方了解自己。

这样做一方面是为自己创造机会，另一方面通过交流深入了解工厂的业务和商业模式，进一步拓展人脉资源。"我看到什么工作都做，有什么货都载，哪怕是帮人装垃圾，有时会得到一些车费，有时候纯粹是帮忙。"

在事业初期，建立良好的人际关系尤为重要。陈正财的人脉网络主要来源于学校、社团、商会、工会及各类社会组织。尽管当时他的事业仍然面临诸多挑战，但他经常开车为各种社会组织提供义务服务。起初，人们并不了解陈正财，但随着交往的深入，许多人被他的踏实和诚恳打动，并主动给予他机会。

"首先要奉献自己的真心、能力和诚恳，这样才能赢得别人给你的机会。年轻时，我在社团、工会等地方做了很多这样的事情。单身时我放弃了很多个人时间，结婚后也牺牲了与家人团聚的时间去帮忙。这是我们事业发展的基石——没有资金，就以精神和时间为代价，这其实很简单，只需要投入一些时间和真心。只要你诚恳对待他人，机会自然会找上门来。"回顾这段经历时，陈正财的话语中满是感慨。

当被问及为何选择通过帮助别人来开启自己的事业时，陈正财除提到客观条件的限制外，还将此归因于他的天赋。正如有些人天生擅长绘画，另一些人则具有音乐天赋，善于借助他人的力量是陈正财与生俱来的能力。然而，由于其诚恳的性格，这种借助他人之力的做法并非出于功利目的，而是基于真诚的交流。他追求心灵上的共鸣，希望通过真心的帮助建立起深厚的人际关系。

正如陈正财所言，支持创业者前进的动力不仅来自物质层面，更重要的是精神层面的支持。在别人忙于追逐短期利益时，陈正财却脚踏实地为未来奠定基础，始终专注于长远的发展目标。

陈大毛瑟（马）金属有限公司产品

持续创新与突破

陈正财身上始终流淌着一股不满足现状、不断向前的动力。他说：“做企业的人，一定要有企业家的精神，要不断问自己，你的满足感达到何种程度。我一直都在改变企业的模式和平台，因为总在思考如何让它们达到更高的水准。”这种精神驱使他在事业初具规模后，继续追求更高的目标。

尽管油桶循环利用业务在当时已非新鲜事物，但陈正财认为整个行业仍有提升空间。他发现，相较于人工翻新旧油桶，机械化大规模生产新油桶能带来更高的利润。对他而言，虽然通过努力已经取得了一定成就，但对于拥有长远理想的他来说，这还远远不够。"我不能一辈子依赖他人，必须有自己的'母鸡'。"于是，在中年时期，陈正财决心转型，追求更广阔的未来。

为了实现这一目标，陈正财前往中国香港、中国台湾、日本及欧美等地考察，学习先进的技术和设备知识。然而，进口设备价格高昂，贷款负担甚至超过了公司每日的盈利。面对困境，陈正财决定自主研发设备。经过五年的考察与自主开发，陈正财终于成功打造了马来西亚国内首条金属桶生产线。

"成功需要极大的心血和努力，"陈正财回忆说，"在有了建厂制造金属桶的想法后，财力和技术上的限制曾让我深感困扰。"但他坚信"失败是成功之母"，始终保持积极态度，从失败中吸取经验教训。

1982年，陈正财利用自有资金再投资，并获得了必要的贷款和技术支持，最终建成了第一条生产线。这条生产线显著提升了陈大毛瑟的生产效率和产品质量，赢得了市场的广泛认可。到1985年，公司产品销量首次突破百万大关，市场业绩证明其成功了。

进入20世纪90年代，陈大毛瑟开始腾飞，产品不仅在国内畅销，更打入了美国、日本、欧洲等国际市场，为国家赚取了大量外汇。1992年，公司在巴生甘榜爪哇设立新厂，并获得多家大公司的订单。即便在1997年亚洲金融危机中，陈大毛瑟依然稳健前行，全年营业额超过3000万令吉。如今，陈大毛瑟的自动化程度高达90%，几乎涵盖了从原料切割到成品装配的所有环节。陈正财强调："我们的机器不仅是工具，更是我们的武器。"

在他看来，经营企业如同治理国家，只有掌握先进的技术装备，才能在激烈的市场竞争中立于不败之地。正是凭借十年如一日的专注研发，陈正财为陈大毛瑟打造了一把利器，助力企业在风云变幻的商海中展翅高飞。

回顾陈大毛瑟从名不见经传成长为行业知名企业的历程，若将企业的全面机械化比作跃过龙门的关键一步，对品牌的重视和精心打造，则是助力陈大毛瑟实现飞跃并在之后持续稳健发展的另一重要因素。

随着社会进步和消费市场的日益繁荣，消费者在面对众多选择时变得更加理性。在这种背景下，品牌成为最具效率且成本最低的"咨询工具"。品

陈大毛瑟（马）金属有限公司生产车间（二）

牌象征着品质，选择信誉良好的品牌意味着选择了优质的产品和服务。

自陈大毛瑟创立之初，品牌建设就一直是企业发展的重要组成部分，并在其成长过程中发挥了关键作用。1975 年，陈正财白手起家时，陈大毛瑟无论在规模还是实力上都无法与竞争对手匹敌。然而，陈正财采用了"小刀杀牛"的策略——亲自领导并参与设备制造，在确保质量的同时有效控制了成本。"我们通过高品质的服务和产品赢得客户的信任，不断改进产品质量、价格和服务，用最低的成本和最高的效率执行。"

随着公司实现全面机械化，陈大毛瑟在规模和产能上都实现了质的飞跃。面对新的发展阶段，陈正财调整了公司的战略方向："现在不是卖产品，而是卖品牌、卖服务、卖速度。"即便如今公司已颇具规模，但仍保持灵活高效的特点。对于品牌形象日渐成熟的陈大毛瑟来说，优质、高效和良好服务成为客户最直观的印象。

秉持"品质是制造出来的"理念，陈正财不仅关注产品开发阶段，还将这一理念贯穿金属桶从设计到出厂的每一个环节。例如，为确保质量，陈大毛瑟在制造过程中的每个步骤都设置了检验点，并聘请了大量的质检人员进行全数检验。此外，陈大毛瑟还特别关注产品出厂后的运输过程，确保运输途中产品完好无损。同时，公司也根据客户需求定制产品，切实满足客户的实际需求。尽管这些措施增加了运营成本，但也正是由于这些努力，陈大毛瑟的产品始终保持着国际水准，甚至被视为经典之作。

作为公司的领导者，陈正财非常重视自我提升，无论多忙都会参加各种会议、培训和论坛，向优秀的人学习经验。这使他能够紧跟时代步伐，带领陈大毛瑟取得今天的辉煌成就。未来，他将继续以一贯的执着和稳健，引领陈大毛瑟走向世界舞台。华

陈冯金英

陈冯金英是马六甲房地产界的杰出人物，她凭借精准的市场洞察力和创新运营能力，在20世纪70年代推出首个大型房地产项目并迅速售罄，为当地房地产界注入新活力。她坚守"勇敢面对现实，永不放弃"的信念，不仅挽救了自己的公司，还以诚信建立了集福实业的稳固品牌，成为业界领军人物。

事业成功的同时，陈冯金英积极投身社会服务，担任马来西亚陈氏宗亲总会副总会长、马六甲颍川堂陈氏宗祠妇女组首届主席，组织活动促进家族成员间的交流与团结，对宗族事务贡献卓越，成为尊宗睦族的典范。

坚毅前行 书写传奇

——集福实业发展有限公司创始人陈冯金英

在 20 世纪 70 年代，马六甲的房地产市场发展缓慢，但随着城市化的推进，住房短缺问题日益凸显。集福实业的创始人陈忠盛及其夫人陈冯金英以远见卓识，预见了房地产市场的潜力，并将一片偏远的 201 英亩橡胶园改造成住宅区，正式开启了他们的房地产征程。

自 1978 年进入房地产领域，集福实业及其子公司创造了多个行业第一。公司以高品质保证、项目按时完成并交付使用而闻名，切实维护了购房者利益。此外，集福实业重视售后服务，以务实的运营策略赢得了客户信赖和业务增长，成为行业的领军者。

陈冯金英在推动企业发展的同时，也积极践行"居者有其屋"的理念，对马六甲的社会贡献巨大。她凭借诚信与承诺，在竞争激烈的房地产市场中树立了独一无二的品牌地位，书写了属于自己的传奇篇章。

远见卓识 进军房地产市场

马来西亚以其宜人的气候、迷人的风光和深厚的文化底蕴，一直是全球游客的热门目的地。近年来，面对日益激烈的国际旅游竞争，马来西亚凭借优质的医疗服务、完善的基础设施、高水准的个人安全以及良好的空气质量脱颖而出，吸引了大量游客和投资者。正是因为这些优势，马来西亚被誉为亚洲最适宜居住的国家之一。

20 世纪 70 年代之前，马来西亚主要依赖农业和初级工业产品的出口来赚取外汇。自 70 年代起，政府开始大力调整产业结构，推动出口导向型经济，促使经济基础从农业逐渐转向工业。这一时期，城市化进程显著加快，大量农村劳动力迅速涌入城市和工业区。

经济转型的同时，城市中出现了大量的棚户区，低收入家庭数量增加，住房短缺问题日益突出，逐渐演变成严重的社会与经济挑战。

当时马六甲民风保守，缺乏吸引投资者的自然资源，特别是在房地产开发领域，从业者多采取较为稳健的策略，导致房地产公司和项目规模普遍较小。大多数小型房地产项目由建筑承包商直接承建，并且通常是在收到购房订单后才开始施工。这意味着当时市场上还没有提供从规划、销售到购房融资等一站式服务的专业房地产发展公司。

随着时代的发展和城市的扩张，市场迫切需要一家能够引领房地产行业快速发展的大型企业。正是在这样的背景下，集福实业发展有限公司应运而生，恰逢其时地填补了这一空白。

当时，集福实业发展有限公司董事长陈忠盛与太太陈冯金英深入分析了马六甲房地产市场的需求和现状，认为随着经济的发展，市场上最急需且最缺乏的是提供高品质、高效率服务的房地产公司。因此，他们立志创建一家不仅在愿景目标上超越行业，而且在精神风貌上引领行业潮流的企业。

怀揣这样的理想，1972 年，具有远见卓识的陈忠盛与陈冯金英夫妇购买了位于武吉波浪的一片偏远的 201 英亩橡胶园，正式开启他们的房地产征程。

拥有土地后，陈忠盛和陈冯金英面临的挑战变为土地用途转换及相关手续办理。经过集福实业董事会的精心策划与协调，公司向州政府相关部门提交了土地用途转换及分割屋契的申请。在历经数年的耐心等待和不懈努力后，公司终于在1977年获得了土地的独立永久地契，实现了他们的建房梦想。

集福实业仅用一年时间便推出了马六甲首个大型房地产项目——"甲岭花园"。该项目一期包含418套住宅，类型涵盖单层和双层联排别墅、半独立式及独立式住宅，并配设双层商铺。

房屋建成后，如何赢得市场成为新的挑战。陈冯金英和陈忠盛凭借敏锐的市场洞察力和创新的运营策略，迅速找到了突破口。他们的关键举措是在销售前为购房者协调好银行贷款融资，从而有效解决了购房者的资金问题，打开了市场的大门。

甲岭花园一期上市时，恰逢政府部门为公务员（尤其是教育界员工）提供低利率房屋贷款，这进一步提升了项目的吸引力。加之418套住宅均配有永久无年限地契，极具增值潜力，吸引了大量公务员和个体购房者竞相购买，使得首期项目在短短一年内便销售一空，创下20世纪70年代大型房地产项目快速销售的纪录。

该项目的成功不仅让陈冯金英和陈忠盛看到了房地产市场的巨大需求，更重要的是，通过此项目积累的丰富资金和宝贵经验，为公司未来的房地产发展奠定了坚实的基础，铺就了一条光明大道。

正当陈冯金英和陈忠盛在房地产领域大展宏图之时，20世纪80年代中期的世界经济衰退对马来西亚造成了冲击，引发经济下滑，投资者信心受挫，购房者消费能力下降。然而，得益于甲岭花园一期项目为集福实业奠定的坚实基础，以及陈冯金英等董事在财务管理上的审慎策略，公司受到的影响甚微。

此外，陈忠盛与陈冯金英在种植业的稳定投资也为他们提供了额外的收入保障，使他们在财务上无后顾之忧。因此，即便面对经济危机，他们仍能专注于规划并实施更大规模的房地产项目，继续推动公司成长与发展。

由集福实业开发的 BB BAZAAR 购物大厦

由集福实业开发的 Taman Saujana Seksyen 单层半独立式房屋

集福实业发展有限公司从1978年至2003年，共完成了1164套住宅项目，包括甲岭花园、合作花园、怡景苑、翠柏岭、BB BAZAAR 购物大厦以及与联营公司大发集团共同开发的 Taman Sri Mangga。

其子公司兴地发展有限公司在1993年至2004年，完成了271套住宅项目，如甲岭花园的新阶段、雅阁商业中心和柏苑花园。通过这些重要项目的成功实施，集福实业及其子公司实现了超过2亿令吉的总营业额，交出了一份令人瞩目的成绩单。

正是由于集福实业在品质与价格方面的不懈追求，其所开发的各个项目在市场上广受欢迎，这也

纪念中马建交 50 周年

马来西亚陈氏宗亲总会就职典礼，前排右三为陈冯金英

反过来推动了公司走上快速成长的道路，成为业界瞩目的焦点。

集福实业最初专注于为中低收入群体提供住房，随着市场对房屋品质要求的提升，公司也开始开发更为豪华的住宅项目，以满足高收入人群及外国投资者的需求。这种策略不仅适应了本地市场的变化，还吸引了国际投资。

2005 年至 2007 年，公司完成了包括柏苑园、绿景园、翠景苑和 Taman Saujana Seksyen 2 在内的 415 套住宅项目。同时，在甲州市郊的大学附近，集福实业还建造了经济实惠的高层公寓，解决了外地学生的住宿难题。此外，集福实业于 2014 年在马六甲 Alai 镇开发了一个新住宅区，包含 86 栋两层半的半独立别墅。

随着马来西亚经济的增长，各地对商业地产的需求日益增加。集福实业凭借战略眼光，在持续打造理想居住环境的同时，进军商业地产领域。其子公司开发的中型广场为餐饮和零售业者提供了新的商业中心，这些项目均取得了预期的成功，为马六甲的城市发展作出了贡献。

2013 年，马来西亚政府推出"居者有其屋"相关新政策，通过融资优惠帮助年轻就业者在工作一两年后能够购房。集福实业在稳步发展的同时，积极履行社会责任，配合政府政策，设计符合年轻人品味的住宅，助力年轻一代尽早拥有自己的房产。

这些成就和社会责任的履行，不仅推进集福实业向规模化和品牌化发展，也加快了陈冯金英及其策划团队未来向东南亚其他国家发展的步伐。这一系列举措不仅提升了公司的市场地位，也为区域内的城市发展注入了新的活力。

勇往直前 永不言弃

陈冯金英认为信用和诚意是通往成功的两把关键钥匙。在当今竞争激烈的房地产市场中，开发商的诚信显得尤为重要。无论是大生意还是小交易，陈冯金英始终坚持"诚"字为本的原则，真诚对待每一位顾客，始终将消费者的权益放在首位。

在每个房地产项目的开发中，从接收客户定金一起，陈冯金英便立即启动项目，确保按时交房。她深知，工程进度不间断、准时交付房屋是销售的核心。自 1978 年进入房地产领域以来，集福实业及其子公司所有项目不仅保证了质量，还实现了按时交付，使购房者顺利入住，赢得了广泛赞誉。

此外，陈冯金英高度重视售后服务，公司务实的运营方式赢得了客户的高度满意，促进了业务的持续增长。她在保障购房者利益的同时，也为马六甲的"居者有其屋"理念作出了实际贡献。凭借信用和承诺，集福实业在马六甲房地产市场树立了稳固的品牌，并巩固了其市场地位。

对于年轻一代，陈冯金英期望他们能够继承前辈们的坚韧创业精神，无论投身哪个行业，都要勇

马来西亚陈氏宗亲会妇女组就职典礼，前排右七为陈冯金英

往直前，不轻易放弃。在她看来，许多行业的成功都需要长时间的耕耘和积累，绝非一朝一夕可以达成。这一点，陈冯金英深有感触。

陈冯金英于1941年出生于马来西亚霹雳州金宝，正值二战期间。日本占领马来西亚期间，当地物资极度匮乏，生活条件极为艰苦。战后重建阶段，民众依然面临诸多困难。童年的艰难环境锻造了陈冯金英不屈不挠、坚毅自强的性格。她因人缘极佳，在独自南下马六甲工作时得到了许多贵人的帮助。

与陈忠盛相遇后，她不仅建立了温馨的家庭，还成为丈夫事业上不可或缺的贤内助和得力伙伴。她的支持和智慧对家庭及陈忠盛的事业发展起到了关键作用。

陈冯金英的童年环境和中年事业拼搏经历，使她能够在丈夫生病、家庭与事业重担集于一身时，依然坚强应对。这些人生阅历教会了她如何在逆境中前行，避免不必要的弯路。

正如那句"成功男人的背后一定有个默默无闻的女人"，陈冯金英作为陈忠盛的贤内助，为了支持丈夫的事业发展，经常陪同他前往中南马及西马各地巡视业务，亲自参与各种事务性工作。

随着陈忠盛被诊断出患有高血压和心脏病，并在业务高峰期频繁进出医院，陈冯金英开始独自承担起更多的责任。基于丈夫的信任，她致力于管理好公司，为将来顺利将事业交接给下一代做好准备。

1994年，陈忠盛中风后只能依靠轮椅行动，所有责任便都落在了陈冯金英的肩上。即便在需要同时看顾生意和照顾家庭的艰难情况下，她依然凭借坚强的意志力完成了公司一系列关键规划。

"勇敢面对现实，不要轻言放弃与逃避"，这是陈冯金英一路走来所秉持的信念和人生箴言。她坦言，尽管现在事业上一帆风顺，但这一路并非没有波折，其间也遭遇过失败与亏损的困境。

回想起当年金融危机来袭时，集福实业在新山投资的200英亩土地无法继续开发，几乎每天都在承受相当于一栋房子价值的资产损失。"屋漏偏逢连夜雨"，公司股东们不仅没有伸出援手，反而纷纷撤资逃离。

面对如此困境，陈冯金英和丈夫陈忠盛只能依靠自己，通过变卖股票来支付员工工资。然而，随着丈夫病情加重和经济状况的恶化，陈冯金英最终不得不做出艰难的选择，将那块土地以2300万令吉的低价转让出去，这是她第一次也是唯一一次选择放弃。

在最艰难的时期，陈冯金英还遭遇了企图欺诈公司资产的骗子。这些人以收购公司的名义前往新山调查财务状况，幸亏被她及时识破，避免了破产的命运。

面对接踵而至的挑战，陈冯金英选择了坚持不懈。她坚信，只要在困境中持续努力，终会迎来转机。怀着这样的信念，她曾连续24小时不眠不休地为公司奔波，从新山到新加坡，再到马六甲，最后抵达吉隆坡，中间未曾停歇。随行的几名壮汉对此也

著名爱国华侨领袖陈嘉庚的侄子赠送纪念品予陈冯金英

新加坡陈氏宗亲赠送纪念品予陈冯金英

新加坡陈氏妇女组宗亲与马六甲妇女组宗亲交流，前排左五为陈冯金英

深感佩服，连连赞叹她的毅力和决心。

如今，陈冯金英的继任者们继续秉持她的创业理念，在她的教导下，延续为购房者提供真诚与务实服务的传统。两代人不仅致力于守护家族企业，还为其制定了更具前瞻性的规划，为房地产行业引入了许多新颖元素和概念。他们以现代化设计和高品质为目标，提升马六甲居民的居住品位，满足消费者对高素质现代生活的追求。

凝聚宗亲　服务社团

多年来，尽管陈冯金英忙于事业发展，但她教育子女有方，孩子们在她的悉心培养下都取得了优异的学业成绩，并回到家中接管父亲的事业，协助母亲管理业务。他们不仅分担了家庭和企业的重任，也让陈冯金英有了更多的时间去关注华团宗祠的活动，进一步促进了家族与社区的和谐发展。

宗祠，又称"祠堂"，是供奉和祭祀祖先的场所，承载着宗族的精神象征。在中国，尤其在北方地区，宗祠文化逐渐式微。然而，在海外，宗祠成为华侨华人联系同宗、增强情谊的重要纽带。在马来西亚，由于华人人口众多，宗祠文化不仅得以保留，而且日益繁荣。许多在国内已不多见的传统宗祠建筑，在马来西亚等地反而找到了新的土壤，生根发芽，传承发展。这些建筑不仅是文化传承的象征，也是海外华人维系家族情感和文化认同的关键场所。

在今天的马来西亚，各地遍布着如"陈姓宗祠""李姓宗祠"等建筑。这些宗祠不仅有助于人们寻根问祖、缅怀先人，还激励后代传承家族荣耀，对增强中华民族的向心力和凝聚力起到了重要作用，促进了中华民族的大团结。

马六甲的颍川堂陈氏宗祠便是其中极具影响力的代表之一，自建成至今已有近150年的历史，是马来西亚历史悠久的宗祠之一，见证了马六甲的历史变迁和社会发展。颍川堂陈氏宗祠不仅是家族成员的精神寄托，也是中华文化在海外传承的重要象征。

陈冯金英曾担任马六甲颍川堂陈氏宗祠妇女

马六甲颍川堂陈氏宗祠妇女组举办百人学子绘画与填色比赛,前排左七为陈冯金英

组的首届主席,对推动华人社团的发展有着独到的见解,并始终坚持"要做,就要做到最好"的原则。她认为,公司运营与社团管理有着本质的区别,不能将商业事务直接套用于社团活动。参与社团活动的人只有甘愿奉献个人时间和资源,才能真正贡献力量。

"我现在很少拥有自己的私人时间,几乎全部奉献给了事业和社团工作。"陈冯金英如是说。她的奉献精神和对社团工作的投入,不仅提升了宗祠的社会影响力,也为后人树立了榜样。

在担任颍川堂陈氏宗祠妇女组主席期间,陈冯金英积极组织各类活动,促进了族内交流和亲情的加深,为宗祠的建设及宗族事务作出了卓越贡献,成为敬宗睦族的楷模。此外,她还曾任马来西亚陈氏宗亲总会妇女组主席、马六甲中华大会堂妇女组主席以及马来西亚中华大会堂妇女组副主席,目前,她仍担任马来西亚陈氏宗亲总会副总会长。

此外,陈冯金英与新加坡的陈氏宗亲保持密切往来,她多次带队访问新加坡陈氏总会、新加坡陈氏公会、新加坡颍川公会、星洲陈氏公会、南舜同宗会及新加坡舜裔宗亲联谊会等组织,每次都受到邻国宗亲们的热烈欢迎。

同时,她也经常代表马来西亚陈氏宗亲总会,与东马沙巴、砂拉越以及东南亚其他国家(如印度尼西亚、柬埔寨、泰国等)的宗亲会进行交流和联谊。陈冯金英还积极参与世界舜裔宗亲联谊会在各国举办的国际大会,并曾荣获中国舜裔大会颁发的金牌奖。

在社团任职期间,陈冯金英慷慨解囊,而她所收获的宗亲情谊却是无法用金钱衡量的。这些经历让她深感温暖和感动,使她更愿意为宗亲组织奉献个人时间和资源。作为多个华人社团的关键人物,她如今也鼓励孩子们参与社团活动,让下一代体验宗亲间的力量和支持。

"非常感谢一路上遇到的好朋友,无论是在生意上还是社团中,他们都给予了我极大的帮助和支持。"陈冯金英坚信,真心待人会换来他人的真诚相待。

在兼顾事业与社团工作的同时,她的生活充实而有意义。目前,她已将公司的重要职责交由下一代管理,并告诫接班人要有坚韧不拔的创业精神,秉持真诚和信用,传承长辈们不屈不挠、永不言弃的精神,以实现家族财富代代相传的理想。

她常常感慨人生短暂,应当珍惜每分每秒。如今,陈冯金英的家族事业蒸蒸日上,成功的企业有了可靠的接班人。她在工作之余享受着天伦之乐,同时积极参与社区组织的各项活动,与志同道合的朋友联谊,每一天都被各类业务和社团活动填满,这种生活方式不仅让她心情愉悦、精神富足,也让她感到人生没有虚度,未留遗憾。华

谢建豪

谢建豪白手起家，于2002年创办马来西亚兴业集团。经过多年的磨炼，他领导团队共推出了8个具有突破性的技术，其产品在欧洲、美国、澳大利亚、中东等25个国家和地区广受青睐。

他不仅擅长将废弃塑料"变废为宝"，转化为功能多样的智能材料，更亲自投身实践，成功设计并建造了一座高达18米的重力式混料仓，这一创举使得产能激增60倍，同时显著提高了原料纯度，为兴业集团的持续发展奠定了坚实的基础。

"塑"造未来 环保领域的绿色奇迹

——马来西亚兴业集团创始人兼首席执行官谢建豪

> "'塑料'一词几乎已沦为贬义。但如今,是时候重新审视这一观点了。塑料作为一种材料,其实拥有诸多优点:它美观、轻巧、经济实惠且易于塑形。此外,塑料还拥有一种鲜为人知的强大特性——每次它经历变革,其价值便随之提升。这正是塑料的独特魅力所在。"
>
> ——谢建豪

少年壮志 环保绿色梦想

谢建豪出生于马来西亚一个普通华人家庭,他的父母没有接受过多少教育,靠做钢铁和废品生意维持生计。在谢建豪的童年记忆里,周末不是孩子们的游乐时间,而是与皮卡车相伴。皮卡车是一家人的移动城堡,装载着希望和梦想。谢建豪时常坐在车上,听父母讨论今天的收获,尽管当时年纪尚小,却也能感觉到那份对生活的执着和对未来的期待。这段童年经历,也让他萌生了在废品中挖掘价值、探寻可能的想法,这是父母给予他的宝贵第一课。

随着时间的推移,谢建豪渐渐长大,开始帮助父母做一些力所能及的工作。这份在旁人眼中或许微不足道的工作,早早地磨砺了他的坚韧与耐力。外界常常轻视废品回收这份工作,但谢建豪深知其中的艰辛与价值。

"在一个清晨,当我睁开双眼,我的视线不经意间停留在了房间角落的塑料制品上。就在那一瞬间,一个想法在我的脑海中闪现:这些被视为垃圾的塑料,实际上拥有着巨大的回收再利用潜力,它们的循环利用如同在平凡中孕育着无限的希望与可能性。"谢建豪回忆说。这个念头促使谢建豪陷入了深深的思考,他开始反思,为什么这样一个充满潜力的行业,却总是被人们忽视甚至贬低。

就在那一天,谢建豪心中埋下了一颗梦想的种子。从此,他的生活与环保事业紧密相连。他坚信,无论从事何种职业,只要付出努力与汗水,就能收获属于自己的成功与尊严。他心中暗自立誓:"世间职业,无分贵贱,成败皆由心态而定。"

谢建豪儿时的全家合照

怀揣梦想,谢建豪踏上了追逐既定目标的征程。他对马来西亚的塑料回收业进行了全面而深入的调研,每天穿梭于废品站之间,与从业者倾心交流;又频繁奔波于塑料加工厂,详尽地记录下生产流程及废料处理的每一个细节。数月下来,一份翔实且极具参考价值的调查数据在他手中诞生,这些数据宛如拼图碎片,逐渐拼凑出马来西亚塑料回收行业的全貌,也为他后续的行动筑牢了基础。

机遇总是偏爱那些有准备且积极进取的人。不久之后,谢建豪迎来了一个宝贵的机遇,那就是赴美深造。他选择了机械工程作为自己的专业方向,并专注于塑胶循环领域。从此,学校图书馆和实验室成为他的常驻之地,他全神贯注,矢志不渝,让追梦的脚步越发坚实。

2000年,他凭借杰出的学业成绩和创新思维,在众多杰出人才中脱颖而出,荣获富布赖特奖学金。两年后,他又成功获得了美国雷鸟商学院的MBA学位,至此,他的个人知识体系实现了质的飞跃,距离他改变塑料回收行业格局的梦想也越来越近。

2002年2月,谢建豪在取得MBA学位后,放弃了在美国的工作机会,坚定地返回马来西亚,创立了兴业工业公司,致力于追逐他的梦想。他仅凭一份研究报告,就毅然踏上了这段充满未知与挑战的创业之路。然而,创业的道路总是充满挑战,由于此前他在学术环境中尚未深入探索理论知识与实际应用的结合,在将知识转化为实际生产力的过程中,他遭遇了诸多困惑和挑战。

当时,马来西亚的塑胶循环产业由六类职能不同的公司构成,它们分别负责回收、分类、破碎、清洗、混合和生产这六个关键环节,谢建豪将这一系列分工称为"ABCDEF"。尽管这种分工模式确保了每个环节都有专门的公司负责,但也带来了一系列问题。这种模式需要雇佣大量劳动力,涉及繁重的物流运输,导致成本居高不下,且各环节间沟通不畅,协作乏力。

谢建豪敏锐地意识到,问题往往伴随着机遇。正如塑料回收行业的迅猛发展所体现的,只有通过创新技术和打通回收环节,才能有效地突破困境,实现资源的可持续利用。面对重重困难,他不畏艰难,凭借其深厚的行业专业知识储备和坚定的环保信念,摒弃了传统的模式,从零开始规划蓝图,精心构建了一个适应循环工业需求的塑胶供应系统。他的努力成功地将各个环节紧密连接起来,激活了行业的全新活力。

谢建豪在塑料回收工地

在创业初期,谢建豪的公司仅有四名员工,他们承受着巨大的工作压力,非常辛苦。谢建豪擅长用朴实无华却又激情四溢的话语鼓舞团队,激发员工的斗志,使他们满怀信心地期待公司的未来。员工士气高昂,创业的艰辛在谢建豪眼中似乎减轻了几分,他将每一次挫折视为成长的阶梯。他深入参与工厂的全流程,不仅深化了对行业的理解,还增进了与员工的联系,为公司未来的成功奠定基础。

在谢建豪的领导下,兴业集团实现了两项重大技术突破。一项是在产品纯度方面,集团与美国公司合作,引入了先进的红外线自动检测技术,精准剔除不合格品,从而确保了产品的高纯度。

另一项是在搅拌技术方面,以往行业内其他公司的标准做法是使用混料机,每次处理500公斤物料。当时谢建豪提出将处理能力提升至30吨的大胆设想,却如同投石激浪,引来了同行的奚落与嘲笑,他被贴上年轻气盛、不切实际的标签。当时尽管多数员工受限于行业陈规,不愿探索未知,但谢

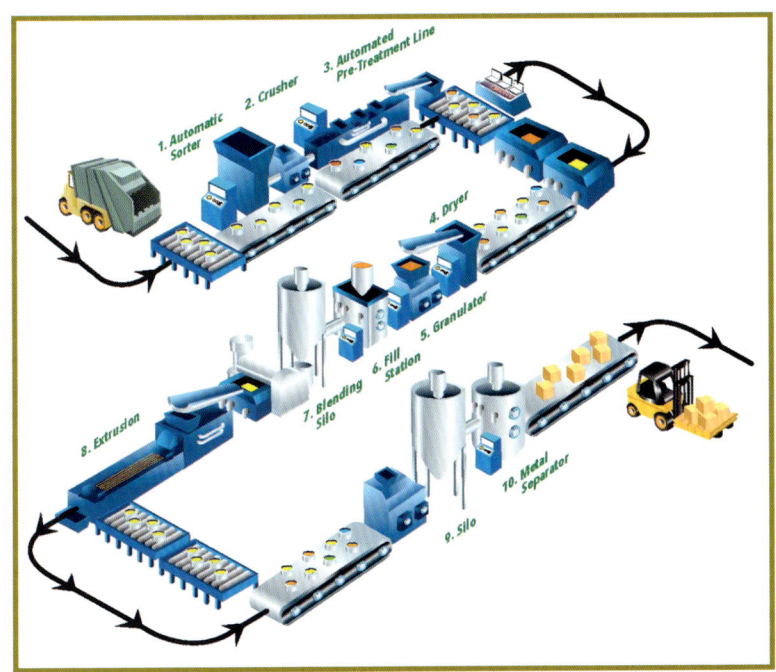

兴业集团产品生产链

谢建豪展示塑料提炼成燃油

过实时监测和管理仓内部的物料水平，显著提升了原料搅拌的纯度，也大幅提高了生产效率。

谢建豪认为："相较于产品本身，更为关键的是我们所从事的事业以及我们如何规划其整个生命周期，赋予它重生的机会。"

兴业集团在整合了所有生产环节之后，其产品的品质已经超越了同行业的其他公司。公司成立仅六个月，便成功推出了首款快速循环聚丙烯材料，其循环时间缩短了50%。得益于聚丙烯市场整体需求的稳步增长以及环保法规的趋严，该产品一经推出，便立即受到了市场的热烈追捧。

经过持续不断的努力，一系列技术难题迎刃而解，促使管理系统的劳动力成本降低了40%，运输费用更是锐减60%。这一成就为塑胶行业开辟了新的商业机遇。新开发的产品成功通过了所有测试，奠定了其在智慧塑胶行业中领军者的地位。

创新引领 勇闯海外市场

在谢建豪的带领下，兴业集团迅速实现了初步的成功，但他们并未因此而停滞不前。企业既不断深耕常规产品，又着力研发独具特色的产品，尤其是抗菌系列，更是成果斐然。这些产品的薄膜层具备自动杀菌功能，即便沾染污渍也易于清洗，并且能够持续3年至5年更新薄膜层，这一独特优势吸引了美国快餐连锁企业和玩具公司的广泛关注。此外，集团通过创新性地添加特殊物质，使得塑料产品不仅具备生物降解的特性，还兼具了导电的功能。所有产品均以再生塑料为原料，完美融合了环保理念与智能化技术。

建豪如灯塔般坚定，深信客户需求是创新的源泉，只要客户有所需求，研发便有所响应。

因此，他从机械和研发等核心部门组建精英团队，共同致力于技术攻关。在研发过程中，有同事提出了"重力式混料仓"的创新概念。通过实物模拟测试，这一概念成功得以实现。最终，他们利用创新的储料仓技术，制造出了一个18米高的混料仓，单次混合量扩大了60倍，达到30吨。这种技术通

在应对激烈的市场竞争时，兴业集团始终将价值创造作为核心战略，并由谢建豪领导迅速开拓国际市场。兴业新材料公司率先通过了ISO9001:2015质量管理体系和ISO14001:2015环境管理体系等多项国际认证，这些认证不仅标志着公司在管理体系上的全面提升，而且在导电薄膜、智能调光材料等

技术领域的质量管理水平达到了国际标准，为公司构筑了坚固的品质防线，并为进入国际市场提供了"绿色通行证"。随后，兴业集团邀请了来自世界各地的行业专家提供专业技术支持，这些战略举措使得他们的产品成功打入多个国际市场。

在商业模式上，兴业集团采取了创新的定制化策略，这一策略有效控制了成本，同时显著提升了产品的性价比。他们通过严格把控原料筛选、配方改良及加工条件，精心构建了三重品质保障体系。凭借产品卓越、价值凸显和快速响应的核心竞争力，兴业集团精准把握客户需求，并承诺48小时内发货，从而有效避免了库存积压的问题。

兴业集团早期的产品主要为家具提供原料，目前集团专注于家电市场的发展，并成功拓展至日韩市场。此外，集团还积极拓展至汽车行业，并成功为马来西亚市场研发出防静电塑料。在塑料转化为绿色能源的前沿领域，集团取得了瞩目的成就，标志着其迈入了一个全新的发展阶段。作为行业的佼佼者，兴业集团不懈追求卓越，赢得了广大客户的信赖，展望未来，集团将持续稳健前行。

谢建豪兄妹四人合照

兴业集团旗下工厂

东韵西法 淬炼管理"奇招"

在管理创新与团队建设领域，谢建豪展现了他的独特方法。如今的马来西亚，东方风情和传统色彩依然浓厚。这个国家不仅传承了东方的美德，还深受其根深蒂固的人情社会体系的影响。在现代企业管理的范畴内，兴业集团正经历一场管理人制度的变革。集团既吸收了西方管理体系的精华，又巧妙地将东方的优良传统融入企业文化，实现了中西合璧的和谐共融。这种管理模式使得公司近年来的效益持续增长，业绩显著。

谢建豪对人才的重视程度尤为显著。在人才管理方面，兴业集团并未采用复杂的层级制度，而是采用了一种类似卫星轨道的员工配置模式。这种模式让所有员工在相同的"轨道"上协同工作，从而激发了多元化的创新思维。谢建豪认为："公司内部层级繁复，常导致上级难以及时捕捉下级的创意精华，创新之火往往因此熄灭。而采用卫星式的管理模式，每位员工的创意火花都能直达公司核心，加速创新成果的转化进程，并巧妙融入产品之中，为其注入新的活力。产品能够迅速吸收创新养分，其生命力与适应性自然得到增强。这对于公司本身以及客户而言，都具有极其重要的意义。"

2012年，谢建豪荣膺"马来西亚十大杰出青年奖"

谢建豪获颁"马来西亚十大杰出青年奖"后，与家人合影

目前，兴业集团会集了数百位杰出的员工。他们每日都会详尽地汇报自己的工作成果，这使得管理层能够精准地掌握各部门的工作状况，清晰地识别出哪些部门表现出色，哪些部门需要进一步改进，情况一目了然。这种积极且透明的报告机制，不仅显著提升了管理效率，还极大地激发了员工的积极性，增强了他们的归属感。

对于企业而言，保留关键人才至关重要。兴业集团在人才留存策略上独树一帜，通过激发员工的好奇心来留住人才。尽管集团的管理层年轻且充满活力，但在初入公司时，他们对环保行业的认知相对有限。然而，一旦成为公司的一员，他们便会对垃圾如何被转化为无数令人难以置信的奇迹感到惊叹。集团持续推进技术创新，让员工始终保持浓厚的好奇心，期待着下一步能创造出何种新奇之物。在好奇心的驱动下，员工的创造力得以充分释放。只有通过坚持不懈的努力和持续不断的创新，才能打造出更加灵活多变、精致优雅且光彩照人的产品。工作之余，员工常有灵感闪现，将这些独具匠心的创意融入公司，成功转化为产品，进而赢得集团的赞许与嘉奖。

在激励员工方面，兴业集团引入了"海豚式效应"的激励机制。海豚在训练中，训练师通常使用一个圈作为训练工具，每当海豚成功跳过圈圈，就会获得一条鱼作为奖励。通过持续的训练，海豚逐渐建立起条件反射，明白跳过圈圈就能获得奖励。在兴业集团，员工若能出色地完成工作任务，便会立即获得应有的认可与奖励，这极大地激发了他们的创新动力。

对于任何组织而言，团队精神都是核心要素。一个缺乏团队精神的组织，犹如一盘散沙，难以汇聚成磅礴之力。正如古语所云，"一箭易断，十箭难折"，谢建豪深知团队合作的重要性。

2008年国际金融危机来袭时，兴业集团的客户还集中在欧洲国家，对欧洲的依赖性很强。欧元贬值，导致公司亏损。为了应对困局，有一部分员工分头往不同的方向努力，以降低成本；另外一批员工去亚洲、澳大利亚开拓新市场，谢建豪计划亲自去欧洲国家见老客户，希望对方调高价钱。出乎他意料的是，他还没去欧洲，就发现有些公司自动调高了价钱。因为对方认同兴业集团的价值，所以他们愿意用更高的价钱来购买产品。面对这意外的惊喜，员工们又集思广益，创新出更多不同的产品。加上在市场一线的同事们开辟出的新市场，对集团整个业绩也起到了平衡作用。"虽然很困难，但是有一个很好的团队配合,再大的风浪也不怕。"谢建豪说。

"在兴业集团,我们坚信合作的力量,我们珍视伙伴关系。"谢建豪表示,"我们的客户群体极为广泛,涵盖了从财富 500 强企业到新兴的初创公司。尽管我们的客户类型多样,但我们有一个共同的目标——促进这种良性循环。我们摒弃了竞争心态,所有人都在同一个团队中,共同探讨如何实现这一循环。"

目前,兴业集团的营业额每年均在增长,为其扩展蓝图提供了坚实的财务支持。谢建豪表示,他将选择最佳时机带领兴业集团上市。为此,他积极筹备,每年在不同国家用不同语言进行演讲。谢建豪的眸光中恒久闪烁着坚定的信念之光,他深知,唯有持续创新,方能在激烈的市场洪流中站稳脚跟。

塑造自我 拥抱绿色生活风尚

谢建豪以不断创新的理念和对环保事业的贡献,得到了全球社会各界的认同,2013 年,凭借对塑胶循环事业的超凡贡献和永续经营理念,谢建豪

2013 年,谢建豪荣膺"世界十大杰出青年"称号

谢建豪带领公司团队进行海洋塑料及垃圾回收

荣膺"世界十大杰出青年"称号。同时,谢建豪还是马来西亚唯一的比利时塑料专业委员会委员,主要职责是通过会议讨论市场方向,探讨产品的突破难题和创新路径,开拓更广阔的市场,并向委员会汇报总结。

在谢建豪眼中,环保事业如同一位老师,教会他很多东西,也让他乐在其中。他认为环保的概念很大,不仅限于物品和原料,还涉及生活中的思想、行为和态度,怎样把负面的情绪和态度重新回收,成为动力,这才是做环保的精华。在从事环保事业的过程中,他本人也获得不同层次的成长,因此,做环保的时间越久,他就越热爱环保。

"很多人对环保事业不了解或者有很多误解,其实环保不是一门生意,而是一种生活方式,是我们生活中不可或缺的一种价值。当你把它当成金钱或者生意来看的时候,它就是生意;当你把它当成一种生活态度和生活方式的时候,从价值出发,你会发现它里面暗藏了很多机会。如果你没有花很大力气去了解它本身的特质,它就只是一种通用品,价值都一样,完全没有特性。当你了解的时候,就会发现它有自己的特性,当你把它的特性挖掘出来时,它的价值就会体现出来。所以,做环保的态度非常重要。如果只追求金钱,就会陷入红海竞争,如果你追求的是价值,你就会看到很多不同的创新空间和理念或灵感。人也一样,通过环保自我循环,提升自我,实现自身价值,这是一个美好的境界。"谢建豪说。

为宣传环保,谢建豪常去校园演讲。他鼓励小朋友,有灵感一定要抓住。他的车上总会备一些零食,每次遇到回收废品的小朋友,他都会把车上的零食分给他们,并鼓励道:"叔叔以前也和你们一样,你们一定要给这些垃圾一次'重生'的机会,我可以肯定地说,它一定会好好回报你。"谢建豪说,自己小时候完全没有想过今天所做的事情和所接触的人。他认为,垃圾不是终点,它只是被卡在那里,当我们给它第二次机会,让它延续生命的时候,它就会绵延不息。

着眼未来 转变线性经济模式

根据联合国环境署2021年发布的报告,到2050年,海洋中的塑料垃圾总量预计将超过鱼类的总重量。这一严峻的现实促使兴业集团深刻反思并积极行动,致力于改变这一趋势。作为一家专注于高价值塑料回收的企业,兴业集团正通过其创新的商业模式，努力实现100%的海洋塑料回收或增值，旨在达成零废物的目标。

谢建豪强调，塑料废料具有多次回收的潜力，具体次数取决于其实际状况。当塑料的分子结构因使用而逐渐崩溃时，兴业集团利用先进的技术将其转化为原料，再次用于制造塑料材料，这一过程被称为"循环聚合物"。他解释道："这一循环在理论上能够无限延续，关键在于凝聚所有利益相关者的合力，共同迈向塑料中和的愿景。"

然而，谢建豪清醒地意识到，在迈向塑料零排放的道路上，各方必须携手合作，致力于减少塑料的使用。这一观点的核心在于，减少塑料的使用、重复利用塑料制品，并确保它们得到有效回收。目前，全球普遍采用的线性经济模式构成最大挑战。这种模式虽追求快速、高效、低成本及美观，却时常忽略了对环境的长远影响。为了应对这一挑战，需要彻底转变经济模式，使其更具循环性和可持续性，以便所有人能够共同实现这一良性循环。

在这一充满挑战与机遇的旅程中，谢建豪并不孤单。作为全球首席执行官领导力社区（以下简称"YPO社区"）的成员，他在个人和职业道路上都得到了宝贵的支持和启示。"YPO社区向我展示了不同的做事方式，以产生积极影响。我们一起学习、深入探索，共同踏上自我发现之旅。"他满怀感激地说道，"实际上，YPO社区不仅为我提供了广阔的视野，还帮助我深刻理解了创新的重要性。我曾经认为创新的意义在于实现突破，但事实并非如此——创新的真正目的是产生影响。这一认识极大地提升了我的思维水平和行动力，我真诚地相信YPO社区在过去八年中对我取得的成就起到了至关重要的作用。"

"对我来说，这是人生中最自由的一章。现在，我可以自由地与一群志同道合的伙伴一起，踏上通往塑料循环新时代的新征程。我们此刻的每一分努力，每一个抉择，都如同涓涓细流，汇聚成推动我

谢建豪获颁"2024马来西亚科技大奖"

们迈向更加可持续、循环不息的未来的磅礴力量。"谢建豪感慨道。

展望未来，谢建豪的步伐坚定而有力。他不再被往昔重负羁绊壮志雄心，而是满怀希望地勇往直前。谢建豪说："我踏上这段征途，原为家族荣光而战。而今，我已达成所愿，我的使命更已跨越至更为崇高的境界。"

在绿色浪潮涌动的大环境下，要真正实现环保目标，就需要实施全流程"一体化"作业流程，让塑料变废为宝、重获新生。例如，循环利用塑料不仅能节省15%的能量消耗，更能削减30%的温室气体排放，这有力地证明了塑料循环利用在环保事业中的卓越成效。

洪明安

　　洪明安从"水果小贩"起步，在夜市摆摊期间积累了宝贵的实践经验，全面掌握了选货到销售的每一个环节。随后，他创立了联成水果贸易公司，正式进军水果批发业务，并成功开启了探索海外市场的序幕。

　　为确保水果的新鲜度，他投资建设了一座先进的冷藏库，大幅提升了保鲜能力。如今，联成水果贸易公司已成长为马来西亚领先的水果批发企业，致力为马来西亚国民提供优质、新鲜的全球精选水果。

让大马人品尝世界顶级水果

——联成水果贸易公司创办人洪明安

> "真正的成就感来自你所做的每一件事都能产生积极的影响。无论是在供应链管理、品牌建设还是团队管理方面，我们都力求做到最好。只有这样，才能在激烈的市场竞争中立于不败之地，持续为客户提供高品质的产品和服务。"
>
> ——洪明安

从水果小贩到批发商

洪明安出生于马来西亚雪兰莪州一个大家庭中，他的父母都是农民。在贫困的家庭环境中成长，洪明安自幼便懂得生活的艰辛，深知努力的重要性。每逢假期，他都会跟随父母外出劳作，采咖啡、割树胶，样样在行。

小学时代，为了减轻家庭负担，洪明安决定通过自己的方式赚钱。他在自家菜园里种植了几棵波罗蜜树，待果实成熟后，将果肉穿成串儿沿街叫卖，成为一名"水果小贩"。随后，他利用赚到的钱购进冰激凌进行转售，深受小伙伴们欢迎。

1986年，洪明安的哥哥洪明福开始跟随叔叔在八打灵夜市摆水果摊。求学期间的洪明安对此产生了浓厚兴趣，节假日时常前往帮忙，逐渐掌握了从选货、进货到销售的全过程。

高中毕业后，洪明安正式加入了哥哥的夜市水果摊生意。每天凌晨三四时，兄弟俩便赶往吉隆坡市中心的水果批发市场进货，确保抢先挑选最新鲜的水果。尽管马来西亚盛产多种水果，但洪氏兄弟专注经营进口水果，如美国葡萄、新西兰奇异果等，以此实现差异化经营策略。这种策略加上严格的质量把控，使得他们的夜市水果摊生意日益兴隆。

在这段辛苦却受益匪浅的日子里，洪明安不仅学会了如何与顾客交流建立长期客户关系，还深刻理解了诚信待客、"凡事亲力亲为"以及"以客户利益为先"的重要性。

1992年，随着夜市水果生意稳定发展，洪明安意识到摊档经营规模受限，难以进一步拓展。恰逢政府鼓励民众积极从商并出台一系列优惠政策，洪明安与兄弟们决定扩大业务，进军水果批发生意。同年，联成水果贸易公司正式成立，"联成"寓意家族成员团结创业。起步阶段条件有限，仅租用了一间小型冷藏库用于存放货物，标志着批发业务的正式开始。

转型为批发商后，洪明安的工作更加繁忙。除了日常的进货和派送，他还需管理夜市水果摊位。尤其在华人传统节日需求高峰期间，他经常通宵达旦地工作。回忆起那段日子，洪明安感慨说："年轻且家境普通，唯有全力以赴。"正是这股强烈的信念，推动联成发展成为马来西亚领先的水果批发企业。

勇拓海外 探索国际市场新机遇

以"新人"身份进入水果批发市场后，洪明安不仅通过诚信经营迅速积累了大量的下线小贩客户，还凭借敏锐的商业洞察力将目光投向了海外市场。联成水果贸易公司成立之初，洪明安便提出了一个大胆的想法：逐步脱离吉隆坡的本地市场，直接寻找一手供货商进口优质水果。然而，这个提议在家族内部引起了不小的争议。

反对者认为，作为一家新兴企业，联成虽然发展迅速，但相较于那些历史悠久的批发商，其分销渠道和资金实力都显得不足，难以获得国际供货商的认可。此外，当时水果批发贸易多采用签单结算的方式，如果缺乏辨别货物质量的能力，风险极高。同时，马来西亚的银行对小型企业的贷款支持也十分有限，而洪氏兄弟外语不熟练，海外也没有可靠的人脉基础，这些都使得他们面临巨大的挑战。尽管如此，洪明安坚信，为了实现长远的发展目标，必须勇敢迈出这一步。经过耐心沟通，他最终说服了家人，并通过抵押获得了必要的银行贷款，为开拓海外市场奠定了基础。

面对重重困难，洪明安一方面加紧学习外语，另一方面以谦虚诚恳的态度与海外供货商建立联系。机会总是垂青有准备的人，一次偶然的机会，一位老客户介绍洪明安认识了一位澳大利亚的水果供应商。这位供应商主要服务于马来西亚的一些大型水果批发商，对于像联成这样的新手，合作初期自然持谨慎态度。然而，洪明安凭借多年积累的良好沟通技巧和真诚的态度，最终赢得了对方的信任。这次成功的合作标志着联成开启了探索海外市场的序幕。

联成首次从这位澳大利亚供应商处进口了20GP冷冻柜的脐橙，这一举措不仅拉开了联成拓展海外货源市场的帷幕，也为公司未来的成长注入了强大的动力。如今，联成已成为这家澳大利亚供应商在马来西亚最大的分销商及代理商，双方的合作关系持续至今，印证了洪明安当初决策的正确性。

随着业务版图的不断扩大，洪明安带领团队积极拓展国际市场，目前合作国家和地区遍布南北半球，包括美国、意大利、新西兰、西班牙等。进口水果种类繁多，涵盖了苹果、鲜橙、奇异果等。在选择合作伙伴时，洪明安始终坚持高标准："我们的长期合作伙伴都是在国际市场上享有盛誉的专业供应商，他们对水果的采摘、筛选、包装至运输都有严格的质量控制流程。"

除了注重水果的质量外，联成还特别关注负责

联成水果贸易有限公司

运输水果的船务公司的信誉。"如果船期延误，会导致货物积压，影响水果的新鲜度，这是我们必须避免的风险。"洪明安强调。

1995年，随着业务规模的不断扩大，洪明安决定退出夜市摊档的管理，专注联成的进口批发业务，并开设了第一家实体店面。起初，这家店主要用于存放水果并作为客户交流据点。洪明安表示："最初开设店面的目的很简单，就是希望能改善家庭的生活条件。"

随着时间的推移，联成逐渐发展壮大。2001年，基于稳健的增长模式，洪明安决定将公司的核心市场从八打灵迁至吉隆坡，并增设了多家实体店面，进一步拓宽分销渠道。如今，联成的代理网络已经覆盖马来西亚全境，确保高品质水果能够被更多消费者享用。

洪明安始终坚守着一个信念："我们要寻找全世界最好的水果带给马来西亚的居民。"为此，联成在选择代理商时，不仅考察其资金实力和市场占有率，更加重视其对水果质量的把控能力。"这是我们任何时候都不能忽视的基本原则。"洪明安说。

科技助力 打造五星级保鲜品质

在洪明安看来，2001年才是联成水果贸易有限公司真正意义上的"元年"。1992年至2000年，联成一直在为实现水果批发的梦想而努力探索各种供货渠道。直到2001年成立有限公司，将市场重心由八打灵迁至吉隆坡，联成才开始真正展翅高飞。

联成投资建设马来西亚最先进冷藏库，确保水果冷藏品质

"我们的目标是与全球更多有实力的水果供应商合作，确保一手货源的质量和稳定性，从而在马来西亚市场与其他批发商一较高下。"洪明安说。然而，要实现这一目标并非易事，其中最大的挑战就是如何保障水果的质量和新鲜度。

水果的新鲜度如同股票指数般关键，保鲜周期较短且不同种类的水果对存放方式及温控标准要求各异。因此，如何最大限度地管控风险成为每个批发商必须掌握的技能。"无论是天灾还是气候的突然变化，都可能对水果贸易产生重大影响。"洪明安解释道，"一般来说，水果进口后的保鲜周期只有两周至一个月。如果遇到连续阴雨天气，我们必须迅速决定是否低价处理滞销水果，否则可能导致巨大损失。"

为了延长进口水果的保鲜期，让消费者品尝到最新鲜的水果，洪明安于2011年投资超2000万令吉建造了一座马来西亚最先进的水果冷藏库。在此之前，联成已拥有一座小型冷藏库，能够存储约500吨水果（相当于25个货柜）。然而，随着业务扩展，原有的冷藏库容量明显不足。

"我们需要一个更大、更先进的冷藏库！"这一念头逐渐在洪明安心中生根发芽。在他多次出国考察后发现，美国、南非和澳大利亚等地的新型冷藏库在冷冻、保鲜及装卸运输方面都有显著优势。

洪明安与哥哥洪明福

以此为蓝本，全面提升联成的冷藏设施成为进军更高层次市场的必要步骤。

面对这一庞大的资金投入计划，洪家兄弟姐妹一致同意支持。新冷藏库的设计不仅借鉴了国外先进理念，还根据联成的实际运营需求进行了优化调整。最终建成的新冷藏库占地1.8英亩，成为当时全马来西亚最大的水果冷藏库，分上下两层，底层设有19间大小不一的冷藏室，可容纳200多个货柜的水果，温度控制在0~10℃，以适应不同水果的储藏需求。

新冷藏库的启用标志着联成进入了一个新的发展阶段，但初期也遇到了一些问题。洪明安回忆道："刚建成时，我和哥哥都不太熟悉冷藏库的管理，也不了解每种水果的最佳储藏温度，曾因温度过低冻坏了大量水果，损失惨重。"通过不断学习和实践，他们逐步建立了一套完善的管理和操作流程，根据不同水果的特点调节储存温度，确保达到最佳保鲜效果。

此外，冷藏库内还设有一个专门的水果包装工作区，确保新鲜水果从卸货到入库再到分类存放都能在最短时间内完成，最大限度减少外界高温对水果的影响。

为了进一步提升保鲜水平，联成还在冷藏库中安装了价值不菲的臭氧化技术设备，成为亚洲首家采用该技术的企业之一。同时，冷藏库内的货架均采用德国先进技术制造，每个货架都配备了详细的货物信息芯片，员工可以根据这些信息进行科学的储藏和配送，确保联成水果始终保持超高品质，赢得客户青睐。

作为开拓国际货源合作模式的重要举措，洪明安在中国陕西投资了一项面积约200亩的果园项目，专注于培育并改良苹果新品种。该项目由当地供应商负责实施，联成则负责将这些水果引进至马来西亚市场。

"陕西省的土壤和气候条件非常适合种植苹果，我们与中国合作伙伴共同选定并确认了口感出众的苹果品种。"洪明安表示，这次合作不仅展现了联成对产品质量的严格把控，也体现了其对中国水果市场的信心。

尽管日常工作繁忙，洪明安仍坚持参加各类国际果蔬展销会，以及时了解行业最新动态。每年2月和9月，他都会前往德国柏林和中国香港参会，并顺道拜访供应商。"每次确定并引进新品种水果前，我们会与代理商反复试吃，确保该水果符合大多数消费者的口味后再推向市场。"例如，奇异果在马来西亚原本并不常见，但在确认其口感和营养价值后，联成果断决定批量进口。

联成的成功不仅在于其强大的供应链体系和先进的冷藏技术，更在于始终坚持以市场为导向，不断提升产品质量和服务水平，满足消费者日益增长的需求。

居安思危 稳健前行

带领联成水果贸易公司一路走来，洪明安回忆起最艰难的时期，莫过于1997年亚洲金融危机。当时，令吉汇率从2.5令吉兑换1美元暴跌至5令吉兑换1美元。这对尚处于起步阶段的联成来说，无疑是一场巨大的挑战。

"那时，我们通常以现金方式向海外供应商进货，偶尔也会选择赊账。然而，由于货币贬值，我们原本十几万令吉的债务一夜之间飙升至几十万令吉。"洪明安坦言，幸运的是，在那段艰难的日子里，供应商给予了充分的理解和支持，允许他们分期偿还欠款，而不是一次性结清。通过这次危机，洪明安深刻认识到任何疏忽都可能导致企业陷入绝境，即便在顺境中也必须保持警惕。这种居安思危的意识使他在2008年国际金融危机爆发时，能够冷静应对，通过有效的财务策略和人力资源调整，顺利渡过难关。

一直以来，洪明安始终把保障水果品质放在首位。2001年起，他开始注重品牌建设，为进口水果设计了专属商标，并印刷在外包装上。"没有品牌的竞争是苍白无力的，没有品牌的市场是脆弱不堪的，没有品牌的公司是危险的。"洪明安坚信，即便是普通的水果生意，只要经营得当，也能打造出响亮的品牌。"在马来西亚，华人农历新年最受欢迎的水果之一是永春芦柑，因其质量和口感优越，深受消费者喜爱。我们的目标是让'联成出品'像永春芦柑一样深入人心。"洪明安说。

在创业的三十多年里，洪明安不断优化团队管理。他不仅关注员工的薪资和福利待遇，还特别强调"合作""沟通"等团队理念。"公司规模扩大，矛盾也会增多。面对分歧，我提倡全员沟通，避免形成互相猜忌的负面氛围，影响公司的正常运作。"

洪明安荣获"亚太国际卓越领导力大奖"

近年来,洪明安逐步摒弃家族式管理模式,积极引入现代化企业管理机制。"家族式运作虽然能增强成员之间的紧密度,但也容易牵扯进复杂的人情世故。而企业化运作则能引入真正具备各方面素质的管理者,帮助企业稳健发展。"目前,除洪明安夫妇和哥哥洪明福外,大部分高级管理人员都是根据实际需求从外部招聘的优秀人才。

如今,作为联成水果贸易有限公司的总经理,洪明安主要负责与海外供应商谈判价格、安排货物进口以及维护和拓展客户群。

工作之余,他喜欢与家人共度时光。回顾创业至今的心得,洪明安认为最重要的一个字就是"勇"。

"生活中,人们常常将冲动的行为视为勇敢。但实际上,冲动往往是缺乏目标与规划的盲动行为,而真正的勇敢,则是为了梦想而深思熟虑的行动。"洪明安说,"联成的每一项决策都是经过深思熟虑的。我们必须对公司、对消费者、对整个行业负责。我常说,要把'经营'变成'精营',做生意不仅仅是为了盈利,更要精益求精,以一己之力为行业注入更多正能量。"

"真正的成就感来自你所做的每一件事都能产生积极的影响。无论是在供应链管理、品牌建设还是团队管理方面,我们都力求做到最好。只有这样,才能在激烈的市场竞争中立于不败之地,持续为客户提供高品质的产品和服务。"洪明安最后说。华

林培川

　　林培川于2000年加盟PESTECH国际有限公司，积极开拓市场。在他的领导下，PESTECH不仅实现了快速成长，还为全球客户提供高质量的电力解决方案，实现了"让世界亮起来"的愿景。

　　作为一家集成电力技术公司，PESTECH专注于提供全面的电力系统工程服务，包括设计、采购及安装高压与超高压变电站、输电线路和地下电缆。经过多年的发展，PESTECH现已成为行业先锋，业务覆盖亚洲、大洋洲、非洲等超过20个国家和地区，为客户带来可靠且创新的电力基础设施解决方案。

马来西亚电力行业先锋

——PESTECH 国际有限公司 CEO 林培川

> "对于未来,我们没有设定任何区域限制,相信只要有电力需求的地方就是公司的舞台。'始终可靠,增添价值'不仅是 PESTECH 的愿景宣言,也是公司不断追求的目标。"
>
> ——林培川

战略转型 开启发展新篇章

1991 年,PESTECH 于马来西亚柔佛州成立,由毕业于英国苏格兰斯特拉斯克莱德大学机械工程专业的林亚福创立。早年,林亚福生活在电力资源匮乏的乡村,夜晚只能仰望明月与繁星,期待黎明的到来。即使是点起一盏油灯也被视为奢侈,更不用说使用电灯或其他电器了。正是在这种环境中,林亚福心中种下了一个梦想:为这个世界带来光明。

PESTECH 成立初期,由于林亚福对电子产品领域不太熟悉,公司首先从电子器材贸易和小型承包项目起步,逐步站稳脚跟。通过持续的努力和经验积累,公司在稳固基础后开始向相关领域扩展。1995 年,PESTECH 涉足中压电产品的组装与维修服务,积累了宝贵的行业经验。两年后,公司进一步开展了接地设备的组装业务,这一举措也为公司的长远发展奠定了坚实的基础。

随着业务的不断扩展,对专业人才的需求变得日益迫切。面对这一挑战,林亚福做出了一个决定——邀请他的侄子林培川加入 PESTECH。林培川毕业于美国康奈尔大学,并获得了电机工程硕士学位。从小受到三叔林亚福"要做有用的事"理念的影响,林培川在中学时期就立志学习电机工程,梦想着能够回馈社会,贡献社区。他于 2000 年加入 PESTECH,承诺将助推公司从单纯的贸易模式转向贸易及增值模式。

进入 PESTECH 并不意味着享受优厚待遇或拥有舒适的工作环境。实际上,林培川加入 PESTECH 的第一个条件就是接受减薪。林亚福坚持让林培川走出自己的"舒适区",并鼓励他为了实现共同的目标而努力奋斗。

2000 年,PESTECH 将总部迁至马来西亚雪兰莪州。林培川加入后迅速着手推动公司的转型。在大约一年的时间里,他成功准备了所有必要的注册文件和商业资质,使 PESTECH 正式涉足电力科技领域,并以分包商的身份参与高压变电站的相关工程项目。自此,林亚福与林培川叔侄二人沿着最初的梦想轨迹稳步前行。

经过对市场的深入调研和分析,林培川决定对 PESTECH 的产品线进行调整,将机械工程与电机工程相结合,这一创新举措带来了意想不到的增值效果。此外,在向变电站业主推销工程系统时,PESTECH 还提供了专业工程师的系统分析服务,帮助业主根据自身需求选择最适合的解决方案。这种细致入微的服务不仅增强了客户的满意度,也为公司赢得了良好的市场声誉。

得益于稳健的现金流和高效的管理体系,PESTECH 在转型过程中迅速前进。2003 年,公司启动了保护及远程控制系统的产品线生产。次年,凭借其高效交付方案的能力和卓越的电力技术,PESTECH 赢得了首个高压变电站项目合同。在这

PESTECH 承建的位于金马伦高原的 132 千伏高压变电站

项工程中，PESTECH 首次成功完成了位于金马伦高原的两座 132 千伏高压变电站的设计、生产、组装与建设工作，标志着公司发展的一个重要里程碑。

尽管 PESTECH 的业务板块和内部管理系统日益完善，但公司仍面临业绩波动的问题，主要原因是客户群体过于单一。林培川意识到，PESTECH 已经具备将电机技术推广到其他发展中国家的实力。为了给公司开辟更大的发展空间，必须开拓国际市场。因此，2006 年，林培川积极推动 PESTECH 走向世界，开启了国际化的征程。

拓展国际市场 树立行业领先地位

其实早在 2002 年，PESTECH 就开始涉足海外市场。然而，当时公司尚未掌握领先的技术和拥有充足的资金，因此决定集中精力提升内部实力。

四年后，尽管 PESTECH 在国内市场上已声名鹊起，但要赢得海外合约仍面临诸多挑战。林培川意识到，除了依赖公司的信用记录外，还需要让客户感受到信任与信心。为了获得客户的信任，首要任务是在海外市场建立成功的案例。为此，PESTECH 选择与其他公司合作，共同完成了两项海外业务，以此作为打开国际市场的关键一步。

经过两年的精心筹备，PESTECH 与多个国家的本土企业合作参与竞标，终于在 2008 年成功获得了两项位于马来西亚境外的高压变电站工程项目合同，标志着公司正式迈向国际市场。

其中一项工程位于马来西亚邻国文莱。该项目由 PESTECH 与合作伙伴 Sung Lee & Chu Construction Co. Sdn Bhd 共同承担，双方联合设计并建造了位于 Lumut Power Station 的 66 千伏变电站。此外，该工程还包括从 LPS 到 Brunei Methanol Company 变电站的 66 千伏地下电缆连接项目。

另一项工程则位于巴布亚新几内亚，PESTECH 与联营伙伴 Moya Asia Limited 合作。该项目涉及 Erap 至 Hidden Valley 金矿场的配电系统，PESTECH 负责完成两座变电站的设计、生产、供应、安装、调试等全部工作。

首战告捷后，PESTECH 乘势而上，迅速展开新的事业蓝图。2009 年，公司先后获得了文莱电力服务部颁发的供应继电器合约，以及斯里兰卡电力局在 Beliatta 的高压变电站工程合同。与此同时，PESTECH 还与全球领先的电力输送设备制造商——瑞士 ABB 集团正式签约，成为其"外部合

纪念中马建交 50 周年

PESTECH 承建的复式双回路 230 千伏架空线

作伙伴"。

随后，PESTECH 捷报频传。2010 年，公司在柬埔寨成功签订了两座高压变电站的工程项目合同，分别位于金边北部（230/115/22 千伏）和 Kampong Cham（115/22 千伏），并负责连接这两座变电站的双回路 230 千伏架空输电线路。同年，PESTECH 还与美国 RFL Electronics Inc. 签约，成为其授权独家总代理商。次年，公司又顺利取得了在加纳 Central Asanthi 金矿场配电计划的高压变电站工程项目合同。

这些项目的成功实施极大地推动了公司业务量的快速增长，显著提升了经济效益。到 2011 年，PESTECH 的主营业务收入达到了 1.32 亿令吉，标志着公司在国际市场上取得了重大突破，并为未来的持续发展奠定了坚实的基础。这一系列成就不仅展示了 PESTECH 的技术实力和服务水平，也进一步巩固了其在全球电力工程领域的领先地位。

为了增强企业的国际竞争力，并进一步扩大业务规模，推动 PESTECH 上市成为最明确的战略方向。在林培川的积极推动和精心筹备下，经过十八个月的筹备工作，PESTECH 完成了所有必要的业务调查报告。2012 年 2 月，公司的上市申请获得了马来西亚吉隆坡股票交易所的批准，并于 5 月 30 日正式挂牌上市，成为该交易所首家也是唯一一家专注于电力"工程、采购、施工、调试"（EPCC）领域的上市公司。

上市后，PESTECH 迅速获得了众多私人机构的信任与认可，股价持续攀升，大小股东均从中受益。这不仅提升了公司的市场地位，还为公司带来了更多的发展机遇。借助这一有利形势，PESTECH 以更加积极的姿态参与多项竞标项目。不久之后，公司成功承接了 OM Materials 在马来西亚砂拉越州的 275/35 千伏变电站项目，进一步巩固了其在行业内的领先地位。

2013 年 6 月，PESTECH 与 ABB 马来西亚有限公司签署了一份合作备忘录，投资约 3000 万令吉，在雪兰莪州的武吉柏伦东合作建设一座中压开关设备组装厂。中压开关设备是 PESTECH 核心业务的重要组件，过去一直依赖外部采购。

2012 年，PESTECH 国际正式在马来西亚吉隆坡股票交易所上市

通过自主生产组装，公司不仅能够提高利润率，还能将增值后的成品销售给第三方，为公司创造额外收益。

同年 9 月，PESTECH 成功获得老挝市场的首个订单，负责在当地建设一条价值约 9362 万令吉的 115 千伏双向输电线路。该项目涵盖了从设计到施工的所有工作，标志着 PESTECH 在区域电力传输系统领域迈出了重要一步。

PESTECH 在国际市场上的连续成功，不仅打破了电力传输市场被大型企业垄断的局面，也证明了马来西亚企业同样具备完成复杂电力传输和分配工程的能力，与欧美企业相比毫不逊色。

如今，在林培川的带领下，PESTECH 的工程项目和服务覆盖马来西亚、新加坡、文莱、印度尼西亚、澳大利亚、巴布亚新几内亚、越南、柬埔寨、老挝、缅甸、斯里兰卡等超过 20 个国家和地区。这些成就不仅展示了 PESTECH 的技术实力和市场影响力，也为公司未来的全球扩展奠定了坚实的基础。

提升品质与服务 实现永续经营

为了提高产品和工程质量，树立良好的信誉和品牌形象，增强在马来西亚国内外市场的竞争力，PESTECH 逐步完成了一系列重要的认证。2002 年，公司成功获得了 ISO9001 质量管理体系认证；2010 年，又取得了 OHSAS 18001:2007 职业健康与安

纪念中马建交50周年

PESTECH国际连续三年荣获由马来西亚中小型企业协会颁发的"年度50企业奖"

林培川荣膺"亚太杰出企业家奖"

的研发团队不仅为客户提供产品优化方案,还能集成其他供应商的产品和系统,实现更全面的设计解决方案。

通过并购 SET 等拥有变电站自动化系统的企业,PESTECH 不仅增强了自身的技术实力,还提升了作业服务水平,以更好地满足客户需求。林培川强调,"人才是企业持续发展与成功的重要因素",因此 PESTECH 自成立以来就重视人才培养和发展,致力于构建一个舒适的工作环境,让员工能够充分发挥自己的才能。

为了提升员工的知识水平、创新能力和生产力,PESTECH 提供了专业的培训和职业发展规划,并鼓励员工平衡工作与生活,特别强调运动和亲近自然的重要性。公司在工作地点设有篮球场、用餐设施和室内鲤鱼池,营造了积极向上的企业文化。

作为一家跨国企业,PESTECH 始终秉持开放的态度面对文化差异,促进多元文化的融合与发展。公司总部如同一个大家庭,会聚了来自不同国家和地区的人才,体现了马来西亚独特的多元文化特色。PESTECH 不仅在马来西亚本土拥有强大的团队,还在世界各地的分公司聘请当地员工,以便更好地融入当地文化和习俗。

PESTECH 积极参与社会公益活动,自 2006 年起,每年规划回馈社会的项目,包括资助慈善活动、捐赠医疗设备、关注残障儿童中心以及参与教育支持计划等。公司还长期支持马来西亚善终协会(Hospis Malaysia)等组织,展现了强烈的社会责任感。

全管理体系认证;到了 2013 年,PESTECH 进一步获得了 ISO14001 环境管理体系认证。

与同行相比,PESTECH 的竞争优势显而易见,在核心产品、技术、服务及商业模式方面均展现出领先性和创新性。其精简的企业架构使其能够快速响应市场需求,提供从工程系统设计到研究开发、项目执行、土木工程设计、测试与调试的一站式服务,有效解决了客户协调不同工程团队的困扰,提升了服务效率和平台能力。此外,PESTECH 拥有

对于未来,林培川认为 PESTECH 没有设定任何区域限制,坚信只要有电力需求的地方就是公司的舞台。"始终可靠,增添价值"不仅是 PESTECH 的愿景宣言,也是公司不断追求的目标。通过持续的努力和创新,PESTECH 旨在成为全球领先的电力基础设施供应商,为更多地区带来光明和发展机遇。华

张捷惟

张捷惟是一位享誉国际的电影人及音乐人，在纽约、大阪、釜山和北京电影节屡获殊荣。由他创办的 WebTVAsia 集团，是亚洲成长最快的数字娱乐公司，核心业务涵盖数字媒体、影视制作、音乐制作、艺人管理、活动策划、营销策划、培训及信息科技等。

他倡导知识产权的创新与商业化，以媒体企业家和创作者身份著称。如今，他的目标是发掘亚洲新一代创作者，建立一个世界级新媒体内容平台。

纪念中马建交50周年

亚洲最大的联播网概念开创者

——WebTVAsia集团创始人及总裁张捷惟

WebTVAsia是亚洲成长最快的数字娱乐公司，自2013年起，因公司业务迅速拓展，现已在十多个国家和地区设立分公司。WebTVAsia的核心业务多元化，涵盖数字媒体、影视制作、音乐制作、艺人管理、活动策划、营销策划、培训及信息科技等领域。

目前，WebTVAsia视频网络平台拥有2500多个频道，月均播放量超过250亿分钟，全球订阅人数达到5亿人。

以下为张捷惟接受华商领袖编委会专访访问实录。在访问中，张捷惟详尽分享了他的奋斗历程和成功经验。

问：您出生在哪里？您的原生家庭为您奠定了怎样的根基与价值观？

答：我出生在马来西亚沙巴州亚庇市，我的父亲是从香港来到马来西亚的第一代华侨。从小到大，我生活在一个充满温馨友爱的家庭里，在家人身上我感受到了浓浓的亲情，比如，父亲和母亲与他们的兄弟姐妹互相照顾与体谅，所以我从小就学会了珍惜亲情。

亚庇市在马来西亚属于比较小的城市，每天放学或下班后，我们都会与阿姨、舅舅、姑姑等亲人碰面，大家会聚在一起聊天、谈工作、谈生活。如果谁有困难，大家都会伸出援手，一起帮助解决。

我就是在这样一个充满亲情、家人互相照顾的环境下长大的。

问：您有怎样的求学与受教育经历？这期间，哪些特别的事件或特殊的机遇，为您后来的事业埋下了伏笔？

答：我的父亲是一位商人，从事汽车买卖行业，母亲是一位保险业务员。他们虽然都只读到了中学三年级就辍学了，没有接受过更多的教育，但是他们非常清楚教育的重要性。

起初他们把我送到一所马来学校上学，学习马来文和英文。小学六年级毕业之后，父母希望我能学好华文，他们认为作为华人，一定要接受华文教育，学懂华语，因此，他们给我申请到一所华文学校读书，由于我在小学时没有学习华文，没有华文基础，所以需要从最简单的中文基础知识开始学习，最终就被安排到了一个特别班，这个特别班是专门给马来西亚当地的马来人开设的，就这样，我和他们一起学习华文。

我在中学毕业的时候，虽然只获得了四年级的华文程度，但至少我能看懂和听懂基本的中文，这也在我的未来人生里给我很多帮助。

问：从学校毕业后，您起初从事过怎样的工作？从这些工作中，您学习或积累到哪些对您后来开创个人事业有益的要素？

答：我从小就爱画画，也希望成为一名建筑师，设计高楼大厦。奇妙的是，在中学的时候，我又爱上了音乐，并且开始喜欢创作。

我虽然喜欢音乐，但像许多音乐人一样，我遭到了父母的反对，他们认为搞音乐赚不到钱。最终，我还是顺从了父母的意愿，中学毕业之后，考取了新西兰基督城的一所大学，修读土木工程专业。

在大学期间，我依然热衷于创作歌曲。所以在大学毕业那年，我决定将音乐作为自己事业的发展方向，但并非以音乐创作人的身份，而是希望在媒体和音乐领域里建立自己的事业。

张捷惟出席活动并演讲（一）

问：具体是哪一年，您创立了现在的公司？您之所以会选择以此作为创业方向，是基于哪些原因？

答：大学毕业两年后，我成立了一家手机铃声公司 Hip Mobile。当时是铃声时代，我以一个音乐人融合生意人的角度，进入了这个行业。

2001年，世界最大的手机品牌诺基亚举办了亚洲铃声比赛，我们作为音乐人参赛，因为我们懂音乐，并且当时其他参与的公司基本都是搞IT技术的，所以我们做的铃声更有音乐性，荣幸获得了亚洲区比赛冠军。

我在2005年创立了葡萄子媒体音乐公司，公司与歌手、艺人签约，负责唱片发行和歌曲创作。

2012年，为了适应新媒体发展，以及推广音乐和艺人，我创立了新的品牌 WebTVAsia，以新媒体的模式拓展马来西亚以外的亚洲市场。

问：起步阶段，您的公司提供哪些服务？收效如何？为赢得市场认可、建立知名度，您以哪些策略带领团队打开局面？

答：当时推广娱乐节目的渠道不多，主要是依靠主流媒体，比如电台、电视、报纸等。

在这样的情况下，我们进行了重要的尝试和创新，利用科学技术和新媒体相融合的方式来打开局面。比如，以前对外推广内容的方式都是"1对99"，即把一个内容作为中心点，面向99个粉丝。我们觉得这种理念是需要改变的，所以我们推出了新的推广模式"1—9—99"，即以一（1）个网红的平台为核心，对应面向9个粉丝，然后由这9个粉丝将内容传播给广大的媒体（99）。

我们通过众多忠实粉丝的支持，一起对外传播和推广，达到了前所未有的效果。我觉得这种推广模式的优势是传播速度快、推广成本低、发酵能力强。

问：从真正意义上而言，您何时赚到了公司的"第一桶金"？那是怎样的故事？

答：以前我们是借用 Friendster、Facebook 和 Youtube 等平台推广我们的艺人、产品和歌曲，希望得到大众的认可和欢迎。当时，这些平台对于我们来说，只是推广的平台，是不会赚来钱的。

但在2012年，Youtube 开始推行广告分成商业模式，我们就尝试和 Youtube 合作，当时就通过 YouTube 的广告分成赚到了第一笔收入，有100万的流量，赚了1000美元。这笔收入给了我很大的启发，我想经营一个频道可以赚1000美元，那如果经营100个频道，就会有100000美元的收入，于是，我决定创立亚洲最大的联播网概念平台。

另外，我们在商演、唱片等方面，也获得了不错的收入。

问：现在，您的公司已拥有怎样的事业版图与团队规模？有哪些您想要分享的数据、最新动态？

张捷惟出席活动并演讲（二）

答：2012年在创立WebTVAsia时，团队只有5个人，经过十多年的发展和扩充，现在，我们已在10个国家和地区设立了分公司，员工达350人。集团业务涵盖数字媒体、影视制作、音乐制作、艺人管理、活动策划、营销策划、培训及信息科技等多个领域。

WebTVAsia视频网络平台拥有2500多个频道，月均播放量超过250亿分钟，全球订阅人数达到5亿人。

问：一路走来，有没有一些时刻，是您感觉特别艰难的，或是面临空前挑战的？您如何应对，如何带领团队找到突破口？

答：在创作这条路上，当然会遇到很多困难，并会面对很多的压力。在遇到困难与压力时，我就会问自己："到底这个是不是自己想做的？""一定要相信自己，一定能做得到。"

我们不是因为钱去做，而是以一个创作者或内容经营者去实践我们的热诚。我们的热诚没有丝毫改变，我们热爱这个行业。所以在面对困难的时候，我常常问自己："如果没有钱，还会不会做？"我觉得这个是我最大的推动力。

作为一个真正的创作者，会在工作里投入真正的热诚，面对困难的时候，一切都可以解决。

问：关于团队管理，您推崇怎样的管理方式？特别是在如何打造团队执行力、凝聚力、创新力等方面，您有哪些心得体会？

答：十多年来，我们公司从5人增加至350人。我们能够快速发展，关键在于每个国家及地区的分公司负责人和我都拥有共同的理念，我们再把这份理念传达给每一个员工。

我们成长在一个多种族、多语言的国家，拥有强大的语言能力，精通英语、中文、马来文，彼此沟通非常顺畅。同时，在印度尼西亚、新加坡、中国等地也都能有良好的沟通，所以语言是非常重要的。

在我的团队中，我希望他们能够掌握多种语言，因为我们是一家跨国企业，在亚洲多地经营发展，多种语言和才华能力，是整合亚洲市场实现顺畅沟通的关键。

问：您如何看待企业家肩负的社会责任？在平衡商业价值与社会价值二者间，您有哪些考虑？

答：公司要有社会责任，这很重要。以一个父亲的角度来说，我也希望下一代能在良好的环境中成长，也能通过媒体接触到健康的内容和讯息。

我们公司每个月拥有50亿的流量，平均一个流量观看5分钟，每个月就会有250亿分钟的播放量。所以我们会严格管理我们经营的内容和作品，坚决杜绝任何不健康或可能对社会产生不良影响的内容。

我们希望经营的内容是对社会有贡献的，把健康的讯息传达给观众。

问：普通工作日的一天，您从早到晚是怎样的工作状态？如何分配您的时间？

答：作为公司领导者，我在工作上投入了大量时间，甚至比我们的员工更努力，同时，我非常重视家庭生活。如果没有出差安排，我每天早上都会在家和小孩一起吃早餐，并送他们去学校。然后开始我一天的工作，下班后如果没有商业应酬，我都会回家吃晚餐。当然有时我也会从早上10时一直忙碌到晚上9时。

这些年我都有一个习惯，即便在国外出差，我也会在每个星期五的晚上回家，与家人共度周末。如果工作真的非常忙，我会在周末下午孩子们午睡时（2时至5时），抽空赶回公司开会。

问：您在闲暇时，有怎样的兴趣和爱好？

张捷惟近照

答：除了经营 WebTV Asia，我还一直投身于电影制作，从十多岁开始，我就很喜欢电影，热爱创作内容和讲述故事。所以有空的时候，我会看电影和戏剧，从那里得到共鸣和灵感。如果坐飞机的话，我喜欢看书，不断学习和消化新知识。

此外，我非常喜欢听音乐并擅长弹吉他和钢琴。

问：您对于中国未来的经济走势、产业机会、投资机会等，有怎样的个人判研？

答：我们在北京和上海都设有办公室，所有和我合作的中国合作伙伴都表现得非常积极和努力。如果我们仅依赖马来西亚或泰国的单一市场，我们不会觉得有什么压力，但科技让世界变得互联互通，竞争没有了界限。如果其他国家的人都在努力，而我们却停滞不前，很快就会被取代。

所以我们必须向中国学习，学习他们努力和做事的态度。也希望我们东南亚的年轻人能够更加振奋精神，更加努力，因为我们要学习的地方还有很多。华

黄奇仁

黄奇仁出生于马来西亚一个贫困华人家庭，依靠自我奋斗改写命运，成为建筑行业顶尖人物。他把一家默默无闻的小公司发展成为马来西亚最大的工程建筑和基础设施投资公司，并引入TURNKEY和BOT两种国际主流模式，推动了马来西亚建筑业的发展。

他心系故乡，致力于中马两国交流，30多年来积极投身华文教育，是华文的坚定守护者。即便已荣获马来西亚"拿督"勋衔及中国"十大中华经济英才"等众多荣誉，他仍以"自强不息，厚德载物"为人生信条，持续激励自己前行。

建筑英才 华人榜样

——马来西亚建筑工程领军者、百利楼发展董事长黄奇仁

艰难困苦，玉汝于成。黄奇仁不平凡的一生，或许在被冠以"奇仁"这个名字时便已注定。

家境贫困、年少丧父、学业未成，黄奇仁的前半生充满坎坷。但是他坚持"跌倒了，爬起来"的信念，靠着不屈不挠的奋斗终成国家栋梁，为马来西亚建筑业作出了巨大贡献，是马来西亚建筑工程界的领军人物。

商业之外，黄奇仁还热心公益，先后赞助 2000 年在马来西亚首都吉隆坡举行的世界乒乓球锦标赛和 2005 年马来西亚全国乒乓球超级联赛，有力推动了马来西亚乒乓球运动的发展。他还通过各种方式不遗余力推动华人文化和华文教育事业的发展，希望通过教育可以把传统价值、知识及文化传承给下一代。

黄奇仁是自立、自信、自强的华人企业家榜样。

少年坎坷 自强不息

黄奇仁是马来西亚的第二代华侨。20 世纪 50 年代初，由于生活所迫，黄奇仁的父母离开家乡福建，辗转至马来西亚的太平小镇谋求生存。

异国生存困难重重，尽管马来西亚并不排斥华人，但种族间的隔阂天然存在。黄奇仁回忆父辈生活时不无唏嘘："没有人肯找我的父亲去做事，也没有人会跟他搭伙工作。"

从杂货批发到火炭批发，黄奇仁的父亲靠小本生意勉强维持一家十口人的基本生活。每到节假日，黄奇仁兄弟几个都会帮父亲做事。贫困的家境让他们早早地尝到了生活的艰辛。

黄奇仁 16 岁时，父亲猝然离世。这种境况下，家里每个孩子都被迫开始半工半读，求知欲极强的黄奇仁开始学习一门手艺——木工，这项业余活动成为他人生最黑暗时期的微小星光。

但是木工在中国古代被称为"最危险的职业"，民间有俗语说"十个木工九断指"。尽管现代木工工具有了很大的改良，但致残率仍远大于其他工种，一个门外汉学好这门手艺需要很大的毅力和勇气。

少年黄奇仁凭借不达目的不罢休的韧劲，锻炼出卓越的木工手艺。他的设计独具匠心，操作技艺超群，为学校和州属赢得了许多奖项。同时，这门手艺也切实为贫困的家庭出了一份力，家中的家具大多都由他一手承办。

与此同时，黄奇仁还要努力完成学业、打工挣生活费。大部分成年人都承受不住的压力，他咬牙坚持了下来，而且木工和学业都做得非常出色。

学生时代，黄奇仁数学成绩优秀，曾在第五届全国高中数学比赛中名列前五。理科上的卓越天分，为他日后步入建筑行业奠定了基础。

以优异成绩完成高中教育后，黄奇仁被本地槟城理科大学录取。憧憬着大学生活的他为自己定下了一个目标，立志成为一名工程师。然而，由于家里经济太紧张，黄奇仁不得不放弃了读大学的机会。

即便如此，黄奇仁并没有一蹶不振。他在高中毕业刊上写下了24个字："跌倒了，爬起来；失败了，再尝试。有机会，利用它；无机会，制造它。"

短短24个字中艰辛几何、希望几何，只有彼时的黄奇仁最为清楚。他深知自怨自艾无用，收拾行囊继续向前才是正途。生命只有一次，即使生活不易，也要活出精彩。

自学成才 投身建筑

20世纪70年代，马来西亚开始推行工业经济计划，建筑业蓬勃发展。1977年，中学刚毕业的黄奇仁遇到一位慈善家，这位慈善家聘请了20多位家境贫困的毕业生进入建筑公司工作，黄奇仁幸运地被选中，投身到建筑业的热潮之中。

2008年，黄奇仁在全球建筑峰会上发表演讲

黄奇仁成功加入了当时北马怡保一间小有名气的建筑公司——成荣（MUDAJAYA）建筑公司。当时黄奇仁尚未意识到，这里是他未来成功的一个起点。

对于黄奇仁来说，工作并不只意味着养家糊口，还寄托了成就一番非凡人生的信念。加入成荣后，他比同龄人更愿意钻研、愿意吃苦，对每一个机会都倍加珍惜，对公司交托的任务不敢有半分懈怠。同时，初入社会的他也在认真观察和学习周围一切有利的交际知识。

功夫不负有心人，黄奇仁的工作成果获得了公司领导和同事们的一致赞扬。凭借着优异的表现，他在短短一年的时间内被破格提拔为工地主管，负责所有工地项目的运作。此时初露头角的黄奇仁，在工作岗位上占了三个"最"，即最年轻、职务最高、最有话语权。

此后数年里，黄奇仁主要负责监督基础设施工程的规划和执行，积累了丰富的经验，成为建筑工程业的年轻专家。同时，通过不断开拓业界人脉，他成功融入主流社会，为此后事业发展开辟了一条更为宽阔的大路。

不仅如此，他还继续努力学习提升自己。一直以来，黄奇仁都对自己没能完成大学学业而耿耿于怀。他深知专业知识的重要性，在担任工地主管期间，黄奇仁挤出时间考取了英国土木工程师协会的土木工程文凭，还积极参加各种研讨会和讲习班。每天，他都在工地实践和书本理论之间反复学习、验证，专业技能突飞猛进。

机会总是青睐有准备的人。1980年初，成荣建筑公司的股份被子公司金务大收购，一个崭新的、雄心勃勃的金务大公司诞生。黄奇仁因为表现优秀，被特别聘请为金务大的创办执行董事。

事实上，黄奇仁可谓临危受命。因为当时马来西亚建筑行业并不景气，彼时全球经济衰退，马来西亚的建筑行业也受到了严重波及。重组成功后的金务大仍然只是一间分包小型建筑公司，面临巨大的挑战。

当时，飓风过境，万物蛰伏，很多公司都选择了停业或缩减规模，以期避过这场灾难。但黄奇仁等金务大管理层做出了一个反其道而行之的决策——先将公司从北马怡保迁移至200公里外的吉隆坡，两年后又迁到离首都30公里外的八打灵再也市。这两次的搬迁，使得金务大更接近马来西亚首都中心，优越的地理位置有助于其发掘到更多商机。

不过，使金务大度过这场危机的最大原因并不

2010年6月，黄奇仁受邀在中国清华大学演讲，并在杰出华商领袖专场活动中，与师生交流及对话

是此次搬迁，而是黄奇仁找到了助力金务大赢在未来的核心武器———一站式建筑工程方案。即由一家企业与业主签订总承包协议，并一站式完成包括设立、施工和监理在内的建筑工程所有环节，最终达到客户只需要"转动钥匙"即可使用的效果。

早在攻读英国土木工程师协会的土木工程文凭时，黄奇仁便对TURNKEY方案进行了深入研究。他认为这是一个对企业和业主都有利的双赢新方案，也是助力马来西亚建筑业走出低迷的新模式，还是金务大未来发展的新方向。

想象固然美好，但现实依旧骨感。尽管黄奇仁尽力游说政府，希望能够通过与政府的合作加快TURNKEY方案的普及，但所有的新事物都代表着未知，当政者往往不愿打破当下的安稳时局，黄奇仁多次建言都没有结果。

然而，一次不行就两次，两次不行就三次，黄奇仁风雨无阻地往来于相关官员与机构之间，最后政府被他的坚持打动，TURNKEY方案在政府力量的支持下，在马来西亚更多领域推广开来。

此次改革中，作为先行者的金务大成功获得多项基建工程项目，并且高质量地完成了各项工程，为自己树立了良好的声誉，在这一轮行业洗牌中站稳了脚跟。

TURNKEY方案是金务大走上正轨的助推剂，而"建设—经营—转让（Build-Operate-Transfer, BOT）"的私营化模式则是带领金务大腾飞的有力武器。

20世纪80年代后期，欧美等国家已广泛采用BOT私营化模式建设，这种模式开启了私营企业参与基础设施项目建设的投融资先河。通过这种模式，政府公共借款和直接投资都减少了，财政负担得到缓和，同时解决了很多经营良好的基础设施工程资金短缺问题。

那时，马来西亚建筑行业面临"发展有余、资金不足"的困境，BOT模式非常有利于打破这一困境。有实力的企业为有前景的项目承建工程，并能从中受益，这种方式为马来西亚建筑业开辟了一个新的增长点。黄奇仁以敏锐的商业头脑率先发现这个机遇，并且再次不遗余力地开始游说马来西亚政府。

最终，BOT模式在马来西亚得到广泛应用，为马来西亚建筑行业带来了空前的发展，也助力金务大从一家寂寂无闻的小公司成长为国际化的大企业。

此后20多年里，金务大通过BOT模式获得了众多大型基础建设工程的合约，逐步发展成为马来西亚建筑行业的领军企业。

1992年，在黄奇仁等的努力下，金务大凭借卓越的经营业绩成功在吉隆坡交易所上市，当时市值约5000万美元。

然而上市不久，金务大就遭遇了1997年亚洲金融危机。这次金融危机严重影响了马来西亚建筑行业。黄奇仁凭借丰富的经验同金务大领导层一起，积极规划金务大未来的业务，通过重组融资的方式，确保公司得以继续成长。

现在，金务大集团已成功开展了多项价值数十亿美元的工程，包括大道、水利和隧道等，另外在印度、中东国家、越南等地都有投资项目和工程。

可以说，金务大见证了黄奇仁优秀专业能力以及卓越商业天赋的展现，黄奇仁则见证了金务大从风雨飘摇的小企业，一路成长为一家市值超过20亿美元的领先公众公司，这是一个相互成就的过程。

2011年4月，华联国民型中学"拿督黄奇仁教学楼"落成仪式

侠之大者 为国为民

除了经营管理金务大，黄奇仁还为马来西亚公共建筑事业作出了大量贡献，赢得了马来西亚主流社会的尊重。

从20世纪80年代中期开始，黄奇仁先后担任马来西亚建筑商公会副秘书长、副主席、署理主席、主席，东盟建筑商联合会创会会员、主席，马来西亚中华工商联合会的基本建设和私营化委员会副主席。在这些机构任职期间，他一直致力于巩固和推动马来西亚建筑行业的发展。

在马来西亚建筑商公会工作期间，黄奇仁代表公会参加了数届亚洲和西太平洋承包商协会峰会，并带头推动了东盟建筑商联合会的成立。他还带领马来西亚建筑商公会融入了亚洲暨西太平洋营造业公会。通过参与各种国际活动，马来西亚建筑业在国际上的影响力得到极大提升。

除此之外，黄奇仁还担任马来西亚绿色建筑指标联合会顾问、马来西亚国家服务业联合会副主席、马来西亚国家建筑工业发展局董事、马来西亚建筑业劳工中心有限公司董事、马来西亚高等教育局顾问等社会职务，通过这些平台向社会贡献了自己的力量。

一直以来，黄奇仁都致力于通过自己的影响力呼吁开发商善尽社会责任，加强职场安全、卫生管理，确保建筑工程质量，他认为："企业家不能只关心盈利，更要兼顾维护公民权益和社会环境的责任。"

作为一名深具环保意识的建筑专家，黄奇仁一直在积极推广绿色建筑。早在10年前，他就采用绿色建材，为自己的家庭建造了一所绝对低碳的住宅。马来西亚绘测师协会主席陈乐文在参观黄奇仁的住宅后，特意为他颁发了绿色建筑标准证书，并在2011年推出了绿色建筑评价技术细则。

1996年，在黄奇仁的倡议下成立了一所大型非营利性技工培训学校——金务大机械技工培训学校，耗资1000万美元。至今，金务大机械技工培训学校已培训了超过3万名技工。

谈及这所学校，黄奇仁不无自豪地表示："这里有目前世界上唯一的盾构机训练中心，学员不光是内部员工，也有其他公司的员工，全世界范围内，尤其是中东和越南，都对我们所发放的技工训练文凭极度认可。"

2004年，通过马来西亚建筑商公会，黄奇仁又积极推动了建筑业劳工交换中心（CLAB）的成立，为那些持有效准证的外国建筑工人提供保障。

因为对马来西亚建筑事业作出了巨大贡献，黄奇仁在马来西亚先后获得了Bintang KESATRIAMANGKU NEGARAK.M.N.勋衔、马来西亚太平卓越华裔人物奖、年度最佳承包商奖、DARJAHINDERA MAHKOTA PAHANG(DIMP)拿督勋衔，这些荣誉充分显示了马来西亚主流社会对黄奇仁的认可。

黄奇仁获颁马来西亚建造业优秀奖 MCIEA "2012 年度杰出人士大奖"

2016 年,黄奇仁获颁"麦克米兰·伍兹全球奖"之"终身成就奖"

除了关心建筑业,黄奇仁还热心体育事业。他是一名乒乓球狂热分子,曾先后赞助 2000 年吉隆坡世界乒乓球锦标赛以及 2005 年马来西亚全国乒乓球超级联赛,有力地推动了马来西亚乒乓球运动的发展。值得一提的是,作为 Kota Permai 俱乐部乒乓球队的领队,黄奇仁也曾率领球队参与马来西亚全国乒乓球超级联赛,并在 2002 年和 2005 年的赛场上分别夺得亚军和冠军。

华文教育的传承者

在推动马来西亚建筑业发展的同时,黄奇仁也不遗余力地促进中国和马来西亚建筑业的合作。他认为,中马建筑界可以在专业、技术,特别是在快速建筑方法和国际实践经验这两个方面进一步交流。

"我热切地期盼中国对外承包商会与马来西亚建筑商公会持续合作,共同挖掘潜在商机,在双边合作上发挥巨大的效益,以应对全球新格局下形成的新的挑战和商机。"黄奇仁说。

在黄奇仁带领的马来西亚建筑商公会的大力推动下,中国对外承包工程商会已成功加入东盟建筑商联合会,并于 2010 年 6 月在新加坡举办的第 30 届 ACF 理事会上签约,未来,中国与东盟国家的合作无疑会更加紧密,尤其在建筑业和基础设施投资的发展及经济转型方面。

作为一名华人贤达,黄奇仁同样在中国赢得了诸多荣誉。2010 年,他先后获得了第二届"中国杰出商业领袖奖"、第七届"十大中华经济英才"特别奖,并被中国国际经济技术合作论坛暨中外杰出企业 CEO 圆桌会议授予"中外杰出创业企业家"的荣誉表彰。

"流在心里的血,澎湃着中华的声音,就算身在他乡也改变不了我的中国心。"虽然生在马来西亚,但黄奇仁一直关注中华文化,致力于推动马来西亚华文教育的进展。

由于历史和种族因素，马来西亚对于华文教育一直有一定的限制政策，使得华文教育在马来西亚始终是一个比较敏感的话题。但是马来西亚华人众多，占全国总人口的 23.6%，他们故土难忘，热衷于弘扬中国传统文化，并希望后代能够传承延续。19 世纪初，华文教育以私塾的形式出现在马来半岛及新加坡等地。

作为华文守护者之一的黄奇仁，早早地便投身于发展华文教育的事业之中。40 多年前，黄奇仁就开始致力于在马来西亚推动普及华文教育。但那时他的精力以及经济条件有限，但是他说："有多大能力，就办多大事。"自 1980 年起，黄奇仁每年都会为太平华联国中学生福利基金捐款。

此后，他怀抱着一腔热忱，奔走于华文教育事业的第一线，积极为马来西亚建设华校筹募建校基金。逞一时之能是一件易事，但日复一日的坚持难能可贵。在推广华文教育的道路上，黄奇仁的努力感染了一批同行及华裔爱心人士，他们在筹款活动上踊跃支持。

在筹款上，黄奇仁也摸索出一些关键点，比如要找到合适的筹款对象，找对了人，一个晚宴就能筹集到 1000 万令吉。而且要找专业的会计师来统计，确保账目清晰透明，这样参与筹款的人就更积极踊跃。

一个人的力量是有限的，但一群人的力量是巨大的。在黄奇仁等爱国华裔几十年如一日的不懈努力下，如今马来西亚的华文教育已经突破了种族的界限。黄奇仁不无自豪地表示，以前的华文学校很落后，现在建设得比政府办公楼都要好，而且"华文教育的成长力不是我们能够预料到的，现在华文学校的学生不光有华人，还有外族马来人，最高的时候一个学校有八成是非华人，如今的马来西亚有越来越多的人都在推动建设华文学校"。

现在，马来西亚已经建设有 1400 多所华文学校，华文教育的普及率在东南亚乃至全世界都是相对较多的，是除中国以外唯一拥有小学、中学及大专的完整华文教育体系的国家。

然而，每当谈及马来西亚华文教育达成的成绩之时，黄奇仁总是淡淡地表示自己只帮了四五所学校，马来西亚华文教育的扩大有赖于众多华裔热心人士的帮助。他还表示"长此以往，依靠着这种团结的力量，马来西亚的华文教育会出现一片蓝天"。

努力至今，马来西亚的华人里已经有三四成可以接受华文教育，黄奇仁表示当下的愿景就是保持并发展这个数字，让他们能够在一个比较好的环境中学习，让更多的人了解到，除了中国香港、中国台湾，华文教育在马来西亚同样办得不错。

但随着华文教育在马来西亚的逐渐普及，学生人数逐年增加，学校拥挤问题越发严重。2019 年，在马来西亚巴生中华小学迎来 108 周年庆之际，身为中华小学建委会主席的黄奇仁表示，校方在成立建校委员会后决定新建一栋 8 层教学大楼以及一座综合礼堂，以满足学校未来的发展需要。此外，他还表示将筹集 200 万令吉，用来完善及提升教学大楼、综合大礼堂的硬件设备以及修复两座旧教学楼、扩建图书馆、装修教室。

黄奇仁深知文化是一个国家、一个民族的灵魂。让中华五千多年的文化在异国土地上代代相传是他的心愿，他将用余生去完成这项伟大的事业。

除了关心马来西亚的华文教育，黄奇仁还关心中国内地的教育事业。2011 年，黄奇仁通过福建省教育系统关心下一代工作委员会向家乡晋江市东石镇的几所小学捐赠了价值 10 万元人民币的图书。同时，他还是晋江市东石中学的首届董事会名誉董事长、湖头小学校务会荣誉董事。

如今，已年过花甲的黄奇仁选择急流勇退，除了推广华文教育，他将更多精力放在家庭中。黄奇仁的一子三女都获得海外名校硕士学历，弥补了他未能就读大学的遗憾。儿子黄共辉毕业于伦敦大学，主修建筑学，继承了黄奇仁建筑事业的衣钵，在他的指导下已经小有成绩，获得了马来西亚国内的建筑奖项。子女们都对黄奇仁非常崇拜和尊敬，妻子也为黄奇仁感到非常自豪。

一直以来，黄奇仁都认为无论困境还是顺境，都要勇敢坚强、不屈不挠，而且他认为做人和做企业一样，要有自强不息的精神，追求品质、懂得感恩。实际上，作为一个社会人和企业决策者，黄奇仁已经尽了作为一个社会人和企业决策者的责任，但是他仍旧丝毫不敢松懈。他曾在一次演讲中表示，"自强不息，厚德载物"永远是他人生奋斗的座右铭。

陈瑰莺

　　陈瑰莺，马来西亚杰出女性企业家，以其卓越成就在素有"商业奥斯卡奖"之称的"史迪威奖"中一举摘得"女性企业家年度大奖""女性管理层年度大奖""亚太区女性企业家年度大奖""女性商业导师与培训年度大奖"四项桂冠，荣誉无数。

　　除了事业上的辉煌成就，陈瑰莺还是位贤内助和典范母亲。她不仅助力丈夫攀登商业高峰，也是四个孩子的启蒙老师和人生导师，以实际行动诠释了成功与家庭兼顾之道。

只有完整平衡的人生 女性才会永葆美丽

——Stellavingze International 创办人陈瑰莺

人生是该粗糙一些，还是该精心打理寻找确定的幸福？

这是一道人生终极思考题。每个人都向往后者，但大多都在不知不觉间活成了前者。Stellavingze International创办人陈瑰莺是少数能够把人生过得完整平衡、拥抱幸福的人之一。

她曾经平凡，拼命追求成功，而且的确摘取了商业成就并拥有了美满家庭；她曾全身心投入家庭，也如愿让4名子女走上人生坦途，以及让自己的先生飞得更高。犹如梦幻般地心想事成，陈瑰莺感受到了幸福的甜蜜。

可是，当她带着这份幸福并拿出钱财帮助弱势人群以让他们也走上幸福人生时，她发现钱并不能解决他人的幸福问题。这令她疑惑不解，她问自己的心？到底怎么做才能让他人得以幸福，让社会更美好？

陈瑰莺说："这是我十多年前在接受一个奖项的时候产生的疑问，在复盘我的人生经历后，我觉得人生最重要的是'完整平衡'。人生达到完整平衡，就会进入幸福的阶段。"

找到了问题的根源，她又选定了自己的投入方向：爱从家出发，从女性开始，协助她们做到更好，进而影响一个家庭，然后惠及全社会。"一个家，就在一个'安'字。'安'的上面是一个家，下面是一个女，可见女性在家庭中的重要性。东方女性早就证明，她们擅长于安顿好、安排好家庭的一切。'安'也是平安的状态和安静的处理方式，由女主人以安静的方式处理好家庭事务，会让丈夫和孩子十分阳光，家庭阳光，社会自然变得阳光，这是我的信念。"

正是这样的信念，让陈瑰莺投入协助女性建立完整平衡人生的事业当中。这些年来，她领导Stellavingze不仅在马来西亚、印度尼西亚、中国台湾等地帮助无数女性开启新生活，还走进了中国大陆、越南和柬埔寨等地。她始终把在大中华圈帮助更多女性建立完整平衡人生作为自己的人生使命。

"完美"的冲动和完整平衡人生的到来

陈瑰莺在马来西亚出生长大，那时候的她是梦想远大、追求事事完美的女孩，对自己的要求非常高。她知道家里不富裕，因此从不向父母伸手要钱。父母只能供她读书，不能满足她更多的需要。因此，她14岁就跑到肯德基打小时工，15岁给更小的孩子做补习老师，还做过幼儿园老师。她从不参加同龄人的娱乐活动，半工半读完成学业。她比同龄人学得多，工作经验也更多。

那是她最疯狂工作的时代，可她毫无怨言。"我非常感谢父母，他们让我有书读有衣穿，从没有打骂过我，半工半读、疯狂工作，那是我对自己的要求。"

进入社会后她就遇到了未来的丈夫黄贵华,之后和丈夫一起开始商业旅程。

20世纪90年代末,陈瑰莺和丈夫一起创办公司,并在短期内迅速崛起,业务遍及马来西亚、新加坡、印度尼西亚、菲律宾以及中国台湾等地。

她的杰出表现深获业界的肯定,她先后荣获《风采》杂志"千禧年十大创业女性"、《商天下》财经杂志颁发的"企业财智新女性"奖项,美国国联大学颁发的国际商务荣誉博士学位,第三届世界十大杰出华商妇女"华冠奖",第七届史迪威商业女性大奖(Stevie Award for Women in Business)。

史迪威奖设立于2002年,对全球组织和专业人士的成就及积极贡献授予荣誉。史迪威商业女性奖,是全球表彰女性企业家、主管、员工及其经营事业的顶尖奖项。在2015年那一届评选中,在全球26个国家超过1400位企业候选人的激烈角逐下,陈瑰莺一举获得"女性企业家年度大奖""女性商业导师与培训年度大奖""女性管理层年度大奖""亚太区、澳洲、新西兰女性企业家年度大奖"四项大奖,她也是首位获得这些奖项的亚洲女企业家。

在成功到来、荣誉等身之际,有个念头在她心中闪动。

陈瑰莺说:"在接受一个奖项的时候,我突然发现,不管事业、名望再怎么成功,都只能荣耀到个人。我和自己的心对话:我是不是到了回馈社会的时候?当时我已经有了自己的小孩,我觉得教育非常重要,想用教育改善家庭,进而回报社会及整体环境。"

陈瑰莺说,从1998年到2008年,由于必须兼顾事业与家庭,她多以出资的方式协助弱势族群,但她陆续拜访许多社福机构后,发现金钱只能改善物质层面,外在环境并没有因为获得捐款变得更好,这让她更加坚定了要亲力亲为,以实际行动来帮助社会的决心。

她说:"我曾经是个完美主义者,自我要求非常高,当自己一个人的时候,追求完美这件事容易执行,但当涉及建立家庭、组织或团队时,就无法做到完美,最终我体会到,人没办法完美,只能变得完整。"在丈夫的全力支持下,陈瑰莺终于在2009年创办了根据女性不同需求,协助女性获得完整平衡人生的机构——史蒂拉。

史蒂拉自创立以来,已经为数以千计的东方女性提供了专业培训和课程,帮助她们克服挑战、

2015年,在素有"商业奥斯卡奖"之称的"史迪威奖"中,陈瑰莺一举获得"女性企业家年度大奖""女性商业导师与培训年度大奖""女性管理层年度大奖""亚太区、澳洲、新西兰女性企业家年度大奖"四项大奖

陈瑰莺获颁"拿督"头衔

实现自我蜕变。

她希望每位女性有蜕变的机会,拥有丰沛的爱与力量,过上有意义的人生。她愿意投入生命,并将此作为终身志业,也期待更多人共同传承这份善。

永葆美丽的秘密:兼备4个E

因为外表靓丽、高贵优雅,陈瑰莺常被误会为是柔弱的女子。每到此时,她总会笑着回应:"我温柔但我不弱哦。"

东方女性常常被贴上温柔、善良、勤勉、忍让的标签,如有成功,又会被贴上女强人的标签。其实,这种标签化是一种错误的诱导。

陈瑰莺的人生座右铭是保有"真善美",她笃信每个人都具备真善美,无奈经过社会的各种"摧残",真善美变得稀缺。不管身份地位怎样转变,内心都要保留着最初的真诚,但又有多少人会记住那份初衷呢?

"事实上,坚持真善美并不容易,踏入社会最难守住的是真,真诚在现实社会中难免被瓦解,一次次地被伤害和背叛,换来对他人失去信任的结果",她强调"善"则是女性最容易犯错的特性。"因为女性一般比较善良和心软,通常能做善事,却做不了大事,导致部分男性漠视女性。"

更不可取的是,很多人偏爱滥用女性的善良,她奉劝大家,尤其是女性,要保持正确的心态,让善念根深蒂固,就算受伤害也不轻易种下负面情绪。

"美"也绝不仅是外在美。25/50岁是陈瑰莺对"美"的定义,她坦言女性25岁前都拥有老天赋予的魅力,但50岁后的魅力得靠自己的真本事修炼。"美不是用金钱来包装和体现的,觉得舒服并适合自己就是美。"她以个人的理念来诠释美的意义。

一个女性若失去了真善美,难道真的就无法挽回了吗?她说:"只要为灵魂注入营养,逐渐滋养,并且透过方案来修补和恢复真善美,提升智慧学习处理事情,能够做大事之余,也贡献社会,做个有用有价值的女性。"

陈瑰莺在协助女性朋友成长的课程中,着重强调了"四个E",即Education(教育)、Experience(经验)、Exposure(曝光)、Expression(表达),陈瑰莺相信,只有完整地拥有了这"四个E",女性才能够平衡生活(Personal)和事业(Professional)。

把握自己的人生钟 为美丽中国指引方向

Stella(史蒂拉)是陈瑰莺的英文名,它源自意大利文,翻译成英文为Star,就是星星。她说,"每个人都是闪耀的星,当你的人生名利双收后,人生便需要一个新的平衡点,这个平衡点就是星星的五个角,即美丽、健康、心灵、智慧和气质,如此才是非常完整的人生"。她强调,美丽和健康是每个人都能拥有的,或者用金钱来获得,可心灵、智慧和气质却不可以用钱解决,"所以在一个平衡点的时候,就要像stella这个单词开头的's'一样,不停地旋转,不要停,停下就是等死。只有不断地旋转,你的人生才能触及这五个角的平衡点。无论贫富,只要坚持旋转,你的人生都会变得充实。所以史蒂拉的logo被设计为旋转的钻石,意思就是人生不要停,把五个角转到平衡,人生就变得像钻石一样璀璨"。

陈瑰莺主编的一本书《人生钟》，开篇这样写道："人的一生就像时钟，许多人在不知不觉中，已经走到了日落的时段，现在的你，正处于几点钟呢？"

她以时间和区域的方式划分女性在不同时期所面对的不同问题。"命运由自己创造，行为定习惯、习惯定个性、个性则定命运。要改变命运和人生，行为、习惯与个性皆扮演重要角色。女性要在对的时间点做对的事情，别再埋怨、无须羡慕、嫉妒或存遗憾。守着初衷，守住真善美，每个女性都能在不同的年龄层散发不同的美。"

以"人生钟"来说，中国内地的女性需要做很多调整。

陈瑰莺发现，女性对"美丽"的理解还停留在"颜值""名牌"阶段，但高颜值不等于气质，戴名牌也不见得能驾驭得了，"外表虽有了，但气质是需要很长时间去修炼的"。

或许正是如此，史蒂拉入驻上海时受到了当地业界的热烈欢迎。她感动的一件事就是，中国不缺钱，不缺一切，但缺协助女性成长的好方案。当她与上海同人分享她的价值观和方案时，大家都很支持、认同。这说明中国女性需要回归到心灵，需要一次自己和自己内心的对话，问自己到底想要什么。因此，她有信心把信念传递下去。

而且，陈瑰莺不仅关注女性成长，接下来还要致力于小孩教育，旨在真正提升中国家庭的幸福指数。

对于中国女性和孩童来说，成长是永恒的需求，因为人生永远没有太晚的开始，而且我们有幸迎来了陈瑰莺的远道而来。

以下为陈瑰莺接受华商领袖编委会专访的部分访问实录。

问：首先，请您介绍一下创办史蒂拉的机缘？

答：1998年至2008年的十年间，我从一个女孩变为妻子、妈妈和公司领导，尽管我深知社会上

2017年底，史蒂拉上海分公司开业

存在很多的弱势群体需要帮助，但我始终无法抽出整块的时间来奉献社会。所以在那十年，我只是通过金钱来帮助弱势群体，然而我发现金钱并不能真正解决社会问题。当我的家庭和事业稳定下来后，我认为是时候以一种新的方式来回馈社会了。

其实早在2007年的一个颁奖典礼上，我就有了投身社会事务的想法。后来，我有幸随同政府单位进行了一次面向单亲妈妈的演讲。演讲的时候我发现，单亲妈妈们只有3分钟的纪律，那你怎么能帮到她呢？进一步来说，金钱也无法彻底解决她们生活中的困境。于是，我觉得应该"授人以渔"而非仅仅"授人以鱼"。

我觉得，只有解决家庭问题才能解决社会问题，解决家庭问题就要解决女性自强问题，这是我建立

=== 纪念中马建交50周年 ===

陈瑰莺向慈善事业捐款

女性成长机构的第一个目的。

我始终从女性的角度出发,以"安"字为起点。"安"字上方是一个"宀",象征着家,下面是一个"女",可见女性的重要性。从女性出发,从家出发,从爱出发,这是我的坚定信念。

问:Stella是您的英文名,以自己的名字为公司的名字有什么特别的寓意?

答:Stella是意大利文,英文为Star,就是星星。每个人都是天空中闪耀的星星,当你的人生名利双收后,你的人生需要一个新的平衡点,这个平衡点就是星星的五个角,即美丽、健康、心灵、智慧和气质,如此才是非常完整的人生。美丽和健康是每个人都能拥有的,或者用钱来获得,可心灵、智慧和气质是不可以用钱解决的,所以在一个平衡点的时候,就要像stella最前面的"s",就是不停地旋转,不要停,停下就是等死。不断地旋转,你的人生就会达到这五个角的平衡点。不管有钱没钱,不断地旋转的话,你还是会很充实的。所以史蒂拉的logo设计为旋转的钻石,意思就是人生不要停,把5个角转到平衡,人生就变得像钻石一样有价值。

问:在史蒂拉初创期,您做了哪些特别的准备?是否一切顺利?比如,一个初创品牌常常需要人们逐步认识,进而依赖,最大的成本其实是时间成本。您用了多长时间赢得了女性朋友的认可?当时的产品和服务是怎样的呢?

答:在准备阶段,我主要围绕教育、文化和团队,我相信如果做一个长远稳定、永续发展的公司,一定是从教育出发。从教育到文化,再到团队执行,就形成了理念、认知和行动的一致性,大家会很和谐地创业,和谐地共处,这是我的理念。

史蒂拉的现在阶段分三大块,首先是做事业,和大家共同创业,创业成功后便成为一个企业,这是我们的一个方向。其次还有教育和公益。事业方面,希望大家有一个平台,共同创业,然后变成一个在企业管理上我教他们怎么去管理、如何实现小本创大业。教育方面,从做人出发,现在的人不缺能力和精力,重要的是怎么做人,用什么样的心态来让你作为一个对社会有价值的人。公益方面,我很多方面都从女性出发,从学校小朋友们出发,用爱回馈社会。通过帮助改善他人生活,提升我们自身的素质和颜值,让他们能够茁壮成长,希望他们能够自强,这是我的大方向。

陈瑰莺近照

2018年，陈瑰莺荣获欧洲质量研究协会（ESQR）颁发的卓越品质国际钻石大奖

我们致力于让女性找到方向感，女性从小可能会比较迷茫。现在社会不缺信息和动机，缺的是方向感，没有能力的女性可能会感到自卑，缺少安全感；而有能力、有自信的女性也常常不知道自己的方向在哪里。我鼓励女性从初衷出发，找回自己，不要太迷茫。我们策划了很多活动，让女性提升自己，这些活动从小孩子到学校全面覆盖，我认为小学就像个小社会，让小孩子知道怎么和家庭沟通，做好自己的本分，我经常和小孩子及家长交流，希望他们能够做到"爱，从家出发"。我也到大学去，让他们做好准备到社会去的时候，是往什么大方向走，了解可能遇到的问题以及怎么去面对。从小学到中学到大学，每个方案都不一样。

因为我本身是个企业家，从创业到经营企业，我知道现在创业是很难的，现在年轻人即使有学历，也不是就有了创业的能力，那么我指引他们怎么去创业。我给他们"三本"书：本人、本钱和本事，读不懂这"三本"书的话你在工作和创业上是很难很难hold住的。

史蒂拉这个品牌不是我赚钱的出发点，但是我投入了很多时间和精力。因为现在的社会不一样了，我也在与时俱进。

我很有信心，当我为他们提供指引时，他们可以很快接受，需要看他们自己本身，是不是愿意从自身改变。因为我给的是方向和方案，我不是在讲道理，如果是讲道理，需要他们慢慢地去消化，所以我们给的是方案和方向，他们自己摸索了很久，也痛苦了很久，但只要愿意从自身出发，很快就可以感受到变化，同时学会如何去改变自己的态度和心态，而且，马上可以看到效果。

问：我们谈谈史蒂拉给女性带来的改变。

答：太多了，有很多令人感动的故事。女人的改变，带动了小孩、丈夫的新改变，而且其影响力是巨大的。比如，我经常和小孩沟通，有时候父母不懂得沟通，有时候是用骂，甚至是用打的，从这个角度来说，史蒂拉是让女性掌握幸福密码的机构。

我们提供的是方案和方向，孩子在我们提供的环境中成长，他们的思维会提升，他们在这样的状况下懂得怎么去和家人沟通，在社会上扮演怎样的角色。那么到了工作的时候，他们也知道自己是适合做领导、执行者，还是服务业从业者，对自己有清楚的认知。

让人欣慰的是，"家"方案真的可以让他们的家庭幸福，给孩子们带来更大的希望。

问：这些年来，史蒂拉是怎么一步步从一个据点发展到国际化的？有没有遇到过大的挑战？

答：史蒂拉是一个教育中心，其教育策略包括"四个E"，即Education（教育）、Experience（经验）、Exposure（曝光）、Expression（表达），只有完整"四个E"，女性才能够平衡生活(Personal)和事业（Professional）。

每个国家有不同的氛围，根据国家不同设计教育方案。比如印度尼西亚，他们的"四个E"都缺乏，女性一般做家庭主妇，缺乏理智。而马来西亚女性在"四个E"中普遍欠缺Exposure和Expression。新加坡教育水平很高，女性一般有工作。

一切都很顺利。我们进入任何一个国家，都不是为了赚钱，而是带着方案和方向，希望帮助大家

陈瑰莺带领史蒂拉员工于春节期间慰问老人

赚得一个完整平衡的人生。

怎么才能实现这一目标呢？我希望他们的人生是真实的、可以找到自己价值的，这才是我的挑战。因为赚钱很容易，但是让他们真正获得一个有价值的人生，课题就不能停，帮助他们阶段性地成长，这是一个完全不同的使命。所以要坚持，还要出钱、出力、出时间，甚至付出我的生命，但我愿意做这样有意义的事。

因为大家不知道从哪一个点开始获得完整人生，所以我有一个课程，名为"人生钟"。让他们从人生钟出发，一点一滴不停地前进，最终他们一定会收获一个完整平衡的人生。

问：在上海设立分公司，您能介绍一下这个动作背后的故事吗？当时有什么机缘，政府、同业等各方态度是怎样的？

答：我很幸运，赶上了中国最好的时代。中国虽然资源丰富，但缺乏协助女性成长的好方案。我和上海同人分享我的价值观和方案时，获得了大家的支持和认同。

我认为中国内地的女性需要一次自己和自己内心的对话，问自己到底想要什么。从开始到现在，社会的反响都很正面，因此我有信心把我的信念传递下去。

问：公司在中国的发展目标是怎样的？

答：把史蒂拉做成女性成长的一流培训中心。一个家庭、一个国家要变得更好，教育是重点。我一直讲培训，现在先从女性开始，接下来会关注小孩的教育。

中国大陆和马来西亚、印度尼西亚、中国台湾等不同，和越南、柬埔寨也存在差异，主要体现在"四个E"上，我要用很长时间，做不同的方案，来帮助女性朋友。

问：您对现在及未来的展望是怎样的？

答：我们要给女性找到完整平衡的人生。从家庭出发，希望用我的方案帮助提升那些国家的女性素质，进而提高家庭的幸福指数。

爱从家出发，家好了，社会就好了，国家就好了。

问：您怎么看人才和领导人才的策略？

答：有本书叫作《位子哲学，我真的知道》。创业，信服很重要。你要做领导、带团队，能让人家信服吗？一个团队，信任非常重要。只有信任、诚信，团队才有执行力。领导没有诚信，没有信任，做什么都不对、都不顺。

对于人才的标准，我认为不应该只看学历，更重要的是看他的态度和人品。我觉得一个人的礼貌很重要，如果你不是一个让人喜爱的人，你的事业怎么做大呢？有学历、有礼貌，当然非常棒。态度和心态以及做人的道理同样重要。在一个公司里，规划、沟通、管理、执行一脉相承，如果团队成员认知不同，是很难共事的。另外，不懂得担责的人，也不能被视为真正的人才。总结起来，能担责、有好态度、愿意共事并减少埋怨的团队，才是最佳团队。

问：您觉得一位合格的领导人是怎样的？

答：我的定义是这样的。第一，以身作则（Lead by example）；第二，有效及完整沟通（Effective communication）；第三，协助他人发挥潜能（Assist others）；第四，授权和分配工作（Delegate）；第五，忍受批判，不受他人影响／影响别人（Endure opposition／Criticism）；第六，栽培和培育人才（Reproduce other leaders）；第七，回馈与服务大众（Serve）。

最重要的是，无论处于何种阶段，都要守住真善美，不迷失自我。

问：您平日闲暇的时候是什么样子？

《关于幸福，我真的知道》新书发布会

幸福美满的家庭

答：因为我小时候就是个完美主义者，没有娱乐文化，满脑子想的是怎么自强，最多是听点音乐。

现在不缺爱、不缺钱、不缺一切，生活就变成了三部曲：首先是争取睡眠的时间，因为平时飞来飞去，缺乏睡眠；其次是继续拼搏，从小到现在，我不认命，非常拼命，现在的使命是尽力去帮助他人；最后是回归内心，有空闲时就回到当初的小女孩状态，做回那个真善美的小女孩。华

戴清荣

戴清荣是寒门逆袭的马来西亚华人企业家典范。他出身农家，高中毕业后因家庭无法承担留学费用而选择进入社会打拼，投身桩基工程行业。从零开始的他迅速成长为行业高手，后以敏锐的商业嗅觉白手创业。

1987年他与朋友共同创办马来西亚亿钢控股有限公司。凭借高性能的进口设备、不断精进的技术和高度负责的精神，亿钢赢得了马来西亚地产商、建筑商和政府的认可，并于2014年在马来西亚证券交易所成功上市，亿钢现已发展成为大马打桩及地基领域的领军企业。

马来西亚桩基工程行业翘楚

——马来西亚亿钢控股有限公司创始人兼总裁戴清荣

1987年,戴清荣把握创业良机成立了亿钢,在稳健的经营策略指导下,依托先进的机械设备与创新的施工方式,成为桩基工程领域的顶级服务商。

2014年更是迎来高光时刻,在马来西亚成功上市。成立以来,亿钢肩负着行业的责任感和使命感,在实现自身价值的同时,也为国家的建设与经济发展作出了卓越贡献。

命运多舛 自强改变人生

和大多数成功的华人企业家一样,戴清荣早年也经历过一段异常艰难的岁月。1948年出生于马来西亚一个农民家庭的他,身世可谓十分凄惨,在他出生三个月时父亲就不幸离世,年仅29岁的母亲从此挑起了独自抚养三个子女的家庭重担。

作为家中老幺,戴清荣自幼十分懂事,很早就跟着母亲学会了养猪、种菜。读小学期间,他每天天亮前就带着母亲凌晨二三时到菜园里采摘的新鲜蔬菜到早市摆摊。他必须在上课前卖完这些菜,然后快速奔跑去追赶开往学校的公交车。即使卖完菜后手里有一些钱,他每天也只可以花20仙:10仙用作往返学校的交通费,10仙用来买水喝。

上中学后,为了减轻母亲的负担,戴清荣又在上学之余跟着二哥到锡矿厂打工。那时,他总是放学后第一个冲出学校,因为他要乘坐长途公交车去远在另一座城市的锡矿厂打工。

尽管经济拮据,要为生活劳碌奔忙,但他的学习并未受到影响,成绩始终名列前茅,数学尤其突出。整个中学阶段,他的成绩稳坐班级第一,连老师都觉得棘手的难题他都可以轻易解决。正是因为成绩优异,他才得以从小学至中学成功地向学校申请到"免费生"资格,避免了因为交不起学费而辍学。

1968年,读完高中的戴清荣因家境贫困选择了打工赚钱。不久,他便在马来西亚的弗兰克打桩公司(Franki Piling)找到一份工作,由此正式踏入社会。

初入公司时,他的薪酬每天只有5令吉,三个月后也才涨到每天6.5令吉。不仅收入低,他还因为缺乏资历而常被人安排做一些又脏又累的活,但他从不抱怨,因为他坚信付出总有回报。就这样,戴清荣扎扎实实奋斗在一线,参与了各式各样的基础桩施工工程建设,积累了丰富的实战经验。

1973年,工作五年的戴清荣得知另一家打桩公司Caisson Piling正在招募管理人才。鉴于自己在弗兰克打桩公司的晋升机会不大,他毅然决定跳槽。而这时,原公司也准备给他升职加薪。是去是留,让戴清荣一时间陷入了两难境地,无奈之下,他只好借助一枚硬币来决定自己的未来。抛掷起的硬币正面落地,按照他的设定,正面代表新公司,于是他最终选择了跳槽。

以高级管理者的身份加入Caisson Piling后,戴清荣站到了一个更广阔的舞台。除了在马来西亚做工程外,他还经常率领大型施工团队远赴新加坡、印度尼西亚等,承接多种类型的打桩基础工程。其间,他的管理能力得到了历练。他勤奋好学、足智多谋、工作富有成效,因此备受老板喜爱。

1987年,马来西亚启动第五个"五年计划",

其国民生产总值开始迅速增长。戴清荣清晰地意识到，创业的最佳时机已经到来。于是，在结束了新加坡的工程作业后，他辞别 Caisson Piling 公司，与朋友在吉隆坡共同创办了马来西亚亿钢控股有限公司，以打桩类基础工程为主营业务。

由此，39 岁的戴清荣踏上了一段全新的旅程。

步步为营 稳步开拓市场

万事开头难，创业之初，由于缺乏足够的资金支撑，戴清荣只招了几名员工，租了面积约为 110 平方米的房间作为办公室。这个办公室不仅面积小，陈设也一切从简。

戴清荣与亿钢执行董事兼首席执行官 Pang Sar

然而，资金缺乏最致命的一点是让戴清荣无法全价购买打桩机械设备，加之是新成立的公司，没有人能为其担保，因此无法从银行申请到贷款。无奈之下，他只好向另一位开公司的朋友求助。出于对他的信任，这位朋友替亿钢从银行申请了贷款，并用这笔款项购买了意大利的进口设备。为了报答这位朋友，亿钢支付了一笔酬劳给对方公司。而银行本息则由亿钢来偿还。

为了打响品牌，戴清荣在公司的形象设计上也做足了功课。他亲自设计了一款 LOGO，以黑色为主色，象征沉稳、冷静、理性。LOGO 由亿钢英文名中的两个关键字母 E 和 P 组成，其中字母 P 中的竖线延伸到下面的三层波浪式曲线中，寓意深入地下打桩。整个 LOGO 设计既大气又不失专业。

正当万事俱备，戴清荣准备大展身手之时，他的合伙人却要退出投资。于是戴清荣买下了对方的全部股份，并力邀从英国留学归来、富有才干的朋友 Pang Sar 加入亿钢，担任执行董事兼首席执行官，同时，他还承诺公司的一切收益都与对方平分。

公司正式运营后，在戴清荣的开拓下，很快就迎来了第一笔生意——为一家马来西亚的地产开发商完成一个小型的打桩工程。这对戴清荣来说易如反掌，工程很快顺利完成，他也赚到了 100 余万令吉。

虽然有了一个开门红，可戴清荣放重任在肩，因为公司每隔两周就要给员工发一次薪水，每个月还要还银行的贷款，只有不断拓展客户，接到更多业务，才能使公司持续运转下去。

对于亿钢这家行业新兵来说，要想赢得更多客户的信赖，首先自身要具备过硬的专业技能和优质的服务。作为公司的领航人，戴清荣首先要做好榜样。为此，每天早上 7 时他都会准时到达施工现场，亲自监督打桩作业的各个环节，并现场解决出现的各种问题。晚上 7 时工人收工后，他还要回公司把当天的工作内容全部认真记录下来，第二天再让文员制成正式文件保存起来。如果收工时间很晚，他就会选择先回家休息，但次日凌晨 2 时左右他一定会赶到公司，在天亮前将前一天未完成的事情做完。

专业的技术水平加上埋头苦干的精神，让亿钢很快便在行业内打响了知名度，工程邀约接踵而至，但此时的亿钢更需要参与一个大型工程，向外界展现其在高难度地基作业方面的能力。而吉隆坡国际机场（Kuala Lumpur International Airport, KLIA）项目的出现，曾经让戴清荣觉得是一个绝佳机会，他也和许多同行一样跃跃欲试。但后来他发现一些公司为了能胜出，不惜将报价压至低于成本价，遂决定先静观其变。最终结果如他所料，那家中标企业在后来的工程作业中因缺乏资金而束手无策，最后砸了自己的招牌。这件事，让戴清荣对竞标大型工程一事变得更加小心翼翼，没有十足的把握，他不会贸然行动。

机会很快再次降临。1996 年，时任马来西亚首相马哈蒂尔决定将布城（Putrajaya）打造为国家联邦行政中心。这是一项规模宏大的工程，蕴含

戴清荣主持亿钢高级管理层会议

了无数商机。经过考察和调研,戴清荣确认了布城项目的盈利模式与可操作性后,认为这是让亿钢向高难度业务进军的最佳时机,于是决定参与其中。

这也成为亿钢发展史上关键"一役",其团队在高难度地基作业方面的能力得到有力验证,并赢得业界的高度认可。此后,许多大工程纷纷向其抛出了橄榄枝,亿钢的发展迈上了一个更高的台阶。

创新技术 铸就行业翘楚

毋庸置疑,更高的作业难度需要更高水准的设备来完成。在完成了布城项目后,戴清荣就不惜斥300万令吉购买了两台性能优越的德国机械设备。这两台设备的购买可谓恰逢其时,不久后,马来西亚掀起了新一轮基础工程建设热潮,亿钢在这轮建设大潮中大显身手,承接了诸多大型工程项目。即使在2008年国际金融危机的肆虐下,其业绩也丝毫不受影响,甚至当年的年度工程总额还首次达到3亿令吉。

实际上,亿钢能在竞争激烈的马来西亚桩基工程领域脱颖而出,靠的是扎实的技术功底。戴清荣透露,马来西亚的地质构造复杂、环境恶劣,地表以下往往存在花岗石、岩洞、暗河、流沙以及淤泥等,这些都极大阻碍了桩基作业的进行。每每遇到这种情况,亿钢的施工团队就会更加细致,反复验收每一根桩,以确保达到要求。戴清荣坚信,若亿钢能够攻克马来西亚的地质难题,就可以在世界其他任意一个地方存活。

为了能保持技术领先,戴清荣花费了大量时间潜心钻研,并进行了大胆创新。传统的地下室开挖方式是用挖泥机将泥土从地下刨出至地面,而在近10年来,戴清荣发明了一种新型开挖方式,即用吊车将一只大斗沉入地下,然后将整斗泥土吊装出来,而且可以用两架吊车同时支配两只斗一进一出作业。这种开挖方式比传统的挖泥机速度提升了至少40%。后来,他将自己原创的开挖技术成功申请了专利,至今这种操作方式在亚洲仍首屈一指。

此外,逆作法(Top-Down Construction)也是亿钢富有竞争力的施工方式。逆作法是指先沿着建筑物地下室的轴线或周围施工地下连续墙等进行浇筑,或者打下桩柱作为垂直支撑体系,然后把地下室楼板作为水平支撑,由此构建起完整的支护体系。紧接着,再层层向下开挖土方并对各层地下结构进行浇筑,直到底板封底为止,同时地上结构也可以进行施工。相较于传统的深基坑施工方式,逆作法的优势显著:一是极大缩短了工期;二是有效解决了在建筑物密集的市中心施工的难题,并且对周围的建筑影响甚微。

至今,亿钢已经使用逆作法在马来西亚完成了多个大型项目,其中包括豪华公寓Troika的4层地下停车场,30层写字楼Menara Hap Seng第二期的5层地下停车场,53层楼高的W酒店及住宅的地下4层停车场,以及柏威年精英购物商场的地下6层停车场。

正是凭借着先进的技术、优质的服务以及对

安全质量的重视，亿钢赢得了业界的信任，并相继与多家著名房地产公司和建筑公司建立了长久稳定的合作关系。同时，亿钢也不断在马来西亚开疆拓土，如今公司的业务范围已涵盖巴生河流域、槟城、柔佛、沙巴和砂拉越州等地，成为马来西亚打桩及基础工程服务领域的翘楚。

经过几十年的发展，亿钢的业务版图已经涵盖挡土系统、土方工程、地下室结构与建设工程等多个领域。在桥梁、高架公路、发电厂等一系列马来西亚的重点工程的建设中，都有亿钢的身影。不仅如此，亿钢还是马来西亚首家获得 ISO 认证的基础工程商。经过多年的持续改进，目前公司的运行管理体制以质量管理体系、环境管理体系和职业健康安全管理体系为基础，进一步融合了更完善的一体化管理体系（Integrated Management System，IMS）。IMS 的运行标志着亿钢的管理体系已向国际先进管理水平迈进。

这些成就的取得与戴清荣极其重视机械设备的更新和专业技术的提升密不可分。为了能始终站在行业前沿，他每年都会飞往欧洲考察，寻找更先进、效率更高的机械设备。

经过多年的积累，目前亿钢已拥有一个高品质的机械设备库，其中包括多种品牌型号的液压机械设备，如超强性能的钻机、振动锤，以及具有从30吨至100吨起重能力的履带起重机。其中，液压机械设备大部分产自德国，以鲍尔集团的产品居多，还有一些设备善于长距离地下作业。总体而言，亿钢的机械设备遥遥领先于同行。

为了让这些昂贵的机械设备发挥最大效能，戴清荣在使用及维修保养这些设备方面也费了很多心思。他特意组建了一支超过百人的专业维修团队。所有刚购买回来的设备，都要先经过他们的检测和保养，确保以最佳状态开工作业。在使用期间，维修团队也会定期对设备进行检查和保养。这支技艺高超的维修团队使得亿钢不需要依

戴清荣在施工现场

柏威年白沙罗岭项目施工现场

靠第三方，便能使公司的机械设备发挥最大功效，还能延长设备使用寿命。另外，亿钢能快速响应任务需求，并能在施工现场迅速排查故障、展开维修。他们甚至还能够根据现实情况定制出适用于不同环境的工具。

此外，戴清荣也会亲自监督管理施工现场，并想方设法排忧解难。马来西亚一年四季都是夏天，即使天气再炎热，他也不会坐在开着空调的办公室里等着下属汇报，而是常年坚守在施工现场，监督整个施工过程。多年奋战在一线积累的丰富经验让他练就了一双火眼金睛，任何不合规的操作都逃不过他的双眼。有些老板会让员工到现场拍些照片送到办公室给他们看，然后根据照片来判断施工流程是否有误。但戴清荣认为，有些细小的错误和疏漏通过照片是无法判断出来的，

戴清荣亲自监督管理施工现场，并与施工负责人交流

戴清荣与管理层在施工现场

尽管如此，戴清荣对生意也从来不会挑三拣四。他希望亿钢不仅能承担大型项目，小项目也能做到超群绝伦，体现大家风范。他曾经想接手一个位于苏邦的小工程，但许多同行认为利润太低，不值得为它耗费时间。但戴清荣认为，公司不能将利润多少作为选择、评估生意的标准。要想拥有稳定的、高忠诚度的客户，必须学会体谅对方并甘愿为对方付出。

作为最有资历的桩基工程服务商，戴清荣深知肩上的责任重大。"有一些难度大或者成本低的工程，虽然性价比不高，但只要有益于国家和社会发展，亿钢就应该责无旁贷地肩负起这份责任。"他说。

开启新征程
探索多元国际化发展

对于专业技术服务水平的高要求，使得亿钢的发展之路相对平坦，自创立之日起，几乎没遇到过大的波折。2014年，戴清荣和亿钢迎来了高光时刻。

这一年的6月30日，亿钢控股（Econpile）在马来西亚证交所正式上市，每股发行价为0.54令吉。上市当日，亿钢顺利融资4860万令吉，市值高达2.9亿令吉。

通过首次公开募股，亿钢一夜之间拥有了充裕的资金，但戴清荣仍为亿钢制定了稳中求进的发展战略，不在短时间内大规模增加工程数量，而是通过提升服务质量来增加单个工程的利润率，以此来保障股东与投资者的利益。

一个小小的疏漏就可能导致工期延长，甚至产生更严重的后果，最终会让公司遭受巨额经济损失，也会失信于客户。为了能按时高质量地兑现工期，他不仅坚守在工地把关整个流程，还要求一线作业人员详细记录作业方法和流程，并随时与施工负责人交流。

一分耕耘，一分收获，在戴清荣和全体团队成员的共同努力下，亿钢迅速成为行业内的佼佼者。有关调查数据显示，目前亿钢是马来西亚最大的专业地基公司，在7家最杰出的地基公司中，亿钢约占38%的市场份额。

他认为，评判基础工程行业中一家公司生命力的关键指标并非工程数量，只要降低价格，就会得到更多工程的青睐。但通过这种方式承接到这些工程后，最终面临的将是企业毫无利润空间，有些企业为了生存，甚至不惜偷工减料、敷衍了事，工程质量无法保证。

戴清荣与朋友小聚

鉴于此，戴清荣时刻保持谨慎"保守"的作风，坚持宁要"质量"不要"数量"的原则。据他透露，目前亿钢只将公司约85%的资源能力投入运营，剩下的15%仍可以承接更多工程，但亿钢首要的任务是保证手中工程的质量和利润，不能急于求成，而要实现稳健成长。

公司上市以来，在戴清荣的执掌下稳扎稳打，始终沿着公司的核心价值观和主营业务继续前行。2019年，在马来西亚上市5年的亿钢总市值约为10亿令吉，一举登上马来西亚最大的地基公司宝座。

自2018年以来，马来西亚的房地产市场出现了供过于求的情况。在此背景下，亿钢随机应变，开始探索海外市场的机会。亿钢拥有超过40年的历史，技术实力雄厚，戴清荣相信公司绝对有能力在世界舞台上与国际企业竞争。在柬埔寨、印度尼西亚和新加坡等国家，机会比比皆是。与此同时，亿钢还致力于参与马来西亚政府发起的本地大型项目，如东海岸铁路与大马城。

除此之外，为确保亿钢持续发展，戴清荣也正在不断探索多元化机会，为公司带来经常性收入。

尽享成就与天伦 永保年轻心态

自创立以来，亿钢之所以能稳步走向行业之巅，除了戴清荣的正确领导之外，还离不开一支精诚团结、勠力同心的团队。

经过多年的发展，目前亿钢已经拥有约500人的庞大队伍。这支队伍中，不仅有技术过硬的专业技术人才，也不乏多位来自不同领域的高素质管理人才。这些管理人才凭借丰富的经验，既能合理控制项目的预算经费及工期进程，也可以为客户提供最佳施工方案，他们尽可能有效利用公司的人力和物力，运用科学调度的方式降低对机械的耗损，因此他们也是亿钢优质服务的保证。

在戴清荣看来，亿钢的团队成员拥有如此优秀的"战斗力"，与他们对事业的热爱密不可分。在面试应聘者时，他首先会问对方是否对这个行业感兴趣。

除了兴趣，要想加入亿钢，应聘者还不能有财务问题和不良的信用记录。如果员工有欠下高利贷等财务问题，未来或许会因为经济压力而损害到公司的利益。每当遇到员工急需用钱时，只要金额不太大，戴清荣总会先替他们垫付，此举既可以解除员工的后顾之忧，让他们全身心投入工作，也赢得了员工的信任，使他们对公司更加忠心。

对于已经加入亿钢的成员，戴清荣更是关照有

戴清荣与亲属合影

加。他几乎每天都和员工一起吃饭，这彰显了老板对员工的器重，也让员工的亲属倍感安全和自豪，从而增加了员工的归属感。正因如此，亿钢团队的离职率很低，许多员工都跟随戴清荣征战多年。

为了更有效地管理公司，戴清荣坚决反对搞裙带关系，并坚持政经分离的原则，亿钢至今也没有在政府任职的董事会成员。

戴清荣行事谨慎，不管是出差还是私人出行，都选择和女儿分乘不同的班机，到达目的地后再会合。这样做的目的非常现实，可以最大限度地保护亿钢的核心管理团队，即使飞机失事，也不至于同时失去两位核心领导人而导致亿钢方寸大乱。

戴清荣已经在基础工程行业深耕了半个多世纪，如今，随着年龄的增加，他也逐渐将更多的决定权放手给年轻人，但他依然富有活力，充满斗志，因此退休暂时不在他的计划之内。他甚至称自己是马来西亚同行中"电力最持久"的一位。在他眼中，既能享受奋斗的成就，又能享受天伦之乐，才是最佳的人生状态。

戴清荣十分重视家庭关系，他不喜欢应酬，除非是非常必要的情况他才会出席。工作日，他下班后通常会和家人一起吃晚餐。有时，他也会和几个朋友到一家安静的酒吧小聚，但一定会在晚上8时前结束聚会回家。周末早上，全家人也会一起吃早餐。他也经常给家中女性购买名牌包，送给儿子高档精致的腰带。

在打拼事业的同时，戴清荣也热心公益事业。多年来，他以个人名义捐助资金，支持马来西亚的华文学校。他希望华文学校有了充足的资金后，能

戴清荣与夫人

够建造更高品质的教学楼和更多的学生宿舍，为更多华人子女提供学习中华优秀传统文化的机会。同时，他也看好马来西亚年轻一代的华人，并对他们抱有殷切期望。

虽然已步入古稀之年，戴清荣却有一颗不老的心。为了不影响自己的事业，他尽力保持年轻的体态，除了积极锻炼身体外，他还喜欢和年轻人打成一片，与他们交流思想和观念。他坦言，自己并不畏惧死亡，在人生的长河中，年轻的时光非常短暂，但只要不辜负大好青春，为实现梦想而努力奋斗，人的灵魂就永远不会朽迈。保持永远年轻的心态，相信亿钢在戴清荣的率领下，下一个辉煌时代指日可待！華

佘桂福

佘桂福是白手起家的奋斗榜样。他出身于马来西亚柔佛州贫困的潮汕移民家庭，虽然家境贫寒，但父母仍咬牙坚持供他读书，坚信知识改变命运。大学毕业后，他前往新加坡寻求更多发展机会，成为一名电子工程师。

酷爱运动的佘桂福拥有拼搏和不屈的精神。2002年，他毅然辞职创业，成立新加坡日成电器，短短几年便占据东南亚70%市场份额，成为"本地化EMC系统集成商"的领军人物。2008年，面对中国市场机遇，他只身来到深圳，创立东昇电磁兼容技术（深圳）有限公司，开启在中国的发展篇章。

不断超越 成就EMC行业翘楚

——东昇电磁兼容技术（深圳）有限公司董事长佘桂福

2002年，遭遇职场危机的佘桂福无奈选择创业，却凭借一己之力逆袭为东南亚最大的EMC系统集成商。2008年，为了寻求更大发展空间，他决定来中国创办公司，从最初的寂寂无闻到闻名业内，从在夹缝中生存到成功打开市场，他始终秉持"业精于勤，技臻于德"的理念，用精湛的技术和真诚的品格赢得客户的青睐，最终成就EMC成为行业翘楚。

出身贫寒 坚定读书改变命运的信念

佘桂福的祖辈是潮汕人，多年前漂洋过海下南洋谋生，从此扎根于马来西亚柔佛州麻坡县。到了他父母这一辈，仍以苦力为生。1970年8月，佘桂福出生在华人义山附近的简易房里。虽然家境贫困，他的父母却认识到教育的重要性，即使再苦再难也坚决让孩子们接受教育，以此来改变家庭命运。

佘桂福自幼聪明懂事，从华文小学到马来中学，他的成绩始终名列前茅，而且擅长体育运动。为了替父母分担经济压力，他从小学五年级开始就趁着假期四处打工，在工地搬过砖，也在餐厅做过服务员。

中学时，他首次参加学校越野赛就荣获全校第四名，其运动天赋得以展露。体育老师有意培养他，他却因为要打工赚钱、无法分身而作罢。但此后他更加自律，趁打工间隙自我训练，最终成为全校的"越野跑之王"，甚至还代表县里参加各类跑步比赛，包揽多个奖项，成为远近闻名的运动健将。

高中时，他开始对酒店管理专业产生浓厚兴趣，并梦想有朝一日能考上马来西亚首屈一指的顶尖名校——拉曼学院（今拉曼大学）。这所综合性大学由华人创办，不仅学费不高，学满三年后，还能同时拿到美国坎贝尔大学（Campbell University）的学士文凭，可谓一举两得。然而，这所学校的经管类热门专业竞争激烈，淘汰率极高。为了确保能够顺利入学，佘桂福毅然决定放弃自己心仪的酒店管理专业，转而选择了淘汰率较低，但内容艰涩深奥的物理系微电子专业。

读大学期间，佘桂福在学业上游刃有余，课余时间他就将精力主要用在组织课外活动、拉赞助上，并用了两年多拿下跆拳道黑带，丰富多彩的生活也锻炼了他的管理能力和组织能力，为他日后创业奠定了坚实的基础。

远赴重洋 勤学苦练开启事业新征程

大学毕业后，佘桂福前往发展机会更多的新加坡，进入一家企业担任电子工程师。当时的他并没有创业的打算，而是希望通过勤奋工作赚取更多薪水，以改善家里的经济状况。

起初，他的工作进展得十分顺利，然而，随着新加坡人力成本的逐年增高，他隐约感觉到制造业在这个弹丸之地不会有发展前景。如果企业前景不明朗，他所做的工作也将失去意义，一种危机感弥漫在佘桂福的心头。

果然，公司在几年之后就开始走下坡路。因此当公司有项目要外派工程师前往日本培训时，佘桂福毅然签署了外派培训协议，希望能学到新技术，为自己的人生寻求更广阔的发展空间。

但他没有料到的是，在一个陌生的国度学习并不容易。1995年，佘桂福前往日本，到一家日本电子企业常驻学习，因为不懂日语，别人讲的话他一句都听不懂，语言问题成了横在他面前的最大障碍。

这家日本电子企业的老一辈电子工程师均拥有精湛的技术，但他们不愿意花费精力去教这些外国学徒。加上学生们根本不懂日语，双方无法沟通交流，遇到难题时，他们干脆让学生们自己看书琢磨。佘桂福对此感到十分无奈，只能暗下决心，要在最短时间内学会日语，以便尽快掌握最先进的电子技术。

起初，企业特意安排了日语夜校，从最基础的片假名、平假名开始学起，但佘桂福认为这样学习速度太慢，于是他针对白天工作中遇到的问题，晚上加倍努力思考学习，遇到不明白的地方就虚心请教。仅用了半年时间，他就突破了语言障碍，不仅能流利地用日语沟通，还能用日语写报告。他的这股韧劲赢得了日本师傅的好感，后来被公司里技术最精湛的EMC技术专家收为"门徒"，由此与最前沿的EMC技术结下了不解之缘。

EMC是指设备所产生的电磁能量既不对其他设备产生干扰，也不受其他设备的电磁能量干扰的能力。什么是电磁干扰？当我们看电视的时候，如果旁边有人使用电吹风之类的家用电器，屏幕上会出现雪花条纹，这就是常见的电磁干扰现象。更为严重的是，如果电磁干扰信号妨碍了正在监视病情的医疗电子设备或正在飞行的飞机时，则会造成不堪设想的后果。

彼时，佘桂福甚至连EMC这个词都没听过，而他的师傅却是个技艺精湛、要求严格的人，对于佘桂福这个有前途的徒弟，他更是毫不手软，严格要求他苦学。在这位严师的教导下，佘桂福不负众望，两年后就成为EMC行业的专家。

白手起家 成就 EMC 行业翘楚

学成回国后，佘桂福仍在原公司继续工作，但因看不到制造业的前景，一年后他选择了辞职。2000年，他加入了一家新兴的电子贸易公司。

新加坡日成电器获得SME中小企业奖

新公司是日本爱华的顶级供应商，为风靡全球的爱华随身听提供重要设备。佘桂福被委以重任，以技术主管经理的身份筹建了EMC部门。然而，当他的事业正如日中天时，他又发现了公司存在的问题。

在公司承接的一个大型调试设备项目中，由于客户的疏忽，设备购买清单上遗漏了一台电脑和一些小配件，导致整个项目无法推进。在佘桂福看来，公司完全可以为客户提供一站式整体解决方案，设备遗漏了应该告知客户，让对方补齐。甚至为了按时完成项目，公司可以买一台电脑和这些小配件赠送给客户。如此一来，客户会深感公司的诚意，增加对公司的信任，未来还可能再次合作。但他的老板认为，客户犯下的错就应该由客户自己去承担，公司不愿意当"冤大头"。后来双方产生了矛盾，项目也因此停滞，最终双方都有损失。

这件事让佘桂福意识到，格局不够大的老板，将来的生意也难以做大。他的判断很快就得到了验证。不久后，公司的中层全部离职，五大部门经理只剩下他一人。老板不但不惊慌，反而将公司的生意全权委托给佘桂福负责。在外人看来，职场晋升是件值得高兴的事情，但佘桂福认为，搞技术一定要专注，什么都做不但不专业，更谈不上卓越，因此他拒绝了老板的委任。后来他又分析，老板格局狭隘、目光短浅，公司迟早会倒闭。基于这个判断，他毅然选择了"裸辞"。

再次站在人生的十字路口，佘桂福没有着急

2008年,东昇电磁兼容技术(深圳)有限公司成立

找工作,而是梳理了自己的职业历程,并思索了EMC的市场前景。他心想,EMC是个又小又封闭的技术圈子,所有供应商都和他直接对接,如果自己单干,会不会有客户信任自己呢?当时他的孩子尚小,太太也全职在家,养家的重担落在他一个人肩上,如果失败了,全家的生活该怎么办呢?

带着疑问,他拜访了几位合作密切的供应商朋友,想听听他们的建议。出乎他意料的是,几乎所有人都表示,当初之所以选择和他所在的公司合作,完全是看重他良好的信用和过人的技术,如果他要创业,他们非常愿意合作。甚至有供应商表示,如果他资金紧张,他们可以等客户付款之后再收款。

供应商的支持让佘桂福放下了此前的顾虑,加上太太的坚定支持,他决定背水一战。2002年8月,他在自己家中成立了新加坡日成电器私人有限公司(JS Denki),专注于提供EMC测试解决方案的一站式服务,从此迈上了艰难的创业之路。

在创业初期,佘桂福一个人既当老板,又当员工,所有的事都需要他亲力亲为。每天他一大早就出门联系客户,晚上回家后还要制定解决方案,生活完全被工作填满。这些对佘桂福来说都不算困难,他最大的压力是来自同行的竞争。世界EMC领域高手云集,尤其是美国、日本、德国、瑞士等国家,均有资历深厚、技术强大的跨国公司。缺乏资金、单枪匹马的佘桂福凭什么和他们竞争呢?

他的担心不无道理,当大项目的客户得知公司只有他一个人时,根本不敢和他签合同。就在他一筹莫展时,事情迎来了转机。一次,他谈下了日本某企业的一个大项目,虽然客户相信佘桂福的技术实力,但提出他要想拿到订单,必须有日本东阳做担保,万一中间出了状况,东阳要承担责任,并接手项目。无奈,佘桂福只得抱着试试看的态度去找合作伙伴东阳寻求帮助,不料对方出于对他的信任,答应帮他担保拿下这笔大单。

在佘桂福看来,做EMC既是做技术,也是做人品。因此,不管订单大小,他都会做到技术精、态度好、服务优。就这样,他逐渐在EMC行业建立了良好的口碑,经过业内人士的口口相传,生意便自动找上门来。

经过几个月的努力和全心投入,他的创业之路开始变得顺畅起来,一年后,他不仅收回了投资成本,还实现了盈利,公司从此步入正轨,他也正式租了办公室,并招兵买马,希望能干一番大事业。

当时,能提供高端技术服务和解决方案的公司十分稀缺,这就给日成提供了蓬勃发展的良机。就连新加坡和马来西亚著名学院、大学、外资企业的EMC实验室都成为日成的客户,足以说明它的影响力。

2022年,日成电器私人有限公司在新加坡隆重举办了公司成立20周年庆典,佘桂福与全球行业专家、经销商、供应商、公司员工及家属共同庆祝这一盛事。

佘桂福和日成电器深耕细作,凭借精湛的技术、专业的服务和良好的口碑,事业版图逐渐扩大。从新加坡扩展到马来西亚各大城市,后来又陆续打入泰国、印度尼西亚等市场,占据了东南亚地区70%以上的EMC系统市场份额,从而成为闻名东南亚的EMC专业系统集成商。

马来西亚华商名人堂·佘桂福

2022年,日成电器私人有限公司成立20周年庆典

绝地求生 从寂寂无名到华丽逆袭

经过几年的高速发展，东南亚EMC市场渐趋饱和，日成的发展速度开始放缓，此时的佘桂福将目光投向了市场广阔的中国，这想法与日本东阳老总不谋而合。但如何才能打入中国市场，两人都束手无策。

有一天，东阳的老总突然提议，由日成和东阳两家共同出资，在中国成立一家新公司，一起开拓市场。在对方看来，佘桂福既懂技术又懂中文，而且双方合作已久，对他百分之百信任。而对于佘桂福来说，能与东阳这样的行业巨头携手开拓市场，对自己也是一个绝好的学习和成长机会。于是双方一拍即合，于2008年5月合资成立了"东昇电磁兼容技术公司"（JS TOYO），正式进军中国市场。

然而，直到佘桂福真正扎根中国市场后才发现，中国在接洽业务、招投标等方面与他们之前的方式大相径庭。在东南亚，许多客户因预算不多，不一定非要使用国际大品牌，而是以稳妥、适用、方便为原则。在合作中，他们对服务商充满信任。但中国客户则偏向使用国际大品牌的设备，竞标中更看重人脉和价格，对供应商的信任度很低。

当时，中国的EMC行业正蓬勃发展，需求量巨大，但竞争对手众多。虽然东昇电磁兼容在东南亚和日韩市场有着极高的知名度，也不乏许多成功的项目和案例，但在中国还犹如一个"小孩"，既没有名气，也没有客户渠道。在参加竞标时，即便比对手报价便宜20%～30%，客户依然不敢冒险选用。

这样的状况持续了一年，东昇电磁兼容在中国市场上毫无收获。即便在新加坡刚创业时，都没有遇到这样的情况，这给了佘桂福沉重的打击。然而，在这个过程中，他意识到电磁兼容测试是一个相对专业的领域，培养客户的技术素养非常重要；另外，树立良好的品牌形象也有助于公司打开局面。于是，他和团队开始投入大量精力与客户进行技术交流，并积极参加各种行业研讨会、展览会，在专业电子兼容类杂志上刊登广告，积极参与招投标会，即使知道不会中标也坚持参与，为的是在业界提高公司的品牌知名度。

在他的不懈努力下，机会终于降临。一次，他参加了一个高端的汽车零部件测试系统项目招标，该项目对技术和服务的要求极高，竞标各方一致认为该项目一定会花落国内EMC的"第一品牌"，因此都有些懈怠。而"第一品牌"也胜券在握，顺势抬高了招标价格。

与以往一样，佘桂福依然为竞标做了充分的准备，当他去竞标时发现，招标人并非只知道压价，而是对技术非常有洞见。虽然此前他和对方并不认识，但双方一见如故，整整交流了四个多小时。通过交流，对方对于这个从未听说过的东昇电磁兼容品牌刮目相看，认为它并不逊于"第一品牌"。后来，对方又和佘桂福做了一次深入交流，更加确认了自己的判断。

为了拿下这个重大科研项目，佘桂福也花了不少心思，甚至开出了一个"破盘价"，最终一举中标，震惊业界。这次中标胜出证明了东昇电磁兼容的实力和能力，很多高端客户因此认识了他们，并愿意和他们合作。

而佘桂福并不是来者不拒，他对合作的客户也有所选择，对方必须以高端技术和服务为出发点。如果只是追求低廉的价格，哪怕订单金额再高，他也不为所动，不肯降低品质。正是由于秉持"品质为王"的原则，坚守品牌与口碑，让东昇电磁兼容赢得了行业的尊重与认可，在中国市场站稳了脚跟。

2010年，日本东阳公司为了扩展EMC以外的业务，在上海成立了自己的办事处。日成买下了日本东阳在东昇电磁兼容的股份，此后，东昇电磁兼容正式成为日成新加坡的全资公司。

深耕中国 追随中国的发展步伐

如今，佘桂福已经深耕中国市场10多年，这段历程充满了艰辛，但令他欣慰的是，东昇电磁兼容已经打出了自己的品牌和知名度，并建立了本土技术团队。

毫无疑问，作为一家高新技术公司，人才是东昇电磁兼容最重要的资源。公司创建初期，缺乏经验丰富的工程师。为了吸引高端人才加盟，公司给员工提供了充分自由的成长空间，让他们尽情发挥个人优势，并对他们委以重任，也会给他们提供同等的学习机会，让他们在这里能得到快速成长。在培养人才方面，佘桂福会适时督促他们学习，并监督他们学习的进展，在工作中会给予他们充分的信任，放权给他们，以加速他们的成长和独立。

佘桂福和全体员工始终坚持"业精于勤，技臻于德"的理念，在他们的不懈努力下，公司已经从刚开始的一个人到目前拥有数十名员工，代理超过14个国际主流品牌设备，全世界共有7个销售网络和1家校准、计量中心，其中，中国的业务量占公司总业务量的70%。

在佘桂福眼中，世界上没有比中国更大的市场了，他对中国的发展充满信心。他认为中国的经济还有很大的发展空间，目前还没有看到顶点。他预测，中国经济至少未来二十年或更长时间都会继续以强势的姿态发展，尤其是在高端技术的开发方面，已经逼近甚至超越欧美国家。

在中国继续高速发展的大环境下，东昇电磁兼容将利用高端客户对高端技术和服务心态的要求，加快发展的脚步，拓展公司的业务范围。

东昇电磁兼容的业务受到中美经贸摩擦的影响，进口美国设备变得有些困难，在与欧洲同行竞争时略显劣势。不同的品牌需求也不一样，东昇电磁兼容的最大优势体现在对细节的极致追求，他们会根据不同客户的要求为客户量身定制解决方案。

最近这些年，东昇电磁兼容的业务范围也逐渐扩大，从最初的民用产品，到汽车产品、无线产品，再到现在的电动汽车产品等。如今，东昇电磁兼容正在全力开发电动汽车产品和军工产品的测试解决方案，希望为更多客户提供服务。

多年来，佘桂福辛勤的付出赢得了国家和社会的肯定。2015年，日成公司荣获新加坡政府颁发的"杰出企业奖"，佘桂福也由此荣膺"亚洲太平洋企业家奖（APEA）"；2016年，佘桂福荣获"华商年度人物"的称号；2018年，东昇电磁兼容荣获《亚洲周刊》颁发的"亚洲卓越品牌大奖"（2017年度），佘桂福本人还荣获"世界杰出青年华商"

2015年，佘桂福荣获"亚洲太平洋企业家奖（APEA）"

2022年，东昇电磁兼容荣获"AAA级信用企业"称号

奖；2021年，佘桂福受聘担任中国管理科学研究院新兴经济产业研究所"客座教授"；2022年，东昇电磁兼容荣获"AAA级信用企业"称号、"AAA级诚信经营示范单位证书""AAA级资信等级证书"等，佘桂福也荣获"诚信企业家"称号。

对于东昇电磁兼容的未来，佘桂福有自己的规划。他希望本土年轻一代尽快成熟独立，届时就可以把工作交接给他们，让本土团队可以完全独立地继续前进和壮大。同时，他希望"东昇电磁兼容"能发展成为EMC行业中一个值得信赖的品牌，能对EMC技术发展作出卓越的贡献，并为行业培育出下一代人才。华

后　记

　　《马来西亚华商名人堂》在编撰出版过程中，得到了广大马来西亚华商企业及社会团体机构的积极响应与鼎力支持。

　　在此，我们衷心感谢荣誉入编《马来西亚华商名人堂》的华商领袖及其企业机构的高度配合。得益于他们的真诚分享，我们有机会将他们的经历、精神、思想与智慧较为翔实地呈现给读者。是他们的严谨、耐心、宽容与守信，保障我们历时一年按计划圆满完成并成功出版此文献。

　　同时，我们特别感谢多位新闻出版界前辈、老师给予我们的帮助和指点，感谢编撰团队、出版团队所有同事的辛勤付出！

　　本文献难免有疏漏和不当之处，敬请广大读者包涵并批评指正。

华商领袖编委会
2024年12月

图书在版编目（CIP）数据

马来西亚华商名人堂 / 华商领袖编委会著. -- 北京：中国经济出版社，2025. 5. --ISBN 978-7-5136-8193-3

Ⅰ. K833.385.38

中国国家版本馆 CIP 数据核字第 2025AH1685 号

策划编辑	姜　静
责任编辑	姜　静　马伊宁
责任印制	马小宾
封面设计	纪　鹏

出版发行	中国经济出版社
印 刷 者	北京华联印刷有限公司
经 销 者	各地新华书店
开　　本	889 mm×1194 mm　1/16
印　　张	21.25
字　　数	700 千字
版　　次	2025 年 5 月第 1 版
印　　次	2025 年 5 月第 1 次
定　　价	580.00 元

广告经营许可证　京西工商广字第 8179 号

中国经济出版社　网址 http://epc.sinopec.com/epc/　社址 北京市东城区安定门外大街 58 号　邮编 100011
本版图书如存在印装质量问题，请与本社销售中心联系调换（联系电话：010-57512564）

版权所有　盗版必究（举报电话：010-57512600）
国家版权局反盗版举报中心（举报电话：12390）　　服务热线：010-57512564